港珠澳大桥岛隧工程

施工专用装备

吴凤亮　彭晓鹏　杨永宏　陈林　宿发强　刘海青　著

科学出版社
北京

内 容 简 介

本书依托港珠澳大桥岛隧工程项目，对项目施工过程中研发建造或改造专用装备进行了详细的分类，主要包括人工岛基础施工系列装备，隧道基础施工系列装备，工厂法沉管预制系列装备，沉管浮运安装系列装备，最终接头安装系列装备，岛上建筑清水混凝土施工系列装备。各系列装备从研制情况、技术性能、组成及特点、设备组装或安装、使用管理等方面进行了详细介绍。施工中研发建造或改造的专用装备不仅合理降低了装备配置成本，同时注重技术创新与使用，确保了装备的品质与价值，对于未来类似工程的装备研发或改造具有重要的参考意义。

本书可供高等院校道路工程、桥隧工程、土木工程等专业师生及相关专业工程技术人员参考使用。

图书在版编目（CIP）数据

港珠澳大桥岛隧工程施工专用装备 / 吴凤亮等著. —北京：科学出版社，2021.10

ISBN 978-7-03-069994-7

Ⅰ. ①港…　Ⅱ. ①吴…　Ⅲ. ①跨海峡桥－桥梁工程－施工机械 ②水下隧道－隧道工程－施工机械　Ⅳ. ①U448.195.3 ②U459.5

中国版本图书馆 CIP 数据核字（2021）第 202433 号

责任编辑：郭勇斌　邓新平 / 责任校对：杜子昂
责任印制：师艳茹 / 封面设计：黄华斌

科学出版社出版
北京东黄城根北街 16 号
邮政编码：100717
http：//www.sciencep.com

中国科学院印刷厂印刷
科学出版社发行　各地新华书店经销
*
2021 年 10 月第　一　版　开本：787×1092　1/16
2021 年 10 月第一次印刷　印张：23 1/2
字数：546 000

定价：169.00 元

（如有印装质量问题，我社负责调换）

港珠澳大桥岛隧工程施工专用装备

主　　编　吴凤亮　彭晓鹏　杨永宏　陈　林　宿发强
　　　　　　刘海青

副 主 编　尹海卿　高纪兵　董　政

编写人员（按姓氏笔画排序）：

王　李　王　俊　王　强　王晓东　毛维杰
孔令磊　宁进进　冯　伟　刘远林　刘昊槟
刘孟源　苏怀平　李凯凯　李家林　李海峰
杨秀礼　杨润来　吴　平　何　波　宋　奎
沈良贵　张　奎　张　洪　张月欣　张文森
张怡戈　陈　聪　岳远征　周　林　孟令月
孟庆龙　赵　辉　赵国臻　莫日雄　陶宗恒
黄存东　喻明杰　靳　胜　翟世鸿　薛安平
戴　伟　戴双全　鞠小刚

前　　言

“以前根据现有设备设计工程，有什么设备就选择什么设计方案，现在是有什么想法，我们都能建造什么设备，满足设计要求”，港珠澳大桥岛隧工程总设计师林鸣在影片《大国工程》自豪感言，也诠释了当今中国具有非常完善的工程装备研发建造体系，这在港珠澳大桥岛隧工程中得到淋漓尽致的展现。

港珠澳大桥岛隧工程建设历程是设计技术、施工工艺和施工组织的饕餮盛宴，也是大型装备的竞技场。从 2006 年工可研究到 2009 年招标前期我们都认识到工程技术的可行性取决于装备的支撑能力，当时考虑更多的是从国外“借来”“拿来”的直接方式。从 2010 年工程投标阶段到 2011 年正式实施阶段，我们发现“借来”和“拿来”只是一厢情愿，不仅是成本问题，而且还存在其他诸多问题。国外现有的装备不一定满足岛隧工程实际需要，不一定能消化吸收，只有走自主研发创新之路，掌握核心技术才能提升行业乃至国家硬实力。

岛隧工程装备研发创新之路充满艰难、坎坷、跌宕，激荡着豪壮、担当、喜悦，一步步走来，支撑工程施工工艺实施，促进工程建设取得成功。在长达 7 年的建设历程中，在不断地摸索实践创新中，岛隧工程形成了一套世界一流的沉管施工技术和先进施工装备。八锤联动液压振沉成套设备支撑钢圆筒筑岛技术，当年开工当年成岛；沉管预制模板设备、管节支撑顶推设备、混凝土输送与布料设备、钢筋加工设备等支撑工厂法沉管预制技术，组成世界最先进的大型预制构件工厂；挤密砂桩船、基槽精挖船、基槽清淤船、基床抛石夯平船、基床碎石整平船支撑高精度低沉降复合隧道基床技术，稳固沉管隧道 120 年滴水不漏的品质；沉管安装船、沉管拉合装置、沉管精调装置、浑水测控系统、压载水调整设备等支撑深水深槽沉管安装技术，圆满完成了 33 节管节的安装施工；12 000 t 起重船、小梁顶推设备支撑一体式快速安装最终接头施工技术，创造了伶仃洋里的伟大创举；还有清水模板台车支撑大体量高品质清水墙体施工技术，打造了伶仃洋靓丽的风景线。

岛隧工程采取设计施工总承包模式，设计服务施工，施工完善设计，互动互补的关键环节是施工配套装备，难处是在极短时间内研发建造的设备性能要符合施工工艺要求、满足现场施工环境。每一台专用设备的研发都有一段艰难曲折的历程，各不相同。碎石整平船自 2009 年开始选型研究，我们对国内外所有先进的水下整平船舶和机具进行分析研究，锁定双层平台结构，采用外海石油平台桩腿升降技术，采用集装箱岸吊轨道行走机构，采用先进的自主研发的电控技术，攻克了诸多技术难题，于2012年建造成功，实现了高精度水下碎石垄铺设，填补了国内空白。预制管节顶推设备是全新研发建造、世界技术难度最高、负载最大的顶推设备，从研发建造到投入使用只用了一年时间，在3年的使用过程中进行优化改进，设备性能得到完全发挥。最终接头小梁顶推设备是设计施工总承包模式优点的集中体现，不再是一台单一的设备，而是工程结构的重要组成部分。小梁顶推设备和最终接头钢结构、临时止水材料同时研究，同时制造安装调试，同时沉入大海连接E29和E30管节，实现隧道最终贯通。

高端桥梁隧道建设不仅体现了国家建筑行业的实力，也带动了装备制造、建筑材料、环保节能等产业的发展，在不断的实践和创新中逐步达到国际先进水平。碎石整平船和沉管安装船由上海振华重工（集团）股份有限公司设计建造，具有自主知识产权的电控系统、桩腿升降系统经受住了外海恶劣环境的考验，在使用中逐步完善。12 000 t 全回转起重船由上海振华重工（集团）股份有限公司研发建造，在港珠澳大桥实现完美第一吊，向全世界展现了中国制造的实力。

港珠澳大桥岛隧工程是世界级桥梁隧道水工施工装备的展会，国际知名装备供应商竞技争雄，在共同推进工程建设的同时，也为我们带来先进的技术和管理理念。管节顶推设备、模板设备、沉管拉合装置、沉管精调装置、沉管脱开装置等大部分设备实现国产。

岛隧工程施工装备所具有的重要意义和对类似工程的指导意义难以一一叙述，编写专著介绍岛隧工程所有关键装备，既是对这一历史过程的记载，也是工程建设总结的重要组成部分。

本书收集了岛隧工程施工所有关键装备，按照工序分成人工岛基础施工、隧道基础施工、工厂法沉管预制施工、沉管浮运安装施工、最终接头安装施工和岛上建筑清水混凝土施工6个系列25台（套）设备，重点介绍了每台（套）设备的研发建造过程、技术性能和关键技术，希望能对后续类似工程设备配置起到一定的指导作用。

本书根据设备调研立项文件、研发设计和建造文件、设备招投标文件、设备使用过程总结文件整理编撰，内容来自设备设计、制造、管理和操作人员的积累，感谢之余不再一一罗列。

目　　录

第1章　概　　述

1.1　工 程 简 介

港珠澳大桥是桥、岛、隧一体化的超大型跨海通道工程，总长度约 55 km，双向 6 车道，设计车速 100 km/h，其中海中主体工程采取桥隧组合方式，并以沉管隧道形式跨越主航道。岛隧工程是港珠澳大桥整体工程的核心控制部分，也是设计施工技术难度最大的部分。岛隧工程平面布置图如图 1-1 所示。

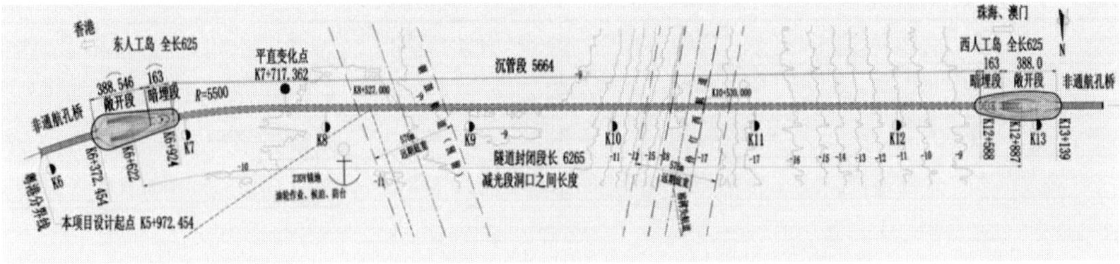

图 1-1　岛隧工程平面布置图（单位：m）

东人工岛平面呈蚝贝形，轴线长 625 m，最宽处约 215 m，采用 59 个直径 22 m 的钢圆筒快速成岛。西人工岛结构形式和施工工艺与东人工岛类似，轴线长 625 m，最宽处约 183 m，采用 61 个钢圆筒快速成岛。

沉管隧道总长 5664 m，衔接东人工岛和西人工岛，贯穿伶仃西和铜鼓两个主要航道。为满足预留 300 kt 级油轮的通航标准要求，隧道管节绝大部分埋深在海床面 22 m 以下的深度，最大沉放水深为 44.5 m。隧道纵断面呈 W 形，进出口纵坡为±2.98%，沉管隧道纵断面图见图 1-2。

沉管隧道由 33 节管节组成，均采用节段式柔性管节。其中 E1～E28 管节为直线管节，E29～E33 为曲线管节。

管节安装顺序为：E1～E28→E33→E32→E31→E29→E30→最终接头，管节类型一览表见表 1-1。

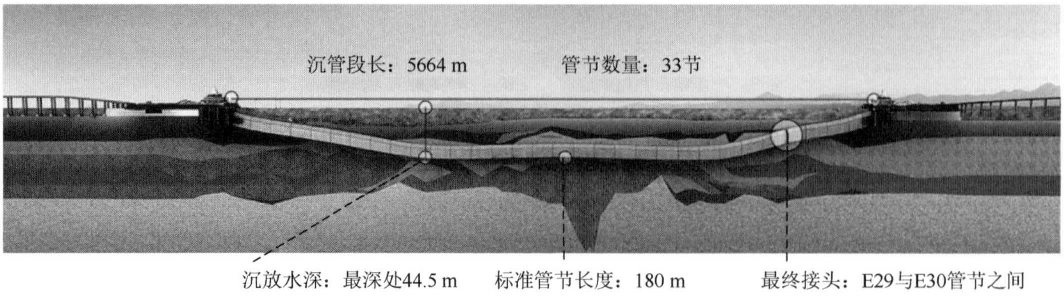

图 1-2　沉管隧道纵断面图

表 1-1　管节类型一览表

序号	管节编号	设计长度/m	线型
1	E1、E2	112.5	直线
2	E3～E26	180	
3	E27～E28	157.5	
4	E29	171.425	曲线
5	E30	171.42	
6	E31	180	
7	E32、E33	135	
8	最终接头	12	

管节横截面采用两孔一管廊形式，标准管节长 180 m，宽 37.95 m，高 11.4 m，由 8 个长 22.5 m 的节段组成，单个管节重 7.8 万 t，标准管节横剖面图见图 1-3。

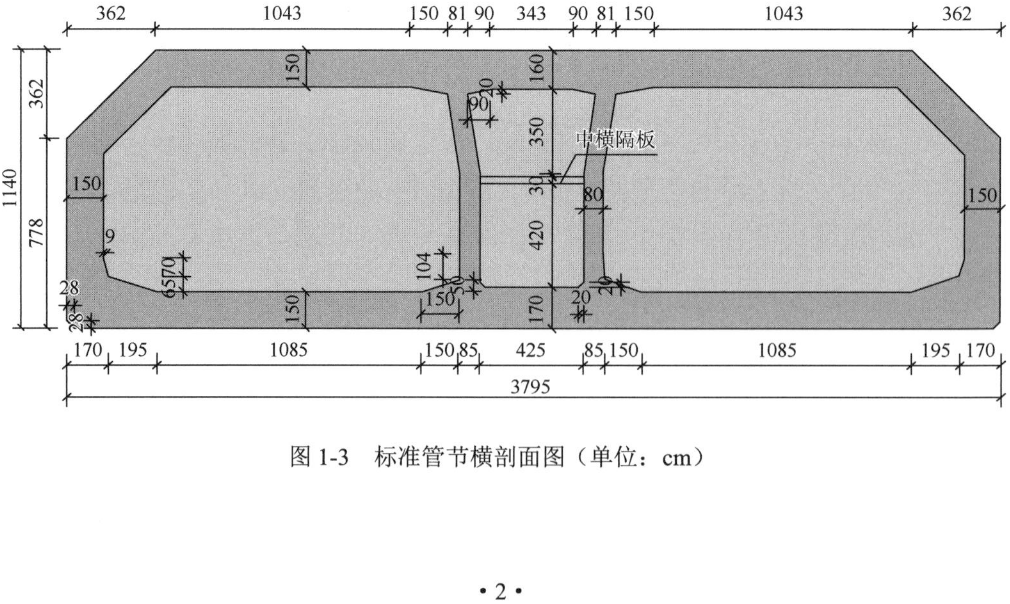

图 1-3　标准管节横剖面图（单位：cm）

1.2　施 工 流 程

人工岛工程施工工序主要包括基槽开挖、岛体围壁结构施工、地基处理、岛体结构施工、岛上建筑施工 5 个部分。

沉管隧道工程是港珠澳大桥项目的关键性控制工程，其整体施工主要包括沉管隧道基槽和基础施工，以及工厂法沉管预制施工和管节浮运安装作业三个部分。沉管隧道施工主要工艺流程图如图 1-4 所示。

图 1-4　沉管隧道施工主要工艺流程图

沉管隧道基槽和基础施工关键流程包括：基槽粗挖→挤密砂桩（岛隧过渡段）→基槽精挖→基槽清淤→抛填块石垫层→块石垫层清淤→碎石基床铺设。

工厂法沉管预制施工关键流程包括：钢筋加工→钢筋转运至绑扎区→底板钢筋笼绑扎→底板钢筋笼顶推→侧墙钢筋笼绑扎→侧墙钢筋笼顶推→顶板钢筋笼绑扎→整体钢筋笼顶推入模→体系转换→装调模板→布料→搅拌站生产混凝土→沉管浇筑→养护。

管节浮运安装作业为沉管隧道施工过程中的重要组成部分，其关键流程包括：管节一次舾装→二次舾装→管节出坞→管节浮运、系泊→管节沉放对接→管节锁定与覆盖回填。

1.3 配置要求和配置原则

1.3.1 配置要求

为快速、安全、环保、高质量地完成岛隧工程，在规划阶段提出大型化、标准化、工厂化、装配化“四化”理念，将隧道结构分解成大型化的构件，在陆地工厂内进行流水线批量生产，再利用大型装备进行海上运输、安装，整个工程就像“搭积木”一样。无论是工厂法沉管预制，还是外海施工现场“搭积木”，只有研发配置大型专业化高新装备才能支撑装配式施工工艺。

在项目筹备阶段，综合考虑施工工艺要求和施工单位资源优势，提出“利用现有设备，改造成熟设备，新造专用设备，兼顾后期使用”的装备配置方向，在确保工程质量、安全和进度的前提下，优化设计，合理降低装备配置成本。

专用设备支撑关键施工工艺，专用设备的适用性、可靠性、安全性直接影响工程的成败。在充分认识装备配置工作重要程度的前提下，严格程序，精细工作，提出“技术可靠、风险可控、商务合理、尊重一线意见”的配置原则，充分发挥参建各方资源优势，汲取国际类似工程及设备使用经验，注重技术创新与适用，确保采购（建造）设备品质与价值。

1.3.2 配置原则

1. 技术可靠

沉管隧道建设的高风险性，需要适应复杂多变的外海环境，需要保障高标准的技术要求等，必须要求装备绝对可靠。例如，沉管安装船系缆设备选型，系缆力必须满足施工工艺和安装窗口期水文设定条件要求，过小存在安全隐患不能满足施工要求，过大将造成系缆设备笨重、甲板布置困难和建造费用增加。

2. 风险可控

岛隧工程建设标准高、技术成熟度低、施工环境复杂、设计施工经验欠缺，与一般重大工程相比，岛隧工程风险具有来源广泛、关系复杂和不确定性高等特性。高新技术装备的研发配置具有周期长、投入大、技术环节多等特点，直接决定施工工艺能否实施，安全、质量和进度能否可控。

3. 商务合理

商务和技术息息相关，全过程成本管理，综合考虑研发购置费用、配套装备费用、使用维护费用、工艺优化节省费用，采用合理价格采购装备，不片面追求低价、低能装备。

4. 尊重一线意见

装备的研发配置要考虑使用过程、性能符合现场施工环境和作业人员的操作方式，同时考虑操作使用的舒适性和维修保养的便利性。

1.4 装备组成和分类

根据工程建设特点和建设需要，为安全、可靠、经济地完成工程建设，岛隧工程先后在人工岛基础施工、隧道基础施工、工厂法沉管预制施工、沉管浮运安装施工、最终接头安装施工、岛上建筑清水混凝土施工中研发建造或改造专用装备25台（套），支撑高新尖施工工艺，保障工程顺利实施。岛隧工程专用设备一览表见表1-2。

表1-2 岛隧工程专用设备一览表

序号	系列	装备全称	装备简称	配置方式	用途	设备特点
1	人工岛基础	八锤联动液压振沉成套设备	液压振动锤组	全新研发建造	钢圆筒振沉施工	直径22 m，高50.5 m，重500 t钢圆筒振沉，垂直精度达到1/200
2		70 m桩架3联管挤密砂桩船	挤密砂桩船	全新研发建造	深水软基处理	加固深度大，沉桩质量好，自动化程度高
3	隧道基础	定深平挖抓斗基槽精挖船	基槽精挖船	研发改造功能升级	深水精挖施工	75 m挖深，±500 mm精度，高效率挖掘功能
4		深水定点高精度基槽清淤船	基槽清淤船	研发改造	深水清淤	50 m水深，定位精度在100 mm，定点清淤精度达到0.5 m
5		溜管式深水基床抛石夯平船	基床抛石夯平船	全新研发建造	深水基础抛石夯平施工	溜管抛石，水下液压振动锤夯平，最大适应1 m的高差，且高差夯平精度小于±200 mm
6		自升式碎石基床铺设整平船	基床整平船	全新研发建造	承载碎石基床铺设、整平施工	50 m水深、精度达到±40 mm、大方量、多种坡度，抛石、整平和检测三道工序为一体，自动化程度高
7	工厂法沉管预制	全液压整体浇筑模板成套设备	沉管预制模板设备	全新研发建造	沉管整体浇筑施工	拼拆模工作量少，操作方便，效率高，质量易保证，与管节顶推设备、钢筋笼顶推设备和浇筑设备完美对接
8		大型液压多点支撑同步分散顶推成套设备	管节支撑顶推设备	全新研发建造	大型构件平衡支撑和同步分散顶推施工	具有平衡支撑和同步分散顶推功能，自动化程度高

续表

序号	系列	装备全称	装备简称	配置方式	用途	设备特点
9	工厂法沉管预制	高性能混凝土生产成套设备	混凝土生产设备	配置优化改造	混凝土生产	适应海岛环境，满足抗裂温控措施的要求，可靠性好
10		混凝土输送与布料成套设备	混凝土输送与布料设备	优化配置	混凝土布料	适应大体积海工抗裂混凝土多点浇筑要求
11		工厂法钢筋加工生产成套设备	钢筋加工设备	配置优化改造	大批量高精度钢筋加工	高精度、高效率、大直径、多规格自动化钢筋加工
12		钢筋笼液压顶推成套设备	钢筋笼顶推设备	全新研发建造	大型构件顶推施工	实现底板、侧墙、顶板钢筋绑扎流水线作业，定位精度高，900 t 顶推重量
13		浅坞钢闸门系统	浅坞钢闸门	全新研发建造	作为浅水坞闸门	三角桁架式结构，坦克轮同步移动控制技术，简单耐用
14		深坞坞门系统	深坞坞门	全新研发建造	作为深水坞闸门	结构简单，成本低，耐腐蚀，适合海洋环境
15	沉管浮运安装	大型沉管浮运安装船组	沉管安装船	全新研发建造	沉管浮运安装	主副船无线远程操控，采用先进的集中控制技术、同步操作技术和变频技术
16		沉管液压拉合装置	沉管拉合装置	全新研发建造	沉管拉合施工	行程和拉合力控制精准，适合海洋环境，经久耐用，拆卸安装方便
17		沉管液压精调装置	沉管精调装置	全新研发建造	沉管安装位置高精度调整	设计精巧，安拆方便，能很好地配合安装船沉放缆进行调位
18		沉管安装深水测控系统	深水测控系统	全新研发建造	水下安装相对定位测控	定位精度高，抗干扰能力强
19		沉管液压脱开装置	沉管脱开装置	全新研发建造	沉管脱开施工	设计精巧，与拉合、精调装置组成沉管安装全套设备
20	最终接头安装	小梁液压同步平衡顶推装置	小梁顶推设备	全新研发建造	大型框架结构平衡顶推施工	设计精巧，具有同步和平衡功能，满足安装过程前后水密要求，同时满足结构水密要求
21		最终接头安装调位装置	最终接头调位装置	全新研发建造	大型框架结构高精度调整施工	设计精巧，灵敏度高，易于控制
22		最终接头安装起重船	最终接头安装船	配置优化改造	超大型构件外海安装拆除施工	吊装平稳，定位精准
23	岛上建筑清水混凝土	人工岛台车式清水模板系统	清水模板台车	全新研发建造	连续单一混凝土结构现浇施工	流水线作业工效高，质量易保证，拼装式模板降低现场操作强度和难度
24		岛上建筑结构清水模板系统	房建清水模板	配置优化改造	清水混凝土结构施工	体系模板，模块拼装工艺，设计精巧，操作方便，质量易保证
25		小型构件预制模具板系统	小型构件模板	配置优化改造	高精度小型构件预制	预制精度高，构件精巧，脱模方便

第 2 章　人工岛基础施工系列装备

岛隧工程人工岛施工采用大直径钢圆筒和钢副格相结合的快速成岛综合施工技术，采用八锤联动液压振沉成套设备将大直径钢圆筒插入海底不透水土层形成人工岛体外轮廓，然后在钢圆筒及钢圆筒构成的岛体内吹填砂土形成人工岛，并采用塑料排水板联合堆载预压、水上挤密砂桩等工艺对岛体内外的软土层进行地基处理，最终形成稳定的岛体结构。钢圆筒成岛施工效果图如图 2-1 所示。

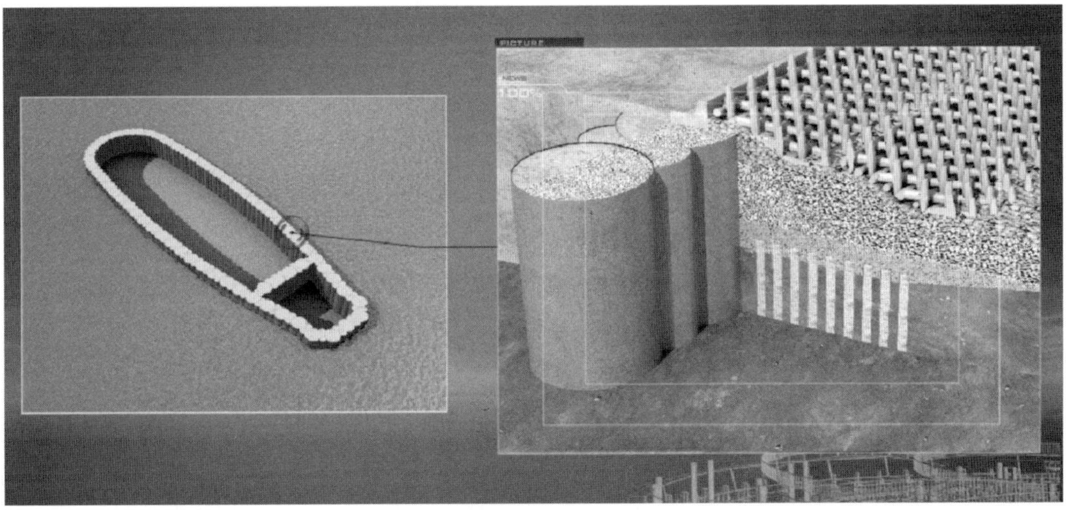

图 2-1　钢圆筒成岛施工效果图

人工岛基础施工的关键技术是钢圆筒快速成岛施工工艺和挤密砂桩施工工艺。岛隧工程新建 2 艘大型砂桩船，从国内调遣 5 艘，总共投入 7 艘砂桩船进行人工岛砂桩基础施工，研发建造液压振动锤组进行人工岛岛壁施工，实现当年开工当年成岛的工程奇迹。

岛隧工程挤密砂桩施工具有以下特点：规模大，砂桩数量达到 40 000 根，且为超深桩；施工质量要求高；投入砂桩船数量多，高峰时 7 艘砂桩船同时施工。挤密砂桩施工效果图如图 2-2 所示。

图 2-2　挤密砂桩施工效果图

国内外没有大型钢圆筒振沉施工的成熟经验，国内仅有四锤联动方式振沉小型钢筋混凝土圆筒施工的案例。八锤联动振沉施工无论是系统复杂程度，还是激振力大小，在当时绝无仅有。2011 年 5 月 15 日西人工岛首个钢圆筒开始振沉施工，215 天完成东人工岛和西人工岛 120 个钢圆筒沉放，相比传统的吹砂、抛石等成岛施工，节约了大量工期，且基础更稳定，施工更环保。

2.1　液压振沉锤组

2.1.1　研制情况

1. 目的及意义

港珠澳大桥岛隧工程采用的超大体量钢圆筒直径达 22 m，高 40.5～50.5 m，单个钢圆筒重 451.44～555.11 t，是国内首次应用于外海人工岛岛壁结构施工。钢圆筒顶标高 3.5 m，下沉底标高−47～−37 m。钢圆筒壁板采用厚度为 16 mm 的 Q345B 钢板制作，钢圆筒构造三维图如图 2-3 所示。

钢圆筒振沉需要克服超大体量钢圆筒下沉过程的阻力和钢圆筒径向刚度较差的问题，需要研制大型振沉锤组设备，保证激振力轴心且有效传递从而使钢圆筒平稳下沉至设计标高。

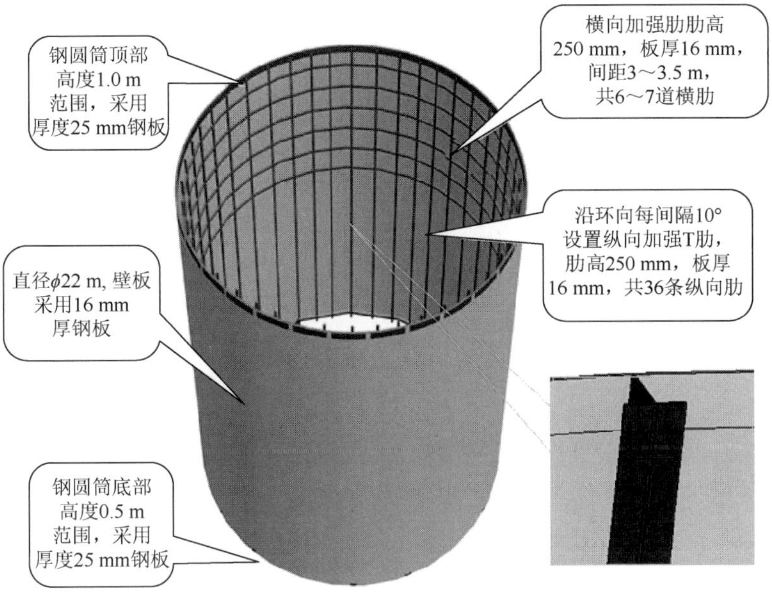

图 2-3　钢圆筒构造三维图

2. 振沉可行性分析

根据东、西人工岛地质勘察报告，计算钢圆筒下沉到设计标高时的桩侧静摩擦力，并设定东人工岛和西人工岛钢圆筒振沉激振力。

选取 APE600 系列和 ICE300M 系列液压振动锤作为计算依据，分别计算 8 台 APE600 液压振动锤和 6 台 ICE300M 液压振动锤联动后提供的最大激振力及其他相关参数，见表 2-1。计算结果显示，以上两套振动锤系统均能满足钢圆筒振沉要求。

3. 振沉系统研究

（1）大直径钢圆筒振动锤体系

对 6 台 V800-250 振动锤联动方案、6 台 APE600 液压振动锤联动方案、6 台 ICE300M 液压振动锤联动方案、12 台 480 电动锤联动方案、5 台 ICE300M 液压振动锤联动方案、8 台 APE600 液压振动锤联动方案（图 2-4）进行综合比较，在兼顾技术成熟度、设备长远使用及发展前提下，最终优选 8 台 APE600 液压振动锤联动方案。

在初步选定 8 台 APE600 液压振动锤（图 2-5）联动方案进行钢圆筒振沉后，研究双向齿轮箱多级传递以实现机械同步，达到同步轴在负荷无功率损耗的工作状态，完善双向齿轮箱多级传递实现机械同步。

表 2-1　钢圆筒振沉分析一览表

计算项目	日本建机调查株式会社经验公式				法国 PTC 经验公式				美国 ICE 公司经验公式				中国压桩系数法			
	CKD35（东人工岛）		CKD56（西人工岛）		CKD35（东人工岛）		CKD56（西人工岛）		CKD35（东人工岛）		CKD56（西人工岛）		CKD35（东人工岛）		CKD56（西人工岛）	
	8 台 APE600	6 台 ICE300M	8 台 APE600	6 台 ICE300M	8 台 APE600	6 台 ICE300M	8 台 APE600	6 台 ICE300M	8 台 APE600	6 台 ICE300M	8 台 APE600	6 台 ICE300M	8 台 APE600	6 台 ICE300M	8 台 APE600	6 台 ICE300M
可提供激振力/kN	38 640	36 900	38 640	36 900	38 640	36 900	38 640	36 900	38 640	36 900	38 640	36 900	38 640	36 900	38 640	36 900
所需最小激振力/kN	26 941.3	28 438.1	24 446.1	25 557.2	27 849.9	27 849.9	21 017.9	21 017.9	28 125.7	28 125.7	21 056.1	210 561	28 248.7	28 248.7	24 642.6	24 642.6
富余系数	1.43	1.30	1.58	1.44	1.39	1.32	1.84	1.76	1.37	1.31	1.84	1.75	1.37	1.31	1.57	1.50

6台V800-250振动锤联动方案

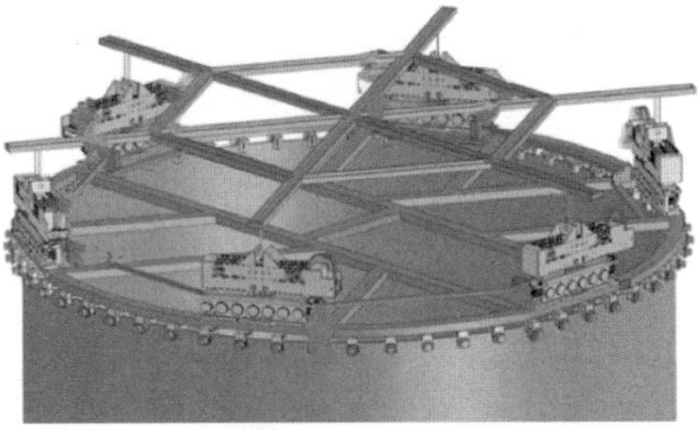

6台APE600液压振动锤联动方案

6台ICE300M液压振动锤联动方案

12台480电动锤联动方案

5台ICE300M液压振动锤联动方案

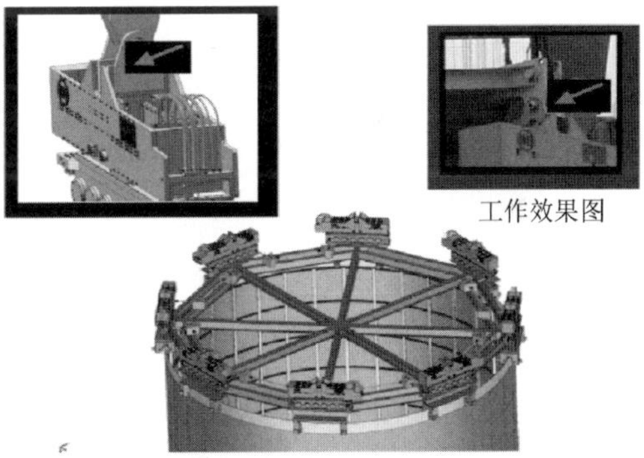

8台APE600液压振动锤联动方案

图 2-4　大直径钢圆筒振动锤联动方案效果图

采用双向齿轮箱多级传递（图 2-6）实现机械同步和双马达技术，使得激振力由原本每台损失 2%～4%，减少至激振力接近零损失。

（2）高压油软管集束架

由于钢圆筒筒体高大，从起吊到钢圆筒振沉至设计标高前后锤组高差近 60 m，与液

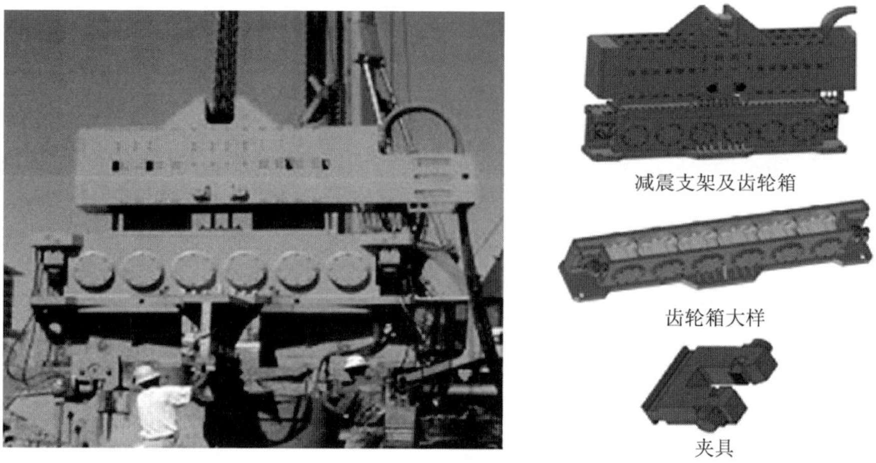

图 2-5　单台 APE600 液压振动锤构造实景图

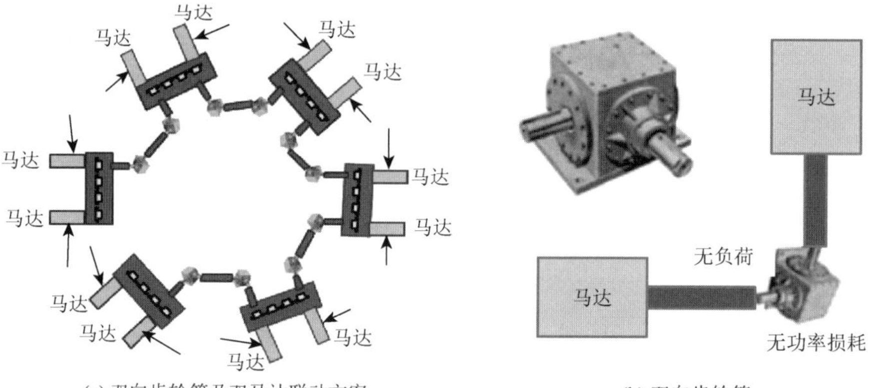

(a) 双向齿轮箱及双马达联动方案　　(b) 双向齿轮箱

图 2-6　双向齿轮箱多级传递效果图

压振动锤组相连为其提供动力的高压油软管需反复上升及下落，将造成不同程度的机械损害。高压油软管数量较多，长度较长，在安装及施工过程中易发生缠绕等事故，为此研究高压油软管集束装置，保证在高频率反复升降运动时，高压油软管能正常供油，液压系统能正常工作。

（3）专用吊架系统

八锤联动液压振沉成套设备结构尺寸大，为保证锤组在起吊及振动过程中平稳，需设计刚度合适、大小与重量适宜、吊点布置科学的专用吊架系统。专用吊架系统需适应起重船双钩头 4 个吊点，起吊后确保沉管振动锤组平稳。专用吊架及共振梁三维示意图见图 2-7。

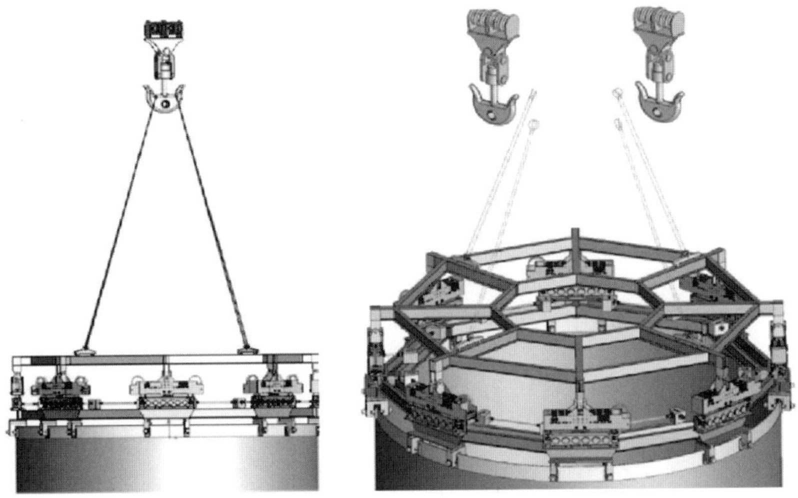

图 2-7　专用吊架及共振梁三维示意图

（4）液压起吊系统

钢圆筒结构自重大，高度高，起吊时存在较大的安全风险。根据钢圆筒重量及作业流程要求，研发能够提供足够夹持力，且性能稳定的夹具。钢圆筒端面不可避免存在变形或加工误差，起吊振动锤组在高空中对接钢圆筒，需要夹具具备一定的适应能力。研制使用的液压夹具很好地解决了上述问题。专用液压夹具实景图见图 2-8。

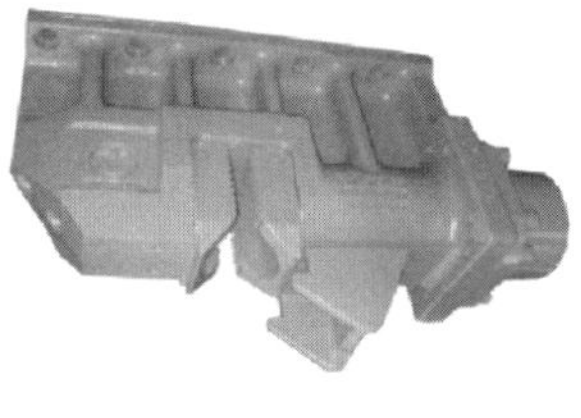

(a) 夹具总成

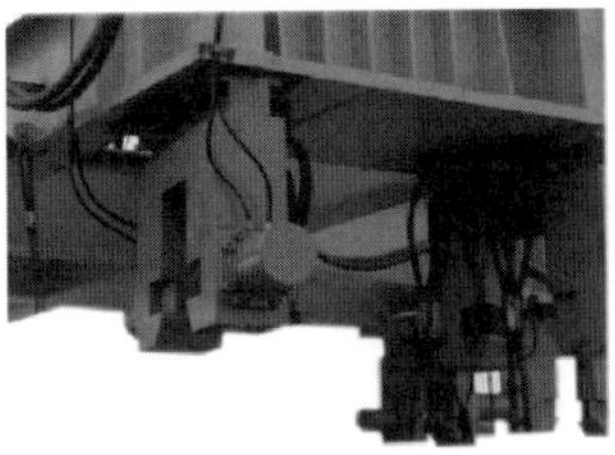

(b) 夹具安装在振动锤上

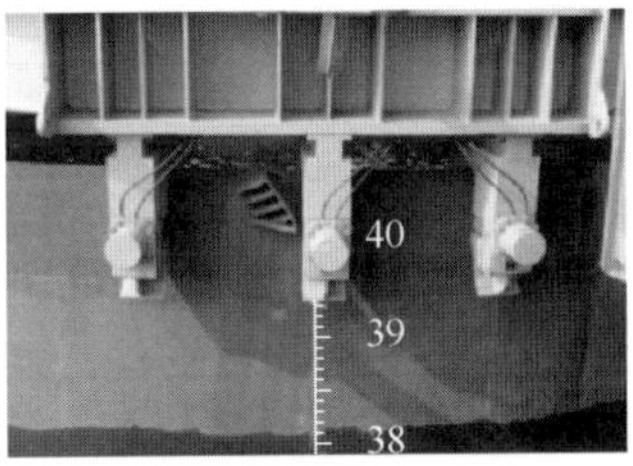

(c) 钢圆筒振沉施工中的夹具

图 2-8　专用液压夹具实景图

4. 配套船舶选用

人工岛最重的钢圆筒重量为 555.11 t，高 50.5 m。振动系统总重量为 540 t，高 21 m。振沉时起重船吊钢圆筒要越过定位驳，要求筒底至水面的安全距离为 6.5 m。钢圆筒振沉选用起重船要同时满足吊重 1095.11 t，水面以上吊高 78 m，并且为方便调节钢圆筒垂直度，必须选用双钩起重船，浮吊“振浮 8”满足上述使用要求。

定位驳需具备独自定位能力和良好的稳性，结构吃水、船长型宽、锚系性能与起重船相匹配。驳船“振驳 28”型宽 28 m，船长 82 m，吃水 5.2 m，船型基本满足要求。按照定位驳的性能要求，对“振驳 28”进行改造，配电动锚机 6 台，分别是船 4 角各配置一台 35 t 锚机和 8 t 海军锚，锚缆长 650 m；沿船轴线船首处配置一台 50 t 锚机和 12 t 海军锚；船尾处配置 1 台 35 t 锚机和 8 t 海军锚。

由于钢圆筒较高，迎风面积大，运输距离远，选用稳性和抗风浪能力好的远洋重件运输船舶。先后调动远洋重件运输船“振华 16”“振华 17”“振华 23”“振华 24”运输钢圆筒，除“振华 17”装运 8 个钢圆筒外，其余船舶每航次可装运 9 个钢圆筒。在施工海域配备一艘大功率拖轮和两艘起锚艇配合运输船驻位、抛锚，配合浮吊“振浮 8”振沉施工过程的挪移、抛锚、定位，同时作为突发恶劣天气应急船舶。

2.1.2 技术性能

1. 性能参数

钢圆筒振沉锤组设备性能参数详见表 2-2。

表 2-2 钢圆筒振沉锤组设备性能参数

项目	性能	
类型	单台	8 台锤组
偏心力矩/(kg·m)	230	1845
最大激振力/kN	4948.3	39 617.43
最大上拔力/kN	2224	17 792
最大频率/(cpm)	1400	
振动重量/kg	14 060	112 000
最大振幅/mm	14.8	
液压夹具/个	2	16
动力站型号	8×CAT1200 hp	
功率/kW	895	7160
最大油压/bar	310	310
最大流量/(L/min)	1301	10 408
整机重量/kg	31 471	251 768
尺寸长（mm）×宽（mm）×高（mm）	4320×914×2590	—
机械同步方式	双向齿轮箱多级传递	
液压马达规格型号	Rexroth AA2FM250 型，马达排量 250 cm^3，额定压力 350 bar，额定转速 1500 r/min，每台锤配两台液压马达	

注：$1\ cpm = \frac{1}{60}\ Hz$，$1\ bar = 10^5\ Pa$，1 hp = 745.7 W。

2. 设备清单

液压振动锤组包括 8 台（套）液压振动锤和动力柜，以及配套液压夹具、管线和集控台等，主要设备清单见表 2-3。

表 2-3　主要设备清单

序号	设备名称	技术规格	数量	备注
1	液压振动锤	APE600	8 套	
2	动力柜	1200 hp Cat C32，每套包括 1 台柴油机、7 台主液压油泵、1 台夹头油泵、1 个冷却泵、1 个燃油箱和 2 个液压油储油罐	8 套	
3	液压夹具	单个尺寸 171.2 mm×228.6 mm，重 2840 kg	24 个	
4	高压油软管	每套含 8 根共 150 m	8 套	
5	机械同步系统	串联，带视频监控系统	1 套	
6	集控台	含监控系统	1 套	
7	控制电缆	连接集控台和动力柜	8 根	
8	远程控制器	带 15 m 电缆	8 台	
9	共振梁及吊架	钢结构 Q345B 材质	1 套	

2.1.3　组成及特点

1. 设备组成

振沉体系由吊架、振动锤、同步装置、共振梁、液压夹具和液压设备等组成。振动系统组成示意图如图 2-9 所示，钢圆筒振动系统总体装配图如图 2-10 所示。

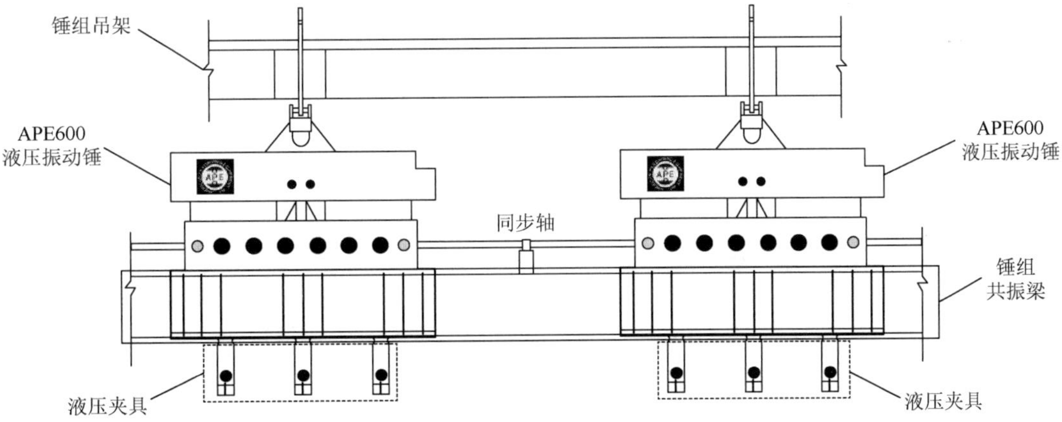

图 2-9　振动系统组成示意图

图 2-10　钢圆筒振动系统总体装配图

2. 振动锤组

8 台 APE600 液压振动锤采用双向齿轮箱多级传递实现机械同步。振动锤液压夹具油缸设有液压锁，当夹具夹紧后，如果夹具系统发生泄漏，保护阀可保持操作过程中的压力，以避免钢圆筒脱落。液压夹具最大开口为 246.7 mm（9.674 英寸），最小开口满足夹紧壁厚为 25 mm 的钢圆筒，具有自动压力补偿系统。

3. 动力系统

振动系统的动力柜放置于起重船上，以便与振动锤系统成为一个整体，船舶舾装主要由动力柜及高压油软管的布置组成。

（1）动力柜的布置

浮吊“振浮 8”前甲板处设置一个长 14.7 m、宽 11.1 m、高 2.2 m 二层动力柜承载平台，在与二层动力柜承载平台等高接近船首处为动力柜集中控制室和高压油软管固定集束架，如图 2-11 所示。

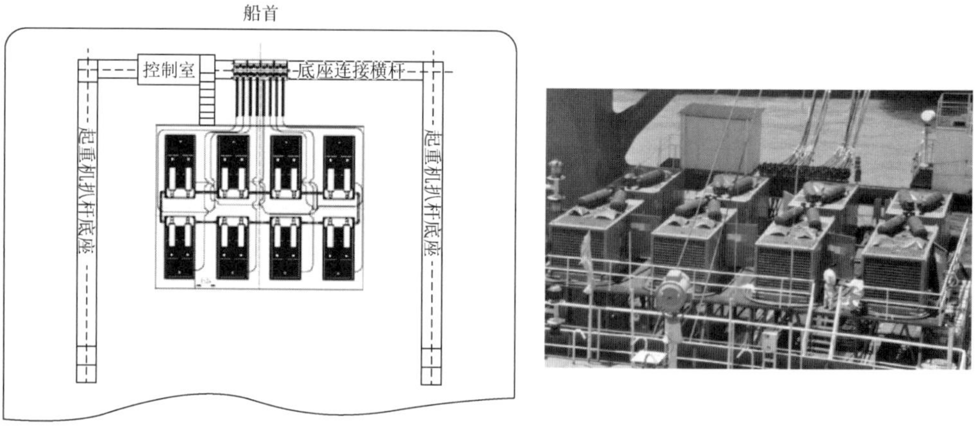

图 2-11　动力柜布置

（2）高压油软管舾装

8 个动力柜间距和布局按液压油箱并联油管的长度设计，以确保顺利安装。每个动力柜引出的 1 束 5 根高压油软管，按振动锤的编号一一对应进入船首处的固定集束架，共 8 束 40 根。所有 40 根高压油软管出固定集束架后距外边沿 2 m 为油管快速接头。

在浮吊“振浮 8”船主臂约 43 m 和 70 m 处各装有一组滑车组，通过甲板上的 2 台 15 t 锚机分别与 2 个悬挂的活动式高压油软管集束架相连。钢圆筒振沉工作时 2 个活动式高压油软管集束架可根据钢圆筒下沉或上拔速度随动，以保证振动锤液压马达和夹持油缸的供油，并能始终保证所有动力油管均在大于其最小弯曲半径的状态下工作，见图 2-12。

图 2-12　高压油软管集束装置实景图

4. 共振梁加工

共振梁起着锤组的连接、振动力量的合成和吊具的作用，必须能够承受所有力量，加工质量不能有任何缺陷，需要满足以下技术要求：

①共振梁和吊架图纸中所有材料（除特殊注明的以外）均为 Q345B 或 ASTM A572-Grade50 板材。

②板材下料采用数控氧乙炔或等离子切割机进行。切割后的切口光顺并垂直于板面，尺寸误差应≤±2 mm。

③焊接均需编制工艺指导书，施工时严格按照工艺指导书要求执行。

④吊架上所有 H 形构件的焊缝均为自动埋弧焊缝，焊接完成后上自动校正机进行调整。

⑤共振梁锤座和联系梁的焊接采用二氧化碳气体保护焊或手工电弧焊进行，对全焊透焊缝要按工艺规定位置开双面坡口和单面45°坡口，组对前其坡口表面和焊接面应打磨处理。焊条采用CHE50，焊丝为GFL-71、CHW-S3，所有焊接人员应具有相应的焊接资质证书。

⑥共振梁锤座中的所有全焊透焊缝焊接完成后按其工艺规定分别进行UT或MT无损检验，其余焊缝进行外观和焊肉高度检验。

⑦8个共振梁锤座全部焊接完成后，对其构件进行应力消除，然后进入机加工工序。

⑧所有机加工表面的粗糙度≤3.2 μm，每个共振梁锤座体上、下表面尺寸公差<±1 mm。各孔距中心基准线尺寸误差≤±0.3 mm，各夹头孔分度尺寸距图示分度中心线<±1 mm，钻孔公差≤±0.3 mm。

⑨共振梁的组对在一经过找平的整体胎架上进行，8个锤座和8根联系梁分别按图纸位置将其就位，然后分别检查各对面2个锤座中心之间的直线距离和8个锤之间的圆周分度。对各件进行微调，其调整公差应控制在±2 mm之内，各锤座之高低公差应控制在±3 mm之内。整体调整确认后，各件进行点固。为防止各锤座和联系梁焊接时产生不对称移位变形，焊接前应将各组件与下部胎架适当点固。

⑩在8个锤座安装锤组的中心位置制作一个轴板座，利用安装锤组用的螺栓孔用螺栓将其固定，然后把已完成的吊架平放在共振梁上，使其吊架下面的8个连锤耳板分别插入到轴板座中穿上假轴。再按工艺对共振梁进行整体焊接，确保了吊架上的8个振动锤吊点和振动锤安装位置的相对一致。

⑪钢结构件均进行机械喷砂处理Sa2.5级，涂环氧富锌底漆两度70 μm，环氧云铁中间漆两度80 μm，氯化橡胶面漆60 μm。

2.1.4 使用及工效

1. 技术要求

钢圆筒直径22 m，壁厚16 mm，筒重452.18～555.11 t，筒顶标高3.5 m，筒底标高−47～−37 m，设计垂直精度偏差为1/200。

2. 施工流程

钢圆筒振沉施工总体流程为：施工准备→定位→钢圆筒自沉→钢圆筒振沉。钢圆筒振沉施工工艺流程如图2-13所示。

①施工准备：运输船到位后，起重船通过锚缆绞船移位到运输船驻位处，两船纵轴线相互垂直，起重船起吊钢圆筒并移船至振沉位置。

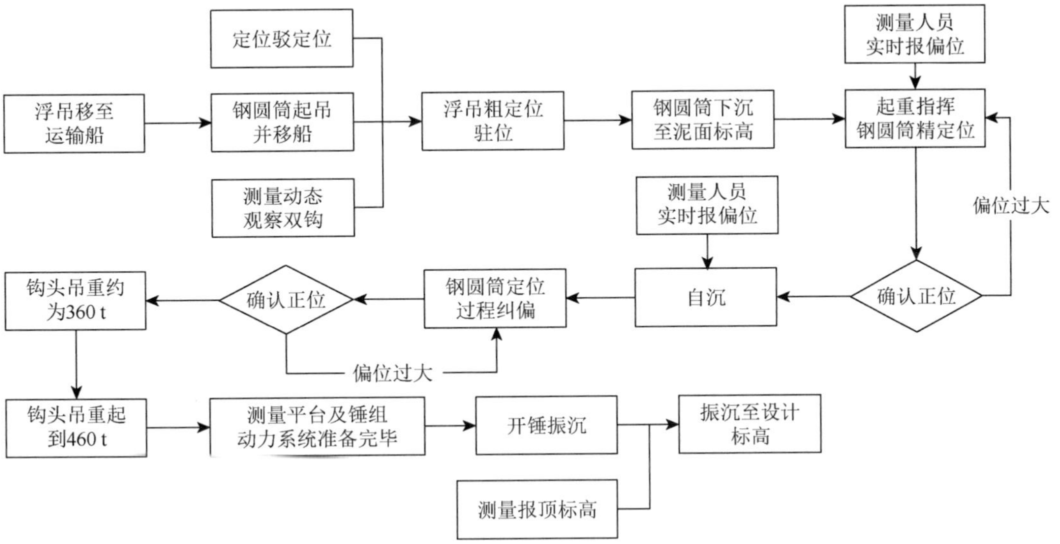

图 2-13　钢圆筒振沉施工工艺流程

②定位：测量人员根据钢圆筒施工定位监测系统显示的偏位对定位驳进行定位，起重船吊钢圆筒至定位驳处后，根据限位架的中线先对钢圆筒进行粗定位，然后将钢圆筒沉入水中距泥面 1.0 m 处时进行精定位，达到设计要求后，落钩自沉。

③钢圆筒自沉：先利用钢圆筒及振动锤的自重下沉，为保证钢圆筒自沉过程中的垂直度，自沉过程中需严格控制钩头吊重，以 500 kN 为一级减载缓慢落钩，起重船钩头吊重减至 3600 kN 时停止自沉。

④钢圆筒振沉：自沉完成后开启振动锤振沉，振沉过程中起重船的吊钩始终保持 4600 kN 的吊力，并控制钩头下降速度，以减小振沉过程中的倾斜与偏位。若在钢圆筒振沉过程中监测发现有微量偏位和倾斜，调整起重船上两个钩头的快慢和扒杆的变幅进行纠偏；若偏位＞15.0 cm、倾斜度＞0.2%时，在不停锤的情况下采取停止钩头下降、振动上拔、松紧锚缆、升降两个钩头和仰俯扒杆等措施进行纠偏，待筒体偏位和垂直度控制在允许范围内，再落钩继续振沉，直至达到停锤标准。

3. 工效分析

东人工岛和西人工岛共需振沉钢圆筒 120 个，自 2011 年 5 月 15 日西人工岛首个钢圆筒振沉典型施工至 2011 年 12 月 9 日东人工岛合拢（西人工岛成岛效果图见图 2-14），共 209 d。最多日沉 3 个钢圆筒，8 片副格弧形钢板桩。钢圆筒振沉效率主要受钢圆筒制作及运输的制约，副格振沉效率主要受风浪制约，具体见表 2-4～表 2-6。

表 2-4　施工天数统计表　（单位：d）

总天数	施工有效天数	现场待工天数
209	85	124

图 2-14　西人工岛成岛效果图

表 2-5　西人工岛施工进度横道图

船次	运输船名	数量/艘	天数/d	施工日期														
				5月			6月			7月			8月			9月		
1	振驳 28	1	1		━		━			━	━	━		━		━	━	
2	振华 16	9	9															
3	振华 17	8	5															
4	振华 23	9	7															
5	振华 17	8	4															
6	振华 23	9	6															
7	振华 17	8	5															
8	振华 24	9	4															

表 2-6　单筒施工平均时间统计表　　　　（单位：min）

起重船移船	起吊钢圆筒	钢圆筒定位	钢圆筒自沉	钢圆筒振沉	合计
65	61	87	54	7	274

通过振沉超大体积钢圆筒，形成止水围护结构成岛技术，作为具备行业前瞻性的一项施工工艺，其成功实施在国内尚属首次，为港珠澳大桥岛隧工程的顺利推进打下了坚实的基础，也为其深度推广提供了可能。其超大体量钢圆筒的制作、运输方案的选用、八锤联动振沉方案的设计与实施、施工流程的组织，对今后开展类似工程具有重要的指导意义。

2.2　挤密砂桩船

2.2.1　研制情况

港珠澳大桥沉管隧道过渡段基础、人工岛抛石斜坡护岸基础及人工岛救援码头沉箱基础施工中采用了挤密砂桩（sand compaction pile，SCP）技术，先后投入砂桩船 7 艘，高峰时 6 艘船同时作业，共沉放砂桩近 40 000 根，用砂量近 150 万 m^3。本节仅以 70 m 桩架 3 联管挤密砂桩船“砂桩 7”为例介绍挤密砂桩船的性能，大型砂桩船侧面图见图 2-15。

“砂桩 7”由国内厂家设计建造，于 2011 年 6 月 15 日进入港珠澳大桥施工水域，2013 年 8 月 4 日完成施工任务后离开珠江口。

图 2-15　大型砂桩船侧面图

挤密砂桩船在进驻珠江口施工前，根据岛隧工程施工海况和施工工艺要求对船舶进行改造，主要包括以下方面：

①优化自动化系统的人机控制界面，对操作手柄、按钮和旋钮布置方式等进行优化；

②对砂料计量及输送控制系统进行改进，根据砂桩各工艺阶段对砂料计量、输送的要求，优化输送控制系统；

③对砂料输送带、提升斗和计量斗等控制系统的控制方式进行改进，提高施工效率，改善系统的稳定性；

④桩管内砂面测量系统优化，采用无线数据传输设备对信号进行传输，提高系统运行的稳定性；

⑤进行振动锤电流的监控与贯入速率控制关联性研究。

2.2.2 技术性能

1. 船舶参数

“砂桩 7”为非自航工程船，沿海航区作业，无限航区调遣，主要用于水下挤密砂桩施工作业，最大作业深度为水下 65 m。该船为钢质全焊结构、单甲板、单底（机舱双层底）、箱形主船体，船舶主尺度见表 2-7。

表 2-7 船舶主尺度

船长 L	75.0 m	型宽 B	26.0 m
型深 D	5.20 m	设计吃水 d	3.20 m
结构吃水	3.50 m	燃油舱（左，右）体积	2×225 m^3
淡水舱（左，右）体积	2×235 m^3	工作水舱体积	2800 m^3
自持力	30 d	配员	36 人

2. 作业条件和锚泊环境条件

作业环境条件：作业水域流速≤3.0 m/s，风速≤17.1 m/s，H/3 波高≤2.0 m。

锚泊环境条件：在蒲氏 8～9 级时，水域流速≤4.5 m/s 的，作业区水域就地抛锚抗风；在蒲氏 10 级及 10 级风以上进港避风。

3. 作业性能

三管挤密砂桩船可同时施打 3 根挤密砂桩，按砂桩作业所需，砂桩管横向能在距中 4.8～6.9 m 范围可调。桩架最高点距水平面 86.2 m，为满足吴淞口过江电缆 68 m 通航高度要求，桩架上部采用活动结构。

4. 主要设备配置表

主要设备配置表见表 2-8。

表 2-8　主要设备配置表

序号	名称	规格型号	数量	备注
1	船用发电机组	柴油机 6CTA8.3-GM155，气缸数 6；气缸直径 114 mm；活塞行程 135 mm；额定功率 155 kW；额定转速 1500 r/min，超负载功率（110%）170 kW	5 台	
2		发电机 UCM27H13，额定容量 162.5 kV·A，额定转速和频率 1500 r/min 50 Hz，额定电压 400 V，电流 234.54 A，功率因数 0.8，极数 4，相数 3	1 台	
3		发电机 LVM63F1，额定容量 1000 kV·A，额定转速和频率 1500 r/min 50 Hz，额定电压和电流，400 V 1443.37 A，绝缘等级 H，工作定额 S1，功率因数 0.8，极数 4，相数 3	4 台	
4	燃油输送泵	排量 3.3 m^3/h，压力 0.33 MPa	2 台	
5	污油输送泵	排量 3.3 m^3/h，压力 0.34 MPa	1 台	
6	舱底总用泵	排量 80/45 m^3/h，压力 0.25（或 0.6）MPa	1 台	
7	消防总用泵	排量 80/45 m^3/h，压力 0.25（或 0.7）MPa	1 台	
8	燃油热水锅炉	热量 20×104 kcal/h	1 台	
9	主起动空压机组	排量 10 m^3/h，压力 1.0 MPa	2 台	
10	起动空气瓶	排量 0.5 m^3/h，压力 1.0 MPa	2 台	
11	打桩用空压机组	风量 50.2 m^3/min，压力 1.4 MPa	4 台	
12	空气压缩机	M300-LV	4 台	
13	绞车	支持负载 750 kN，额定速度 11 m/min，钢索直径 DN46 mm，容绳量 500 m，电动机型号 YZPF315S-7-H	6 台	
14	绞车	支持负载 675 kN，额定速度 31 m/min，钢索直径 DN40 mm，容绳量 550 m，电动机型号 YZPF315M1-8-H	6 台	
15	绞车	负载 100 kN，额定速度 18/9/4 m/min，制动负载 150 kN，钢索直径 DN24 mm，容绳量 300 m，电动机型号 JZ2-H-4/8/16	2 台	
16	船用气缸	IQG250/50-300-MF1-00，油缸直径 250 mm，活塞杆直径 50 mm，活塞行程 300 mm，工作压力 1 MPa，试验压力 1.5 MPa	18 个	
17	海军锚	8000 kg	6 个	
18	移船控制台	MCC，额定电压 AC220/DC24 V，防护等级 IP22	1 个	
19	移船变频控制柜	IDS-2/D2，额定电压 AC380，防护等级 IP22	6 个	
20	船用变压器	ZSD，容量 600 kV·A，电压 400 V，额定频率 50 Hz，相数 3，防护等级 IP22	3 个	
21	配电板	JZB-800×4＋130/13＋1，额定电压 AC400V/230 V，额定电流 1443 A/234.5 A，额定频率 50 Hz，额定容量 4×800 kW/130 kW（kV·A）	—	
22	主电源	4 台 800 kW 柴油发电机及 1 台 113 kW 停泊发电机	5 台	
23	主配电板	发电机屏 4 屏，停泊发电机屏 1 屏，同步屏 1 屏，组合起动屏 1 屏，380 V 负载屏 2 屏及 220 V 负载屏 1 屏	10 个	
24	集中控制台	1 航行灯控制板，1 信号灯控制板，1 火警报警板，1 通用报警板，1 通用报警板，1 声力电话，1 广播遥控板，1 雾笛遥控板，1 工作灯及室外照明分电箱 1，1 AC2202 V 分电箱，1 DC24 V 分电箱，2 舱室风机紧急切断按钮，1 风速风向显示器，1 气象传真接收显示器，1 高频电话，1 机舱报警延伸板	1 个	
25	甲板动力设备	6 台定位绞车	6 台	
26	砂桩架及砂桩设备	程序自动控制功能和自动监测功能	3 台	

注：1 kcal＝4.1868 kJ。

2.2.3 组成及特点

挤密砂桩成桩系统主要包括振沉系统、测量系统、成桩控制系统和动力系统。

1. 振沉系统

砂桩船主要使用液压振动锤将桩管振沉至设计标高，振沉系统主要由吨位计、振动锤电流计、绞车电流计组成，用于控制成桩底标高、变径标高和桩径。

在沉管过程中，吨位计实时反映桩管钢丝绳所受到的桩管、振动锤的总重量及振动锤的激振力（即桩管钢丝绳的拉力），而振动锤电流计反映激振力的大小，综合两者所显示的数值可判断能否继续沉管。

在成桩过程中，绞车电流计实时反映桩管钢丝绳的拉力，综合绞车电流计及振动锤电流计所显示的数值可判断成桩的难易程度。

2. 测量系统

测量系统主要由 3 台 GPS 流动站、1 台测倾仪、1 台砂面仪及钢丝绞车的编码器组成，主要控制挤密砂桩的平面位置、桩底标高、变径标高、桩管的垂直度、管内的砂面高度。

在施工过程中，3 台 GPS 流动站能实时反映船舶的高程 H 及平面位置，钢丝绞车的编码器可根据绞车的转数及钢丝绳的滚装半径换算出钢丝绳的收、放长度，继而实时反映桩管的入水深度。结合 GPS 与编码器所显示的数据、船型参数中 GPS 流动站到甲板的距离及甲板到水面的距离，可实时得出桩底标高。桩底标高 = 水面高程–桩管的入水深度，而水面高程 = 船上 GPS 高程–船型参数中 GPS 到流动站甲板的距离–甲板到水面的距离。

测倾仪可反映桩管的垂直度，可根据测倾仪的数据，调整船舱相关压舱水以调整船舶平衡状态，进而调整桩管的垂直度。

砂面仪位于桩管内顶部，其工作原理为向桩管内垂直发射红外线波束，该波束遇障碍反射，系统过滤因砂料而反射的波束，并记录波束发射与反射的总时间，从而得出管内砂面的高度。

测量系统的准确性关系变径挤密砂桩的平面位置、桩底标高、变径标高、垂直度、灌砂量等是否满足设计及规范要求，在施工过程中若 GPS 流动站非 RTK 状态（即处于失锁状态）或砂面仪卡死（因外界因素导致所显示的管内砂面高度一直不变），须暂停施工，待测量系统恢复正常后再继续施工。同时，要定期对测量系统进行校核。

3. 成桩控制系统

成桩控制系统主要由管内压力计、数据处理器及显示器组成，用于控制成桩的质量。

管内压力计可通过预设参数来自动调整桩管在向下贯入和提升制桩过程中的压力，使桩管内的压力保持在合适范围内，以保证贯入时能够排出端部桩管内的淤泥，制桩时套管内的砂料能够顺利排出。

数据处理器将测量系统及振动系统的相关数据汇集并形成相应曲线及成桩参数，显示器显示上述数据成果，方便操作人员控制成桩质量。其中主要曲线为桩底标高轨迹曲线、管内砂柱变化监测曲线、实际排砂量曲线，如图 2-16 所示，操作人员可根据上述三条曲线调整拔管速度、灌砂量等来有效控制桩径，确保桩身密实和连续。

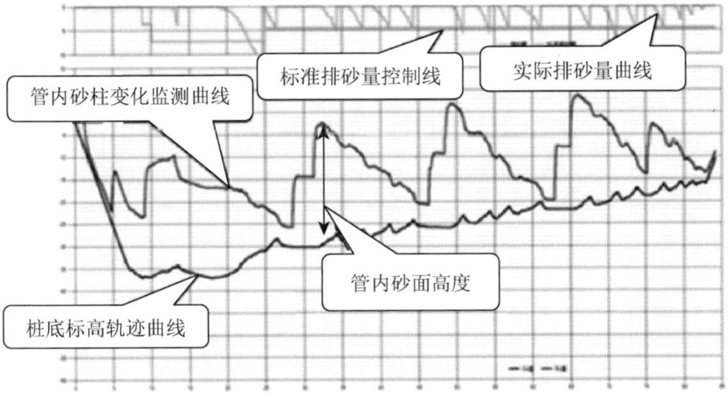

图 2-16　成桩曲线图

4. 动力系统

主电源由四台 800 kW 柴油发电机组提供，其中四台并车运行时能满足挤密砂桩作业工况时振动锤、吊锤绞车、砂料供应系统、空压机、全船动力和生活用电同时工作的需要。设置 130 kW 停泊柴油发电机一台，能满足全船生活用电需要。

2.2.4　施工工艺

1. 基本施工流程

砂桩船进行船舶定位之后，将套管打设至设计底标高，利用高压气体排出套管内原装软土，贯入中粗砂并上拔套管一定高度，根据计算数据回打一定高度使得砂桩振动密实，然后边循环打设边上拔套管高度，最终在软土地基中形成一定直径的连续挤密砂桩。

2. 施工工序

砂桩振沉施工包括定位、加压排水、下沉减压灌砂、加压及持压施打至底标高、上拔排泥、灌砂施打至底标高、上拔灌砂、回打扩径和循环施工等步骤，施工工序效果图见图 2-17。

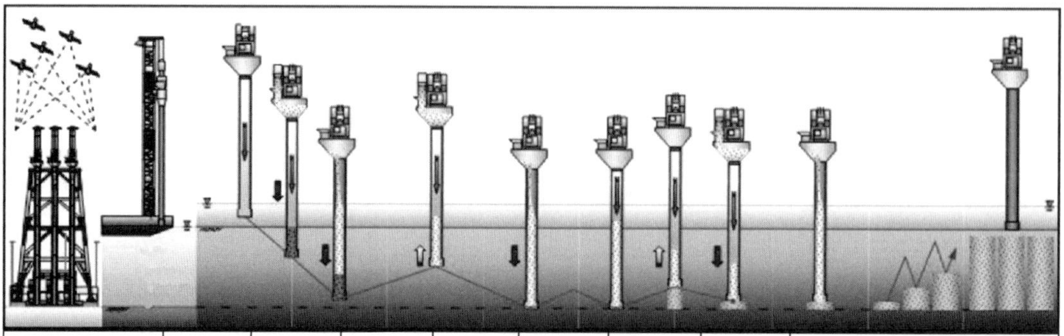

1. 采用陆上参考站及GPS测量系统进行船舶定位	2. 砂桩套管接近泥面，实施低压力加压排水	3. 沉设砂桩套管进入土层一定深度，减压灌砂 6～10 m^3	4. 加压及持压施打砂桩套管接近处理土层底标高	5. 持压，上拔砂桩套管，排出管内泥柱，端部处理	6. 灌砂、加压施打砂桩套管至处理土层底标高	7. 灌砂、加压上拔砂桩套管，排砂形成一定高度砂柱	8. 加压振动回打扩径，形成一段挤密砂桩	9. 循环灌砂、加压排砂形成砂柱、振动回打扩径，逐段形成整根挤密砂桩

图 2-17　施工工序效果图

2.2.5　使用及工效

1. 使用流程

（1）定位

施工前，根据设计的桩位图及控制点的坐标，计算每根挤密砂桩的桩中心坐标，导入砂桩船 GPS 定位系统。

砂桩船采用 GPS 定位系统，由陆上 GPS 基站及船上 3 组 GPS 接收站组成，以确定船体在工程坐标系中的位置、方向和姿态，从而确定砂桩位置。沉桩定位时定位人员密切观察 GPS 定位系统显示的桩位偏差，定位系统控制界面如图 2-18 所示，保证在沉设

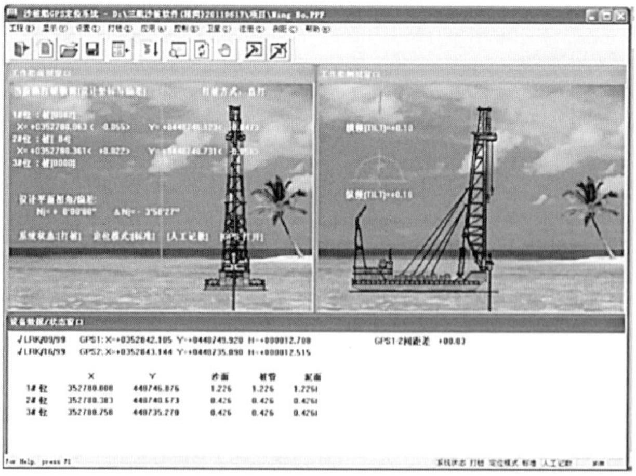

图 2-18　GPS 定位系统控制界面

套管时桩位偏差符合设计及规范要求。同时在沉设过程中，通过调节砂桩船压舱水控制砂桩的垂直度，严格控制砂管垂直度在 1.5%以内。

（2）沉管

砂桩船完成移船和精确定位后，依次分别插入三根砂桩套管，当套管接近泥面时（在沉管 PLC 监控系统的显示器上实时显示管底高程和泥面高程），关闭砂桩套管上导门（即上料灌砂导门），开启加压系统，向管内适当加压（加压压力根据水深确定），通过 SL 测量仪控制管内的水面，直至管内水柱基本排完（可留 1～2 m 水柱），停止加压，在持压状态下继续沉管。

在套管自重作用下无法沉放时，开启振动锤打设套管，当套管入土层一定深度后，打开上导门减压放气并向套管内灌砂 6～10 m^3。然后关闭上导门，加压并持压继续振动打设套管至设计底标高。

（3）端部处理

套管插入到设计底标高后，需进行端部处理将桩管内的泥排出管外。端部处理时维持管内一定压力上拔砂桩套管，使管内砂柱顶面标高不变，将管内泥柱排出管外，并通过监控系统检查，确保管内均为砂柱。完成管内排泥后，保持套管内压力将套管施打至设计底标高。

（4）成桩

端部处理后，根据桩管所处土层深度设定管内压力，持压上拔套管，管内砂留在土层中。当拔管排砂量不小于理论用量时，持续维持管内压力回打，使砂柱挤密压实扩径，直至达到设计桩径要求后，形成一段挤密砂桩。在持压拔管过程中，为使套管内砂留在土层中，必须保持一定的管内压力（通过计算和典型施工已确定），并打开套管底部的喷气口，防止砂在套管内起拱而形成堵塞，使砂能从套管底部顺利排出，并达到理论用砂量。该施工过程采用砂面自动检测仪，实时跟踪管内砂面高度，并通过施工监控系统反映在显示器上，以便施工人员操作和监控。

严格按照工艺性试验验证及典型施工优化的施工参数循环拔管、回打，逐渐形成整根挤密砂桩。

2. 施工效率

经统计分析，“砂桩 7”自 2011 年 8 月开始港珠澳大桥岛隧工程东人工岛施工，至 2012 年 9 月结束，有效工作日为 198 d，累计完成 194 431 m^3 砂桩，平均施工效率可达 982 m^3/d。若根据正常使用情况，一个月有效施工时间不少于 25 d，施工效率可达 2000 m^3/d。

第 3 章　隧道基础施工系列装备

岛隧工程沉管隧道软土地基厚度达 40 m，远超以往同类工程，没有成熟的施工经验可供借鉴。为减少基础沉降，实现沉管隧道地基刚度平顺过渡，在隧道基础设计中采用了复合地基的设计理念，对人工岛隧道过渡段地基进行了多种形式的加固处理，其中 SCP + 堆载预压地基加固技术填补了国内软土地基处理技术的空白。对深厚软土层隧道基础首创复合地基 + 组合基床新结构，采用了“抛石夯平＋碎石整平”的组合垫层设计方案。研发的沉管基础施工质量检测监测管理系统、外海堆载预压监测系统、沉管隧道沉降变形监测系统，有效地保证了基础施工质量。经过持续监测，建成后的沉管隧道平均沉降仅 6.5 cm，差异沉降小于 1 cm，远小于世界同类工程沉降值。

为了保证基础施工质量，岛隧工程精心设计基础施工工序，主要包括：基槽开挖（基槽粗挖和基槽精挖）、基槽清淤、基床抛石夯平和碎石基床铺设。针对每道工序具体要求和施工环境全新设计建造自升式碎石基床铺设整平船一艘，改造定深平挖抓斗基槽精挖船一艘，改造深水定点高精度基槽清淤船一艘，改造溜管式深水基床抛石夯平船一艘，形成基础施工船机装备体系，隧道基础施工效果图如图 3-1 所示。

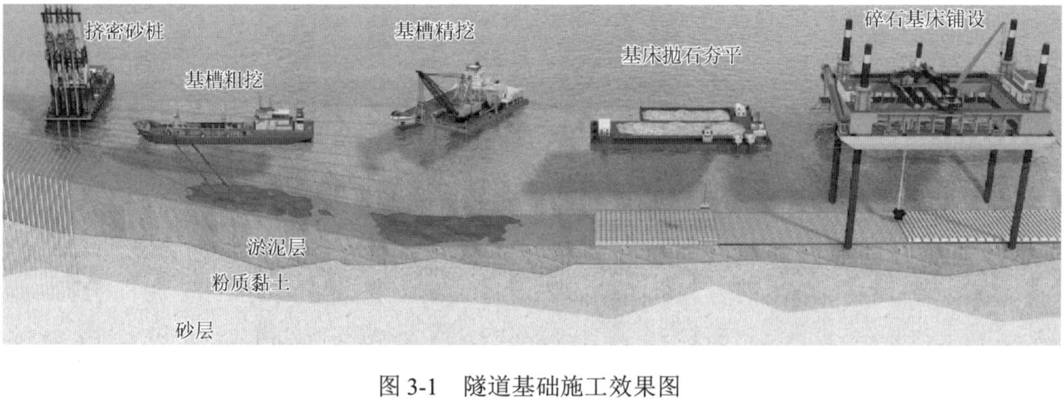

图 3-1　隧道基础施工效果图

①基槽开挖。基槽粗挖采取大型疏浚船舶施工，因开挖水深达到 50 m，开挖精度要求–60～40 cm，研发了基槽精挖船和挖深精度控制系统进行精挖施工。

②基槽清淤。沉管隧道横卧珠江口，不确定的回淤易造成基础沉降和沉管安装期浮力突然增大而意外上浮，需要研制专用清淤船进行清淤施工。基槽清淤船不仅能够进行

系统定位和测量，能实时显示基槽槽底纵坡，还能采用耙头定点清淤，可满足在块石、碎石、黏土等不同类型基础面上进行清淤施工。

③基床抛石夯平。由于抛石夯平作业水深达到 46 m、夯平精度小于 30 cm，且夯平施工要顺应基础坡度，水下抛石、夯平工作量大，研制了专用基床抛石夯平船，可实现溜管定点定量抛石、定点夯平。采用液压振动锤水下夯平后，大幅提高了夯平效率及质量。

④碎石基床铺设。由于水深达 40 m、整平精度允许偏差±40 mm，且整平质量关系沉管标高、接头受力，整平工作量大，研制了国内第一艘自升式碎石基床铺设整平船，采用液压抬升、皮带输送和抛石定位测控管理三大系统，实现基床铺设施工自动化控制。

3.1　基槽精挖船

3.1.1　研制情况

1. 目的及意义

沉管隧道基槽开挖分粗挖和精挖两种工况，粗挖对开挖精度要求不高，可以采用大型耙吸船进行开挖。为提高基槽开挖精度，保障基槽质量，对基槽底标高以上 2～3 m 进行精挖控制，并对国内外基槽精挖工艺和设备进行研究。

2. 设备比较

（1）绞吸船和铲斗船

绞吸船（图 3-2）和铲斗船采用长臂结构（桥梁或斗臂）连接绞刀或铲斗进行施工，受桥梁长度限制，通常挖深不超过 35 m。即使加长绞吸船桥梁或铲斗船斗臂也难以解决施工精度、船舶定位等问题。

图 3-2　绞吸船

（2）耙吸船

沉管隧道基槽纵向底槽通常为斜坡，而耙吸船（图 3-3）采用航行开挖作业，目前世界上尚未有效解决耙吸船高质量开挖纵向斜坡槽底的技术难题，且耙吸船开挖黏土层易产生垄沟，再次利用其他疏浚船舶清除深槽垄沟难度非常大，因此耙吸船不适用于隧道基槽黏性较强的黏土层开挖及槽底的精挖施工。

图 3-3　耙吸船

（3）抓斗船

现有抓斗船（图 3-4）主要通过定位桩或抛锚定位，破土能力强，定深平挖，质量控制好，对边坡稳定性好，适应性强，适合基槽施工。港珠澳大桥沉管隧道基槽开挖质量要求远远高于现行的水运工程规范要求，国内外无抓斗船解决如此高精度开挖项目实例，需对抓斗船进行精挖设备技术改造及工艺研究。

图 3-4　抓斗船

3. 方案确定

在常规疏浚工程中，抓斗船一般都采用水深控制模式作业，该模式需要进行潮位基准面与工程设计高程的转换，受潮位、风浪流、斗重变化等因素的影响，偏差较大。同时，常规抓斗的闭斗轨迹为 W 形曲线，施工后形成的水下地形高差较大，特别是抓斗斗容越大，其在水下形成的高差就越大。

为确保抓斗船开挖隧道基槽作业精度控制在工程设计允许超挖范围内，通过系统性地开展典型施工偏差因素的分析研究，提出一种新型的抓斗船挖泥控制方法，采用挖泥船计算机控制系统对抓斗挖泥过程进行高程控制，消除船舶施工时潮位、风浪流、斗重变化、船舶吃水等因素的影响，达到有效控制超挖精度的目的。

为避免超挖及对槽底原状土的扰动，研发深基槽高精度挖泥关键技术与设备。通过自主研发的抓斗船智能控制操作系统（包含抓斗船精挖监控系统研制），应用传感器、网络通信、计算机、机电一体化、机械配套加工等工业技术，在原有设备状态基础上，进行船机设备适应性升级和优化。通过接管或替换原挖泥船定深控制系统，实现挖泥施工过程的可视、可控、可测。

深基槽高精度挖泥关键技术与设备研发主要针对处于无掩护外海深基槽高精度开挖的情况，以 30 m^3 抓斗船为母船开发了成套施工设备与技术，实现了在无掩护外海区域 50 m 水深下 50 cm 的开挖精度。

3.1.2　技术性能

1. 性能参数

抓斗式自定位基槽精挖船由 30 m^3 抓斗船“金雄”轮技术改造而成，具体参数见表 3-1。

表 3-1　“金雄”轮参数表

出厂年份	2009 年	挖深（最大）	75 m
总长	68 m	斗臂长	28 m
型宽	25 m	型深	4.80 m
挖泥时吃水	2.80 m	挖泥半径	14.9～21.4 m
斗容	30 m^3	斗长	9.7 m
		斗宽	3.2 m

2. 设备清单

主要设备清单见表 3-2。

表 3-2　主要设备清单

序号	设备名称	技术规格型号	数量	备注
1	柴油机	型号 6N330-EN，6 缸四冲程增压 2574 kW×620 r/min	1 台	
2	离合器	OMEGA 液力变矩器，型号 4Y-3109H，输入传动比 2.958	1 台	
3	柴油发电机组	柴油机 TBD620L6，650 kW，1500 r/min	2 台（套）	
		电机 1FC6 454-4，550 kW，400 V，50 Hz		
4	停泊发电机组	柴油机 TBD234 V6，178 kW，1500 r/min	1 台（套）	
		电机 1FC2 283-4，150 kW，400 V，50 Hz		
5	空气压缩机组	型号 CWF-10/1，排量 10 m^3/h，电机 1.5 kW	1 台	
6	液压锚绞车（艏锚绞车）	型号 TJKOYO-H-163-AW62/300-TW42，ϕ62 mm 锚链，卷筒速度 11/22 m/min，卷筒负荷及钢丝绳型号 300/150 kN，ϕ42 mm×400 m	1 台	
7	液压系泊绞车（艉绞车）	型号 TJKOYO-H-300-TW42，卷筒速度 11/22 m/min，卷筒负荷及钢丝绳型号 300/150 kN，ϕ42 mm×400 m	1 台	
8	液压绞车	型号 TJKOYO-H-147-TW32-D，卷筒速度 13 m/min，卷筒负荷及钢丝绳型号 147 kN，ϕ32 mm×150 m	1 台	
9	吊臂起伏液压泵	LZ500，17.7 MPa	1 台	
10	挖泥室旋转液压泵	LZ500，17.7 MPa	1 台	
11	消防总用泵组	43.3 m^3/h，0.6 MPa，型号 CIS80-50-250B	1 台	
12	舱底压载泵组	型号 80CWZ-11，60 m^3/h，0.30 MPa	1 台	
13	挖掘机海水冷却泵组	型号 CLH150-125-22，200 m^3/h，0.25 MPa	1 台	
14	液压系统冷却水泵组	型号 65CWL-11，35 m^3/h，0.21 MPa	1 台	
15	锅炉凝水冷却水泵组	型号 50CWL-7，21 m^3/h，0.3 MPa	1 台	
16	重柴油输送泵	型号 2CY-5/0.33，5 m^3/h，0.33 MPa	1 台	
17	轻柴油输送泵	型号 2CY-5/0.33，5 m^3/h，0.33 MPa	1 台	

3.1.3　组成及特点

1. 船舶组成

大型抓斗船通常由船体、动力系统、绞缆系统和抓斗挖掘机组成。“金雄”轮配备了 AIC160-400GT 型抓斗挖掘机，由抓斗、起重臂、卷扬机、柴油机及调速系统、齿轮旋转系统、操控系统等部分组成。

2. 改造部分

“金雄”轮改造部分主要包括挖掘控制模式的改变，以及疏浚监控系统、定深系统、奥米茄液力变矩器、挖掘机、斗齿和锚系统等的改造，具体如下（图 3-5 为挖掘示意图）。

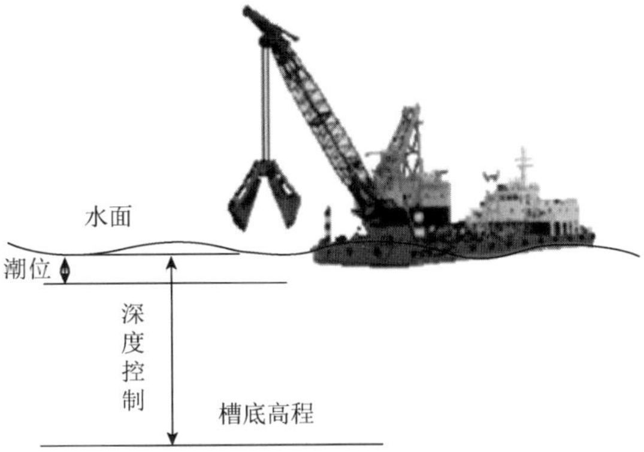

图 3-5　挖掘示意图

（1）挖掘控制模式的改变

常规疏浚工程中，挖泥船一般都采用水深控制模式作业。该模式需要进行深度基准面与高程的转换，受潮位、风浪流、斗重变化等因素的影响，偏差较大。

隧道基槽精挖作业采用新的高程控制模式，将 RTK（可直接接收港珠澳大桥岛隧工程统一的 CORS 系统信号）安装在抓斗上部，通过新设计的疏浚监控系统，实时跟踪 RTK 基准高程和抓斗钢丝绳下放长度，智能控制挖掘高程。

采用该模式，不需要进行深度基准面与高程的转换，可消除潮位、风浪流、斗重变化、船舶吃水变化等因素的影响，仅存在 RTK 基准偏差、抓斗船定深系统偏差、抓斗船平挖系统偏差等影响。

（2）疏浚作业图形显示系统的改造

将“金雄”轮的疏浚作业图形显示系统改造成疏浚监控系统，具体改造项目和新增功能如下。

①基准选择：具备 RTK 和潮位双控能力，系统以 RTK 为主要基准选项，当 RTK 信号失真时，可迅速转为潮位控制（潮位站布置在西人工岛附近的海上测量平台上）。

②海底地形文件：要适应隧道基槽纵坡变化的特点，系统必须支持三维海底地形电子文件。

③自动寻深功能：系统依据海底地形电子文件，实时计算抓斗投影位置所要求的钢丝绳下放长度。在 RTK 基准状态时，具有实时跟踪 RTK 基准高程和修正抓斗钢丝绳下放长度的能力。

④超深限制功能：当抓斗实际挖掘有可能超深时，系统将终止抓斗的闭合行程，改为提升后再补挖。

⑤综合偏差调整功能：设立一项综合偏差调整参数，可针对基槽不同水深、部位、土质（淤泥、黏土、砂等）开挖时的总体偏差进行修正。

（3）定深系统的改造

为了提高下放（或提升）抓斗的检测精度，定深系统增加了一套高精度的脉冲传感器和主卷筒测量板，具体如下：

增加的主卷筒测量板每隔约 10 mm 会开有长度约为 10 mm 的孔；同时，增加一套高精度的脉冲传感器。抓斗起升主卷筒每旋转一圈约会产生 470 个脉冲，采样频率由原来的 47 个脉冲/周增加到 470 个脉冲/周，测量精度是原来的 10 倍，误差控制在 10 mm 内。新增加脉冲传感器的信号将用于更精确的定深控制，并应用到自动整平挖泥控制系统中。

（4）奥米茄液力变矩器的改造

采取增加皮托阀等方式对奥米茄液力变矩器进行改造（图 3-6），增加奥米茄液力变矩器工作的平稳性，同时更好地实现“水平挖掘”功能。

图 3-6　奥米茄液力变矩器的改造

（5）挖掘机的改造

对传动系统进行改造，包括以下内容：更换新型奥米茄液力变矩器控制器及其总成（速度检出等传感器，自动控制、手动控制）；增加新型水平挖掘（即“自动整平”）控制器（深度计、开口度计及相关感应器总成）；增加碟刹的压力调整控制器；增加碟刹的切换阀；增加空压阀关联（追加电磁阀、检查阀、减压阀等），对压缩空气控制系统进行改造；增加 T/C 反转皮托阀（pitot valve）；变更“沉挖”装置回路；挖掘机上挖泥操作台重新排布；等等。

（6）斗齿的改造

专门设计具有一定破土能力的扁形斗齿，斗齿厚度 15 cm 左右，同时根据需要对齿座进行相应改造，适当降低其与斗齿的配合厚度。斗齿的改造如图 3-7 所示。

图 3-7　斗齿的改造

（7）锚系统的改造

对锚系统及其布锚方案进行整合，使得船舶横移角大于纵移角，增加锚抓力，加大、加长施工锚钢丝绳，将原来尺寸为 ϕ40 mm×∠400 m 的钢丝绳改成尺寸为 ϕ42 mm×∠500 m 的钢丝绳。

3.1.4　使用及工效

1. 施工工艺

（1）船位布置

施工船舶按垂直基槽轴线且船首朝向水流来向展布，并以基槽中心线为界分为南、北半槽，通过船位的前进、后退实施顶水施工。抓斗船工作示意图如图 3-8 所示。

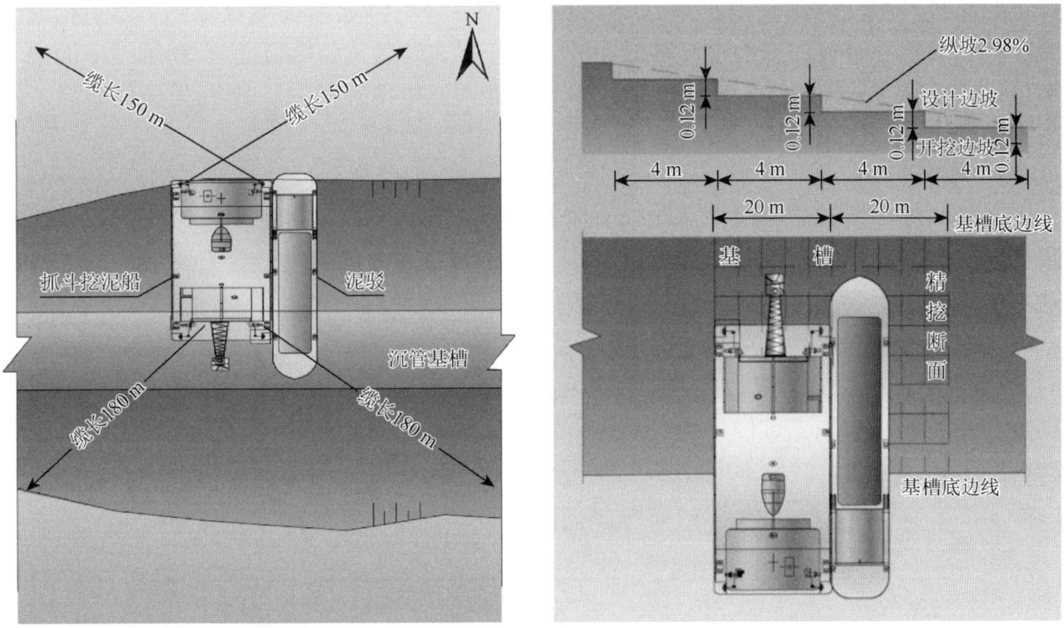

(a) 抓斗船船位布置示意图　　(b) 抓斗船基槽纵坡形成施工示意图

图 3-8　抓斗船工作示意图

（2）平面定位

平面定位采用 GPS-RTK 定位系统，利用分别安装在船尾与船首的定位系统进行平面控制。另外，利用自行研发的精确挖泥计算机测控系统的 GIS 电子图形系统，可在计算机屏幕实时显示并监测船体平面位置。

将精挖抓斗船的 GPS 接收机放到已知控制点上进行数据采集，把采集到的数据用 XYPLOT 软件进行处理，将处理得到的平面坐标与控制点已知坐标进行比较来验证 GPS 的稳定性。

（3）定深控制

可根据定深系统，在不同工况条件下，按工程计划的深度，通过精挖抓斗船的DDS系统实现施工全过程自动控制钢丝绳释放长度、闭斗进程及超深保护装置，可限制“金雄”轮超挖，尽量减少斗齿对块石基床的扰动。

（4）施工高程控制

挖深控制系统主要由GPS-RTK天线、钢丝绳脉冲计数器、精确挖泥计算机测控系统、挖泥传感器等组成。

1）GPS-RTK高程控制

抓斗船施工前，依据设计施工图计算每个断面的设计开挖深度，输入开挖监控系统，作为定深开挖依据。通过GPS-RTK采集的高程数据，利用计算机处理后实时显示抓斗在高程面下的深度，利用钢丝绳脉冲计数器计算钢丝绳下放长度，控制抓斗挖掘高程。

2）挖泥机具校准

挖泥机具抓斗的高程是采用GPS-RTK天线高程与钢丝绳长度计算的方式。在施工前应组织对抓斗进行深度校准，将抓斗放至某一标定位置（如甲板面），利用相应的电子测量设备获取GPS-RTK天线到该标定位置的高度，与精确挖泥计算机测控系统显示的高度进行比对、校核及修正。

3）实时控制

通过精确挖泥计算机测控系统的GIS电子图形系统，可在计算机屏幕实时显示、监测开挖深度。同时，可自动生成开挖记录文件，对每一斗的开挖位置及完成深度进行记录，便于后期检测比对。

（5）平挖控制

精确挖泥计算机测控系统相比原挖泥控制系统增加了超深限制、综合偏差调整等功能，实现了抓斗船施工过程可视、可控、可测。另外，采用迭代拟合的原理，由系统自动控制提斗钢丝绳，控制抓斗动态沉放，实现整个闭斗过程的实际切削土体的轨迹曲线为一条水平波纹线。抓斗精挖功能原理示意图如图3-9所示。

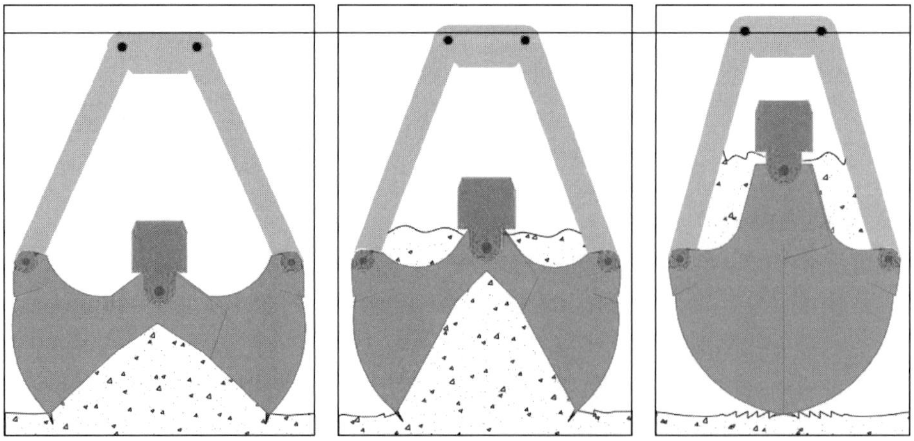

图3-9　抓斗精挖功能原理示意图

（6）分段、分条、分排、分层开挖

专用精挖船施工分段长度与船舶单次展布可覆盖施工范围有关，纵向长度为 80～100 m，施工中标准管节（180 m）分两段进行开挖。

每一段施工范围分为若干条进行，在施工过程中为控制施工质量、防止漏挖，当分条宽度小于 10 m 时，专用精挖船按条与条之间搭接宽度为 1 m 重叠施工；当分条宽度大于 10 m 时，按条与条之间搭接宽度为 3 m 重叠施工，所有管节段与段之间搭接 5 m 重叠覆盖施工。

基床精挖按照层控制，施工中沿着基槽方向按照 20 m 宽分条施工，为了避免漏挖现象的发生，相邻斗之间搭接宽度为 1/3 的斗长或斗宽。在开挖不同土层时抓斗采用不同的方式，以满足开挖精度和质量要求，见图 3-10。

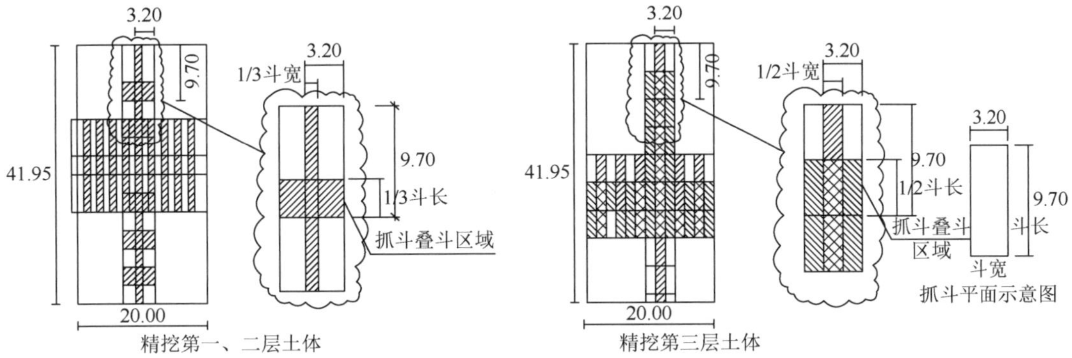

图 3-10　开挖不同土层时抓斗布置示意图（单位：m）

（7）施工工艺流程

精挖施工流程包括施工准备、施工过程和检测收尾等三个阶段，如图 3-11 所示。

2. 操作流程

①根据施工作业区的设计要求、横纵向坡比、浚前水深测图、土质特性、水流方向和周边施工干扰的工况条件，确定精挖抓斗船开挖的位置和方向，确定分段（一个标准管节一般分为两段开挖）、分条（宽度通常取 20 m/条）、分排（根据土质、斗长、斗宽、条长与搭接范围进行合理排斗）、分层（厚度一般取 0.8～1.2 m/层）施工的相关参数，编制并导入施工导航文件。

②根据施工导航电子文件，由拖轮将精挖抓斗船从临近水域拖航至拟精挖区域，接着进行施工展布就位工作。

③泥驳靠泊抓斗船后开始正常作业，首先将抓斗移动至拟开挖位置，静止 5 s，根据 GIS 电子图形系统，对抓斗进行平面初定位。

④根据安装在船首的 GPS-RTK 天线采集的高程数据，通过精确挖泥计算机测控系统控制钢丝绳下放深度。

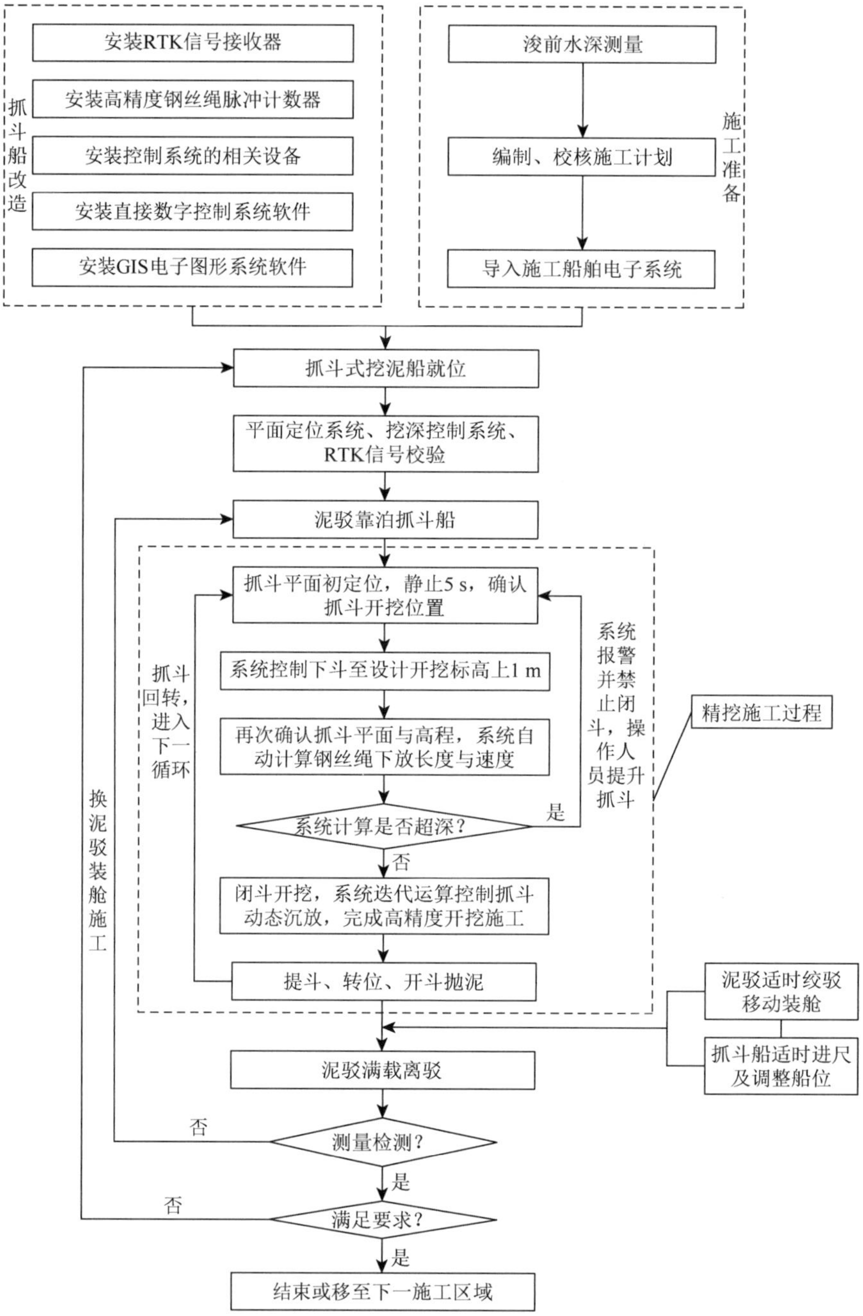

图 3-11　精挖施工工艺流程图

⑤驾驶台确定上述操作完成后，开始闭斗开挖。整个闭斗操作，均由精确挖泥计算机测控系统直接控制完成，采用迭代拟合的原理，由系统自动控制提斗钢丝绳，控制抓斗动态沉放，实现整个闭斗开挖过程的实际切削土体的轨迹曲线为一条平均高低差约为 0.3 m 的水平波纹线。

⑥闭斗结束后，驾驶员水平提升重斗至足够高度，然后旋转斗臂将泥斗移到泥驳上方，适当下放泥斗以尽量靠近泥舱，缓缓开斗卸泥，再提斗反向旋转斗臂，将抓斗移至下一个计划开挖点。

⑦精挖抓斗船上的操作人员，再重复③～⑥进行持续挖泥作业。完成一排后，绞缆前进一步，又开始下一排的开挖；完成一个条宽范围的开挖后，绞缆偏移至相邻条范围开挖。

⑧由于一次布锚难以满足一个标准管节长度基槽的开挖需求，一般分两段开挖，因此需要二次布锚。此外，精挖施工期间，为加强施工质量控制而适当加大施工检测，精挖抓斗船因此需要偏移船位，或针对剩余可能分布零散的浅点，再次布锚绞缆驻点扫除。

⑨当自航泥驳装舱满载后解缆离开，自航前往卸泥区进行抛卸；另一艘空载泥驳则随后慢慢靠上精挖抓斗船，继续装舱。

⑩当完成某个管节基槽的精挖作业后，锚艇与拖轮将协助精挖抓斗船收锚，并拖航至其他施工区或锚泊区待命。

3. 工效分析

按照不同的水深和提斗高度对“金雄”轮施工效率进行分析，见表 3-3。

表 3-3　“金雄”轮精挖施工效率分析表

挖深/m	斗容/m^3	提斗高度/m	抓泥周期/s	满斗率	挖泥效率/(m^3/h)
15	30	5	138.1	0.3724	291.3
25	30	5	163.6	0.3724	245.8
35	30	15	189.1	0.3724	212.6
45	30	5	214.7	0.3724	187.3

3.2　基槽清淤船

3.2.1　研制情况

1. 目的和意义

隧道基础施工包括基槽开挖、基床抛石夯平、碎石基床铺设和整平等工序，每一个工序施工前后均需对基槽淤积情况进行控制，超过标准必须清除，以免影响后续施工质量。

基槽清淤作业包含粗挖施工阶段的清淤、粗挖后精挖施工前的清淤、块石抛填前的清淤及碎石基床铺设前的清淤，碎石基床铺设后沉管安装前的清淤。对于精度要求不高，作业面受限不大的清淤作业可以采用大型耙吸船施工，对于精度要求高且清淤作业面不能受到较大扰动或损伤的作业面（如碎石垫层铺设前后的基槽槽底清淤）必须研制新型装备来完成。

对现有疏浚设备性能进行比较，绞吸船“捷龙”轮船型、疏浚方式和操控方式总体符合情况，进行改造后能满足深水高精度定点清淤功能要求。

2. 技术改造

（1）方案选择

根据工程清淤施工要求，经广泛调研决定对“捷龙”轮进行改造，设计制造新桥架和清淤头，对控制系统、液压系统、甲板绞车、动力装置、耳轴结构及耳轴结构下的船体结构进行改装。

（2）前期技术准备

对甲板机械、桥架吊架、液压系统、动力装置等船舶设备进行调研，对船体结构测厚及材料进行取样检测，对船舶进行稳性计算，对耳轴的结构强度进行检测及计算。

（3）技术改造重点

1）船舶疏浚方式

为了适合工程工况，改造后的“捷龙”轮采用四锚定位方式施工，前后两个锚分别从船体的船首和船尾往前后方向布锚，通过在吸入口附近装在桥架上的摆动滑轮固定左右横移锚吸口的位置。

横向移动由两个艏侧绞车驱动，后中锚充当固定锚，前锚带恒扭矩装置（CT）以保持艏部钢缆的张力。前锚和侧锚绞车每台具有 18 t 拉力，艉锚绞车具有 48 t 拉力，足够应付来自正向的力。锚在基槽外部定位以避免对斜坡面的扰动。后锚钢缆长度约为 500 m，在与基槽垂直面成 10°旋角处，吸头可以移动的宽度约为 200 m。即一次抛锚定位后可以对一段约 200 m 长的基槽进行清淤。船舶定位方式示意图见图 3-12。

“捷龙”轮通过锚和绞车对船位进行移动控制的方式，吸盘可以以高效且连续的方式到达任何作业区域。如果受环境条件的限制，后中锚不能达到合适距离（如只能达到 300 m），则清理一段 180 m 长的基槽需布锚两次或更多次。

2）吊架、船体及桥架

为了达到精确疏浚的目的，新桥架采用刚性设计，安装在新耳轴上，并用现有的甲板机械和绞车起升和下放。提升绞车共三台，分别为前、中、后，额定拉力分别为 180 kN、180 kN、480 kN。前、中两台绞车均使用恒扭矩装置（CT），后绞车作为起升和下放的操作绞车。

3）疏浚设备的配置

①专用吸头

隧道基槽随底部高程的变化，将穿越淤泥、黏土和砂等三大类土质，回淤的物质有

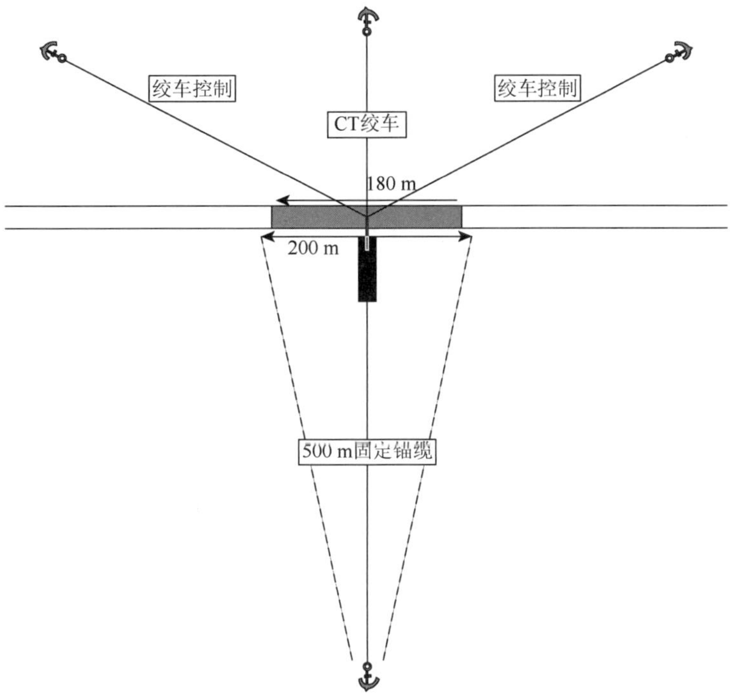

图 3-12　船舶定位方式示意图

所不同，另外，吸淤作业的总原则是不能破坏精挖后的槽底。根据吸淤数模分析，按照传统的吸口朝下的吸淤方式，要避免吸头对槽底的冲刷，就必须根据不同的土质掌握好吸头与槽底间的距离。原有吸头在数十米水深的条件下难以控制，需要针对本工程的特点设计新的吸头。

②吸盘（可选件）

吸盘总重量约 3500 kg，由以下部分组成：1 个带法兰的三通，内径 400 mm；双吸嘴，用 52-3 钢，壁厚 10～15 mm；吸盘和吸嘴带保护罩；吸入口带格栅；16 个喷嘴包括两个软管连接法兰；在保护罩底部和边上有耐磨衬板，材料为 Hardox 400。吸盘示意图见图 3-13。

③绞刀

绞刀头采用 TSC045 刀片型，绞刀直径约 1500 mm，绞刀头单元由重钢板与必要的支撑和加强构建成刚性框架，并安装有绞刀轴承。绞刀头由液压马达驱动，功率为 110 kW，径向柱塞马达，转速为 0～30 r/min 无级调速。液压马达直接安装在绞刀轴承盒中，形成一个整体绞刀头单元，绞刀头实景图见图 3-14。

④泥泵

泥泵可以泵起 DN50 达到 0.3 mm 的土质，排距 1000 m 时产量约为 511 m^3/h。泥泵的主要参数包括：型号 OBP4035；吸口直径 400 mm、出口直径 350 mm；叶轮直径 944 mm、叶轮宽度 205 mm；泥泵驱动电动马达，功率 500 kW、最大转速 610 r/min、额

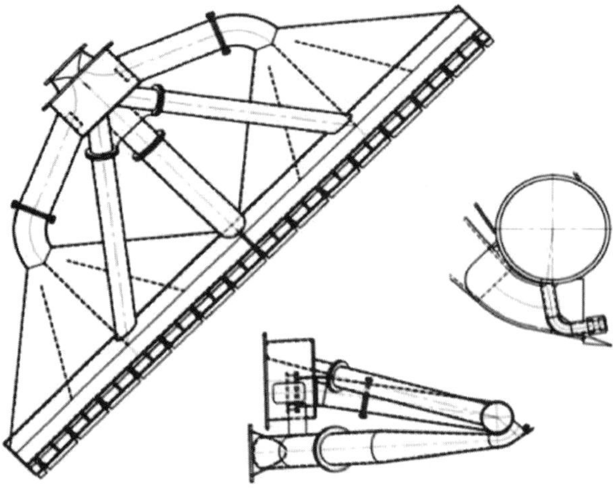

图 3-13　吸盘示意图

图 3-14　绞刀头实景图

定转速 597 r/min、电压 690VAC、频率 50 Hz，变频控制。泥泵通过桥架绞吸−50 m 深淤泥时基本参数见表 3-4。

表 3-4　泥泵基本参数表

形式	土质	浓度	配置	转速	产量
绞吸−50 m	淤泥（0.1 mm）	25%	绞吸、挖深 50 m、吸口直径 400 mm	610 r/min	487 m^3/h

4）精确疏浚的实现

产量测量系统显示每日和项目启动以来总的干土吨数。这些数据由放射性密度计和排泥管上测量实时流量的电磁流量计收集。产量显示在有交叉指针的 PLC 触摸屏上。采用港珠澳大桥项目的 RTK 系统进行定位和测量，定位原理图见图 3-15。增加一个 NavGuard 系统，包括驾驶室内的监视器等，可显示挖泥船的位置和吸盘的位置。挖泥船的位置和吸盘的位置通过装在船上的水下桥架角度传感器、水下深度传感器（对桥架垂直变形量的修正检测)、桥架水平方向变形传感器、DGPS，以及摇摆传感器、油缸内部的传感器（吸盘的姿态、深度修正）确定。两个 GPS 天线和一个 RTK 天线装在驾驶室顶的桅杆上，受岸上的 RTK 站控制。设置专用软件对定位数据、水位高度数据和桥架状态数据进行处理可得到产量可视化图，见图 3-16。

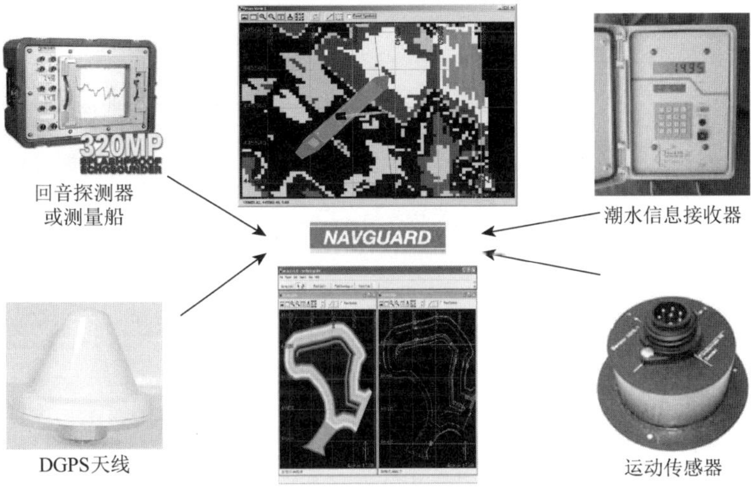

图 3-15　定位原理图

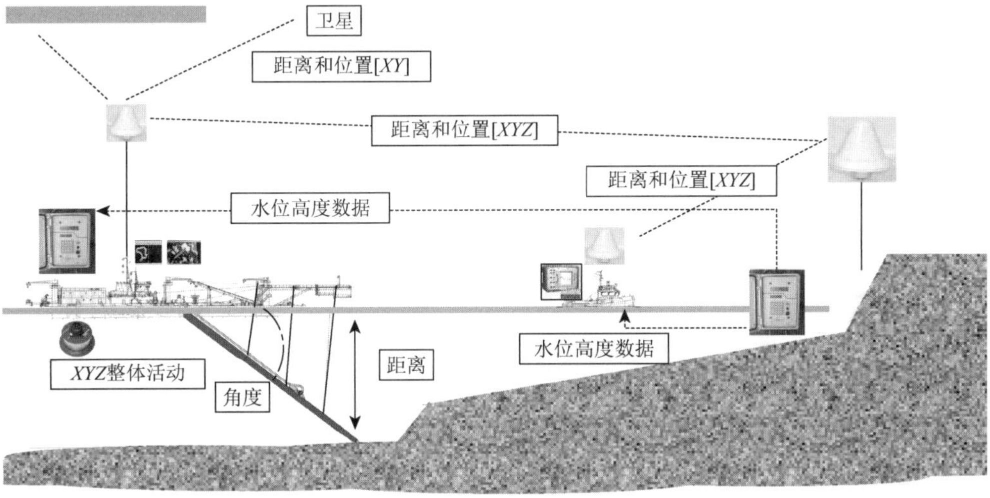

图 3-16　产量可视化图

3.2.2　技术性能

1. 性能参数

“捷龙”轮参数表见表 3-5。

表 3-5 “捷龙”轮参数表

<table>
<tr><td>制造厂</td><td>IHC</td><td>出厂日期</td><td>1994-04-18</td><td rowspan="2">桥架长度</td><td rowspan="2">80 m</td></tr>
<tr><td>标准生产量</td><td>2000 m^3/h</td><td>最大挖深</td><td>−50 m</td></tr>
<tr><td>生产量范围</td><td>吸淤</td><td>排距（max）</td><td>9000 m</td><td rowspan="2">最大倾角</td><td rowspan="2">40°</td></tr>
<tr><td>吸淤管内径</td><td>400 mm</td><td>排淤管内径</td><td>400 mm</td></tr>
<tr><td rowspan="6">船体</td><td>总吨位</td><td>1384 t</td><td rowspan="2">满载</td><td>平均吃水</td><td>2.15 m</td></tr>
<tr><td>净吨位</td><td>413 t</td><td>排水量</td><td>1463.7 t</td></tr>
<tr><td>总长</td><td>120 m</td><td rowspan="2">空载</td><td>平均</td><td>1.46 m</td></tr>
<tr><td>柱间长</td><td>72.1 m</td><td>船尾</td><td>1.07 m</td></tr>
<tr><td>型宽</td><td>14.9 m</td><td rowspan="2">吃水</td><td rowspan="2">满载</td><td rowspan="2">1788 t</td></tr>
<tr><td>型深</td><td>4.25 m</td></tr>
</table>

2. 设备清单

清淤船配置桥梁泵机组、甲板泥泵机组、高压冲水泵机组、甲板机械、主发电机组和辅发电机组等 6 个部门，主要设备清单见表 3-6。

表 3-6 主要设备清单

序号	设备名称	技术规格	型号	数量	备注
		一、桥梁泵机组			
1	泥泵	单体离心泵，泵叶直径 1500 mm，泵叶宽度 405 mm，泵叶数 3/5 片，功率 1752 kW，扬程 42 m，排距 9000 m	—	1 台	
2	柴油机	四冲程、水冷式、直接喷射、12 缸 V 型，额定功率 876 kW，转速 1600 r/min，缸径×行程为 170 mm×190 mm，燃油消耗 210 L/h	3512DI-TA	2 台	
		二、甲板泥泵机组			
1	泥泵	双壳泵，泵叶直径 1900 mm，泵叶宽度 430 mm，泵叶数 3/5 片，功率 1908 kW，扬程 42 m	—	2 台	
2	柴油机	四冲程、水冷式、直接喷射、12 缸 V 型，额定功率 954 kW，转速 1600 r/min，缸径×行程为 170 mm×190 mm，燃油消耗 210 L/h	3512DI-TA	4 台	
		三、高压冲水泵机组			
1	水泵	离心泵，功率 420 kW，扬程 110 m，流量 1100 m^3/h	—	2 台	
2	柴油机	四冲程、水冷式、直接喷射、12 缸 V 型，额定功率 876 kW，转速 1800 r/min，缸径×行程为 170 mm×190 mm，燃油消耗 210 L/h	3512DI-TA	1 台	
		四、甲板机械			
1	吊机	6 t，4.8/1.6 m/min	HM-C6T9M	1 台	

续表

序号	设备名称	技术规格	型号	数量	备注
四、甲板机械					
2	吊机	12 t，4/1 m/min	HM-C/12T9M	1 台	
3	吊机	10 t	Schat-Davit MOB350/4/7.5e	1 台	
4	桥梁绞车	360 kN，20 m/min	A2FE 250	1 台	
5	吸管中部绞车	360 kN，6 m/min	A2FE 180	1 台	
6	吸管下部绞车	180 kN，8 m/min	A2FE 160	1 台	
7	后中锚绞车	480 kN，10 m/min	HMB 200	1 台	
8	左后锚绞车	180 kN，20 m/min	HMB 200	1 台	
9	右后锚绞车	180 kN，20 m/min	HMB 200	1 台	
10	左前锚绞车	180 kN，20 m/min	HMB 200	1 台	
11	右前锚绞车	180 kN，20 m/min	HMB 200	1 台	
12	前中锚绞车	180 kN，10 m/min	HMB 200	1 台	
五、主发电机组					
1	柴油机	额定功率 876 kW，转速 1800 r/min，缸径×行程为 170 mm×190 mm，冲程水冷式直接喷射	3512DI-TA	1 台	
2	电机	交流励磁发电机，容量×转速为 750 kV·A×1800 r/min	LSB-400-S	1 台	
六、辅发电机组					
1	柴油机	额定功率 116 kW，转速 1800 r/min，缸径×行程为 140 mm×160 mm，4 冲程、水冷式直接喷射、4 缸	3304B DI-T	1 台	
2	电机	交流励磁发电机，容量×转速为 131 kV·A×1800 r/min，440 V×184 A	SR 4-385	1 台	

3.2.3 组成及特点

1. 多功能清淤吸头

（1）人字形双流道吸头

垂直于底部清淤容易破坏底部结构，为了避免这种情况，吸头清淤方向选择平行于清淤底部，采用水平清淤方式，吸口采用长方形扁平结构，左右各一个吸口，对应两个流道，人字形双流道结构图见图 3-17。两个流道彼此独立，呈光滑圆弧线向上汇聚，避免出现紊流影响清淤效率。

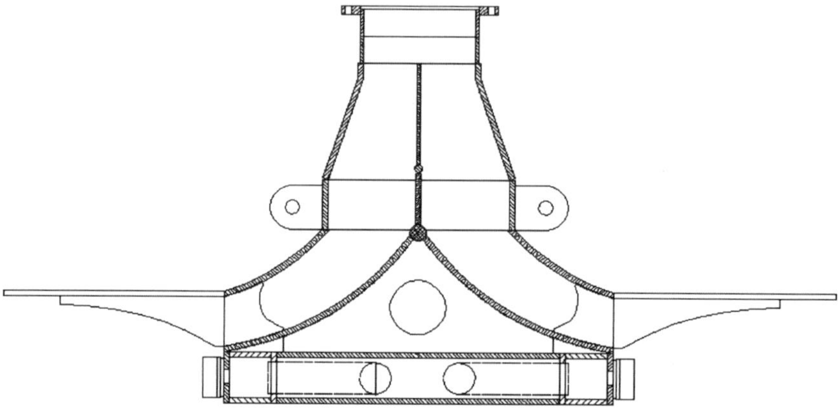

图 3-17　人字形双流道结构图

吸头上方为一圆管，圆管下方为一段变形管将圆管变为方管，方管下分为两个流道，截面积逐渐变大，流道呈人字形从垂直于底面方向转为平行于底面方向。

吸头开口方向为平层结构。通过调整吸口面积达到调节吸口处吸力和流体速度的目的，使吸力和流体速度满足不会破坏基槽基础面的要求，达到保护基底的目的。吸口上方增加水平导向板，增加上部密度较小淤泥层的移动行程，使下部密度大的淤泥层更容易被吸口吸入流道，该设计也同样提高了清淤效率。

（2）左/右单向和双向清淤吸头

吸头的吸淤管截面经过转化从圆形变为方形，下方设计侧面为梯形的方管，梯形方管下方在两个流道的交汇处设置可旋转挡板，将两个流道隔开，通过调节该挡板的角度可以选择左/右单向清淤或双向清淤，见图 3-18。挡板处于中间位置时为双向清淤；挡板旋转至左侧最大位置时，挡住左流道为右向清淤；挡板旋转至右侧最大位置时，挡住右流道为左向清淤。

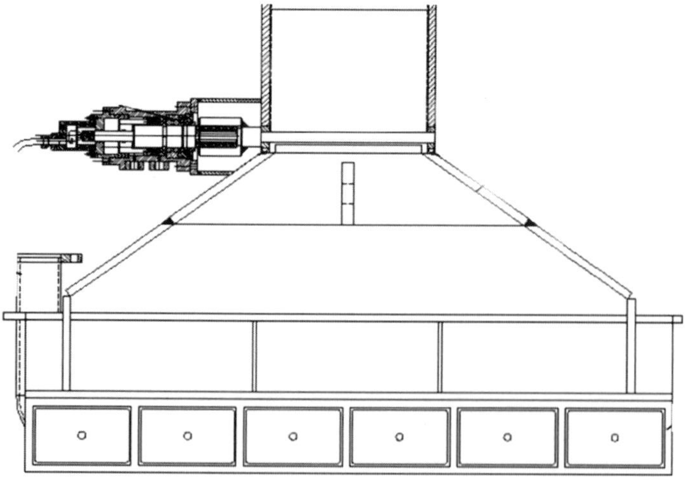

图 3-18　吸头正视图

挡板通过转轴旋转，转轴与吸头外侧的旋转油缸连接，通过该旋转油缸来驱动转轴转动控制挡板的角度。该转轴的最大旋转角度为 180°，挡板可随转轴向两侧分别旋转 0°～90°，可定位在中间位置，根据需要设定挡板的面积、形状和最大旋转角度。清淤时挡板可随转轴向两侧分别旋转 30°，其中一侧流道被遮挡，另一侧流道连通可进行清淤，清淤流道上部分与倾斜挡板形成倾斜式流畅的流道，有利于清淤。两边流道各设置一个限位块，当挡板到达左限位块时为右侧清淤，到达右限位块时为左侧清淤，位于中间时双侧清淤。

（3）独立喷水结构

当淤泥密度和黏度较大时需要较大的吸力才能达到清淤效果。吸头设计了喷水结构，采用高压水冲击淤泥或块状泥层，提高清淤的效率和适用范围。喷水结构位于流道下方，分别通过两条压力水管引入压力水。喷射口设置在吸口下方，与吸口同向，水平喷射，不破坏清淤底部结构。喷头为方形加厚实心体，中间开孔为喷射口，孔径根据不同工况确定。为了增加吸头与底面的接触力，喷射水腔下面吸头底部采用平板结构。

（4）吸头改造

清淤船技术改造时间约为 8 个月，工前调试 5 个月。清淤施工前期在现场针对吸头结构进行了局部再改造。鉴于基槽清淤要求和工况条件与原计划有较大的变化，对“捷龙”轮的吸头、边锚锚机、船尾管线快速接头等又进行了第二次技术改造优化工作，清淤效果显著，“捷龙”轮技术改造优化工作基本达到了预期设计目标。专用清淤船“捷龙”轮吸头见图 3-19。

原吸头在现场安装

经现场再改造的原吸头

吸头最终方案

图 3-19　专用清淤船“捷龙”轮吸头

2. 轻质桥梁

在原船现有条件下增加清淤深度需要设计足够长度的桥梁，并且桥梁重量需要限制在已有设备的起吊能力范围，采用新型的浮力桥架结构可解决这个难题。该浮力桥架结构采用三根长约 80 m 的主力管架配合辅助支架组合形成桁架式结构，端头采用旋转耳轴与船体连接，结构简单、强度较大、轻便灵活；此外，辅助支架为密闭的中空管，在水下带有额外浮力，可以承托桥架在水中的部分重量，使整个桥架更轻便灵活，总体上满足水下 50 m 清淤的要求，详见图 3-20。

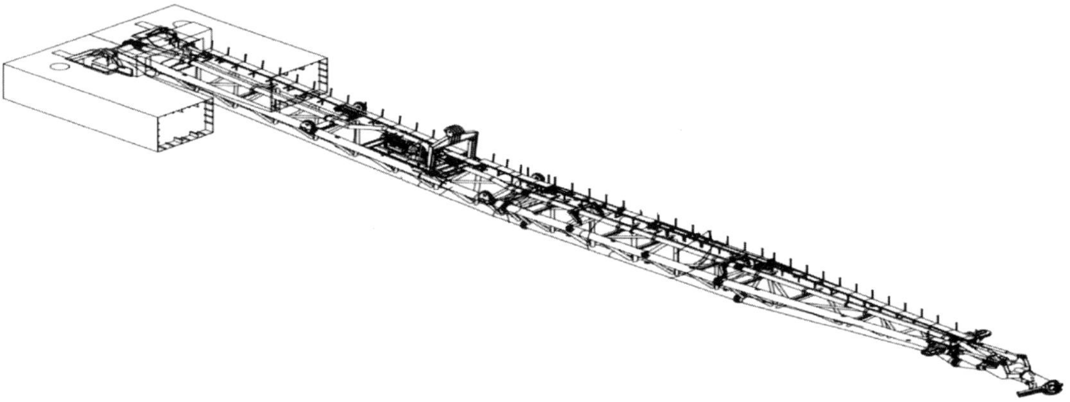

图 3-20　专用清淤船轻质刚性桥架结构示意图

3. 精确定位控制系统

加装一套高精度的 GPS，设置最高精度 RTK 移动站利用直接高程控制模式进行平面定位；对改造后的 80 m 柔性轻质桥梁加装 2 个高精度压力传感器进行桥梁深度测量；桥梁首段利用角度传感器测量吸盘摆动深度和姿态；应用传感器、PLC、网络通信、计算机等技术，构成“捷龙”轮“深水清淤精确定位系统”，实现“捷龙”轮施工过程可视、高效、精确。

深水清淤精确定位系统主要包含以下几个部分。

（1）平面定位模块

平面定位模块包括高精度 GPS 和 RTK 移动站，如图 3-21 所示。

将 2 个高精度的 GPS 安装在驾驶台顶部垂直船体中线，通过 2 个 GPS 数据计算出船体方向，RTK 天线接收现场 RTK 移动站数据，Trimble sps-461 主机将以上数据通过串口 RS232 格式输入主机服务器，然后通过主机服务器设置 Trimble sps-461 主机为最高精度 RTK 模式：xy 平面精度为 0.07 m + 1ppm RMS，z 垂直精度为 0.10 m + 1ppm RMS。

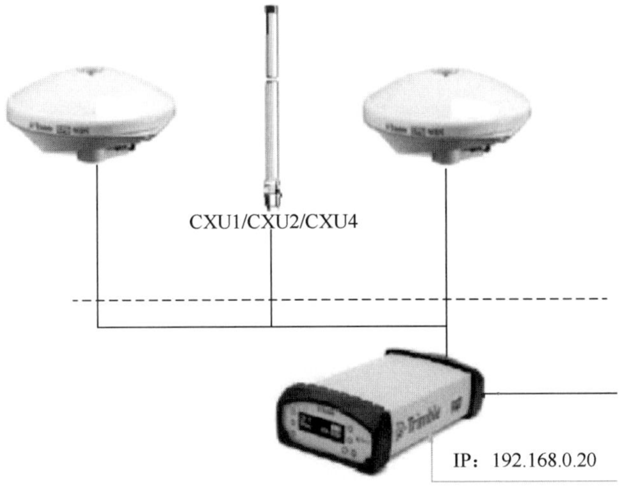

图 3-21　平面定位模块

（2）柔性轻质桥梁的深度测量模块

原“捷龙”轮的桥梁为箱体桥梁且只有约 50 m 长，在正常施工过程中桥梁长度受外界影响造成的变形量基本可以忽略不计，在桥梁上安装一个角度传感器就可以精确测量出桥梁的下放深度。经过改造后的钢管结构柔性轻质桥梁长约 80 m，容易产生变形，桥梁长度误差难以控制，在仅安装一个角度传感器的情况下桥梁下放深度误差较大。改造后的桥梁结构如图 3-22 所示。

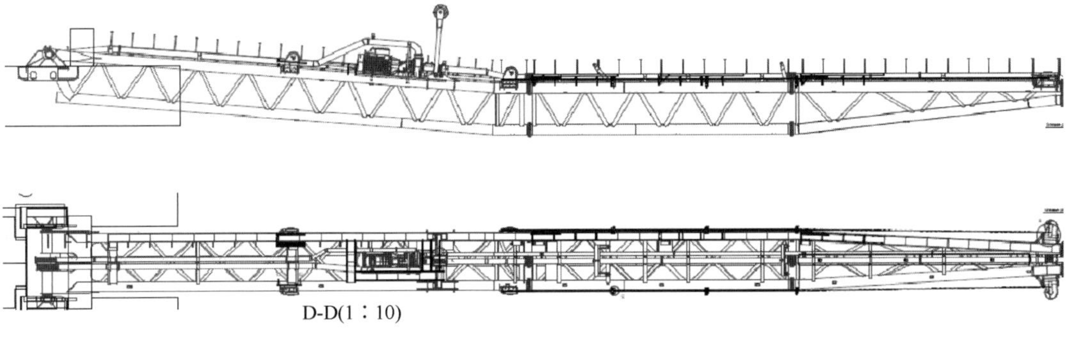

图 3-22　改造后的桥梁结构

采用 2 个高精度压力传感器（精度为 0.1%）测量桥梁下放的深度，避免由于桥梁变形产生误差。一个装在桥梁耳轴附近，如图 3-23 所示；另一个装在桥梁最前端，如图 3-24 所示，它们之间通过管路连接形成油路循环。在桥梁下放过程中，2 个高精度压力传感器能够精确测出油路中的压力差，计算出桥梁的下放深度，如图 3-25 所示。

图 3-23　桥梁耳轴附近的高精度压力传感器

图 3-24　桥梁最前端的高精度压力传感器

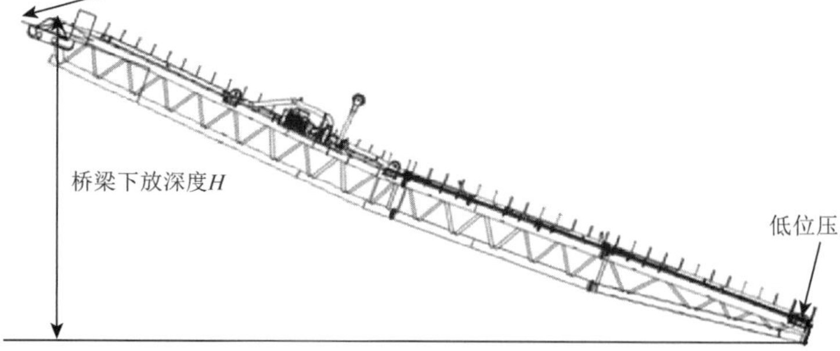

图 3-25　桥梁下放深度 H

注：$H=\frac{P_2-P_1}{Dg}$，D 为循环油路中油的密度，g 为重力加速度

（3）桥梁首段吸盘测深模块

桥梁首段吸盘测深模块与桥梁通过铰点连接，通过伸缩液压油缸控制其摆动角度，角度传感器安装位置如图 3-26 所示，桥梁首段吸盘处加装一个角度传感器，能够精确计算出其摆放的深度。

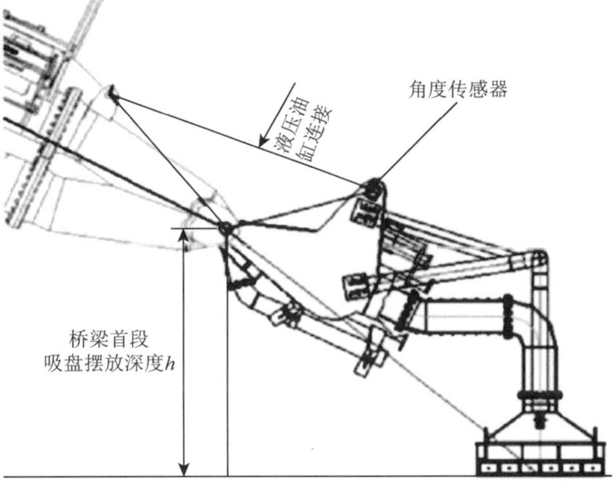

图 3-26　角度传感器安装位置

（4）PLC 模块

采用 2 套 PLC 模块采集计算现场传感器数据，通过网络技术输入计算机和仪表，保证了系统数据实时、稳定、可靠，如图 3-27 所示。

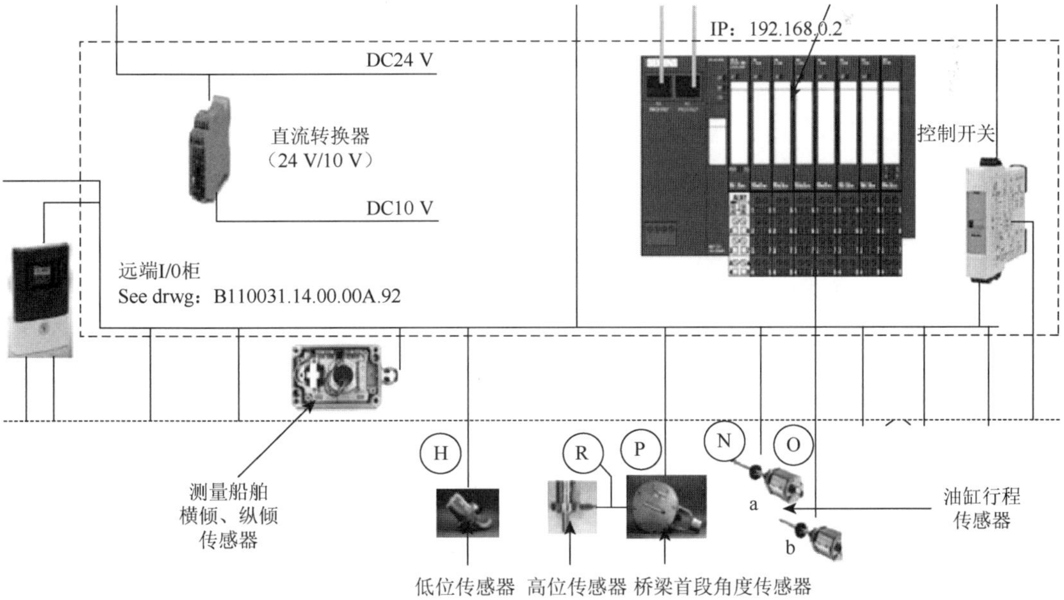

图 3-27　PLC 模块

（5）主机服务器及显示模块

主机服务器通过网关接收 PLC 的数据，通过 RS232 串口接收定位天线的数据，构成“捷龙”轮“深水清淤精确定位系统”，实现深水吸淤施工可视化、精确化，如图 3-28 所示。

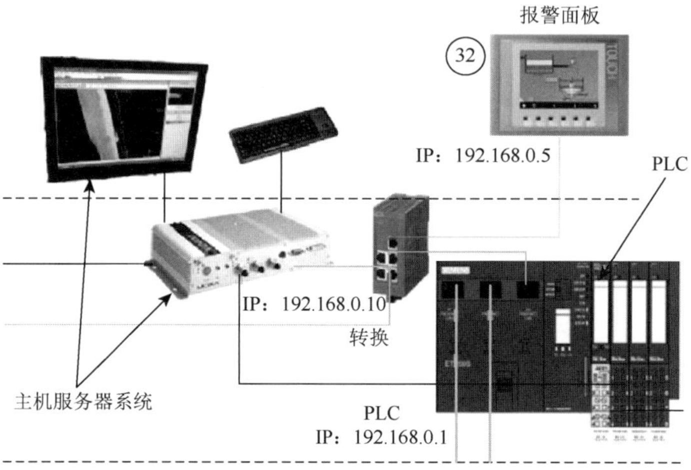

图 3-28　主机服务器及显示模块

4. 装驳系统

（1）快速接头

由于施工海域风浪大，船体和水上管线的摇摆使得管路的对接十分困难，泥驳端的接头固定，排泥管上的接头可以通过绳索提升至另一接头高度，水平方向采用球形快速接头（图 3-29）实现了在一定的摆动范围内对接。接头一端为球面称为雄头，另一端为

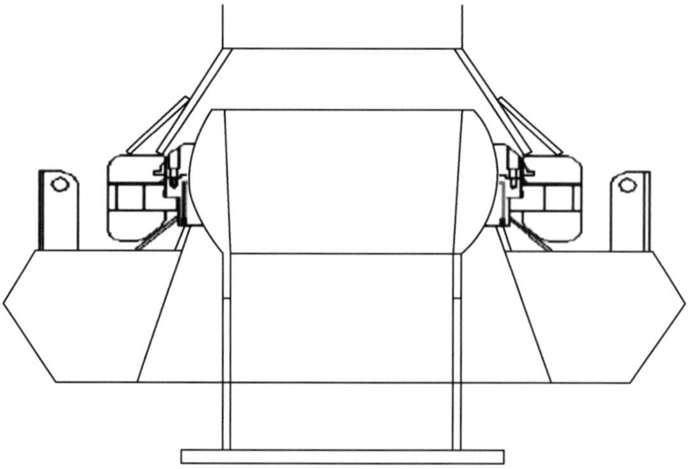

图 3-29　球形快速接头

带密封圈的锥形管称为雌头。雄头的球面与雌头密封圈完全接触即可实现密封，吸头倾角在 10°范围内，该接头均可实现对接，自行调整对接角度。快速接头采用液压锁紧油缸将接头两端锁紧。液压锁紧油缸如图 3-30 所示。

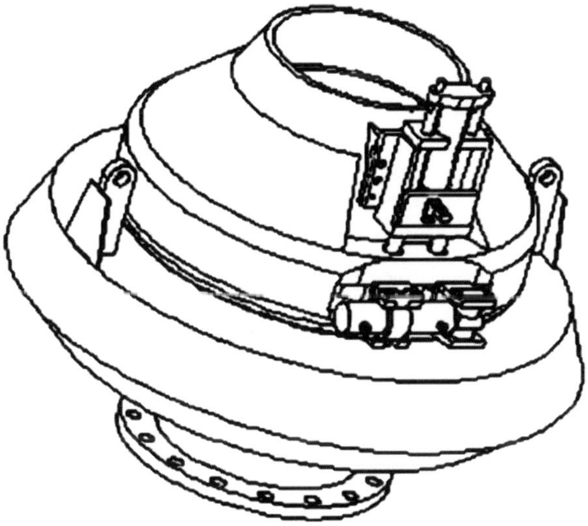

图 3-30　液压锁紧油缸

（2）装驳平台

为方便快速接头的连接和维修，设置了供维修和操作人员行走和放置设备工具的装驳平台。该装驳平台包括快速接头周围带护栏的环形走道，提升绞车的滚轮，以及支架平台、平台扶梯和支架等（图 3-31）。

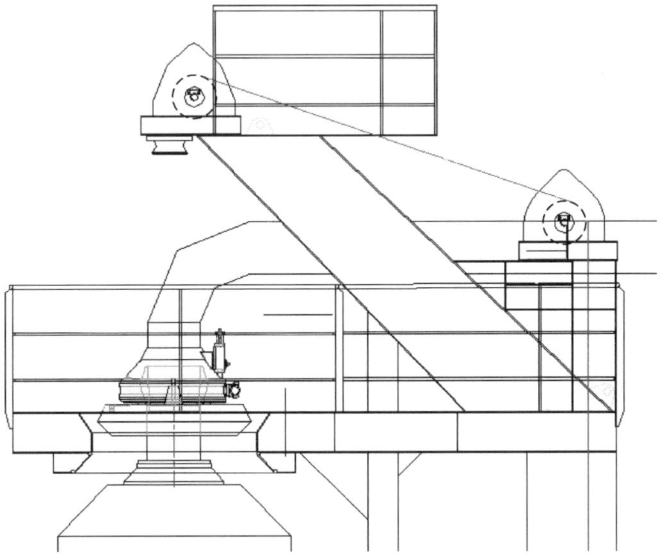

图 3-31　提升绳索及辅助装置布置

（3）T 形消能管

当泥浆以一定压力和速度从排泥管中流出向下排入泥舱时，会引起泥浆的飞溅，导致泥浆无法很好地沉淀，影响装舱效率，并加大对周围水域的污染。在泥浆排入泥舱之前要经过消能，采用 T 形消能管设计方案，如图 3-32 所示。

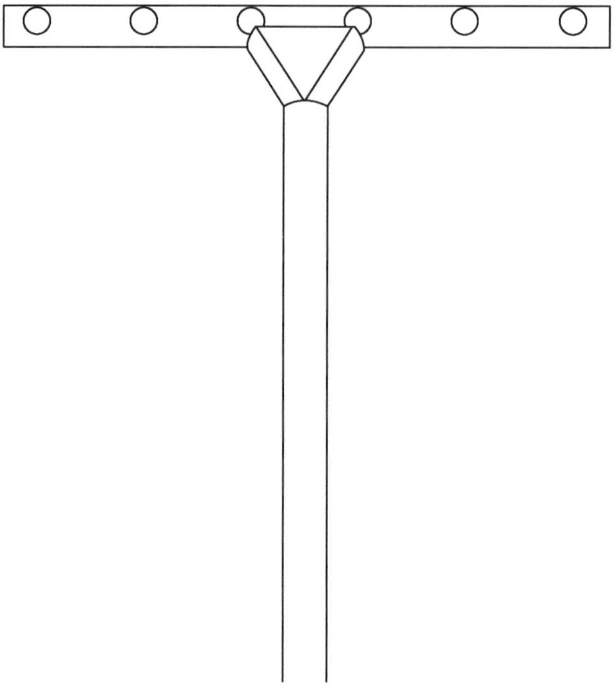

图 3-32　T 形消能管

T 形消能管由两条管垂直焊接而成，并在横管上开若干个卸泥孔，卸泥孔的尺寸和方向可根据具体情况确定。T 形消能管通过改变泥浆流动速度、扩大管路横截面积和增加开口数量来降低泥浆的流速和压力。

（4）艉锚机

为了在装驳的时候保证船体的稳定性，在船尾增加一套艉锚装置，通过滚柱实现转向。艉锚机采用液压锚机，共用现有的艉缆机液压系统，艉锚机上安装测绳装置，以利于控制钢丝缆下放长度。

（5）装驳自浮管系

装驳自浮管一端通过快速接头连接清淤船，一端通过球形快速接头由 T 形消能管向泥驳内装卸淤泥。装驳自浮管系包括四种类型：全自浮排泥管、装驳橡胶软管、装驳半自浮管和装驳自浮管。

（6）研究成果

装驳系统在泥驳已有设备条件下进行设计制造，利用最少资源的消耗实现快速可靠的装驳，并且适应海上恶劣的施工环境。球形快速接头和绞车提升方式能够减少人员的劳动强度，采用自浮管进行输排泥，确保海上管线耐久性和可靠性，并提高海上施工的安全性。

3.2.4　使用及工效

1. 施工工艺

通过自主研发在多种工况下使用的新型多功能清淤吸头、80 m 超长刚性桁架结构桥架、高精度吸头定位监控系统，以及对清淤工艺进行优化，形成了“定点盖章”式清淤施工工艺，实现了高精度定点清淤和对沉管钢封门保护的要求，有效解决了槽底变坡度清淤施工难题。

（1）布锚方式

隧道基槽槽底平整度高差基本在–60～40 cm，为确保吸头的安全，清淤船“捷龙”轮的施工采用六锚定位，垂直于基槽顺流布锚（图 3-33），有利于施工安全及提高施工时间利用率。

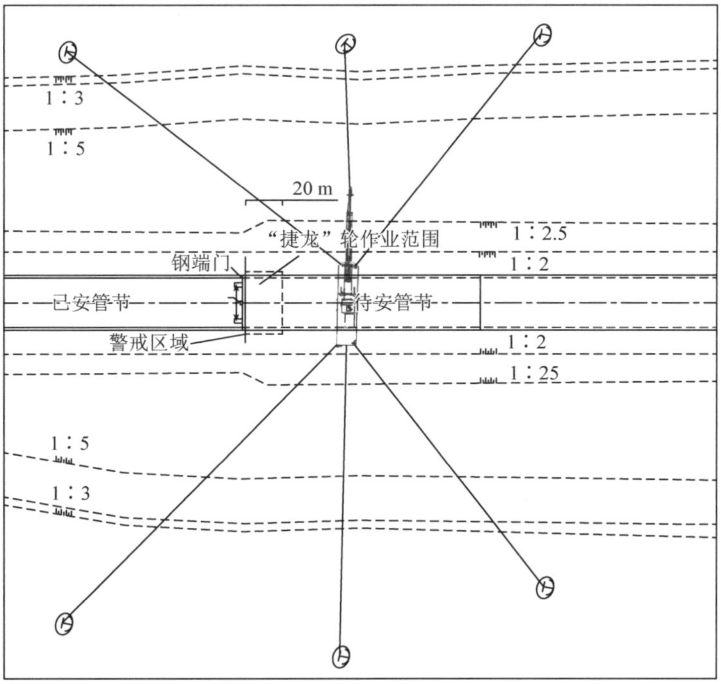

图 3-33　专用清淤船锚位布置示意图

（2）施工平面定位控制

清淤船“捷龙”轮安装两套 GPS-RTK 定位系统（设备定位精度≤10 cm），实时接收 CORS 信号或海上定位平台差分信号，在船舶清淤监控系统中输入基槽定点清淤的设计位置，系统自动实时显示船位、吸头槽中的位置，以此进行平面定位控制。

（3）施工高程控制

根据基槽碎石基床的实测标高，将每个基床和每个断面的计划清淤深度，输入船舶清淤监控系统。用 GPS-RTK 采集高程数据，结合船舶深度控制系统，精确控制吸头下放深度。

为避免吸头下放过程中对基槽槽底面造成撞击破坏，吸头与桥架的连接采用铰接结构，通过液压装置实现吸头的平稳收放。

吸头上安装有触底感应装置，在施工过程中，一旦吸头接触到基床，在操控室的触底感应装置即时亮灯，表明吸头已触底，无须继续下放。这样，既保障了清淤效果，又保护了吸头和基床面。

（4）“定点盖章”式清淤施工工艺

清淤船定点清淤施工时，利用清淤监控系统的泥浆密度显示和水深测量装置进行清淤施工监测。当清淤点的浓度和水深达到设计要求后，通过收放锚缆移动船舶至下一个清淤点。完成单点清淤后系统会记录清淤轨迹。

定点清淤施工前，工程人员将根据回淤物厚度及范围，拟定清淤遍数及点距，绘制定点清淤网格图。清淤覆盖次数主要根据淤积物特性和厚度及检测结果而定，一般为 1～3 遍，如果原基槽底高差不平，对清淤效果影响较大，需要进行第 4 遍甚至更多遍清淤。清淤点距通常取纵、横向 1.8～3.0 m。清淤整体施工顺序呈 S 形布置。单点吸淤时间主要根据淤积物厚度和泥浆密度计读数而定。考虑边坡淤泥回流影响，为有效清除坡脚处淤泥，将清淤范围适当扩大至南北侧边线约 10 m。施工过程中，通过自行研发的 GIS 电子图形系统，实时计算机屏幕显示、监测开挖深度，并自动生成开挖记录文件，对每一个定点清淤位置及完成深度进行记录，便于后期检测比对。专用清淤船定点清淤施工示意图如图 3-34 所示，“定点盖章”式清淤施工导航网格示意图如图 3-35 所示，“定点盖章”式清淤监控系统轨迹记录如图 3-36 所示。清淤施工中，“捷龙”轮通过长约 1000 m 的排泥管线，采用过渡接头与水上管线相连实现装驳，将清淤泥浆通过排泥管线输送至锚泊的自航泥驳，满载后运至卸泥区抛卸。

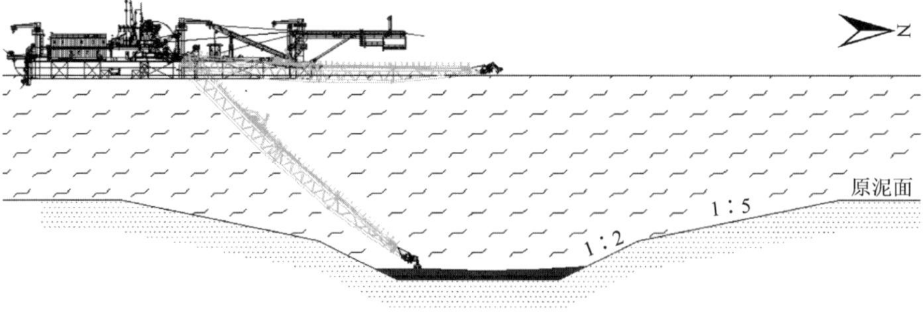

图 3-34　专用清淤船定点清淤施工示意图

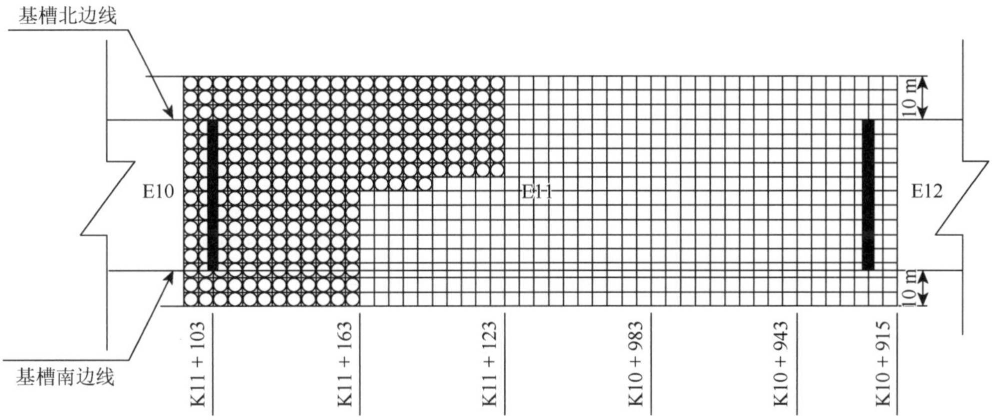

图 3-35　“定点盖章”式清淤施工导航网格示意图

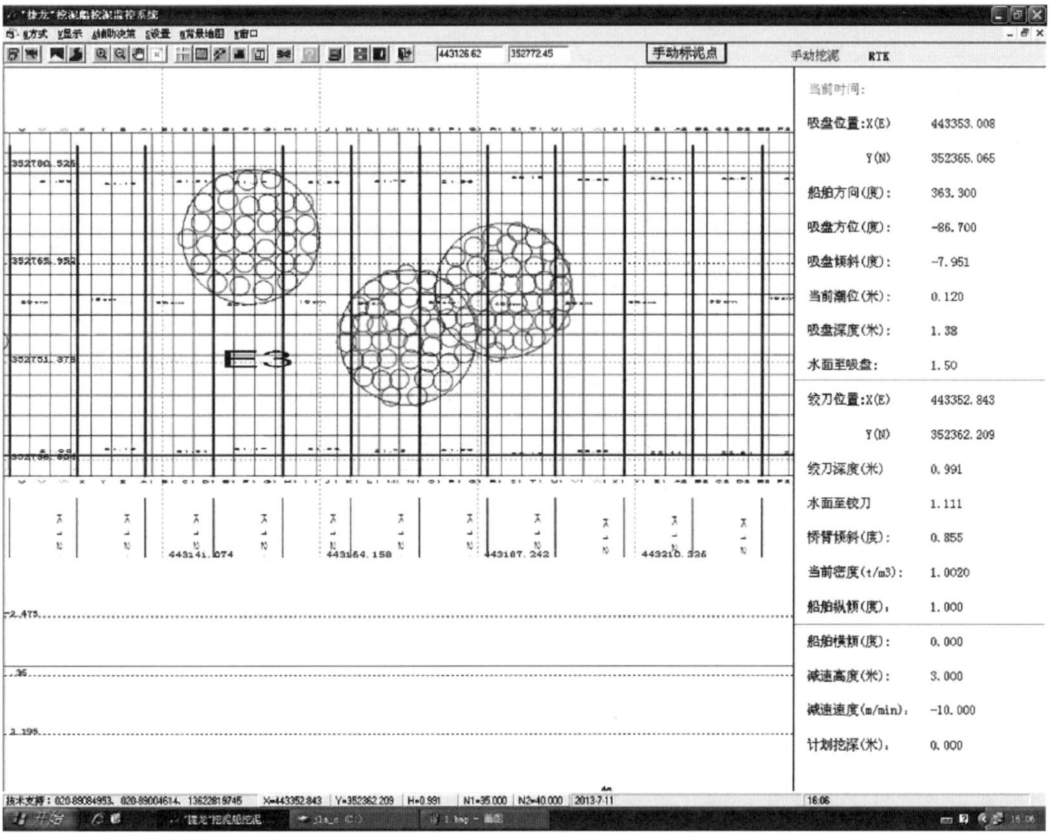

图 3-36　“定点盖章”式清淤监控系统轨迹记录

（5）施工工艺流程图

基于“捷龙”轮船舶特性，研究了“定点盖章”式清淤施工工艺，清淤船基槽高精度清淤施工工艺流程图见图 3-37。

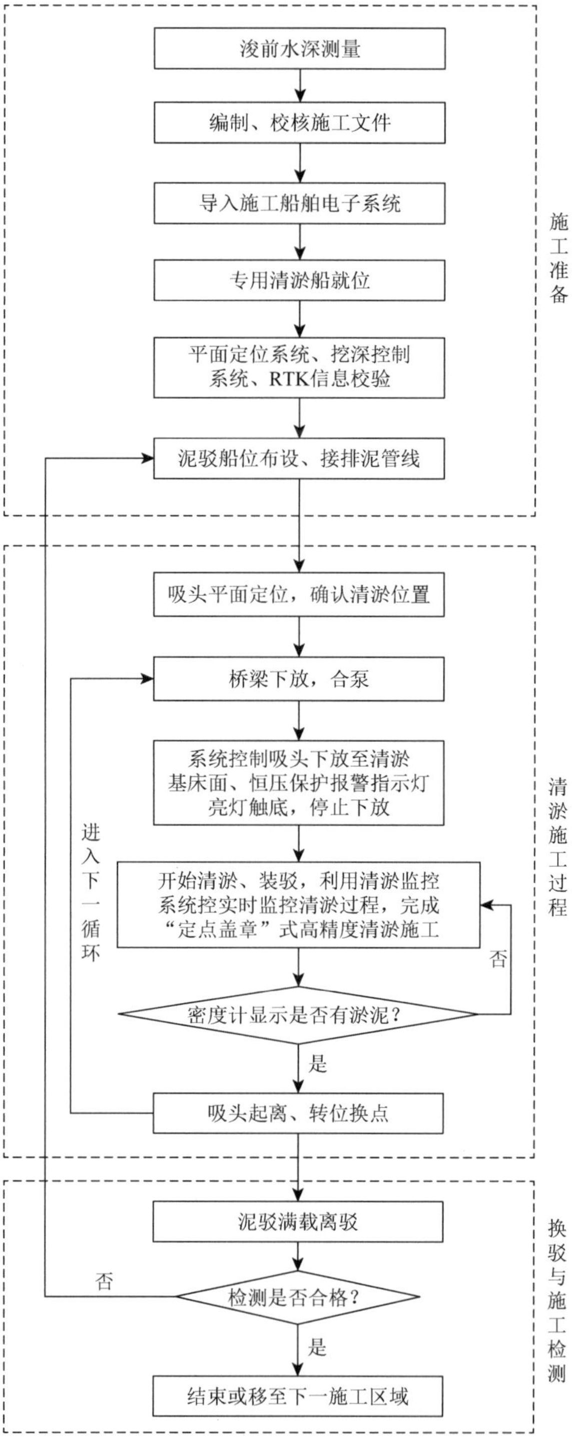

图 3-37　清淤船基槽高精度清淤施工工艺流程图

2. 操作流程

①隧道基槽高精度清淤施工时机与隧道基础处理各个施工工序交叉，主要为基槽精挖前、抛石夯平前、碎石基床铺设前、沉管安装前，以及特殊情况下所产生的突淤情况等时段，一般情况下以管节为单位，逐管节进行清淤施工。

②基槽高精度清淤施工安排，主要根据各个管节安放时间和回淤监测情况来确定，具有不确定性，无作业任务时专用清淤船锚泊于邻近施工区相对开阔的海域待命。

③施工展布。专用清淤船施工采用 6 锚定位，包括前后中锚、左右艏锚、左右艉锚。根据施工区涨退潮流基本垂直于基槽、退潮流节湍急、涨潮流节相对平缓的特点，专用清淤船应垂直于基槽顺流布锚，以利于施工船舶摆布与施工安全及提高施工时间利用率。

④“定点盖章”式清淤施工。开工前根据基槽淤积物厚度与分布情况及吸头结构尺寸，拟定布锚方案与方格式清淤点间距，绘制定点清淤网格图施工计划文件。专用清淤船利用 GPS-RTK 进行定位，完成就位后下放吸管，结合吸头触底感应装置和深度控制系统，控制吸头下放深度。

⑤专用清淤船定点清淤施工时，利用清淤监控系统的泥浆密度显示和水深测量装置进行清淤施工监测。当清淤点的浓度和水深达到或接近设计要求时，通过收放锚缆移动船舶至下一个清淤点。完成单点清淤后，系统会记录清淤轨迹，操作人员可根据清淤覆盖情况，进行局部加密补吸。

⑥为及时掌握清淤施工过程中的施工效果，根据施工进展情况，通常完成一遍清淤作业或一次锚位作业，就随即安排对已完成清淤施工区域进行施工检测，以多波束水深测量为主，对于碎石基床铺设前清淤施工，为加快工序转换，施工期间辅以人工探摸进行检测。

⑦通过比对、分析清淤前水深与断面情况，对清淤效果做出评价，并据此及时调整施工工艺、施工参数及施工计划。

3. 工效分析

按照标准管节和非标准管节基槽清淤面积进行效率分析，“捷龙”轮清淤施工效率分析表见表 3-7。

表 3-7　“捷龙”轮清淤施工效率分析表

清淤阶段	标准管节基槽清淤面积/m^2	单点清淤面积/m^2	单个吸头移动就位时间/h	单点吸淤时间/s	管节清淤时间/h
精挖前清淤第 1 遍	11 780	16.0	0.017	120	36.81
抛石夯平前清淤第 1 遍	11 780	9.0	0.017	120	65.44
抛石夯平前清淤第 2 遍	11 780	9.00	0.017	60	43.63
碎石基床铺设前清淤第 1 遍（标准管节）	11 780	6.25	0.017	180	125.65

续表

清淤阶段	标准管节基槽清淤面积/m^2	单点清淤面积/m^2	单个吸头移动就位时间/h	单点吸淤时间/s	管节清淤时间/h
碎石基床铺设前清淤第 2 遍（标准管节）	11 780	5.29	0.017	90	92.79
碎石基床铺设前清淤第 1 遍（非标准管节）	7595	6.25	0.017	180	81.01
碎石基床铺设前清淤第 2 遍（非标准管节）	7595	5.29	0.017	90	59.82

3.3 基床夯平船

3.3.1 研制情况

1. 目的和意义

港珠澳大桥岛隧工程沉管隧道基础共需抛填 10～100 kg 块石约 50 万 m^3，夯平面积达 25 万 m^2。工程地处外海，气象水文条件复杂，块石基床水深最深达到 52 m，夯平后标高精度要求达到设计标高±30 cm 以内，在国内没有经验可循，且由于部分隧道基础带有坡度，给施工带来很大难度。工程水域通航环境复杂，航线交错且流量大，航道区域基槽纵横向交错，水流情况复杂，给施工船舶停靠驻位增加难度，且工程处于台风等灾害性天气多发区域，频率高，灾害重，对施工有不利影响。

为安全、高质量地完成沉管隧道基础块石基床全部施工内容，在广泛调查、收集国内外外海深水域块石基床施工工艺及研究成果的基础上，通过征询专家意见及开展大量的论证试验，开发专用的抛石、夯平工艺及装备施工技术，攻克了外海深水块石基床施工的技术难关。在保证施工安全、质量的同时，规避技术风险，提高了施工效率，实现了抛石和夯平工艺的高度集成化，提升了我国外海深水基床施工的水平。

2. 方案选择

（1）基床抛石技术

国内外基床抛石施工通常采用抓斗式、料斗式或溜管式进行抛填，各类基床抛石方式对比见表 3-8。现有的基床抛石技术适用于近海且水深较浅的工程，受水深、水流影响较大，抛填精度不易控制。

表 3-8　各类基床抛石方式对比

对比项	抓斗式	料斗式	溜管式
施工设备	采用抓斗船，根据施工需要，安装合适的抓斗	采用方驳改装专用船舶，制造专用料斗，在船侧安装门机，对料斗进行升降	采用方驳改装专用船舶，在船侧安装专用轨道，制作专用溜管抛石小车装置，在轨道上行走实现定点抛石
示意图			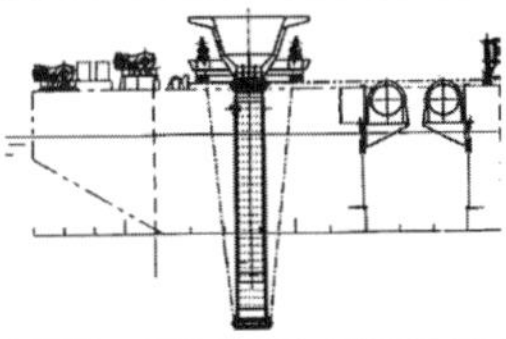
抛石工艺	运料船往抓斗船料仓供料，抓斗从料仓抓料后移至抛石点，下放抓斗至距抛石顶标高一定距离后，打开料斗放料	运料船往专用船的储料区供料，采用装载机给料斗喂料，达到设计所需量后下放料斗至抛石顶标高一定距离后升仓放料	运料船往专用船的储料区供料，溜管小车在船舷侧轨道上移动，将溜管放至抛石顶标高一定距离，采用挖掘机喂料
适用基床	较宽、厚基床	较浅、窄、薄基床	较深、较宽基床
移船次数	在抓斗移动范围内，移船次数较少	每抛完一点需要移船，次数多	每完成一个断面进行移船，移船次数较少
抛石精度	抓斗抛点精度受水深的影响，抛石精度难控制；无法进行单点精确定位	料斗抛点精度受水深的影响，抛石精度难控制	溜管位置口不受水深影响，在溜管口设置监测系统，可实现实时控制
抛石效率	抓斗需从料仓到达抛石顶面，随着水深加深，每次所需时间延长，深水时效率低	料斗每次需下放到抛石顶面，随着水深加深，每次所需时间延长，深水时效率低	溜管口一次到位，块石靠自重自由下落。可实现连续喂料，效率高
石头规格	对石料的规格要求较低，适应性强	对石料的规格要求较低，适应性强	对石料的规格要求较高，否则易发生卡管现象
经济性	可采用抓斗式挖泥船进行改装，经济性较好	料斗需要安装大型门机，实现料斗的升降，经济性差	在船侧设置轨道，充分利用方驳空间，经济性较好

结合岛隧工程沉管隧道基础施工条件，对三种抛石工艺各对比项优缺点进行综合分析，最终确定采用溜管式抛石工艺。

（2）块石基床夯平技术

针对港珠澳大桥施工区域的特点，对国内外地基处理工艺及设备进行调研，提出普通夯锤夯平和液压振动锤夯平两种工艺，并对这两种工艺进行了分析和比对，见表 3-9。

表 3-9　地基处理工艺对比

对比项	普通夯锤	液压振动锤
施工设备	采用抓斗船，根据施工需要，安装合适的抓斗	采用方驳改装专用船舶，制造专用料斗，在船侧安装门机，对料斗进行升降
示意图		

续表

对比项	普通夯锤	液压振动锤
适用性	适用水深较浅、有掩护的水域。受水流影响大，对夯前基床平整度要求高，否则容易引起倒锤	该设备重量较大，受水深、水流影响较小，可以适用外海施工环境
施工精度	在外海施工条件下，不易准确定位，施工精度较低	可以采用测量定位系统进行定点夯平，精度较高
施工效率	在外海施工条件下，施工效率较低	通过增大夯板面积，施工效率较高

对两种夯平工艺进行综合比较分析，最终确定采用液压振动锤夯平工艺。

3. 验证试验

（1）工艺试验

由于利用液压振动锤夯平工艺在国内尚属首次使用，为了验证其可行性，在西人工岛进行了 3 项工艺试验：

①液压振动锤与普通夯锤夯平效果对比试验，验证液压振动锤是否可以达到普通夯锤夯平效果。

②液压振动锤浸水夯平试验，验证液压振动锤在浸水情况下，工作状态的稳定性及夯平效果。

③液压振动锤消峰夯平试验，验证液压振动锤对块石抛填高差的适应能力。

1）液压振动锤与普通夯锤夯平效果对比试验

在西人工岛上抛填 2 处 10～100 kg 块石基床，厚 2.3 m，顶尺寸为 11 m×11 m，分别利用普通夯锤和液压振动锤在块石基床上进行夯平试验。普通夯锤夯平采用 4 t 锤重，下落高度 4 m，底面积 0.97 m^2（164 kJ/m^2），采用 70 t 履带吊吊夯锤，按重锤夯平试夯的技术要求进行夯平。液压振动锤夯平系统由两台 APE200-6 液压振动锤组成，最大激振力为 5400 kN，在共振梁下加装夯板，夯板尺寸为 5.0 m×2.5 m，水上起重船吊夯平系统，进行夯平试验。夯平对比试验如图 3-38 所示。

图 3-38　夯平对比试验

通过夯平对比试验表明：液压振动锤激振力达到 150 kN/m^2 时，持续 30 s 夯平效果可以达到普通夯锤（164 kJ/m^2）12 夯次的夯平效果，夯平效率远远高于普通夯锤，且夯后平整度比普通夯锤好。

2）液压振动锤浸水夯平试验

通过试验表明，液压振动锤在水中运行平稳，可以达到陆地上夯平效果。液压振动锤浸水夯平试验如图 3-39 所示。

图 3-39　液压振动锤浸水夯平试验

3）液压振动锤消峰夯平试验

通过试验表明，液压振动锤消峰能力强。普通夯锤对抛填后的高差要求高，且易出现倒锤现象，而振动锤在块石高差达到 1 m 情况下仍能夯平，且夯后高差小于 20 cm。

（2）确定夯板尺寸

液压振动锤夯平试验采用了三种不同的动力柜转速和激振力，见表 3-10。

表 3-10　液压振动锤夯平试验

项目	转速/(r/min)	激振力/kN	激振力/(kN/m^2)
1	1150	1440	115
2	1360	1980	158
3	1520	2510	201

APE600 液压振动锤在动力柜转速达到 1500 r/min 时，激振力约为 3000 kN，在该转速下是液压振动锤工作的最佳状态。根据试验情况，在 APE200-6 液压振动锤激振力达到 158 kN/m^{2}时即能达到普通夯锤 12 夯次的夯平效果，APE600 液压振动锤按激振力 150 kN/m^{2}计算，夯板尺寸约为 20 m^2，最终确定夯板平面尺寸为 4 m×5 m。

3.3.2　性能参数

1. 船舶性能

选用 8000 t 方驳进行改装，船机设备平面布置图如图 3-40 所示。

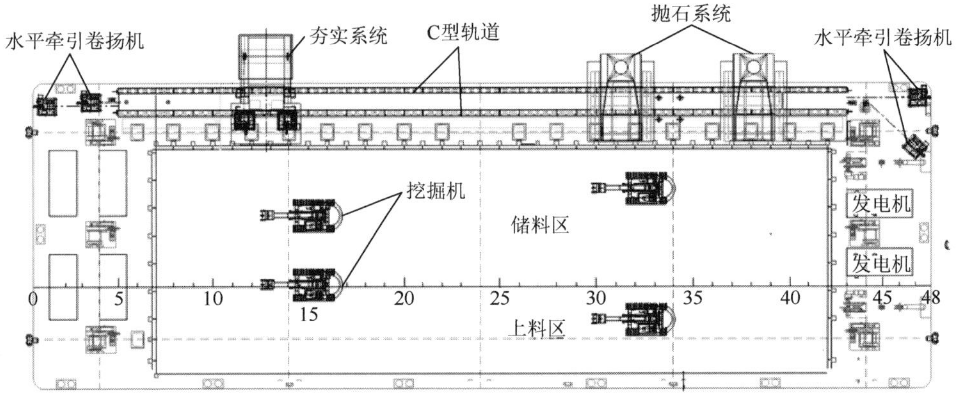

图 3-40　船机设备平面布置图（单位：m）

8000 t 方驳为甲板驳船，沿海航区，总长 82 m，主要性能指标见表 3-11。

表 3-11　船机设备主要性能指标

序号	项目	单位	尺度
1	船体总长	m	82.0
2	型宽	m	28.0
3	型深	m	7.6
4	设计吃水	m	5.2
5	排水量	t	11 838.9
6	最大压载水总量	t	9000

2. 设备清单

8000 t 方驳两台锚机、4 台工作绞车和 4 台行走绞车，一台 APE600 液压振动锤及配套液压设备、一台供电机组，还有抛石工作设备，主要设备配置表见表 3-12。

表 3-12　主要设备配置表

序号	设备名称	技术规格型号	数量	备注
1	艏右锚机	型号 ECW40/68/9-0，68 kW 配 AM2 级 ϕ40 mm 锚链 220 m，2092 kg 霍尔锚 1 个	1 台	
2	艏左锚机	型号 ECW40/68/9-0，68 kW 配 AM2 级 ϕ40 mm 锚链 220 m，2092 kg 霍尔锚 1 个	1 台	
3	液压振动锤	APE600	1 台	
4	夯平升降绞车	卷筒负载 160 kN，支持负载 320 kN，额定速度 22 m/min，钢索直径 ϕ30 mm，容绳量 200 m，电动机功率 75 kW	2 台	
5	溜管绞车	卷筒负载 300 kN，支持负载 600 kN，额定速度 6 m/min，钢索直径 ϕ40 mm，容绳量 55 m	2 台	

续表

序号	设备名称	技术规格型号	数量	备注
6	行走绞车	卷筒负载 10 kN，支持负载 200 kN，额定速度 15 m/min，钢索直径 ϕ26 mm，容绳量 120 m，电动机功率 37 kW	4 台	
7	供电机组	250 kW 箱式发电机组，配电机屏和负载屏	1 台	
8	控制系统	—	1 套	

3.3.3　组成及特点

1. 抛石系统

为了克服水流对抛石精度的影响，采用溜管下料，确保下料位置的准确性。抛填块石规格为 10～100 kg，粒径为 10～40 cm，为防止最不利情况下出现石料堵管，溜管最小内径 1.2 m。

溜管装置由 4 节可伸缩高强抗磨钢套管组成，壁厚均为 20 mm，第一节管顶端通过设置四个耳板与上方抛石料斗相连，直径 1200 mm，其余三节管径由内而外逐渐递增，每节管首尾两端采用加厚管，壁厚 40 mm，第四节管下端设耳板，和溜管两侧卷扬钢丝绳连接。溜管结构图和抛石系统结构图分别见图 3-41 和图 3-42。

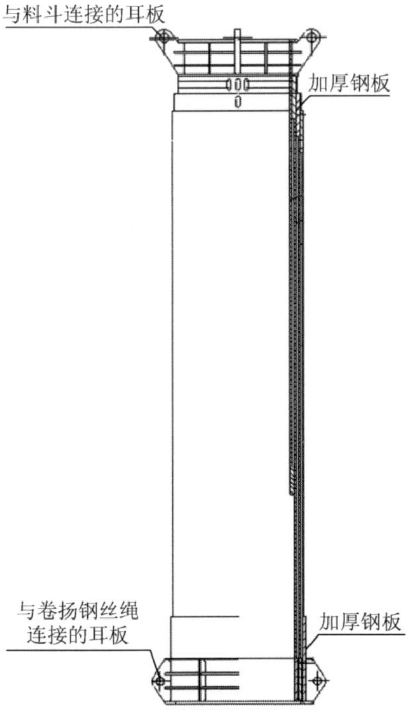

图 3-41　溜管结构图

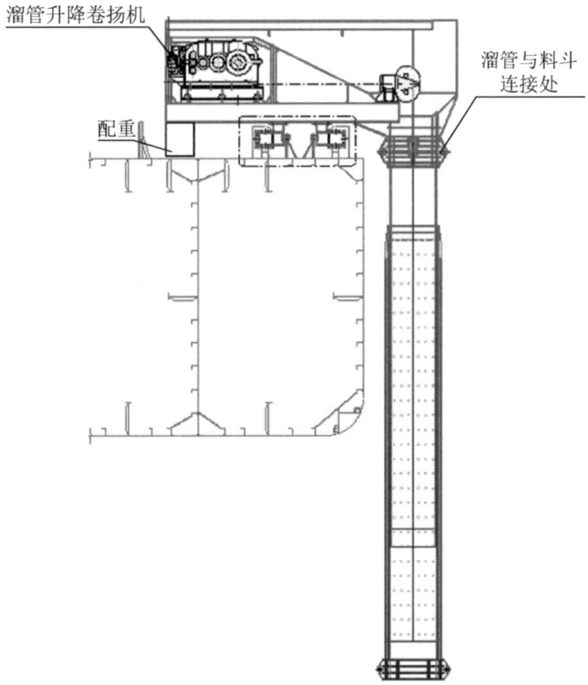

图 3-42　抛石系统结构图

为了能满足 16～52 m 的水深变化要求，溜管抛石小车两侧设置卷扬机，根据不同水深，溜管可以通过卷扬机自由提升。抛石小车行走示意图如图 3-43 所示。

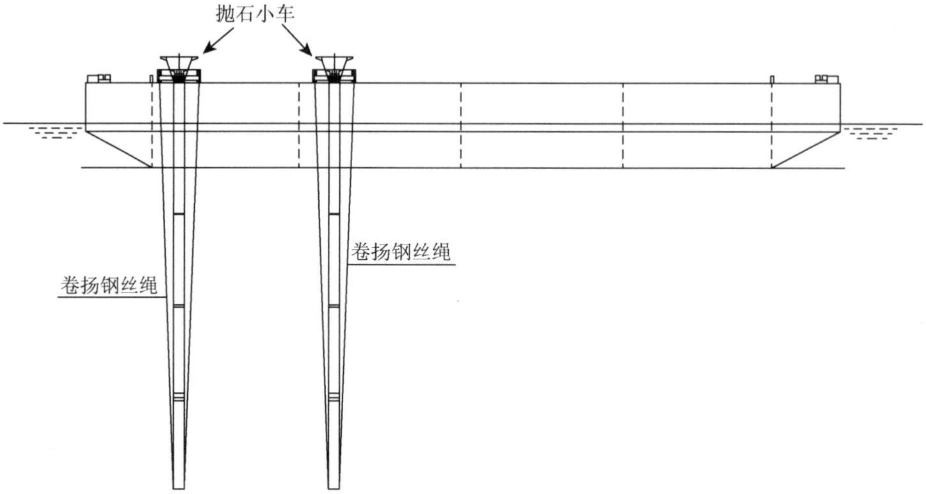

图 3-43　抛石小车行走示意图

与传统抛石工艺不易控制抛填高差不同，溜管抛石重点加强抛石过程控制，在溜管底部装有多通道测深仪，可以对抛石过程进行实时监测，确保一次抛填到位，定量控制抛石量，从而保证抛石质量，提高施工效率。抛石系统沿轨道利用卷扬牵引，可以在轨道上移动定位，实现定点定量抛填，定量抛填示意图见图 3-44。

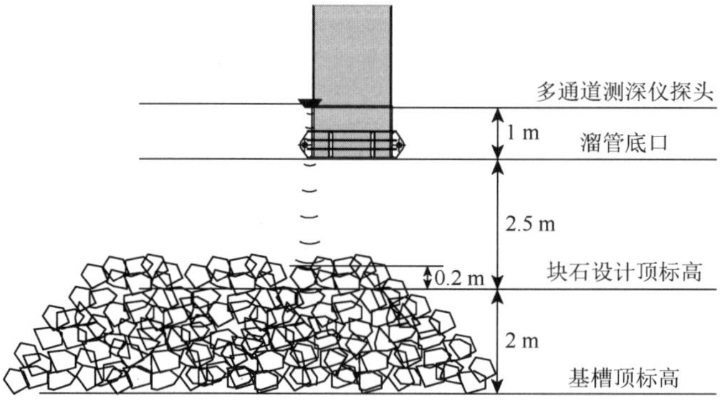

图 3-44　定量抛填示意图

2. 夯平系统

根据现场实际情况，选用 APE600 液压振动锤系统进行夯平，在动力柜转速达到 1500 r/min 时，激振力约为 3000 kN，该转速是 APE600 液压振动锤工作的最佳状态。根据前期试验情况，在 APE200-6 液压振动锤激振力达到 150 kN/m^2 时，持续夯平 30 s 即能达到普通夯锤 12 夯次的夯平效果。确定夯板尺寸为 4 m×5 m，一次夯平的面积达 20 m^2。为了增加夯平平稳性，增强夯平效果，在振动锤下方加配重夯板，两者总重量约 80 t。夯平系统可以在轨道上行走，实现精确定位，定点夯平。APE600 液压振动锤参数见表 3-13。

表 3-13 APE600 液压振动锤参数

参数	单台 APE600 液压振动锤
激振力/kN	4830
振动频率/(r/min)	400～1400
动力柜功率/kW	1000
动力柜转速/(r/min)	800～2050
偏心矩/(kg·m)	230
重量/t	23

3. 装备行走系统

主甲板左舷设置两条 C 形轨道用于抛石和夯平系统的行走，系统每边设置 2 个滑动体，每个滑动体下面设置 7 块抗磨滑板，确保其行走平稳。通过在轨道两端设置的四台卷扬机作为水平牵引系统。抛石夯平船效果图如图 3-45 所示。

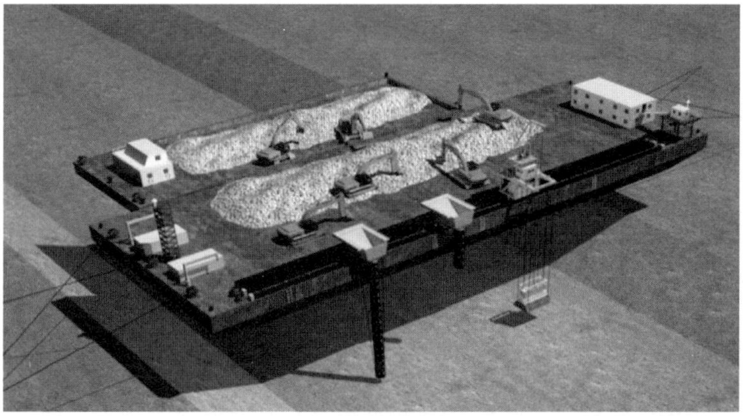

图 3-45 抛石夯平船效果图

4. 施工监控系统

沉管隧道基础施工区域处于外海，常规测量方法已无法满足施工的需要，施工采用网络 RTK-GPS（利用手机信号网络）测量方式进行定位。为满足施工需要，开发专用的定位系统，由 GPS、高精度激光测距仪、霍尔传感器、倾角传感器、多通道测深仪、台式计算机等组成。在施工船上建立船体设备坐标系，在此坐标系下确定 GPS 天线、高精度激光测距仪安装参数。在抛石小车上安装霍尔传感器，抛石溜管的下端安装多通道测深仪。该定位系统主要分为平面控制和高程控制两大部分。定位系统平面布置图如图 3-46 所示。

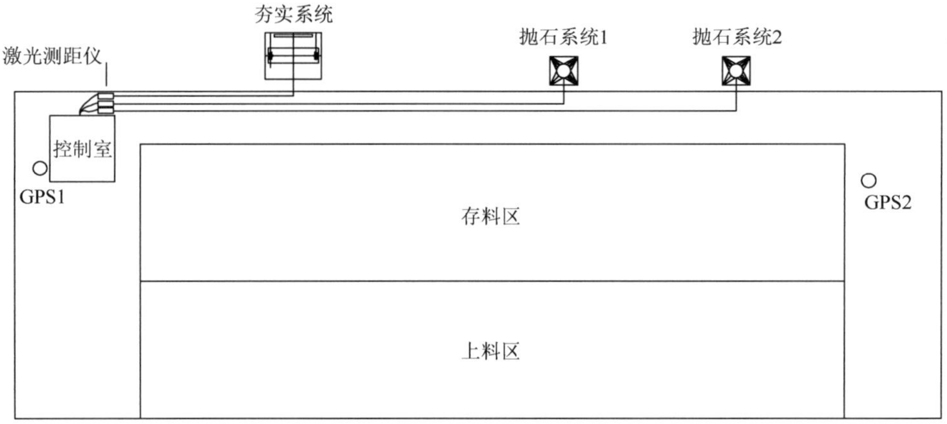

图 3-46　定位系统平面布置图

（1）平面控制系统研究

船上设两台 GPS 流动站，可以对船体进行平面定位，把行走轨道定位在预设基线上，利用激光测距仪实时监测小车位置并传输至测量控制室，根据固定的船体参数可以计算出抛石小车和夯实小车的平面位置。平面定位原理图如图 3-47 所示。

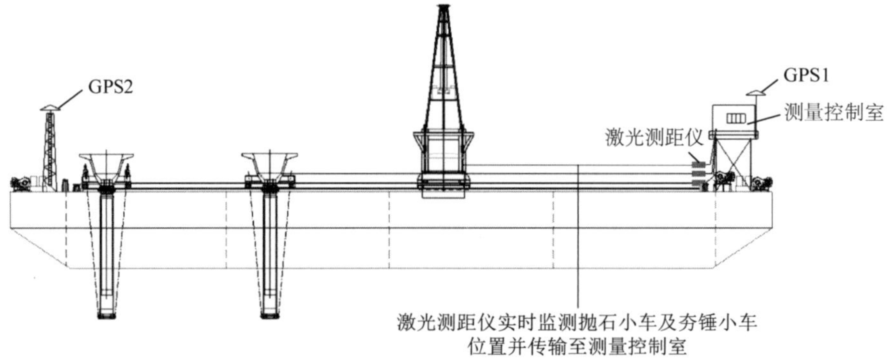

图 3-47　平面定位原理图

（2）高程控制系统研究

利用小车固定位置和 GPS 的相对位置关系测算出两者之间的高差，抛石小车固定位置至溜管底口的高差及夯实小车吊架与夯板底部的高差根据霍尔计量系统推算。根据对应关系可以得出 GPS 与溜管底口及夯板底部的高差，利用 GPS 实时高程可以推算出溜管底口及夯板的标高。高程控制系统中带有倾斜传感器，根据船位变化对控制高程加入倾斜改正，系统高差控制原理图如图 3-48 所示。

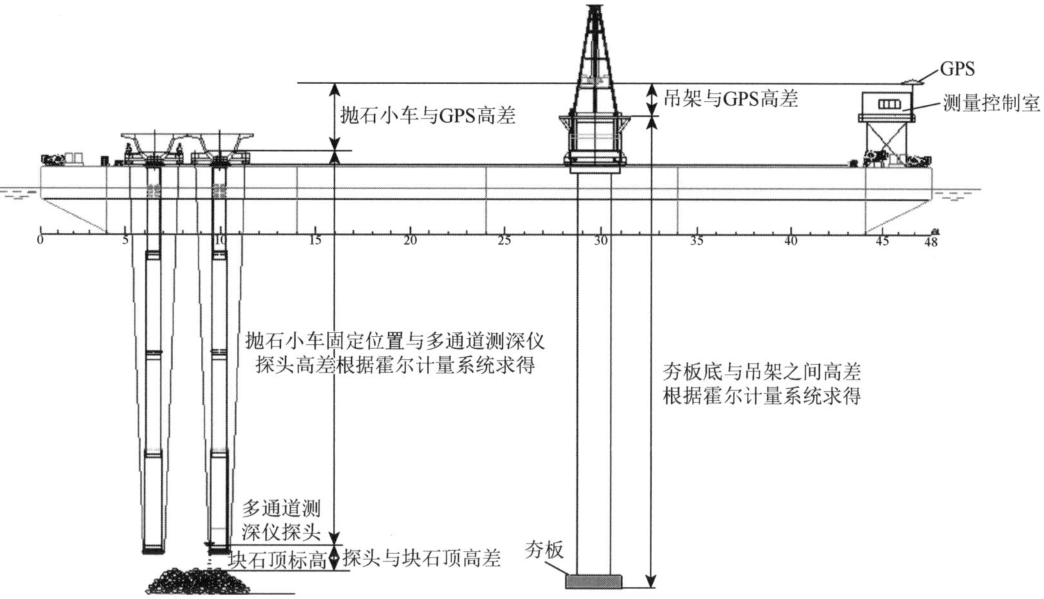

图 3-48　高程控制原理图（单位：m）

（3）可视化监控系统

为了满足块石抛填和夯实施工定位需求，对测量定位控制系统进行集成开发，软件集抛石、夯实功能于一体，实现实时监测，显示图形化可视界面。

3.3.4　使用及工效

1. 工艺参数

抛石夯平船改造完成以后，在有代表性的 E11 管节进行典型施工，确定施工参数。典型施工面积 2500 m^2，施工区域基槽标高–45 m 左右。

（1）抛石点位间距

选取不同工艺参数进行试验，根据抛石效果分析，最终确定溜管底口高于泥面 4.5 m 左右，抛石点位间距 3 m，矩形布置。

（2）抛石标高控制

根据典型施工数据分析，块石夯平后压缩量为 10%左右，块石抛填时预留 10%夯沉量，最终确定块石抛填控制标高高出设计标高 20 cm。

（3）夯平搭接量

根据块石夯平施工的检验结果，相邻夯点及相邻断面搭接量为 1 m 时，能够避免漏夯，同时满足施工对块石基床平整度的要求，最终确定相邻夯点及相邻断面搭接量为 1 m。

（4）夯平施工参数

在前期块石抛填预留出 10%夯沉量的情况下，调整动力柜转速至 1500 r/min 进行夯平，直到沉降速率不明显，持续振夯 30 s 能够达到普通夯锤夯沉 12 夯次的夯平效果，且确保在设计标高限差±30 cm 以内。最终确定动力柜转速 1500 r/min，持续振夯 30 s，夯平施工时钢丝绳始终保持 10 t 拉力。

2. 抛石工艺

（1）施工流程

抛石施工工艺流程主要包括船舶驻位、沉放溜管、抛填块石、倒运块石和过程控制 5 个部分，抛石施工工艺流程如图 3-49 所示。

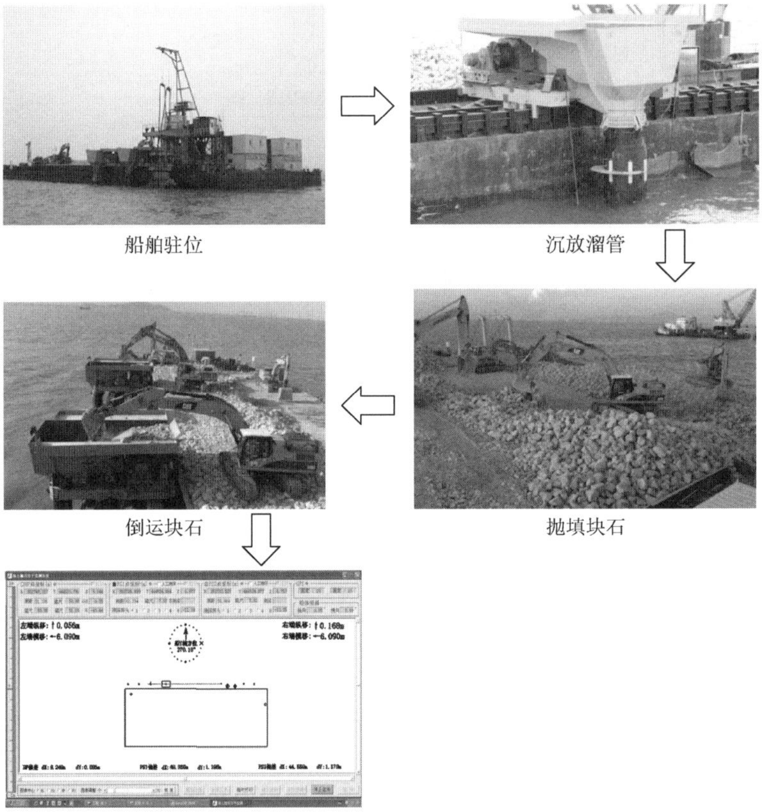

图 3-49　抛石施工工艺流程

（2）船舶驻位

进行抛石与夯平作业时船舶横跨基槽顺流驻位，在施工监测系统的指导下，沿基槽方向通过移船、横向通过小车在轨道上移动精确定位。

（3）抛石溜管沉放到位

根据施工区域水深控制溜管下放深度。前期典型施工表明：溜管底口至泥面 4.5 m 左右抛填效果最佳。为准确设置溜管深度，利用溜管测深探头，探头距溜管底口距离 1 m，当显示水深数据为 5.5 m 时，溜管停止下放。溜管竖直状态如图 3-50 所示，溜管底口标高控制示意图如图 3-51 所示。

图 3-50　溜管竖直状态

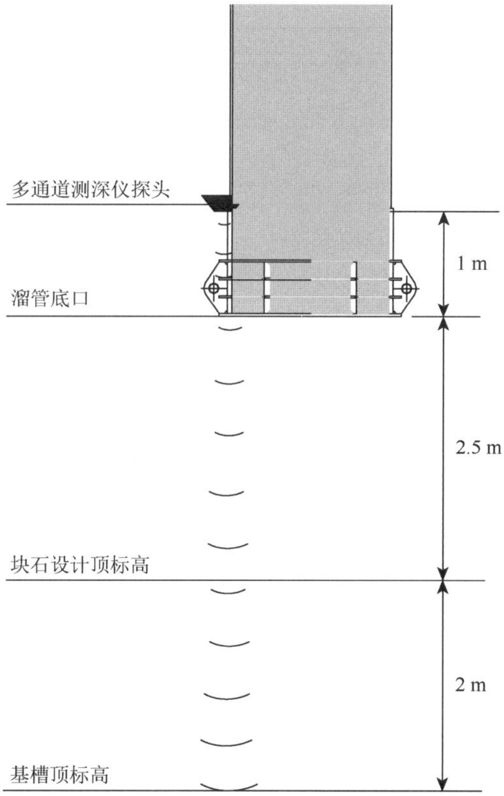

图 3-51　溜管底口标高控制示意图

（4）块石倒运及抛填

运输石料的船舶靠抛石夯平船一侧向存料区上料，用一台挖掘机倒料，另一台挖掘机给溜管料斗喂料，抛石点位呈矩形布设，间距为 3 m。

（5）抛石过程质量控制

在块石抛填过程中，监控系统可以对块石顶标高进行实时监测，实现定点定量抛填。

3. 夯平工艺

抛石完成并检测合格后进行块石基床夯平，首先将振动锤在水面试振，随后下放至块石顶。

开启动力柜转速至 1500 r/min，持续夯沉 30 s 以上，夯平施工时钢丝绳始终保持 10 t 拉力，以保证夯板处于水平状态。相邻夯点及断面之间搭接均为 1 m，避免出现漏夯，夯平后对块石顶标高及平整度进行检测。夯平施工立面效果图见图 3-52。

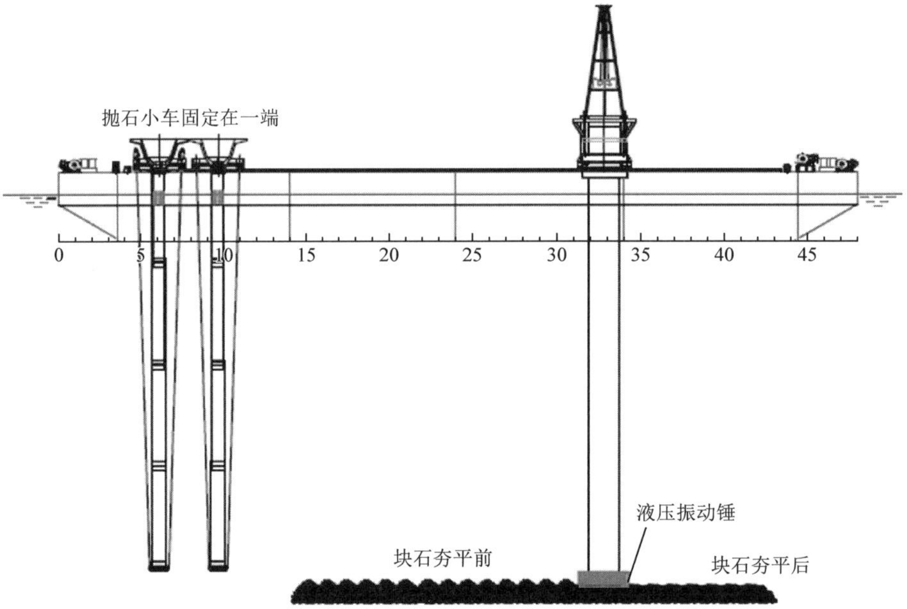

图 3-52　夯平施工立面效果图（单位：m）

4. 工效分析

综合考虑设备维修、天气等因素的影响，每天 24 h 持续作业（两班）可以完成抛石 2000 m^3，或者完成块石夯平 1400 m^2。沉管隧道基础抛石夯平任务中均一次性验收合格，验收合格率 100%，夯沉后块石顶标高均在设计要求的±30 cm 以内，且测点合格率达到 100%。

采用可伸缩式溜管抛石工艺，避免水流对抛石精度产生影响，能够在水深 16～52 m

进行高精度抛石施工。在溜管底部加装多通道测深仪，可以对块石基床标高变化情况进行实时监测，根据标高变化情况实时调整抛石量，提高了抛石施工效率，确保了抛石精度。在外海最大水深 52 m，最大流速 1.8 m/s，在最大浪高 1.5 m 的情况下，抛填 10～100 kg 块石边线偏差达到 0～1 m，标高达到±0.5 m 的精度。

创造性地采用液压振动锤对块石基床进行振动夯平，在国内外尚属首次使用。在振动锤下增设夯板，夯板平面尺寸为 4 m×5 m，一次夯平的面积达到 20 m^2，持续振夯 30 s 能够达到普通夯锤 12 夯次的夯平效果，极大地提高了夯平的施工效率。针对施工水流特点，加大了夯平系统的重量，整个夯平系统重达 80 t，提高了夯平系统的稳定性，在最大水深 52 m、最大流速 1.8 m/s 的情况下仍能正常施工，实现了夯平时间可控制的持续定点夯平。液压振动锤对块石基床抛填高差适应能力极强，在高差达到 1 m 情况下，夯平后标高达到±0.3 m 的精度要求，解决了外海深水块石基床水下夯平难题。

溜管抛石及液压振动锤振动夯平工艺解决了外海深水块石基床施工难题，该工艺施工的精确和高效，为港珠澳大桥岛隧工程沉管隧道基础施工提供了保障，为水运行业类似工程施工提供了借鉴。

3.4　基床整平船

3.4.1　研制情况

1. 配置要求

沉管隧道的碎石垫层需承受来自隧道本身、回填、管顶保护层及回淤的荷载，并将该荷载传递至海床基础。岛隧工程沉管隧道垫层宽 42 m、厚 1.5 m，为呈带状曲线形凹凸结构。采用不全面铺设的方法，可减少材料用量和缩短工期，且对于少数不平点在沉管底板作用下可以通过凹处吸收，也可通过凹处分散水或堆积物。垫层材料选取级配良好的砾石、碎砾石或高碎性的粉碎岩石。

（1）设计精度高

设计纵向高程偏差±20 mm，中线偏位±50 mm，平整度±25 mm，平整精度相对于韩国釜山—巨济沉管隧道有所提高，对碎石整平船性能提出更高要求。

（2）垫层铺设规模和难度大

铺设规模达到每节管节的整平面积 7680 m^2，理论需用石料约 12 000 m^3；总面积达 24.2 万 m^2，需用石料约 36 万 m^3。垫层纵向呈变化的曲线，具有 0.30%～2.98%的坡度，铺设水深达 15～45 m，施工难度大。

（3）铺设工期要求

垫层整平是沉管安装项目的控制性工序，与基槽精挖、清淤、管节沉放等工序形成环环相扣的流水施工。其中，管节沉放工序对气象水文条件要求极严，经研究每月可用于沉放的窗口约 2 次，按每月安装 1 节管节的要求，分配用于垫层整平工期约 10 d。为减少垫层表面回淤，尽量缩短垫层整平和沉管安装的工序间隔，要求整平效率高。

（4）作业条件

本工程处于南亚热带海洋性季风气候区，全年受季风影响较大，风速 15 m/s 以上频率约 20%，18 m/s 以上频率约 8%，受热带气旋、龙卷风、雷击和短时雷雨大风等灾害性不良天气影响。隧道水域潮汐属不规则半日潮，最大潮差 2.5 m，流速达 2.0 m/s，最大波高 1.92 m。为保证沉放窗口，整平工期内必定跨越高、低潮时间段，要求整平作业有足够的保证率。

（5）基本要求

综合以上分析，拟定铺设船基本技术要求为：①铺设作业条件，波高≤1.5 m，流速≤2 m/s，潮差≤3 m；②满足垫层宽 42 m，兼顾沉管安装纠偏装置垫层，垫层局部宽 48 m；③抛石整平水深应不低于 50 m；④整平精度±25 mm；⑤单管节铺设有效工作日不超过 8 d。

2. 方案比选

通过调研国内外碎石垫层铺设船（平台），船体形式体现在抛石和整平工艺，主要包括浮式动态抛石船、带定位桩的浮式整平船、水下整平机和平台式整平船，主要特点如下。

（1）浮式动态抛石船

具有代表性的船舶是 DEME 公司集团旗下的动态定位直落管式抛石船“Flintstone”，它是世界上最大的抛石船。该船采用 DP/DT 动态定位，不需拖船协助，可在邻近平台结构 500 m 范围内操作，作业水深可达 2000 m。其抛石管系统具有主动升降补偿 ROV 的测量系统，包括多波束、回声测深仪和联机处理系统。浮式动态抛石船的定位精度难以达到厘米级，船舶行进方向和抛石管的横向移动很难准确形成 Z 形垫层。其适用于石油平台的防护、大型海上风电基础和海底电缆的抛石保护等对表层精度要求不高的项目，不适用于沉管基床铺设。

（2）带定位桩的浮式整平船

代表船型为 Boscalis 公司的“Scradcway”整平船，已成功应用于厄勒海峡沉管隧道施工。相对于浮式动态抛石船，该船增加了艏艉定位桩和锚缆系统实现定位和移位，其原理为：抛石管可以沿着船侧水平（即纵向）移动，船舶本身沿定位桩移动实现布料管的横向水平移动，使布料管口（石料通过皮带输送系统向布料管供应）形成 Z 字形轨迹，铺设 Z 字形带状碎石基础。由波浪引起的船舶升沉运动会导致布料管口高程的变化，通过设置在抛石管口的高灵敏度波浪补偿装置进行调节和补偿，确保布料管管口高程不变或受控。带定位桩的浮式整平船在一定条件下解决了船舶（抛石管）平面定位精度，工作时船舶为正浮态，受波浪影响很大，波浪补偿装置需要实时处理船舶横摇、纵摇和垂直方向运动引起的抛石管口空间位置变化。在流速快、波高和涌浪大的条件下，由于锚缆系统具有一定弹性，抛石管跟随船位波动幅度增大，将影响垫层成型精度，波浪补偿装置因补偿行程增大、滞后响应时间增加导致整平精度降低，甚至超出补偿范围。

（3）水下整平机

该型船的代表有“航工平 1 号”“青平 2 号”深水基床整平船，在土耳其博斯普鲁斯海峡沉管隧道工程中也有使用类似的整平船。整平船一般由工作母船、水下步履式整平机（含刮料板）和测控系统组成，工作母船是整平机的载体和工作基站，整平机由工作母船的起重绞车下放至已预抛石料（或经夯实处理）基床上进行补充抛石和精细整平。整平机依靠液压支腿支撑和调整姿态，其接料斗接收导料管或定位下料机构提供的碎石，并通过安装在接料斗下方的刮刀或刮板平动或旋转进行整平。

水下整平方式的优点在于碎石整平避免了受波、浪、流的直接影响，理论上整平机定位稳妥，整平精度较易保证，在青岛港实践证明可以达到±50 mm 精度。采用刮刀整平无法形成 Z 字形带状垫层或凹凸结构，整平机不宜太重，刮削余料较难处理。需增加初抛、夯实工序和潜水辅助作业，综合施工周期长，与管节沉放安装工序有冲突。

（4）平台式整平船

韩国釜山—巨济沉管隧道施工中采用了更为先进的平台式整平船“KUS-ISLAND”，该整平船集成了碎石抛设、整平和检测功能，实质上是融合支撑平台结构和带补偿装置的抛石管系统，并配套开发施工管理系统。平台为回形结构，由平台主体、桩腿、抛石管系统、石料输送系统等组成。其工作原理是通过 GPS 引导锚缆系统进行船舶工作位置初定位，液压装置驱动桩腿，依靠平台自重和压载水将 4 根支腿插入海床中，整个船体支撑在海床上。石料通过布置在平台的两舷输送系统、艉部输送系统、行走系统的大车、行走系统的小车，最后到达抛石管。底部高程受控的抛石管随移动台车在平台月池内横移或纵移形成 Z 字形轨迹，同步完成抛石和整平。为实时检测抛石管口位置，在抛石管顶部安装有高精度 GPS，下部设置倾斜仪，管口设置声呐等进行数据检测，施工管理系统分析处理后形成指令，由抛石管前端的液压油缸补偿装置和抛石管台车驱动装置完成位置偏差补偿，从而实现高精度整平。

平台式整平船由于平台升离水面，作业时船体基本不受波、浪、流影响；在海况条件好时也可进行漂浮状态整平，适应作业环境能力强。施工管理系统能准确检测并控制布料管出料口的高程和位置，整平精度高。“KUS-ISLAND”在韩国釜山—巨济沉管隧道实测铺设综合精度（累加高程和平整度）达到±40 mm。

四种碎石垫层铺设船对比见表 3-14。

表 3-14　四种碎石垫层铺设船对比

项目	浮式动态抛石船	带定位桩的浮式整平船	水下整平机	平台式整平船
特点或优点	DP/DT 动态定位，带 ROV 升降补偿，抛石管抛石，不需辅助船舶；适合超大水深；抛石速度快	锚缆系统和定位桩进行船舶定位，带波浪补偿装置的抛石管抛石，精准激光测量系统，集抛石、整平功能；工作船位转移较平台式效率高	整平机水下定位，刮刀全平面整平，集抛石、整平和检测功能于一体；整平精度较高；整平效率低	集抛石、整平和检测功能于一体，整平精度高，受波、浪、流影响极小，有成功应用于沉管隧道的案例，综合生产效率高

续表

项目	浮式动态抛石船	带定位桩的浮式整平船	水下整平机	平台式整平船
缺点或需要解决的问题	无整平功能，需配套设计整平工艺和设备，平面定位精度难以达到厘米级，在靠近已安管节抛石时抛石管与沉管有碰撞风险	需另行考虑垫层检测验收方法，波、浪、流对整平精度有直接影响，工作条件有限制	需增加碎石初抛、夯实工序和设备；不能铺设Z字形凹凸结构垫层，对于沉管交接区域的整平容易与已安管节相关工序发生干扰	形体尺寸较大，移位周期相对较长，造价较高
比选意见	不推荐	适合带状垫层铺设，可推荐	适合全铺设垫层，不推荐	优先推荐

（5）方案比选

通过对国内外碎石抛设整平船的调研，综合分析了上述4种垫层铺设方法的特点和优势。根据岛隧工程的垫层技术特点、施工工期要求和安全施工等因素，采用支撑平台式和抛石管抛石整平作为沉管碎石垫层施工专用船（平台）的总体方案。

3.4.2 性能参数

1. 型式及用途

本船为钢质双层甲板、回字形、自升式海上移动平台船，具有抛石、整平、检测和清淤功能。船体为箱型回字结构，四角上布置有四根采用齿轮齿条形式驱动的桩腿；中间月池上部设置一台横向移动的大车，大车上为带有抛石管的小车，小车可以沿台车纵向移动，以实现抛石管的大范围（48 m×25 m，管中心）作业能力。船上还配置了供给料皮带机、柴油发电机组、压舱注排水系统、移船锚机等各种辅助设备。整平船施工图如图3-53所示。

图3-53　整平船施工图

2. 航区

本船为近海海区拖带、沿海海区作业。

3. 作业技术性能

①适应碎石垫层整平宽度≮42 m，整平后的碎石垫层纵向具有最大坡度 3%；
②满足作业水深范围 10～50 m（港珠澳大桥基槽底面约 45 m）；
③一次最大铺设厚度 1.7 m 或满足港珠澳大桥碎石垫层的要求；
④石料粒径满足 20～80 mm 的基本要求；
⑤整平精度±4.0 cm；
⑥作业效率满足 8 个有效工作日内完成单节沉管碎石垫层的施工；
⑦碎石垫层头部宽度为 1.8 m，中间间隙为 1.2 m，高度为 1.5 m，分 2 次铺设，整条碎石垫层形式采用连续的之字形，碎石基床结构图见图 3-54。

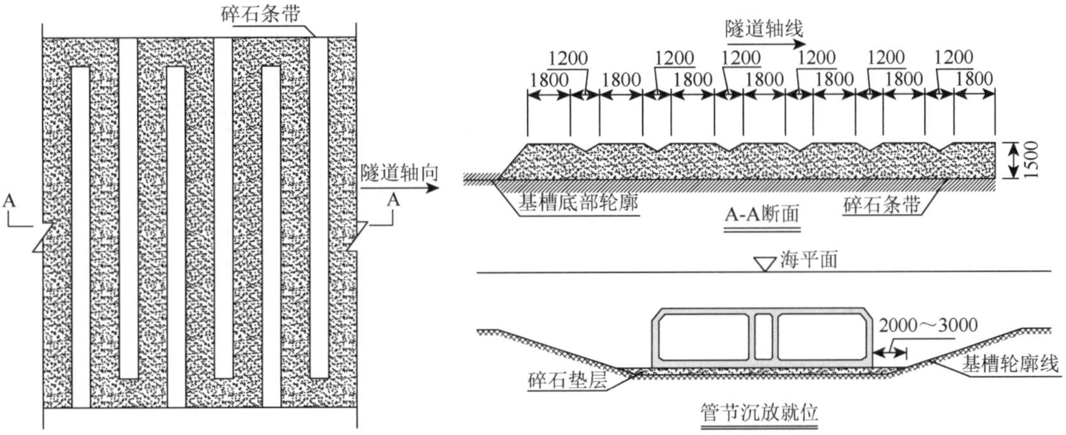

图 3-54 碎石基床结构图（单位：mm）

4. 作业环境条件

作业水深 10～50 m；作业工况满足波高≯2.8 m、潮差≯3.0 m、流速≯1.5 m/s、蒲氏风力≤7 级；拖航调遣海况蒲氏风力≤7 级；作业环境温度−20～45℃；风力 10 级时离开作业范围，满足就近抗风条件，满足浅水（水深 10 m）抗台（风速 50 m/s）自存条件。

5. 主要技术参数

整平船为双层甲板回字结构，船舶主要技术参数见表 3-15。

表 3-15　主要技术参数

名称	数量	单位	名称	数量	单位
垂线间长	81.8	m	舱室人员	18	人
总长	75.8	m	压载水	3000	m^3
型宽	46	m	燃油量	140	m^3
型深	5.5	m	淡水量	145	m^3
中间月池尺寸	59×30	m^2	主机功率	500×3	kW
设计吃水	～4.2	m	作业水深	10～50	m

6. 设备清单

整平船设备配置包括主发电机组、应急发电机组、桩腿及抬升系统、甲板机械、抛石系统和配电系统等部分，主要设备清单见表 3-16。

表 3-16　主要设备清单

序号	设备名称	技术规格	数量	备注
1	主发电机	型号 CCFJ500JWS，容量 500 kW，400 V，1500 r/min	3 台	
1.1	柴油机	河柴 MAN 发动机，型号 TBD604BL6 直列、四冲程、涡轮增压、中冷、水冷却、高速船用柴油机；550 kW，1500 r/min；缸径 170 mm，行程 195 mm；燃油消耗率 205g/(kW·h)	—	
1.2	发电机	型号 1FC2451-4SB，无刷自励船用交流发电机，625 kV·A，500 kW，AC400V，50 Hz，绝缘等级 H；防护等级 IP23；相数/线数 3/3	—	
2	应急发电机组	型号 CCFJ200MJ，容量 200 kW，400 V，1500 r/min	1 台	
2.1	柴油机	康明斯发动机，直列、四冲程、涡轮增压、中冷、高速船用柴油机，40 kW，1500 r/min，缸径 140 mm，行程 152 mm，缸数 6，燃油消耗率 206g/(kW·h)	—	
2.2	发电机	型号 DIEMENS 1FC2 284-4，无刷自励船用交流发电机，248 kV·A，200 kW，AC400V，50 Hz，绝缘等级 H，防护等级 IP23，相数 3/线数 3	—	
3	抬升系统	—	1 套	
3.1	抬升设备	—	32 台	
3.1.1	爬升齿轮	型号 ϕ745 mm×1090 mm，模数 80，压力角 30°，齿数 7，齿宽 200 mm	32 个	
3.1.2	减速箱	型号 FHS1050.5997.A1A-00，速比 6000，重量 6.05 t，额定输出扭矩 1876 kN·m，最大输出扭矩 2656 kN·m，最高允许输入转速 1800 r/min	32 台	
3.2	锁紧装置	—	4 台	
3.2.1	齿形块	模数 80，压力角 30°，齿数 3	8 个	
3.2.2	涡轮蜗杆顶升器	静载 1500 t，动载 50 t	16 个	
3.2.3	液压马达	型号 XM05A 250 9GA D40，排量 250 cm^3/r，单位扭矩 3.68(N·m)/bar	16 个	

续表

序号	设备名称	技术规格	数量	备注
3.2.4	液压动力站	功率 15 kW，系统常规工作压力 80 bar，系统最高工作压力 160 bar，系统流量 95 L/min，油箱容积 400 L	2 个	
3.3	抬升结构	—	4 个	
4	桩腿	—	1 套	
5	400 kN 操船绞车	减速箱 TH955.40.J1A-00；电机 YZPF315M2-8	6 套	
6	100 kN 电动系泊绞车	ϕ80 mm×200 m，锦纶复丝，额定速度 0～15 m/min	2 套	
7	15 t-30 m 起重机	最大吊钩的速度：20 m/min，满载起升速度 15 m/min；空载起升速度 30 m/min；回转速度 1 r/min	1 套	
8	抛石管	100 kN 抛石管升降绞车，ϕ30 mm 钢丝绳，800 m，额定速度，0～8 m/min；抛石管支撑夹持系统	1 套	
9	行走大台车	额定速度 0～2.5 m/min；行程 50 m	1 台	
10	行走小车	额定速度 0.1～2.5 m/min；行程 26 m；小车车轮直径 600 mm	1 台	
11	石料输送系统	输送能力 1020 t/h；皮带机宽度 1200 mm	1 套	
12	电力系统	—	—	
12.1	主配电板	AC400V/AC230V，50 Hz，落地式，IP22，底部进线，接触器继电器采用施耐德产品，共 9 屏，组成：柴油发电机屏 3 屏；同步屏 1 屏；AC380V 主馈电及辅助负载屏 2 屏；组合起动屏 2 屏；AC220V 负载屏 1 屏	1 套	
12.2	应急配电板	AC400V/AC230V，50 Hz，落地式，板前维修，IP22，底部进线，接触器继电器采用施耐德产品，组成：发电机屏 1 屏；380 V/220 V 负载屏若干屏	1 套	
12.3	正常照明变压器	AC400V/AC230V，50 Hz，100 kV·A，IP22，自然风冷，连续工作制，F 级	2 个	
12.4	应急照明变压器	AC400V/AC230V，50 Hz，30 kV·A，IP22，自然风冷，连续工作制，F 级	2 个	
12.5	厨房隔离变压器	AC400V/AC230V，50 Hz，50 kV·A，IP22，自然风冷，连续工作制，F 级	1 个	

3.4.3　组成及特点

1. 桩腿及抬升机构

抛石船在船身四角各设置 1 根桩腿，桩腿结构为直径 2800 mm 的钢管外焊接两条背对背安装的齿条，无桩靴，头部为半封闭兴字形结构。

全船在四角各设置 1 套抬升机构，抬升机构通过齿轮齿条的形式驱动桩腿的上下运动，实现平台的抬升或下降。每套抬升机构能力为 200 t@0.457 m/min，各包含 8 套由变频电机驱动的驱动机构，它们共同作用于桩腿齿条，推动桩腿运动或锁止桩腿运动。抛石船桩腿及抬升机构见图 3-55。这种方式具有运行速度快、操作灵活、运动平稳、连续等特点。

抬升系统采用变频控制方案，结合速度和力矩检测实现对抬升电机的同步控制。操作人员可通过中控台实现抬升系统的集中操作。

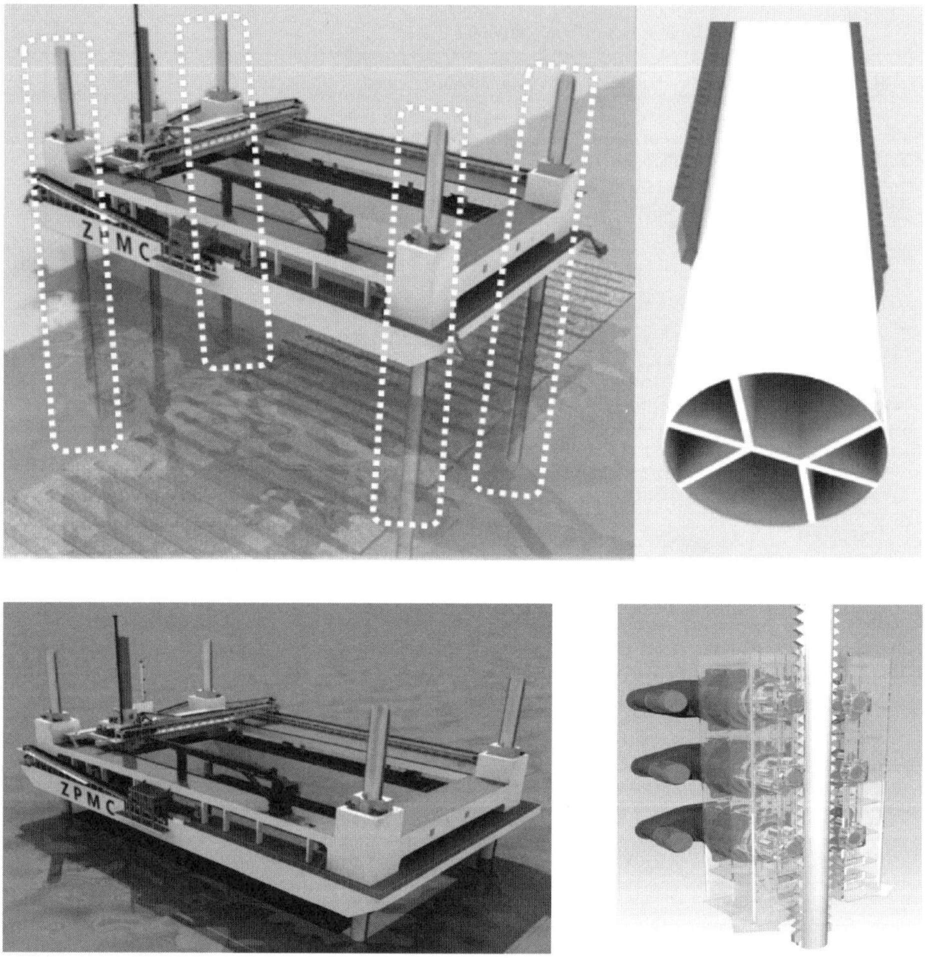

图 3-55　抛石船桩腿及抬升机构

2. 桩腿锁紧系统

通过对桩腿齿条的锁紧，增加平台在桩腿上的支持力，在与升降装置共同作用或单独作用时，提高平台在作业时的承载能力和抗风浪能力。设计采用 4 套涡轮蜗杆驱动齿块的方式实现锁紧和脱开。桩腿锁紧系统见图 3-56。

3. 抛石整平系统

抛石整平系统主要包括：抛石管、两条固定式皮带机、两条移动式皮带机、移动台车、移动小车、抛石管固定架、抛石管夹持机构和进料料斗等。抛石整平系统见图 3-57。

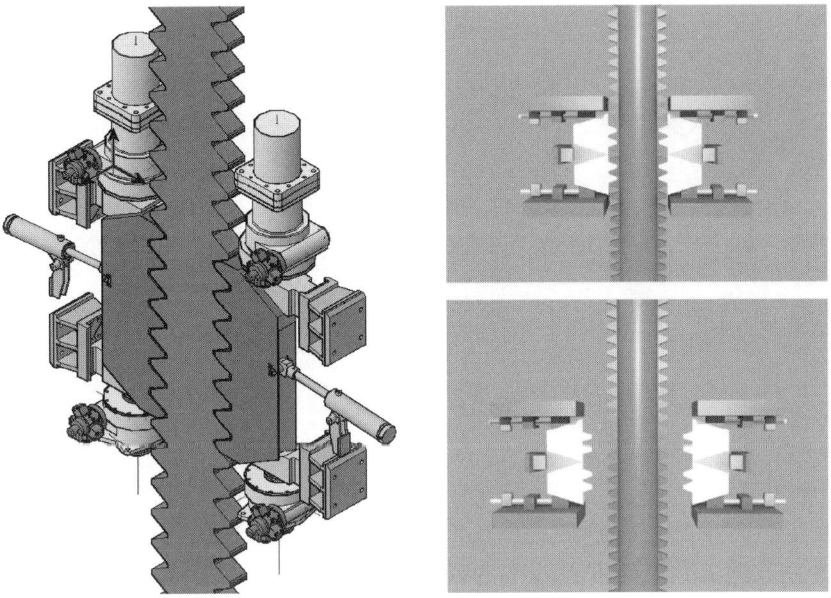

图3-56 桩腿锁紧系统

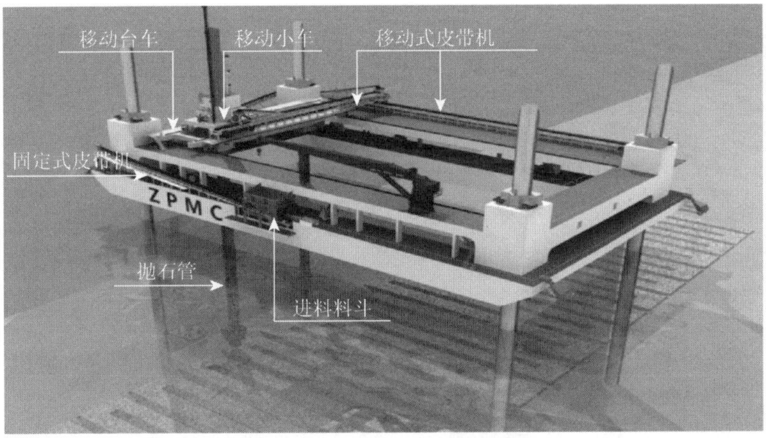

图3-57 抛石整平系统

（1）移动台车（大车）

移动台车（图3-58）横跨整个月池，采用齿轮齿条驱动，带动抛石管纵向移动，完成抛石整平作业过程中的纵向位移。采用4部电机分别驱动4台小车，带动整个台车移动。在左右两边皆设置了反滚轮以限制台车的倾覆或跳动。

主要技术参数：车轮直径600 mm；轨道规格DIN A100；最大工作轮压＜60 t；驱动电动机4台，功率5.5 kW，6P；电动机转速1350 r/min；减速箱4台，速比110；行走台车行程50 m；移动速度0.1～2.5 m/min；缓冲器行程240 mm；缓冲容量15.7 kJ；最大碰撞力414 kN。

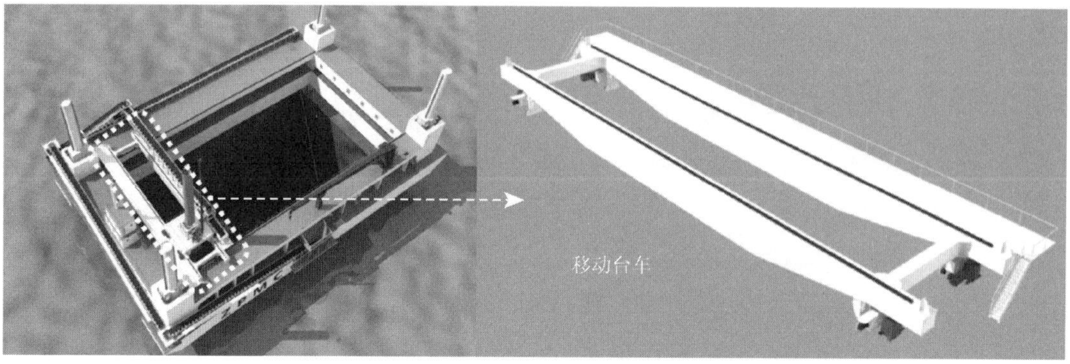

图 3-58　移动台车

（2）移动小车

移动小车（图 3-59）在移动台车（大车）上移动，采用齿轮齿条驱动，带动抛石管横向移动，完成抛石整平作业过程中的横向位移。移动小车驱动机构与移动台车驱动机构通用。移动小车上面设置有司机室、抛石管起升绞车、抛石管固定架和抛石管软管导向支架。抛石管夹持机构和导向轮等设备也都安装在抛石管固定架上。

图 3-59　移动小车

（3）抛石管

抛石管（图 3-60）的主要结构为一根直径 1524 mm、总长 75 m 的圆管，管外为方形加强结构。抛石管从上至下共有 8 段开口作为石料的进料口。抛石管头部是固定的主管和可以伸缩的平衡管，通过 4 个平衡油缸共同作用可以调节平衡管的伸出长度和倾斜度，以满足抛石整平的精度要求。抛石管头部安装有 4 部声呐，用于检测海底槽床和已铺设碎石基层高度。

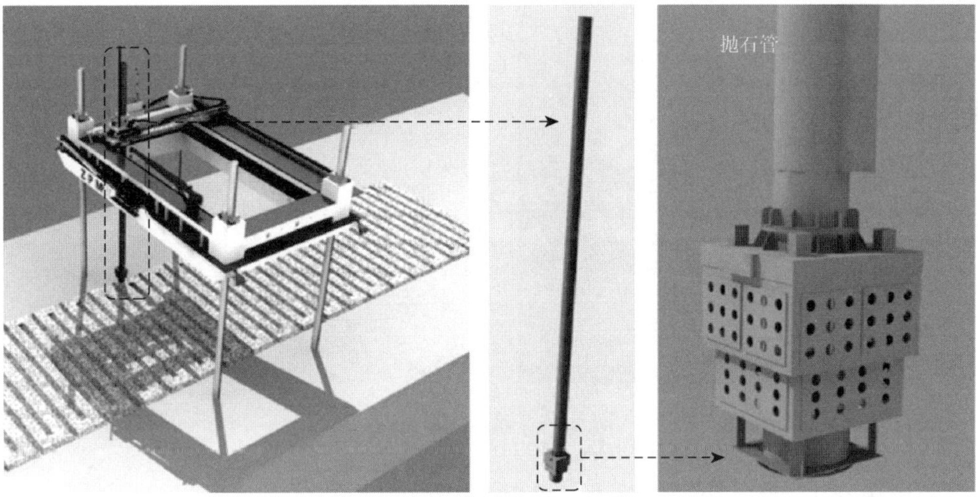

图3-60　抛石管

（4）抛石管起升绞车

抛石管起升绞车（图3-61）安装在移动小车上，采用双卷筒、单驱动的形式。通过滑轮组负责抛石管的起升和锁止。

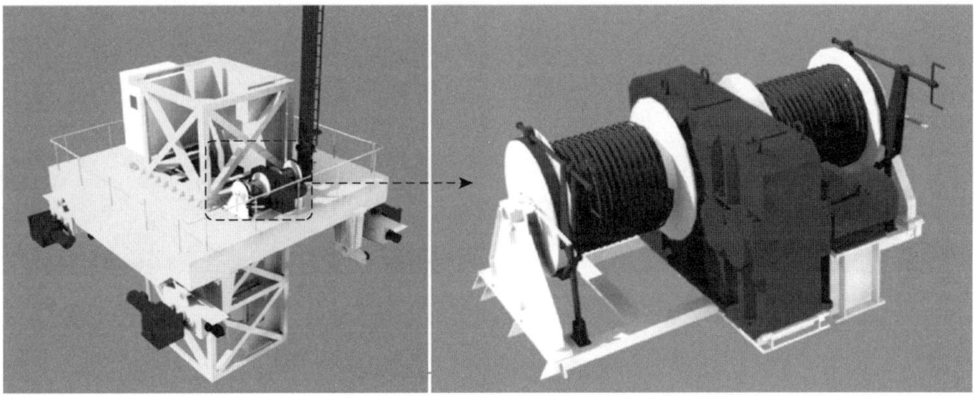

图3-61　抛石管起升绞车

（5）皮带机

皮带输送机（简称皮带机）包括移动式皮带机和固定式皮带机。移动式皮带机（图3-62）分别在纵向和横向两个方向输送石料。两部皮带机上各带有一部移动式尾车分别跟随行走台车和小车移动。随台车移动的皮带机将石料输送至随小车移动的皮带机，随小车移动的皮带机最终将石料投入小车内的抛石管进料口。

皮带机输送能力1020 t/h；皮带运行速度75 m/min；皮带宽度1200 mm；皮带机尾车移动速度2.5 m/min；一般托辊槽角30°；皮带张紧方式手动螺纹；随台车移动皮带机驱动电机功率46 kW；随小车移动皮带机驱动电机功率32 kW。

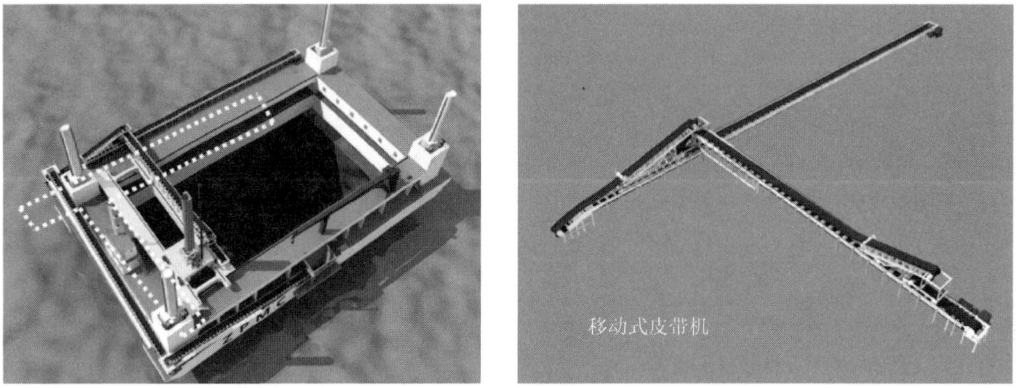

图 3-62　移动式皮带机

固定式皮带机（图 3-63）也分别在纵向和横向两个方向输送石料。第一条皮带机将从进料料斗中的石料输送至第二条皮带机上，第二条皮带机则将石料输送至移动式皮带机上。

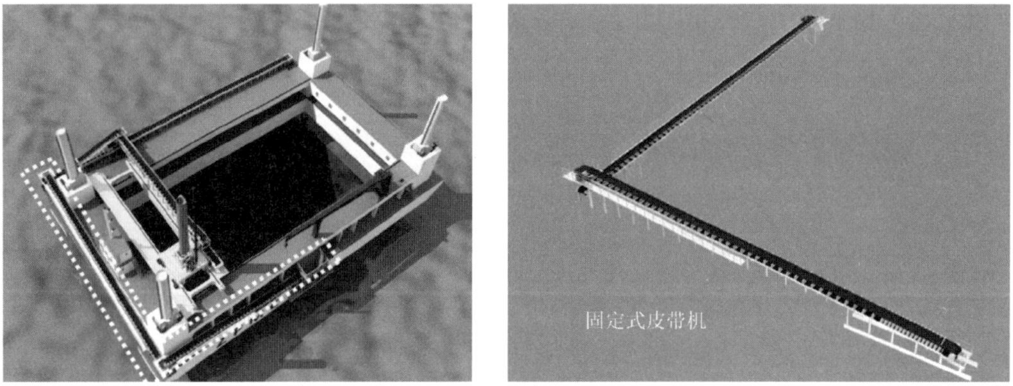

图 3-63　固定式皮带机

4. 清淤装置

利用原有抛石船的大小车系统，增设大车梁和小车平台，安装一套上下升降的桁架。桁架长 65 m，截面形状为三角形，三个顶角位置设置三根齿条，采用齿轮齿条的驱动形式控制其升降，在桁架头部安装有两台大功率泥泵，通过软管与吸头连接，可单独调控吸头高度。调节吸口装置的开闭和高度以实现碎石垄顶和垄沟内淤泥的清除。清淤系统设备如图 3-64 所示。

清淤装置的桁架随大小车移动，泥泵排出泥水经桁架内排泥管引至海面，再通过排泥软管排至软管绞车处，软管绞车将随桁架的移动收、放排泥软管，保证排泥软管与桁架排泥管（硬管）的有效连接。排出泥水经过此处连接的漂浮排泥软管，再排至 1 km 以外。

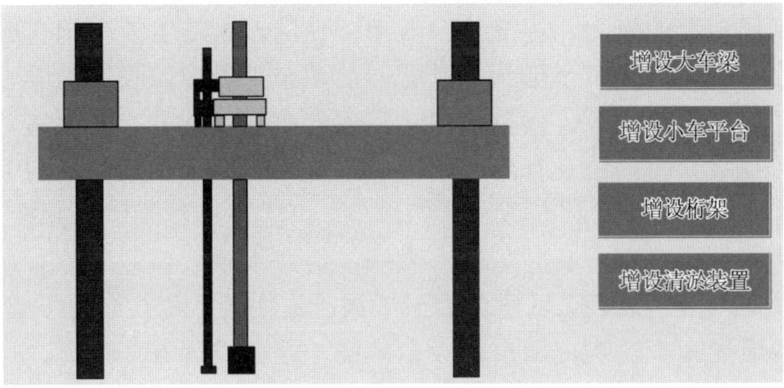

图 3-64　清淤系统设备

大车新增梁与原有大车梁的间距及桁架尺寸都已被压缩至最低限度。清淤装置桁架位置如图 3-65 所示。

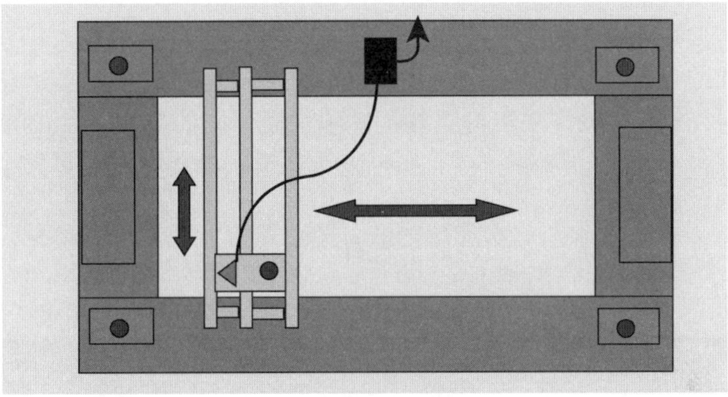

图 3-65　清淤装置桁架位置

综合考虑清淤效率和流速控制等诸多因素，最终清淤泥泵采用 DAMEN 公司的 DOP250 泵，通过液压系统调节泵的转速实现吸口处的流速控制。图 3-66 为 DOP250 泵尺寸图。

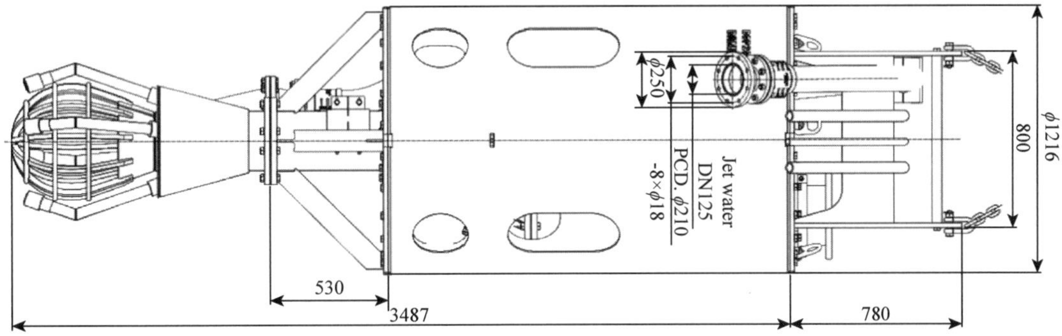

图 3-66　DOP250 泵尺寸图（单位：mm）

为了充分利用泥泵的能力，提高清淤效率，使清淤水流主要作用在碎石基床表面淤泥层上，吸口设计采用上大下小形状，具有前后两个主吸口。吸口沿碎石垄方向移动，通过控制开闭前后的吸口阀板，保持吸口一直朝向碎石垄前方，一次移动能够清除一条碎石垄上淤泥。主吸口两侧还设有两个辅吸口，位于碎石垄的两侧垄沟上方，用于清除垄沟内淤泥。吸口管路上还安装有液压遥控蝶阀，可实现远程阀门开闭控制和开度控制。

清淤装置头部还设置有一套高压冲水系统，将海水至吸口四周的喷水口喷出，能够扰动碎石垄面及垄沟上的淤泥，以增强清淤效果。该冲水系统共设置了 20 个喷水口，两个主吸口前后各设置 4 个喷嘴，两个辅吸口环绕一圈各设置 6 个喷嘴。

5. 桩腿修复

（1）修复方案

2015 年 12 月，对抛石整平船桩腿齿条及抬升装置驱动齿轮进行检查，两者均出现不同程度的磨损，其中桩腿齿面最大磨损量约为 6.5 mm，磨损最严重的齿条集中在桩腿高度 45～65 m 之间，需要将 4 根桩腿全部拔出，进行全面检测和大修处理，使桩腿满足后续施工作业的要求。

经多方案对比论证，最终采取桩腿颠倒缺陷齿条修复的方案。将桩腿颠倒头尾互换，利用原桩腿顶部极少使用的齿条，将上部桩腿头尾进行颠倒并重新焊接，将原来磨损严重的齿条段换到桩腿顶部。

桩腿修复要求高，在现场无法完成，选择大型钢结构工厂进行厂内修复。桩腿修复实景图见图 3-67。

图 3-67　桩腿修复实景图

（2）桩腿吊装和放倒方案

将平板驳停靠在整平船和浮吊之间，浮吊将桩腿吊起后先将尾端放置在驳船限位装置上，然后逐步放倒直到桩腿平放在驳船支架上，见图 3-68。

（3）桩腿恢复安装及调试

摆放桩腿的驳船锚泊在起重船和整平船之间，桩腿尾端放置在限位装置上，起重船吊索挂在桩腿首端吊耳上，缓慢翻身至垂直状态，随后将桩腿吊至抬升结构上方。

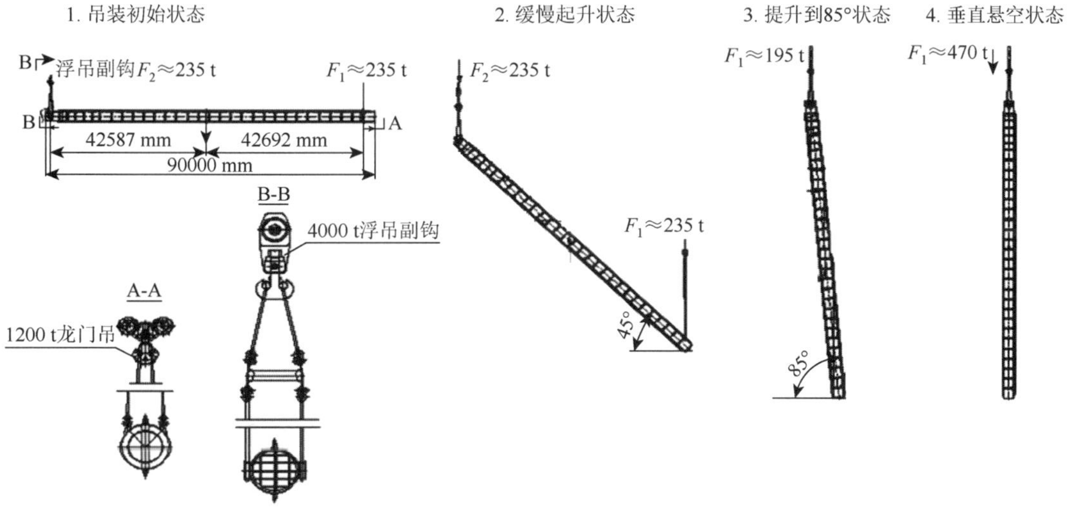

图 3-68　桩腿吊装和放倒方案

桩腿插桩前，先重新复测各升降装置中爬升齿轮齿顶与水平成 26°的夹角，桩腿顶部航空灯、限位等重新安装到位，插桩到位后，将抬升结构上口的编码器重新安装到位；桩腿插桩时，缓慢通过第一个小齿轮，插桩到位后将制动器闭合，并将锁紧装置锁紧；插桩全部完成后整平船进行抬升试验，并做好数据记录，见图 3-69。

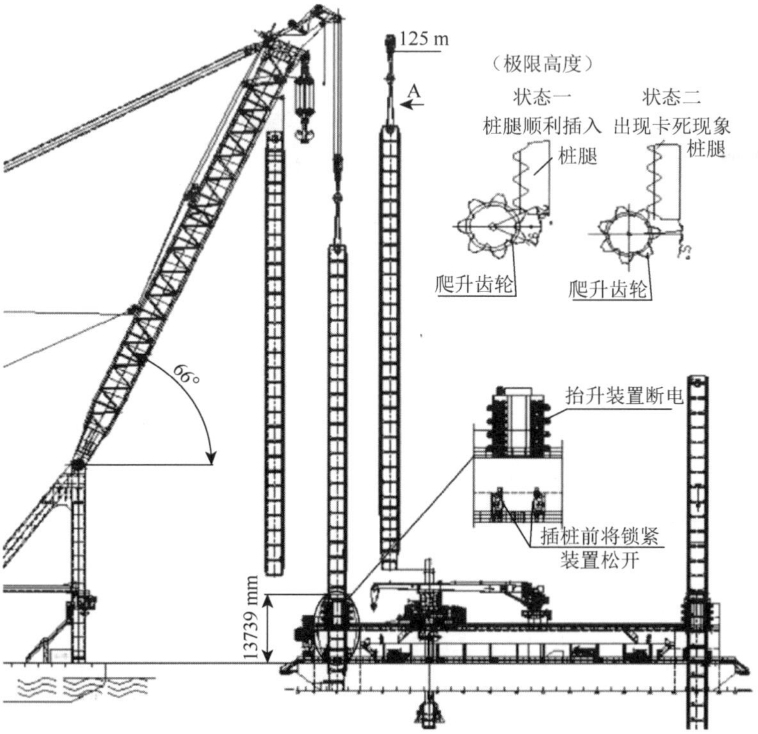

图 3-69　抬升试验

3.4.4 使用及工效

1. 施工工艺

碎石垫层整平船的施工基本流程分为6步，分别为移船定位、插桩抬升、设定铺设位置和高程、供料船就位供料、抛石铺设作业、成型测量验收，施工流程示意图如图3-70所示。

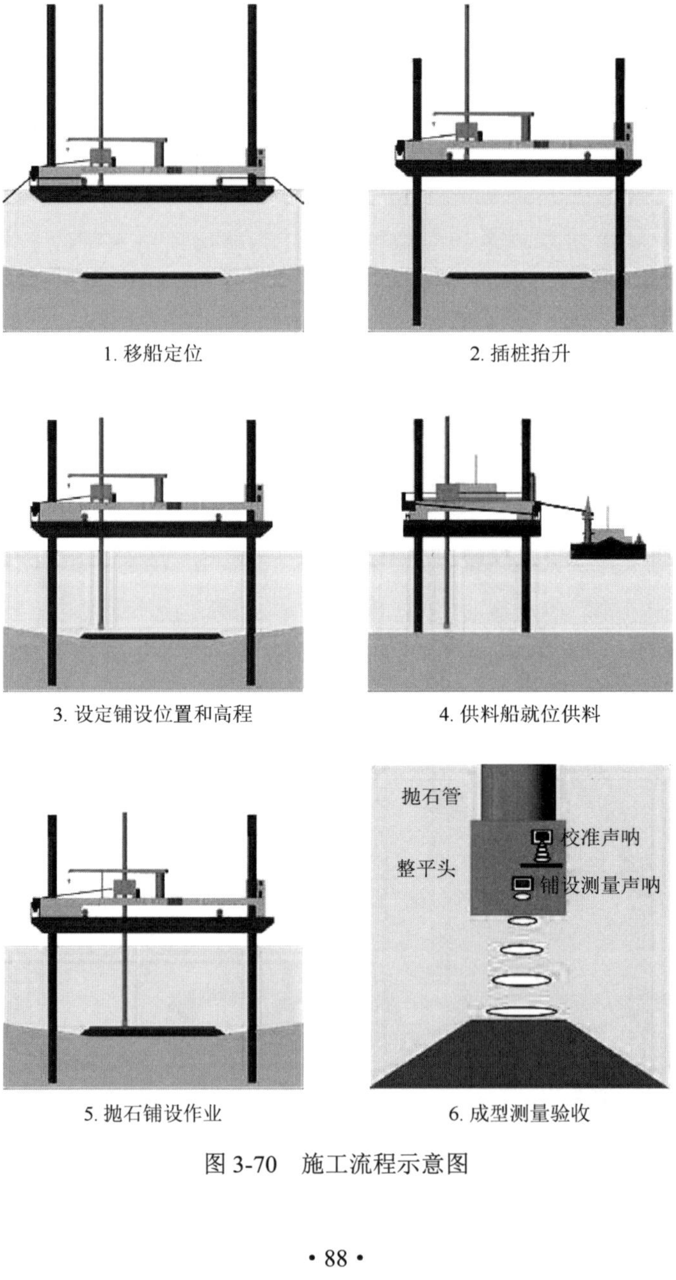

图3-70　施工流程示意图

（1）移船定位

1）整平船进场

临时停泊区距施工现场较近，选择合适气象水文条件进行拖航。整平船拖航时，桩腿最低点与平台底部基线平齐，采用吊拖为主、傍拖为辅的方式进行拖航。吊拖利用设在艏端的 smit 拖点或船尾的拖力单桩，傍拖利用设在船舷双柱带缆桩，见图 3-71。

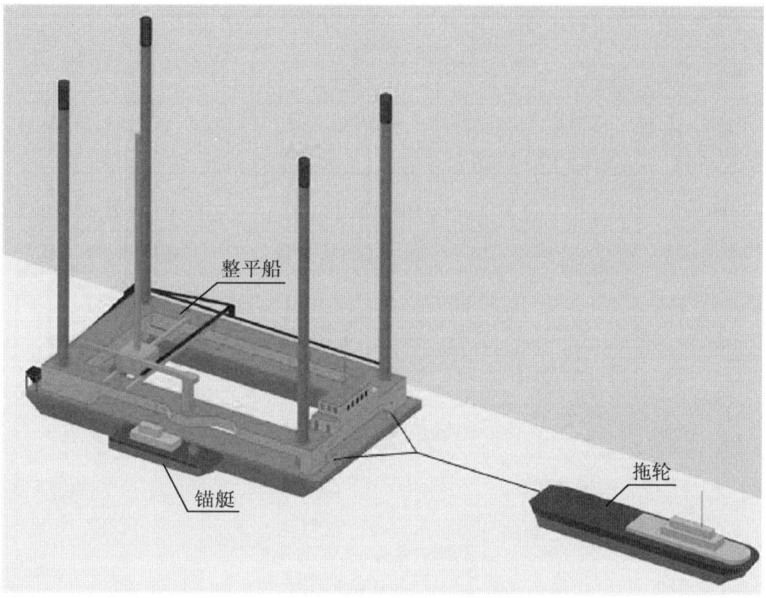

图 3-71　整平船拖航示意图

2）锚位布置

抛锚原则：在单个管节碎石基床铺设过程中，通过锚绞车收放锚缆，实现整平船在整个管节范围内的移船、定位。其间 6 口锚原则上不再移动。若出现异常情况在碎石基床铺设期间进行移锚。

抛锚方法：根据涨、落潮情况，整平船顶流进场。到达后锚预设锚位时先抛一口下流锚，边放松该锚锚缆拖轮边拖带整平船慢速前进；到达前锚预设锚位时抛一口上流锚，拖轮解脱离开；收紧前后锚缆完成整平船初定位后，其他锚位通过锚艇抛设完成。整平船锚位布置示意图见图 3-72。

3）整平船定位

输入船体 GPS1 和 GPS2 坐标，通过收放锚缆完成整平船定位。船体坐标在控制室诱导系统输入，船体诱导定位示意图见图 3-73。

（2）插桩抬升

1）整平船调平

在下降桩腿前首先将整平船调平。通过调整压载水量，观察船体倾斜仪的读数，将船体调整到水平状态，整平船调平示意图见图 3-74。

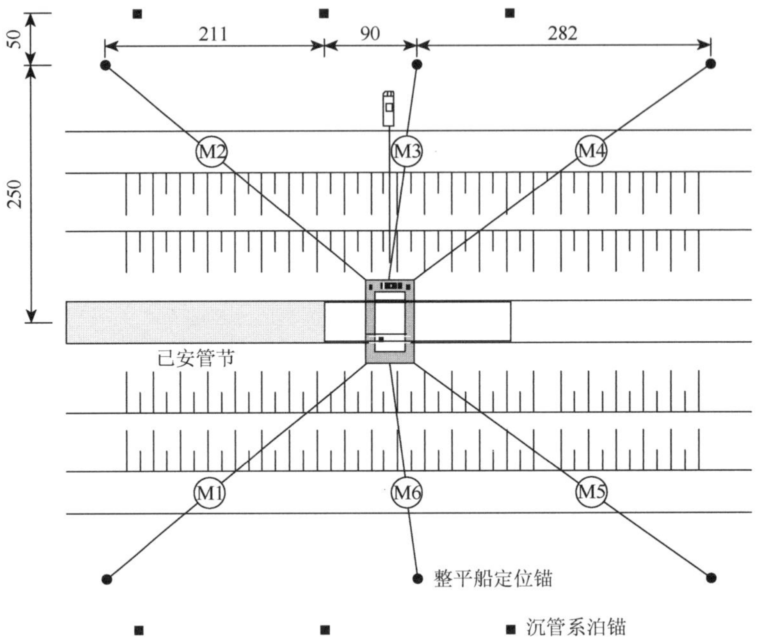

图 3-72　整平船锚位布置示意图（单位：m）

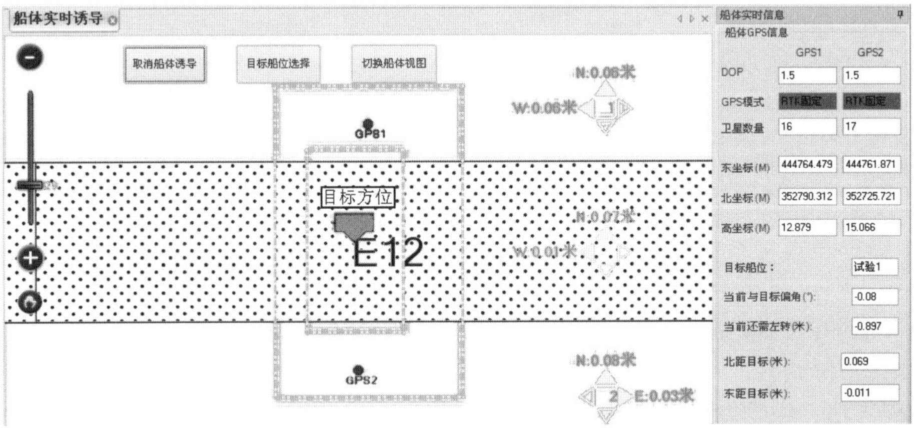

图 3-73　船体诱导定位示意图

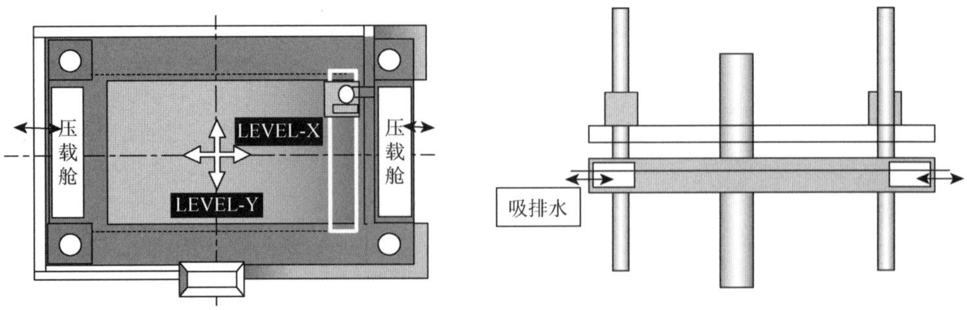

图 3-74　整平船调平示意图

2）对角压载法

整平船通过抬升装置进行抬升，抬升装置安装在升降主结构内，通过电机驱动减速箱，减速箱带动爬升齿轮与桩腿齿条进行啮合运动，以此实现平台（桩腿）升起或下降。整平船对角压载示意图见图 3-75。

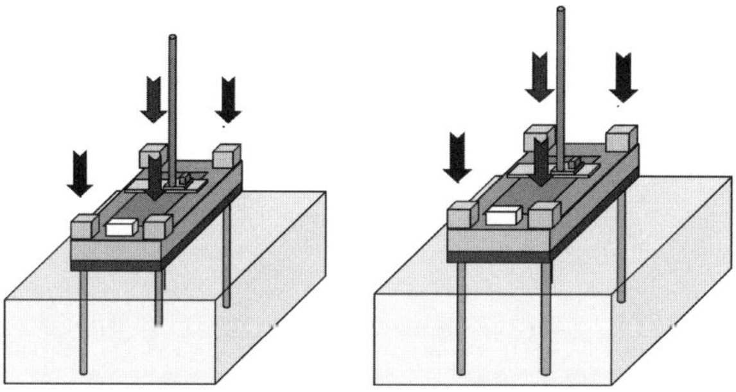

图 3-75　整平船对角压载示意图

打入压载水 1800 t，四根桩腿同时入泥直至每根桩腿 600～700 t；转入对角抬升作业，第一次选择一对角桩腿插入深度 0.3～0.5 m，转入另一对角桩腿插入深度 0.6～1.0 m，随后每次对角插入深度 0.6～1.0 m，直至每根桩腿抬升力达到 1400 t 停止插桩，观察 15 min，确认平台稳定后转为四角抬升同时排出压载水，直至船底脱离海面 0.58 m，再转为对角压载使每根桩腿上的载荷达到 1500 t，停止预压载，观察 15 min，确认无异常后，抬升平台至施工高度，整个过程中保持船体纵横倾不超过 0.3°。

3）整平船抬升

施工时为避免潮水及波浪的影响，整平船平台抬升高度 h 为：可预测的高潮位 + 1/2 预测最大波高 + 富余高度（0.5 m），抬升高度见图 3-76。

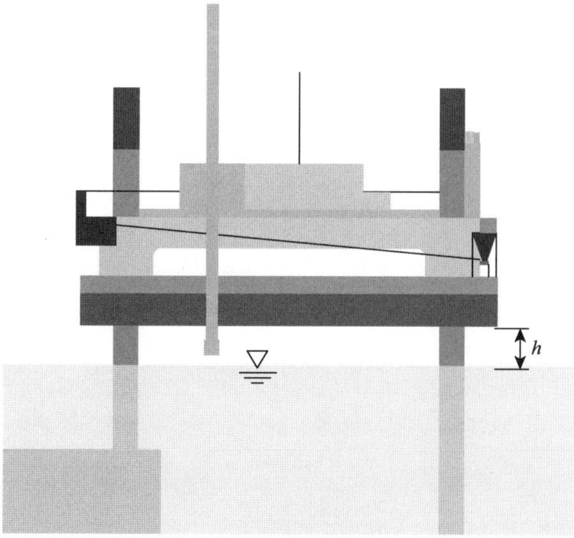

图 3-76　整平船抬升示意图

（3）设定铺设位置和高程

1）船体坐标设定

点击船体坐标设定，按图 3-77 数据设定抛石管坐标、船体坐标、抛石管半径、抛石管主位置。

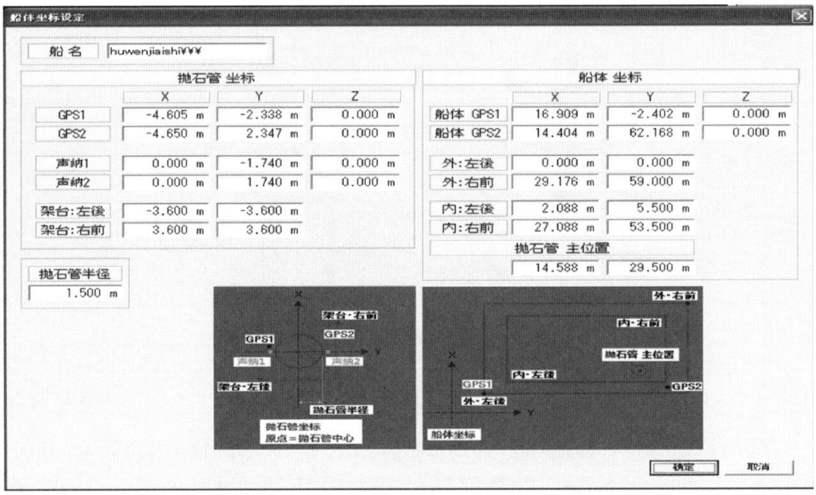

图 3-77　船体坐标设定

2）局地坐标设定

点击局地坐标设定，按图 3-78 数据进行设定可将 GPS 接收的坐标数据转换为隧道坐标系数据。

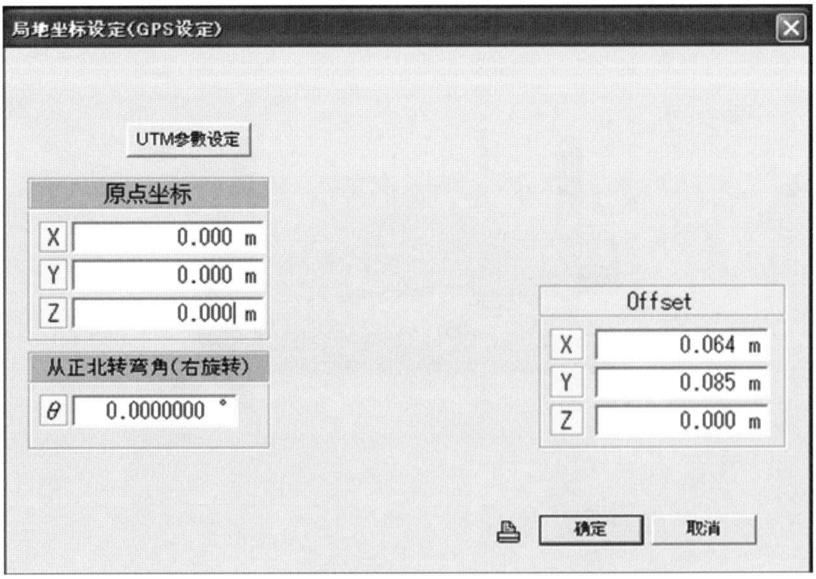

图 3-78　局地坐标设定

3）UTM 参数设定

点击 UTM 参数设定，按图 3-79 数据进行设定可将 GPS 接收的经纬度坐标转换为隧道坐标系数据。

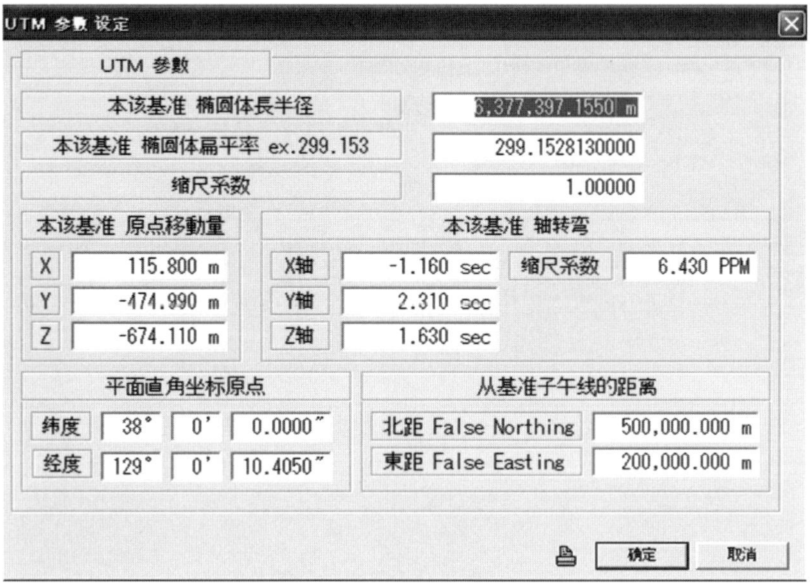

图 3-79　UTM 参数设定

4）作业条件设定

点击作业条件设定，将高程精度设置为小数点后三位、验收测量点间距 0.02 m，作业条件设定见图 3-80。

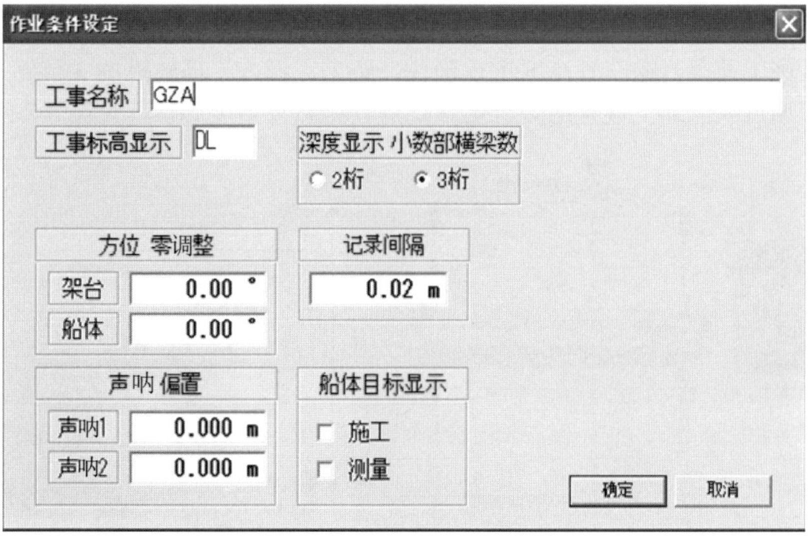

图 3-80　作业条件设定

5）施工目标设定

点击施工目标设定，输入第一条垄起点和终点坐标、设计深度、垄间距、垄数、施工方向，施工目标设定见图 3-81。

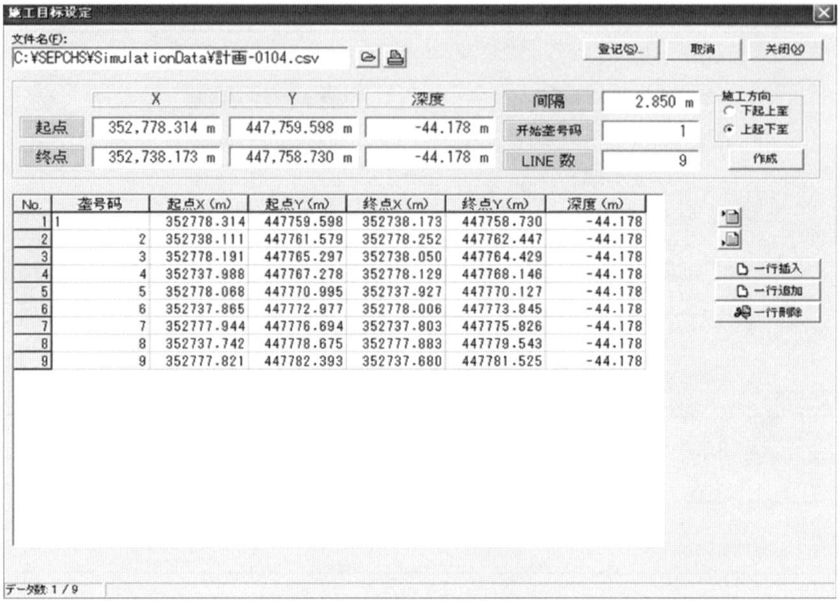

No.	垄号码	起点X (m)	起点Y (m)	终点X (m)	终点Y (m)	深度 (m)
1	1	352778.314	447759.598	352738.173	447758.730	-44.178
2	2	352738.111	447761.579	352778.252	447762.447	-44.178
3	3	352778.191	447765.297	352738.050	447764.429	-44.178
4	4	352737.988	447767.278	352778.129	447768.146	-44.178
5	5	352778.068	447770.995	352737.927	447770.127	-44.178
6	6	352737.865	447772.977	352778.006	447773.845	-44.178
7	7	352777.944	447776.694	352737.803	447775.826	-44.178
8	8	352737.742	447778.675	352777.883	447779.543	-44.178
9	9	352777.821	447782.393	352737.680	447781.525	-44.178

图 3-81　施工目标设定

6）施工位置的确认

SEPCHS 施工管理系统自动计算其余垄坐标并在显示界面显示其位置。此时确认计划铺设区域是否在铺设范围内，若不满足要求需重新定位抬升平台。

7）抛石管高度确认

在铺设施工前须对抛石管高度进行确认。距东、西人工岛较近的 3 节管节在碎石基床铺设时，通过人工岛上设置的一台全站仪进行抛石管高度确认，见图 3-82。

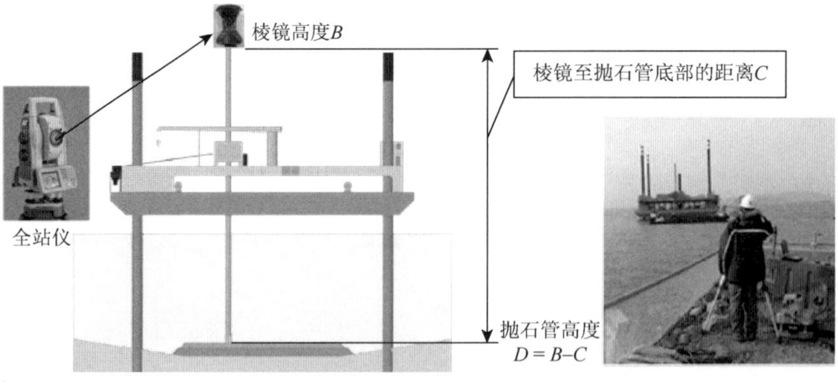

图 3-82　抛石管高度确认示意图

8）抛石管底部油缸行程确认

抛石管头部是固定的主管和可以伸缩的平衡管，通过 4 个液压油缸共同作用可以调节平衡管的伸缩长度（可达 1.2 m），以满足抛石铺设标高的精调要求。

抛石管定位完成后，反复伸缩底部油缸进行行程确认，确保液压油缸伸缩长度能够满足一个船位铺设需要即在一个船位的铺设过程中不需再升降抛石管。抛石管液压油缸行程确认示意图见图 3-83。

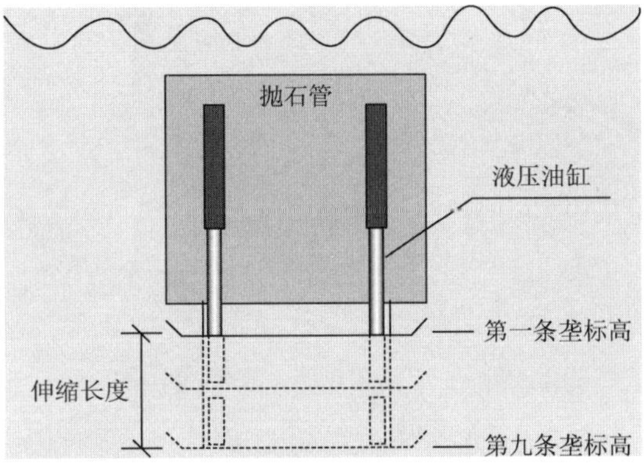

图 3-83　抛石管液压油缸行程确认示意图

（4）供料船就位供料

供料船采用 6 台 30 t 的锚绞车定位。供料船在未铺设一侧横跨基槽顺流方向布置，供料船与整平船之间保持 5 m 以上的距离，避免供料船与整平船碰撞。供料船布锚时将整平船的锚缆绳放松从而不影响供料船布锚，供料船布锚方法同整平船。

运料船运料至现场后，顺基槽布置，采用船头皮带机将石料供应到供料船上，由于供料船长度方向和水流方向垂直，受水流的影响很大，因此，供料时尽量选择高、低平潮流速小的时段进行。供料船、运输船定位示意图如图 3-84 所示。

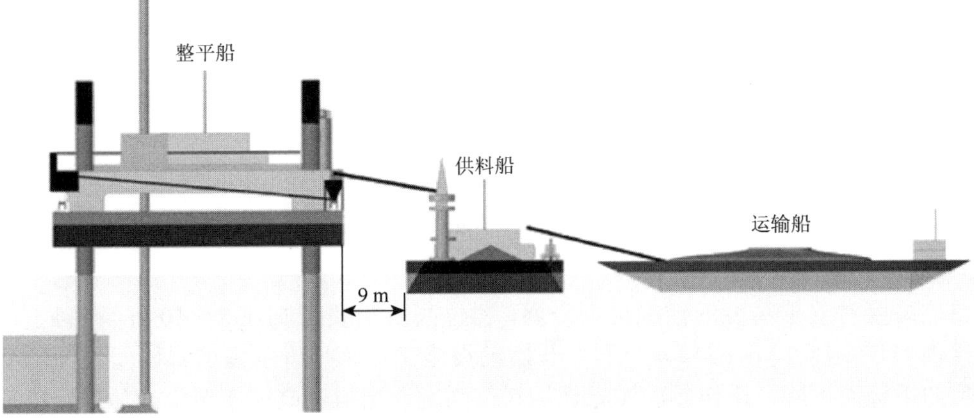

图 3-84　供料船、运输船定位示意图

（5）抛石铺设作业

整平船料斗距水面最大高度约 15 m，需要专用供料船进行供料。石料经供料船皮带机抬升输送至整平船料斗，再经整平船皮带机 3 次抬升输送至抛石管进料口，见图 3-85。

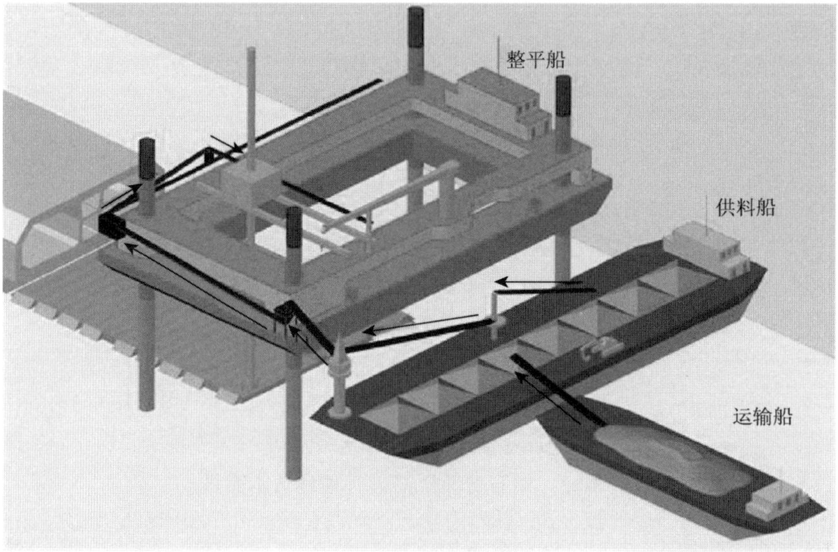

图 3-85　供料示意图

（6）成型测量验收

首先设定设计标高，然后下降抛石管至设计标高上 0.2 m，调整油缸使抛石管底部深度与设计深度相等。大、小车行走时，将油缸调整到自动模式，油缸随挠度变化自动伸缩使抛石管底部接近设计深度，见图 3-86。

1）纵坡管理

碎石基础纵坡共有 29 种坡度，坡度范围为 0%～3.029%。制作 0%、1.0%、2.0%、3.0% 4 种带坡度的刮道进行不同坡度区间的碎石基床铺设作业。

铺设标高是从抛石管中心进行管理，垄中心标高与设计标高一致，垄两端最大误差控制在 4.5 mm 以内，能够满足铺设精度要求，见图 3-87。

2）施工方向

碎石基床铺设方向沿沉管安装方向进行，见图 3-88。

3）料位高度控制

料位高度对整平精度的控制至关重要，料位高度需要控制在 2～10 m。石料下落至抛石管内料位高度 10 m 后停止供料，开始铺设施工，此时将重锤放置碎石顶面随着料位高度的下降而下降，操作界面实时显示料位高度。当料位高度下至 2 m 后再启动皮带机补料至 10 m，料位高度控制示意图见图 3-89。

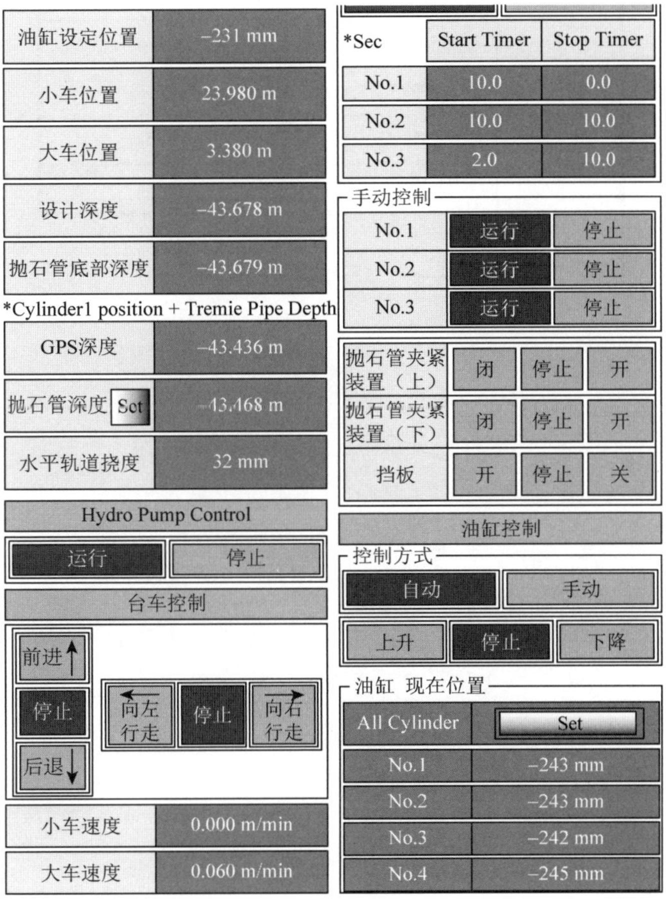

图 3-86　标高设定、油缸试运行示意图

2. 工效分析

第一步：整平船工前校准，工作内容、工作时间和说明情况如表 3-17 所示。

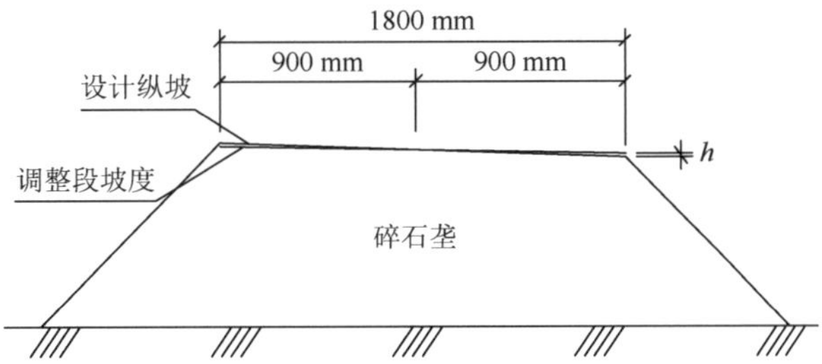

(a)

编号	设计坡度a	调整坡度
1	$0.0\% \leqslant a \leqslant \pm 0.5\%$	0%
2	$\pm 0.5\% < a \leqslant \pm 1.5\%$	1%
3	$\pm 1.5\% < a \leqslant \pm 2.5\%$	2%
4	$\pm 2.5\% < a \leqslant \pm 3.5\%$	3%

(b)

图 3-87　碎石基础坡度铺设

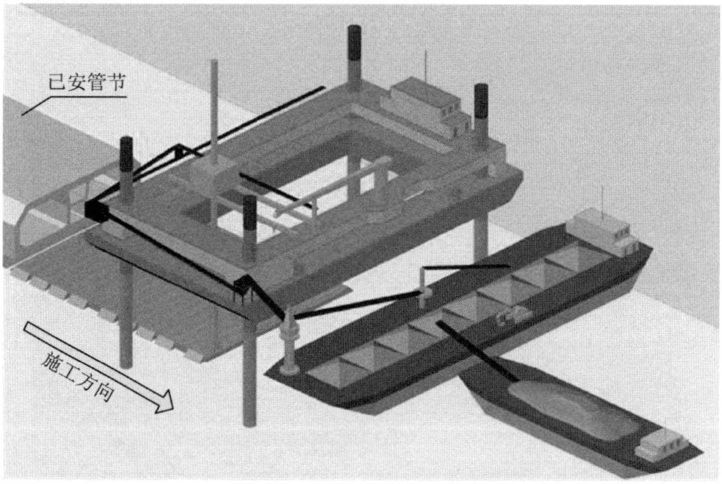

图 3-88　施工方向示意图

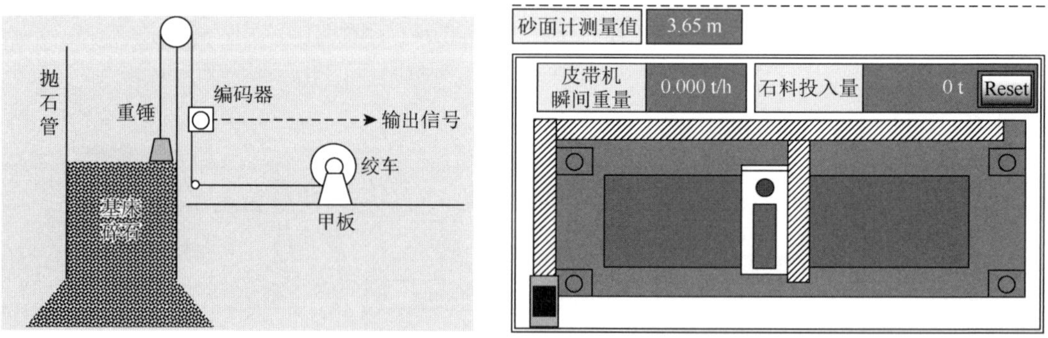

图 3-89　料位高度控制示意图

表 3-17　工作内容、工作时间和说明情况

工作内容	工作时间/h	说明情况
抛锚	4.5	抛 6 口大抓力锚
整平船拔桩	6	包括锚缆调整、拔桩、拆除锚固块等

续表

工作内容	工作时间/h	说明情况
起锚	4.5	起 6 口大抓力锚
拖航	2.7	从锚地拖航至测量平台附件 500 m 内水域
抛锚	4.5	抛 6 口大抓力锚
整平船定位	2	通过收放锚缆调整船位
插桩抬升	6.7	包括打压载水、抬升、排压载水等
解除抛石管封固	3.5	拆除防风设施、桩腿锚固等
平面高程校准	12	包括高程校准、平面校准
船体倾斜仪校准	3	反复测量行走大车轨道两端高程并进行调整，调平后将倾斜仪归零
声呐标定	7	包括四次升降抛石管、在抛石管底部安装拆除声呐反射板
油缸行程标准	3	反复伸缩油缸并测量伸出长度与管理系统显示长度对比并调整
大小车轨道确认	8	2 m 一点测量大小车轨道高程，确认轨道是否变形
拔桩至锚地	32	拔桩→起锚→拖航→临时停泊区抛锚→插桩→收锚→防风封固
合计	整平船标定约 99.4 h	

第二步：整平船定位、顶升，移船定位需要耗时 3 h，抬升过程包含压载水系统调整，包含打压载水和排压载水等过程，总共耗时 6.7 h。

第三步：船体调平，反复测量行走大车轨道两端高程并进行调整，调平后将倾斜仪归零，累计需要耗时 3.5 h。

第四步：施工前准备工作，下降抛石管，设定施工标高，拆除进料口封板，为施工做好准备。

第五步：碎石垫层铺设，分别进行底层、顶层抛石铺设作业，两层总计需要 18.6 h。

第六步：铺设质量检测。进行声呐校准，升降抛石管 4 次，标高检测方法为抛石管沿原抛石方向再行走一次，检测时间为 4 h；碎石垄宽度检测方法为沿垫层轴向检验 3 条，时间为 1 h；抛石管从结束位置移至开始位置 1 h；铺设质量检测时间为 11 h。

第七步：整平船下降、拔桩，操纵升降系统，将整平船下降，并将桩腿拔至管节上方位置。

综上所述，一个船位碎石垫层铺设时间约 53.3 h，1 个标准管节施工总计用时 53.3×7 = 373.1 h。

第 4 章　工厂法沉管预制系列装备

岛隧工程沉管隧道由 33 节管节组成，其中直线管节 28 节，曲线管节 5 节，曲率半径 5000 m。标准管节由 8 个节段组成，每个节段长 22.5 m，全长 180 m。管节横截面采用两孔一管廊形式，宽 37.95 m，高 11.4 m，底板厚 1.5 m，侧腹板及顶板厚 1.5 m，中腹板厚 0.8 m。混凝土强度等级为 C45，采用全断面浇筑施工工艺，22.5 m 单节段浇筑混凝土方量约 3415 m^3，33 节管节总共需要浇筑混凝土约 90 万 m^3，单节段钢筋最重约 900 t。

沉管预制具有规模大、工期紧迫，预制精度要求高，钢筋施工难度大，混凝土供应保障难度大，曲线管节预制需调整相关参数，节段顶推不均匀、受力控制要求高，管节控裂面临挑战，生产资源组织难度大，等等特点。

1. 施工工艺

（1）工艺选择

沉管预制有工厂法（工厂化流水线施工法）和传统干坞法两类，可根据相应施工环境及工程需求选择合适的方式。工厂法施工工艺将钢筋生产、预埋件安装与混凝土浇筑区域分开，节约了沉管预制过程中的大部分时间，使沉管施工各工序之间充分、有效地搭接，大大提高了施工工效。传统干坞法的钢筋、预埋件、模板及混凝土施工均在同一区域施工，不能形成流水作业，要想达到工厂法施工工期的目标，需建造数个预制区，且受到一次舾装、水密性试验及浮运安装工期的影响，施工周期较长。

通过将工厂法施工工艺和传统干坞法施工工艺进行综合对比，发现工厂法流水线预制较传统干坞法预制工期大为缩短，质量更有保障，占地更小，但是设备研发配置技术难度成倍增加。传统干坞法和工厂法方案比选表见表 4-1。

表 4-1　传统干坞法和工厂法方案比选表

序号	对比项目	对比分析	选择结果
1	工期	单位浇筑区域内，传统干坞法预制工期约是工厂法预制工期的 7 倍	工厂法
2	资金投入	①相同施工进度情况下，传统干坞法需设置 7 倍于工厂法预制的混凝土浇筑区，且考虑单位预制区独立浮运，需设置数套封门或独立的挡水围堰，费用较高；②传统干坞法预制施工场地远大于工厂法，相同施工进度情况下，考虑侧模重复利用，传统干坞法需配置至少 3～4 套支撑内模；③同等条件下，工厂法施工钢筋笼顶推、大型液压整体装配式模板及沉管顶推系统均为国内首例，装备配置、使用及保养费用高	工厂法

续表

序号	对比项目	对比分析	选择结果
3	技术可行性	满足工厂法施工工艺必备条件为浇筑过程中及浇筑后模板不移动，沉管能整体移动。针对大型结构的整体移动，需进行反复的技术论证及充分的模型试验，方可投入正式生产，施工工艺难度极大	传统干坞法
4	科研深度	工厂法沉管预制为国内首例，施工均为新工艺，技术难度大，有较大的技术研究潜力。传统干坞法预制除了结构尺寸大以外，无其他可挖掘技术深度	工厂法
5	质量及安全保证	工厂法沉管预制采用大型钢筋骨架顶推及体系转换、全断面整体浇筑模板设备和混凝土结构整体顶推方案较为新颖，结构风险未完全暴露，安全隐患时刻存在；而传统干坞法施工较为成熟，风险可控性较强；工厂法沉管预制相对传统干坞法预制质量控制更为有利，预制标准提升空间大，分段预制，控裂效果好	各有优势
6	标准化管理	工厂法的总体布置追求标准化，采用现代化、节约化、高效化的设计思路，遵循简单快捷的生产流程原则，建立 6S 工厂化管理体系架构，最终目的在于从根本上提高作业人员的专业素质，改变管理思路，提高产品的质量；传统干坞法施工标准化布置受到一定的制约，且需灌水至浇筑区浮运沉管，场地设置较为复杂，施工流水性能差	工厂法

（2）工艺简介

工厂法沉管预制是指按照流水式预制生产线进行工艺布置，所有预制作业在厂房内 24 h 连续进行。长 180 m 的标准管节分为 8 个节段，每个节段长 22.5 m，节段在固定的台座上浇筑、养护达到顶推强度要求后，向前顶推 22.5 m，空出浇筑台座，下一节段与刚顶出的节段相邻匹配预制。如此逐段预制、逐段顶推，直至 8 个节段全部完成浇筑后，整体向前顶推至浅坞（顶推距离约 132 m)，临时预应力索张拉形成整体，完成一次舾装，然后关闭浅坞与预制厂之间的滑动坞门，坞内灌水，管节起浮横移至深坞，进入沉管浮运安装施工环节。工厂法沉管预制的三维视图见图 4-1。

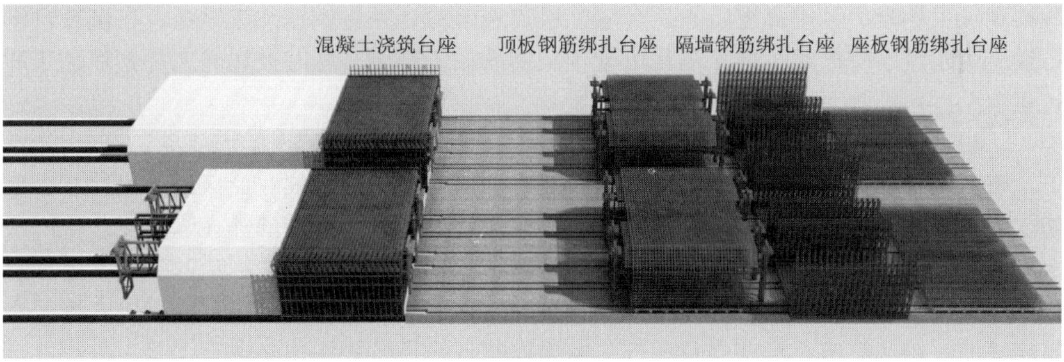

图 4-1　工厂法沉管预制的三维视图

2. 装备配置

沉管预制厂配置两条生产线，每条生产线包括 4 个部分，分别是混凝土生产线、钢筋加工生产线、浇筑（组装）生产线和储运生产线。混凝土生产线主要由搅拌站和冷水机组、混凝土输送及布料系统组成；钢筋加工生产线主要由钢筋切断、弯曲、套丝等半成品加工生产设备，钢筋绑扎生产线和倒运车组成；浇筑（组装）生产线主要由模板设备和顶推设备组成，也是预制厂核心部分；储运生产线主要由舾装设备、深浅坞门启闭系统、沉管绞缆系泊设备组成，两条生产线共用。钢筋加工生产线与混凝土生产线平行交会于浇筑生产线，与储运生产线串联。除了生产线，沉管预制厂还包括集中供电、供水等配套系统和原材料储运系统。

本书仅就沉管预制关键设备（包括全液压整体浇筑模板成套设备，高性能混凝土生产成套设备和混凝土输送与布料成套设备，工厂法钢筋加工生产成套设备，钢筋笼液压顶推成套设备，大型液压多点支撑同步分散顶推成套设备，以及预制厂浅坞钢闸门系统和与深坞坞门系统）进行介绍。

（1）全液压整体浇筑模板成套设备

设置一套固定底模，位于一个混凝土浇筑台座，可通过液压系统上下升降实现安（拆）模板；设置一套外模固定于平衡挡墙上，通过液压驱动仅做横向合模和拆模动作；设置一套穿入式内模，固定于浇筑台座，可做拆、合模动作和纵横向移动，满足管节间转换和曲线管节预制施工。

（2）高性能混凝土生产成套设备和混凝土输送与布料成套设备

混凝土生产量大，单位时间浇筑强度大，经多方案调研比选，采取搅拌站生产、罐车配送、拖泵输送、布料机布料方案，并对传统设备进行改造升级，先后配置 3 方搅拌站 4 套、冷水及制冰机组 2 套、10 方罐车 10 辆、拖泵 12 台、大型移动式布料机和小型悬挂式布料机各 4 台等设备。

（3）工厂法钢筋加工生产成套设备

岛隧工程钢筋加工主要包括钢筋剪切、弯曲、套丝和压接焊四种工艺，具有数量大、规格多、工期紧、精度高等特点。岛隧工程优选国内外先进钢筋加工设备，在沉管预制厂设立两条流水生产线，除了满足沉管预制钢筋加工需要，同时兼顾人工岛钢筋加工和转运施工。

（4）钢筋笼液压顶推成套设备

每条生产线三个钢筋台座的一侧均布置有钢筋加工区，钢筋在此区域完成卸车、裁切、套丝及弯曲成形等加工后，搬运至钢筋台座处进行绑扎。钢筋笼在纵向流水生产线上绑扎，三个台座分别绑扎底板钢筋、侧墙钢筋、顶板钢筋，绑扎成型的钢筋笼随绑扎台车移动至浇筑台座就位，完成钢筋笼体系转换，退出钢筋绑扎台车，钢筋笼支撑于浇筑底模上。钢筋笼绑扎台座的移动施工由钢筋笼顶推设备来实现。

（5）大型液压多点支撑同步分散顶推成套设备

管节养护达到设计顶推强度要求后，通过支撑系统多点支撑，利用顶推设备将节段沿四条滑移轨道梁同步向前顶推约 22.5 m，然后匹配预制下一节段。

（6）预制厂浅坞钢闸门系统和与深坞坞门系统

沉管预制厂坞门体系为沉管灌水横移配套设施，主要为配合管节二次舾装及出坞施工。坞门体系分为浅坞钢闸门与深坞坞门。浅坞钢闸门为浅坞与预制厂之间的封闭隔断结构，其主结构采用 H 型钢和无缝钢管。浅坞钢闸门总长约 105 m，型深约 13.5 m，型宽约 14.6 m，结构总重约 800 t。深坞坞门采用钢筋混凝土沉箱结构，长 59 m，宽 25.2 m，高 29.1 m，重量约为 1.3 万 t，设计吃水深度为 10.6 m。

4.1　沉管预制模板设备

4.1.1　研制情况

1. 目的和意义

港珠澳大桥岛隧工程需要预制 33 节管节，标准管节长 180 m，分成 8 个节段，每个节段长 22.5 m。节段之间通过钢绞线压接，止水带密封。节段采用工厂法全截面整体浇筑方式完成，形成流水施工。全截面整体预制模板是整个施工工艺的核心装备，实现了整个节段的底板、墙体及顶板一次性连续浇筑成型，与管节顶推设备组合实现了节段之间依次衔接施工。模板施工场景如图 4-2 所示。

图 4-2　模板施工场景

2. 设计要求

沉管预制模板成套设备包括 1 套底模、2 套用于完成公路隧道墙的内模、1 套用于完成中间廊道的内模、2 套外墙模板及 1 套节段接头（OMEGA 止水带）与管节（钢端壳）接头处的模板。

模板根据预制节段标准截面图进行设计，满足直线管节与曲率半径为 5000 m 的曲线管节的要求，底模板能承受浇筑过程中的所有上部荷载。墙体模板能承受的最大混凝土侧向压力为 50 kN/m²，外墙模板不需要使用拉杆与内墙模连接起来，操作简便，并充分确保墙体的水密性，同时节省拉杆材料与人工的成本。外墙模板所受的侧向压力由墩墙来支撑。模板系统断面图如图 4-3 所示。

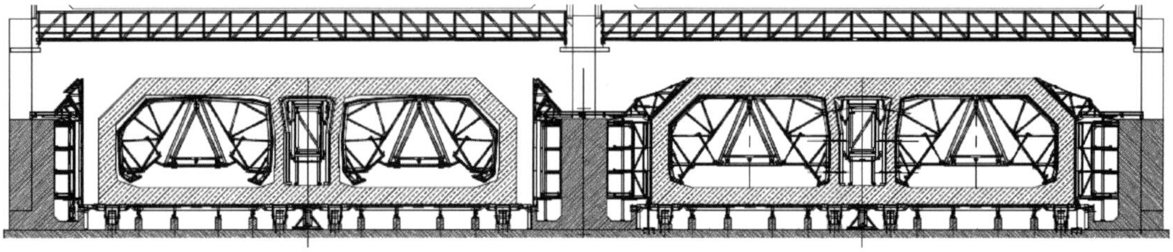

图 4-3　模板系统断面图

边墙内模的侧向混凝土压力将由内模横向支撑从一边传向另外一边，外模的混凝土侧向压力则由支撑系统传递给两条生产线之间及生产线两边的混凝土墩墙承受。

底模承受的荷载及外模侧向荷载，包括混凝土及钢筋自重、模板自重、混凝土侧向压力等进行了分析，均满足施工安全。模板系统为钢制模板，周转次数满足要求，且易于清洁和保养。

4.1.2　技术性能

1. 基本性能

（1）组成

沉管预制模板成套设备由模板钢结构、液压及控制设备、钢筋笼胎架和配套起重设备组成，其中钢结构部分包括侧模板、底模板、端模板和针形梁。整个模板系统中的底模、侧模、针形梁与端头模板经简单调整后满足曲率半径 5000 m 的曲线管节的预制要求，见图 4-4。

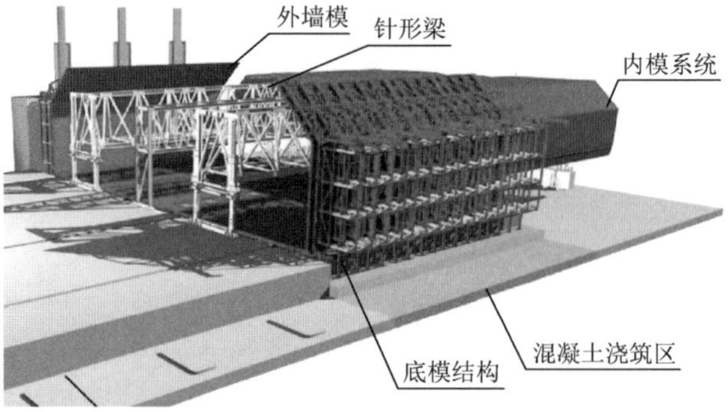

图 4-4　沉管预制模板系统

（2）模板安装验收标准

根据公路隧道现行验收标准和岛隧工程专用验收标准拟定模板安装验收标准，见表 4-2。

表 4-2　模板安装验收标准

序号	检查项目	允许偏差
1	长度	±2 mm
2	宽度	±2 mm
3	孔与孔中心距	
4	孔中心与板面间距	+1 mm
5	孔中心与板端间距	
6	螺栓孔直径	按德国 DIN 标准
7	拉杆孔直径	+5 mm
8	面板平整度	≤2 mm/2 m
9	模板对角线误差	±0.5‰
10	面板及板侧扰度	≤1‰
11	模板接缝错台	+2 mm
12	剪力键凹、凸槽平面位置	±4 mm
13	剪力键凹、凸槽几何尺寸	±5 mm
14	预应力管道及封锚位置	±3 mm
15	高度	±6 mm

2. 设备清单

沉管预制模板设备主要包括钢结构、液压站、油缸等部分，详见表 4-3。

表 4-3　主要设备清单

序号	设备名称	规格型号和技术性能	数量	备注
1	钢结构	包括底模板、外模板、内模板、针形梁、挂梁、端模板和操作平台等约 1428 t/套	2 套	
2	液压站	最大工作压力 700（210）bar；输送容量 1.64 L/min；马达功率 2.24 kW；ZE53/460MW/SG100	6 套	
3	液压站	最大工作压力 700（210）bar；输送容量 2×5 L/min；马达功率 9.5 kW；PPM93/483-2G100	6 套	
4	油缸	最大承受压力 929 kN，最大工作压力 700 bar；行程 250 mm；外径 165 mm；油缸容量 3318 cm^3；CLL10010E045	32 个	
5	油缸	最大承受压力 929 kN，最大工作压力 700 bar；行程 150 mm；外径 165 mm；油缸容量 1991 cm^3；CLL1006E0415	8 个	

续表

序号	设备名称	规格型号和技术性能	数量	备注
6	液压站	最大工作压力 210 bar; 输送容量 8 L/min; 马达功率 2.24 kW; SK300499C	6 台	
7	油缸	最大工作压力 210 bar；行程 600 mm，074.080G-600	64 个	
8	油缸	最大承受压力 70 kN，最大工作压力 210 bar；行程 300 mm；63/45	64 个	
9	油缸	最大承受压力 157 kN，最大工作压力 210 bar；行程 1000 mm；100/60	64 个	
10	油缸（含双向阀）	最大承受压力 157 kN，最大工作压力 210 bar；行程 1000 mm；100/60	32 个	
11	油缸	最大承受压力 200 kN，最大工作压力 210 bar；行程 620 mm；120/70	4 个	
12	油缸	最大承受压力 157 kN，最大工作压力 210 bar；行程 750 mm；120/70	16 个	
13	油缸（含双向阀）	最大承受压力 157 kN，最大工作压力 210 bar；行程 650 mm；100/60	16 个	
14	液压站	最大工作压力 700/50 bar；输送容量 1.1/1.64 L/min；马达功率 2.24 kW；ZE5640MW-RD100	12 套	
15	油缸	最大承受压力 2000 kN，最大工作压力 700 bar；行程 600 mm；外径 940 mm；油缸容量 3318 cm^3；CLSG20024E100	24 个	
16	油缸	最大承受压力 498 kN，最大工作压力 700 bar；行程 337 mm；RC5013	12 个	
17	手动泵	最大工作压力 700 bar；P801	12 台	
18	坦克轮	150 kN；Type B-II	130 个	
19	坦克轮	400 kN；Type A-II	82 个	
20	坦克轮	650 kN	116 个	
21	楔形支墩	420 kN	170 个	
22	楔形支墩	1000 kN	162 个	
23	拉杆、支撑等	模板配套附属件	若干	

4.1.3 组成及特点

1. 模板组成

钢模板主要包括底模、内模、侧模、针形梁及廊道五大部分。模板断面图如图 4-5 所示。

底模：底模采用整体分块式底模，单块重量轻，便于周转运输及拼装。

内模：内模采用整体穿入式移动模架。

侧模：采用全液压驱动，整体拼装、整体脱模、整体移动，全部采用集成系统，插销连接，安装精度高。

针形梁：采用分段组拼，便于运输及拼装。结合自升式支腿，方便拆模及移位。

模板液压系统及管路采用国外知名品牌，安装精度高。

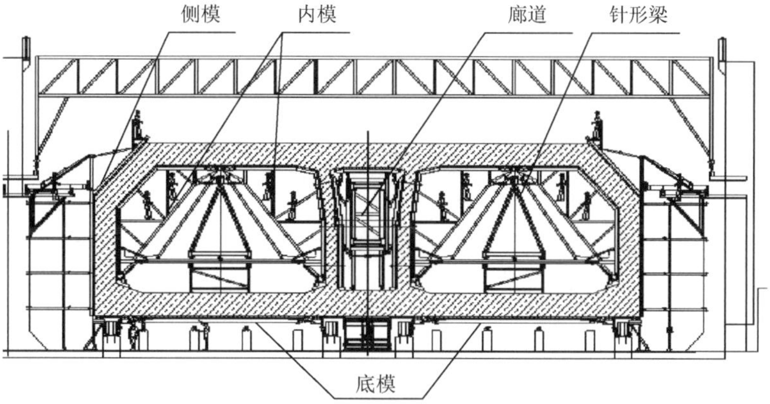

图 4-5　模板断面图

2. 模板特点

（1）底模

每条生产线设置 1 套底模。底模通过支撑千斤顶固定于条形混凝土基础上，综合考虑曲线管节预制时底模需要，底模设计长 23.96 m，宽 39 m。底模采用整体分块式，单块重量轻，便于周转运输及安装。底模为定型加工大块钢模，布置横向支撑大梁和纵向分配梁，面板厚 6 mm。底模支撑系统包括 929 kN 自锁式液压千斤顶 16 台（每块行车道底板 2 台）、1000 kN 楔形千斤顶 64 台、420 kN 楔形千斤顶 24 台、支撑关节 204 个和其他附属顶伸液压装置。底模断面图如图 4-6 所示。

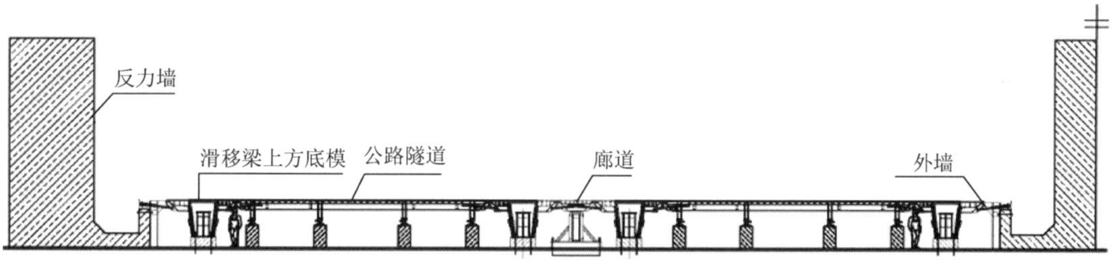

图 4-6　底模断面图

（2）侧模

侧模在纵向分为 4 块，单块长度为 5.98 m，总长 23.96 m。侧模固定安装在浇筑坑两侧，由后方的混凝土反力墙支撑。采用全液压驱动，整体安装、整体脱模、整体移动，全部采用集成系统，插销连接，安装精度高，整体安装或拆除均可在 8 h 内完成，外墙模外侧设置混凝土反力墙作为外墙模板横向支撑体。采用反力墙可有效控制混凝土的涨模，外墙模板不设拉杆，对提高墙体耐久性具有重要意义。

（3）内模

内模采用穿入式移动模架。内模系统由模板结构、液压系统、内模支架、针形梁及行走系统组成，如图 4-7 所示。每段长约 5.98 m，每套由 4 个分段组成，即每套约为 23.92 m。

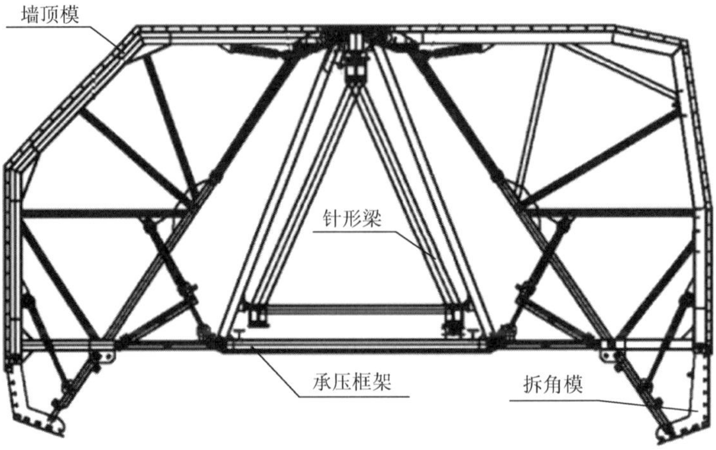

图 4-7　内模系统

（4）端模

每条生产线设置两套可拆卸式端模，分别为段接头端模和管节接头端模。段接头端模用钢围檩与拉杆将端模连接在内模、外模与底模上，可以将橡胶止水带固定在需要的位置上。此模块安装需要用手工或吊车进行操作。

在第一节段与第八节段前后，必须安装端钢壳接头，以便安装 GINA 止水带。为了在浇筑混凝土时保证管节接头的位置准确，钢端壳与端模连接并安装可调装置，并在混凝土浇筑中不断进行测量与调整，此项工作由 2 名作业人员与 1 名测量人员完成。

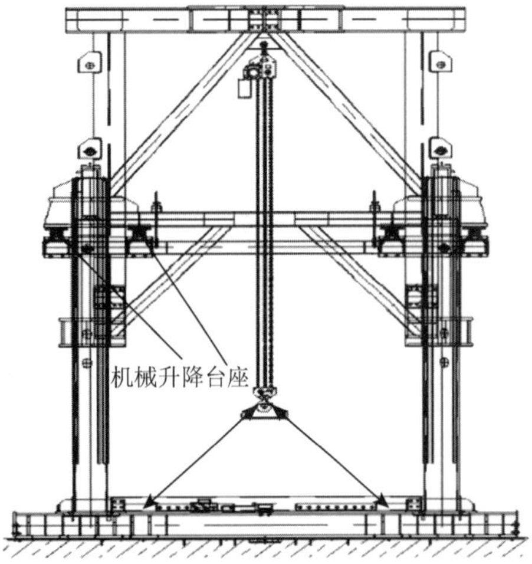

图 4-8　针形梁系统

（5）针形梁

设置 2 根针形梁和 1 套针式梁，针形梁（LB）由 4 个桁架组成，每个桁架长 12 m，针形梁前后配有支座。在安装针形梁时，每节桁架由高强螺纹拉杆连接，方便内模的拆模和移位等。针形梁在内模滑移时提供内支撑和滑移轨道，可满足内模的前后移动；内模支腿就位后，针形梁支腿收起，亦可在内模轨道上滑动，从而实现内模和针形梁的自由前后移动。针形梁系统如图 4-8 所示。

4.1.4　制造与组装

1. 模板制造

（1）底模制造

1）概述

底模设计长 23.92 m，宽 39 m。底模主要分为行车道、廊道固定底模及顶推轨道处活动底模，为方便固定底模上下移动，固定底模在浇筑台座处安装成整体，通过液压系统升降实现安装和脱模工艺。

底模为定型加工大块钢模，布置横向支撑大梁和纵向分配梁，面板 6 mm，支撑大梁与支撑千斤顶相连接。底模结构图见图 4-9。

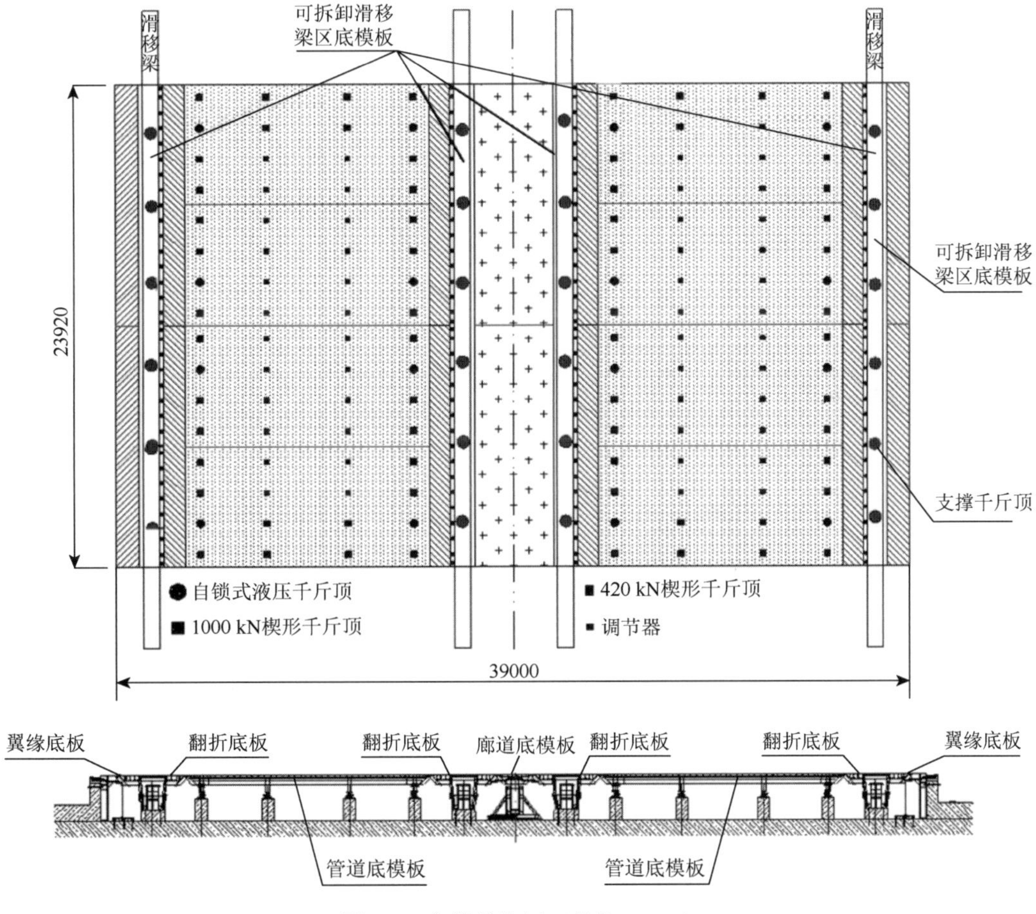

图 4-9　底模结构图（单位：mm）

底模主要分为中间底模（CE）及边模（FE）两大部分，底模分段布置图见图 4-10。

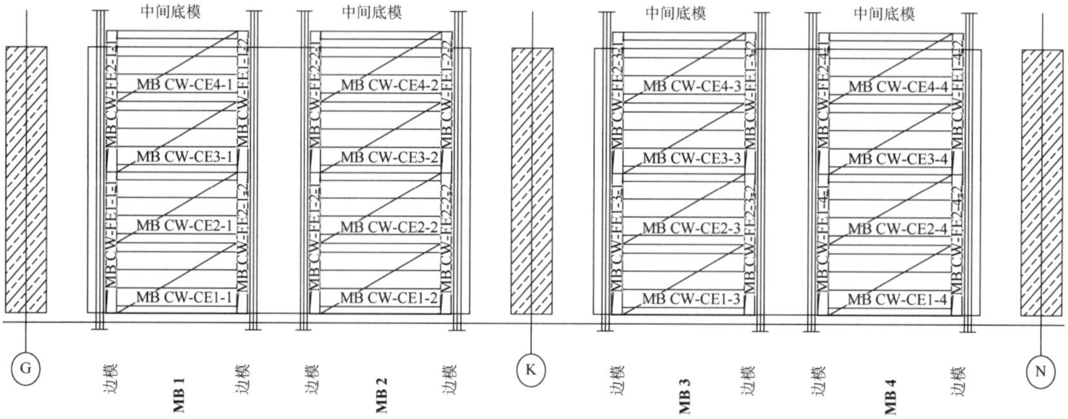

图 4-10　底模分段布置图

中间底模共四套，每套分为四分段，每段规格约为 5980 mm×12000 mm，重约 16.9 t。

边底模共四套，每套由两个分段构成，每段规格为 1148 mm×11960 mm，重约 4.07 t。

边底模与中间底模通过销轴连接，形成转动副，在模板系统工作时，在液压泵的作用下，实现开闭模功能。为保证模板系统工作时正常开闭模，且不发生漏浆等现象，需重点控制模板各分段 6 mm 面板的衔接间隙及连接轴孔的同轴度。

2）工艺流程

底模制作流程图见图 4-11。

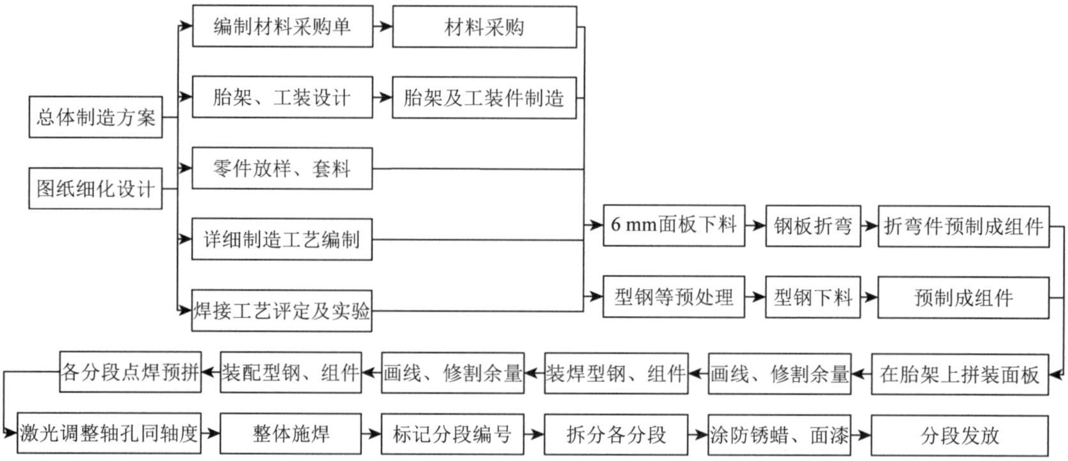

图 4-11　底模制作流程图

3）工艺难点分析及对策

底模四个分段总长度达 23.92 m，开闭模时，中间底模与边底模主要通过两侧连接在耳孔上的液压装置驱动，为避免部分耳孔单独受力，制作时需严格控制耳孔的同轴度。为满足此工艺要求，采取整体预拼后，激光调整到位、穿引工艺轴后整体施焊。另外，为了避免模板系统在工作时发生漏浆现象，底模面板的衔接间隙需保证在允许范围内。

①胎架平整度控制

底模面板的平面度要求较高，要求控制在 2 mm/2 m^2。为满足面板平面度要求，在胎架搭制时采用激光校正，保证胎架整体平整度达到“2 m×2 m 范围内±1 mm”。

②面板接缝止浆

底模面板为 6 mm 钢板，各分段间的面板采用“公母”配合，以防止发生漏浆现象。但由于分段表面积较大（5980 mm×12000 mm），且布置在面板上的工字钢数量较多。为了更好地克服漏浆问题，在面板下料时就精心设计下料规格，经过精心排版后，面板对接缝均位于 I12 号工字钢翼板中心线上。

同时，由于工字钢与面板的焊缝较多，为保证面板尺寸，焊接收缩也必须予以考虑。在面板下料时，在长度及宽度方向均预留了一定的修割余量。在画线完毕后，修割纵向余量，待 I12 号工字钢安装到位后，修割横向余量，进而保证面板的整体外形尺寸。

③螺栓孔位控制

中间底模之间均采用法兰螺栓连接，在规格为 195 mm×12000 mm 的法兰板上布置有 188 个螺栓孔。若采用独立加工方法，很有可能因部分螺栓孔发生错位而无法正常装配连接螺栓。

为避免此类问题，采用了配钻法加工螺栓孔。如图 4-12 所示，将相邻法兰（分段件 7）点焊贴合后整体加工螺栓孔，加工后用工艺螺栓及工艺销轴连接固定。当相邻分段预拼到位后，在不拆除螺栓及工艺销轴的状态下焊接法兰板。保证所有螺栓孔一一对应，避免错位。

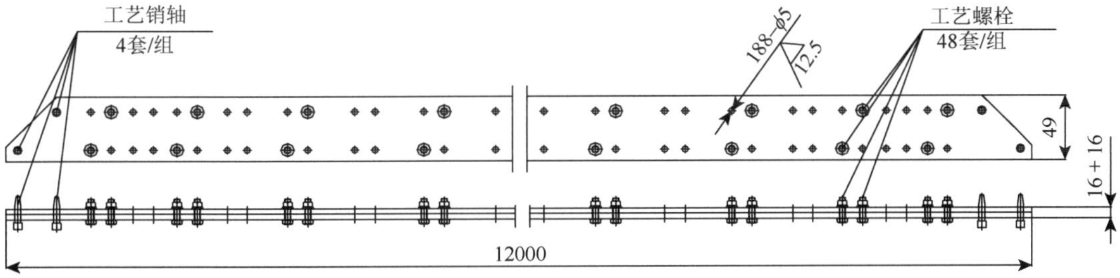

图 4-12　法兰配钻螺栓孔图（单位：mm）

④耳孔同轴度控制

每个中间底模分段上有 4 件支撑梁，4 个分段共有 16 件支撑梁，两侧的耳孔需保证直线度。常规制法可能导致各支撑梁耳孔开档差异较大，且在安装时，可能因横向定位误差而无法保证各支撑梁轴孔同轴度。

为避免上述问题，在支撑梁组件制作时，采用“靠模法”，即在胎架上精确定位工艺轴，支撑梁两侧耳孔板装配时，将耳孔板贴靠于工艺轴上，然后与 H 型钢完成装焊。此法不仅可以将各支撑梁耳孔开档控制在精度范围内，还能保证各支撑梁的耳孔偏差基本一致，为整体同轴度提供保障。

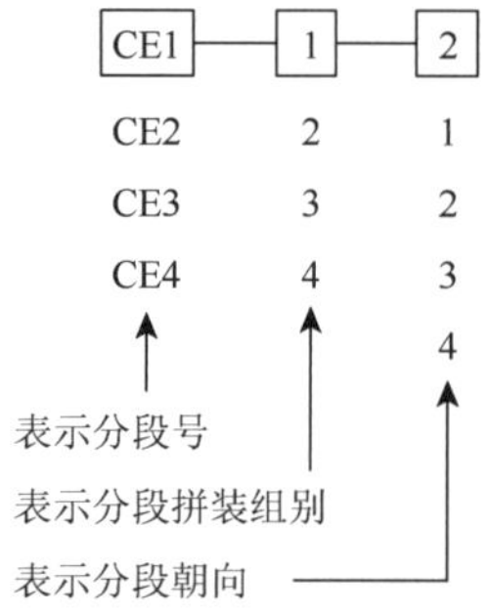

图 4-13　底板分段编号规则

4）构件编号

底模各分段的外形类似，特别是同一图号制作出来的分段，理论上完全一致。由于配做的误差有所不同，现场安装时，如果随意安装极有可能导致螺栓孔无法正常连接。为避免此类情况发生，在车间制作时，将一起预拼的 4 个分段归为同一组别，并按衔接顺序对各分段进行编号，编号明确了各分段的安装组别、安装位置、安装朝向及编号规则，底板分段编号规则如图 4-13 所示。分段抵达现场后，只需“照方抓药”依次安装即可。

（2）针形梁制造

1）概述

两条生产线共有 4 根针形梁，每根针形梁长 48 m，分为 4 个分段，每个分段长 12 m（重约 20 t），另外还有前支腿（重约 18 t）、后支腿（重约 18 t）和临时中支腿。针形梁结构示意图见图 4-14。

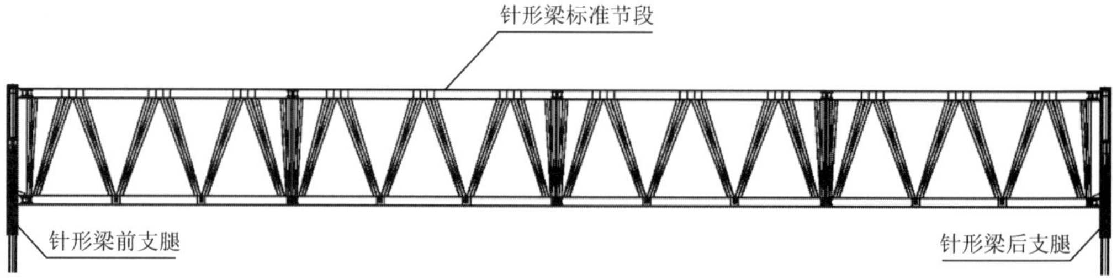

图 4-14　针形梁结构示意图

针形梁标准节主要由 H 型钢、方管及斜撑圆管组成。分段之间通过螺杆及连接支座连接而成。针形梁节段结构图见图 4-15。

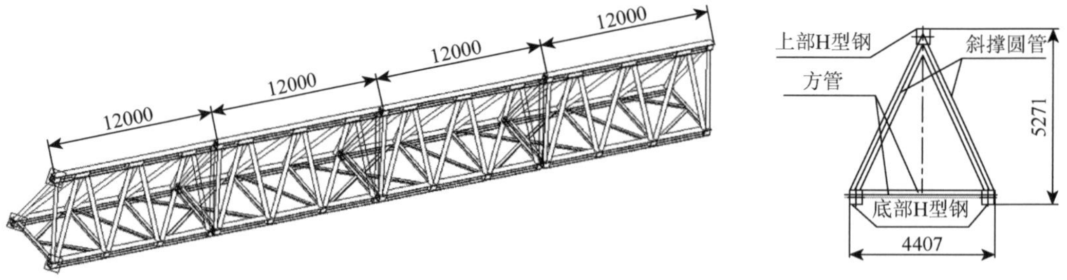

图 4-15　针形梁节段结构图（单位：mm）

2）工艺流程

针形梁制作流程图见图 4-16。

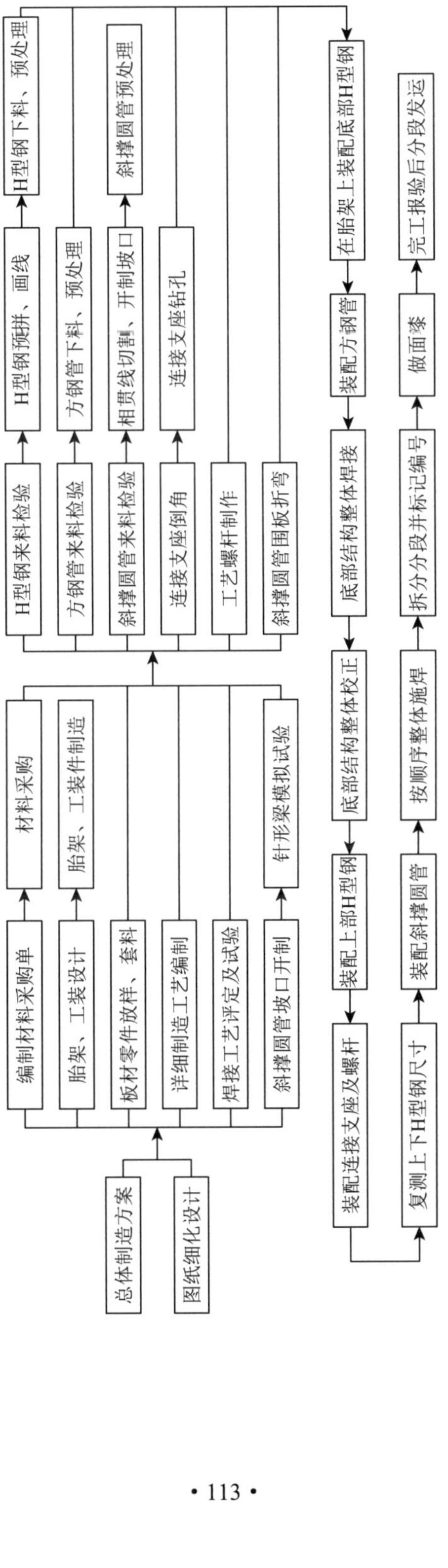

图 4-16　针形梁制作流程图

3）工艺难点分析及对策

针形梁作为目标系统的主要承载及滑移机构，承受着巨大的动载荷，无论是整体制作质量还是细节处理都有较高要求。

①上下 H 型钢切割及安装控制

针形梁上下 H 型钢在模板系统不工作时需要承载内模系统的重量，当模板闭模且浇注混凝土时，针形梁还同时承载着混凝土的重量。当一个节段浇注完毕后，需进行脱模。此时，内模系统沿着针形梁滑移至下一个节段浇注点，针形梁上下 H 型钢便起到滑移轨道的作用。

鉴于上述功用，针形梁上下 H 型钢必须保证其直线度，以确保内模系统在滑移过程中不发生出轨危险。同时，底部两 H 型钢必须保证平面度，以防止两侧底部 H 型钢承压差别过大导致危险。

为实现上述工艺目标，针形梁的 H 型钢在下料时要注重控制。

四段 H 型钢预拼、画线后切割下料。为了保证同一根针形梁 4 段 H 型钢的直线度，在 H 型钢下料前，先在水平胎架上进行预拼，调整直线度后整体画线；并对每一段 H 型钢按照安装组别及安装位置进行编号，当 H 型钢下料到位后，按照编号依次摆放到位即可。另外，摆放到位后还需用激光检验安装效果，保证直线度。

H 型钢采用机械切割方法，保证端头切割质量。传统的火焰切割方法，虽然具有效率较高的优点，但无法保证 H 型钢的长度尺寸精度及端头切割质量。为了达到 H 型钢零间隙紧密贴合的装配要求，在 H 型钢下料时，采用了大型立式锯床及万能铣床分别同时加工 H 型钢。有了之前的预拼、画线准备，加上准确的机械切割，可以实现针形梁 H 型钢端头短时间内平整切割的高要求。

H 型钢滚轮接触面不做预处理。上部 H 型钢的上表面及底部 H 型钢的下表面都是滚轮接触面，为防止冲砂对滚轮接触面造成局部小凹坑，在 H 型钢预处理时，将滚轮接触面两两贴合后整体冲砂，这样既提高了冲砂预处理的效率，也保护了 H 型钢的滚轮接触面。

②斜撑圆管下料及模拟试验

斜撑圆管是针形梁的主要支持零件，其焊接质量关系整体的质量。为了保证其装配及焊接质量，斜撑圆管的下料采用相贯线切割机数控下料，同时分别对平焊状态、仰焊状态进行试验。

斜撑圆管相贯线切割的同时开制出坡口。相贯线切割机采用计算机编程控制，可以精确切割出带一定角度的圆管端头。在切割的同时，还可以通过改变切割枪头的倾斜角度，一并开制出所需的坡口。

为了提前发现斜撑圆管焊接可能存在的问题并进行必要的预防，在针形梁正式制作前，先进行了针形梁斜撑圆管焊接模拟试验，制作两套试件分别进行平焊及仰焊试验。

通过试验调整焊接坡口大小及角度，同时在装配时，根部由原来的零间隙贴合装配改为留间隙（约 3 mm）装配，使得焊缝熔深得到较好的改善。

③连接支座加工

针形梁连接支座起到连接针形梁各分段的重要作用，其主要规格有 80 mm×170 mm×

490 mm 及 80 mm×170 mm×407 mm 两种，每个 H 型钢端头分布有 4 件连接支座，钢模板项目共有 384 件连接支座。

连接支座最短长度达 407 mm，为保证两连接支座安装后螺杆能够顺利装配，两螺栓孔加工时需严格控制两螺栓孔的平行度及与端面的垂直度。为了实现上述工艺目标，一方面，在连接支座下料后，将长度方向的端面进行铣面，保证钻孔的基准面与侧面垂直。另一方面，在钻孔时，采用同一直径的钻头按照不同的深度逐层钻孔，最后采用同一直径的长钻头整体加工出通孔，保证螺栓孔的直线度及同轴度。

④针形梁整体制作

由于针形梁各个尺寸精度要求较高，在制作时，包括装配、焊接等，需注意各个工序的先后关系。H 型钢作为针形梁的主要结构，在整长（48 m）分布时，需按原来的编号进行摆放，保证端头截面平行、贴合。在 H 型钢分段摆放并调整到位后，需用卡马将各分段固定于胎架上，避免后续工序中发生偏移，引起误差。

针形梁底部结构先安装到位。针形梁底部结构主要由底部 H 型钢及方管构成。底部两 H 型钢之间要求平面度须控制在“±2 mm/4 m”精度范围内，且 H 型钢外开档尺寸需控制在“44070-5”范围内。为实现上述精度要求，针形梁底部结构先在水平胎架上进行预拼、点焊装配。装配时将 H 型钢按“44070-2”摆放到位，经过 H 型钢与方管焊接后，在焊接收缩的作用下实现“44070-5”的精度控制。

此外，考虑焊接可能会造成一定程度的变形，如果针形梁采用装配完毕后整体施焊，可能无法保证底部结构“±2 mm/4 m”的平面度要求。然而，采用底部预先装焊到位，即便有局部的翘曲，也可以通过火工等方法进行校正，保证规定的平面度。

上部 H 型钢摆放到位后装焊斜撑圆管，保证高度开档尺寸。上下 H 型钢的开档尺寸需控制在 52 710-5 mm 范围内。为保证此精度要求，在针形梁底部结构制作完毕后，以底部结构为基准，定位上部 H 型钢，并通过现场调节安装胎架，保证其高度尺寸及上部 H 型钢的直线度后，卡马固定上部 H 型钢。待上部 H 型钢调节到位并固定后再装配斜撑圆管。

按顺序对称施焊斜撑圆管，减少焊接变形。在上部 H 型钢定位到位后，将相贯线及坡口开制到位后的斜撑圆管点焊装配。同一根针形梁的斜撑圆管装配完毕后，按顺序对称施焊，利用相互抵消原理，将焊接变形量控制在最小，保证针形梁总体质量。针形梁焊接顺序如图 4-17 所示。

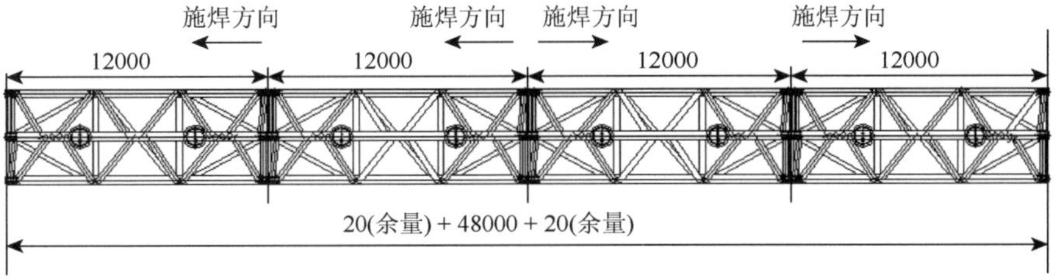

图 4-17　针形梁焊接顺序（单位：mm）

4）针形梁分段标记编号后分段发运

针形梁完成H型钢、方管及斜撑圆管的焊接且报验合格后，需拆分成各个分段进行发运。拆分下来的分段需及及时标记编号，以便现场安装。针形梁分段编号标记如图4-18所示。

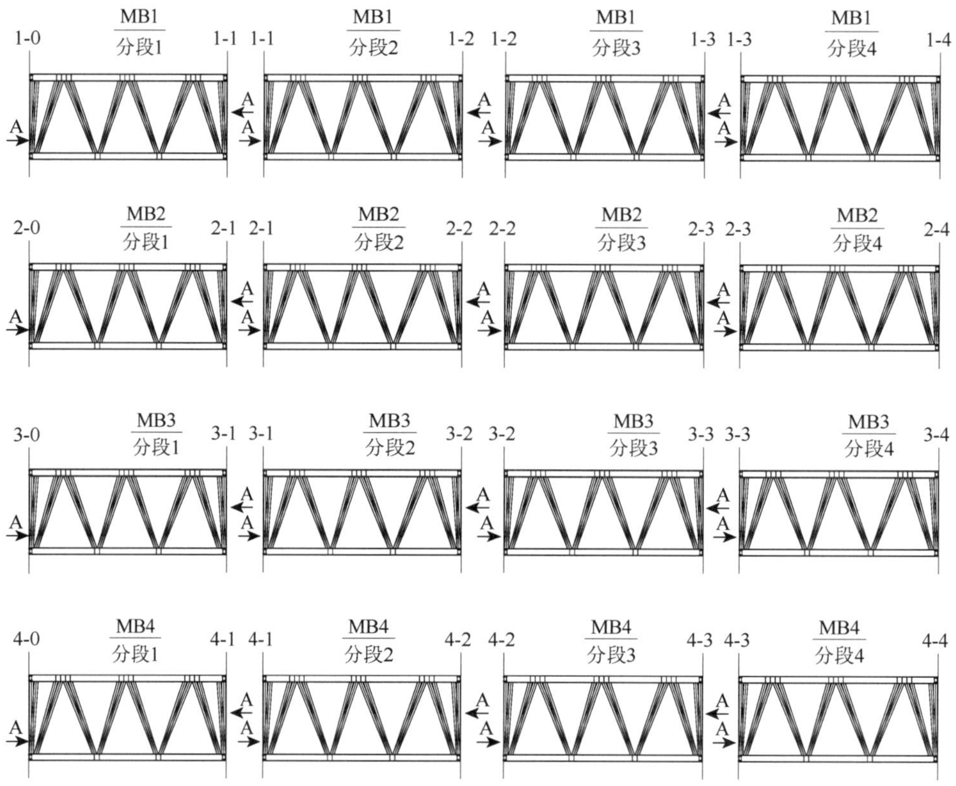

图4-18　针形梁分段编号标记

（3）内模制造

1）概述

内模位于管节内部，主要由6 mm面板及工字钢钢架构成，每段长约5.98 m，每套由4个分段组成，即每套约为23.92 m。内模构件示意图见图4-19。

2）工艺流程

由于内模外形特殊，为多折角形状，为简化制作胎架，缩短生产周期，内模各个平面部分利用普通的水平胎架进行模块制作；待各模块及钢架制作完毕后，在内模专用安装胎架上进行整体预拼，内模安装如图4-20所示。

内模安装前，需将安装胎架按设计要求提前校正到位。安装时，只需将各模块按照靠模法依次装配即可保证总体外形。

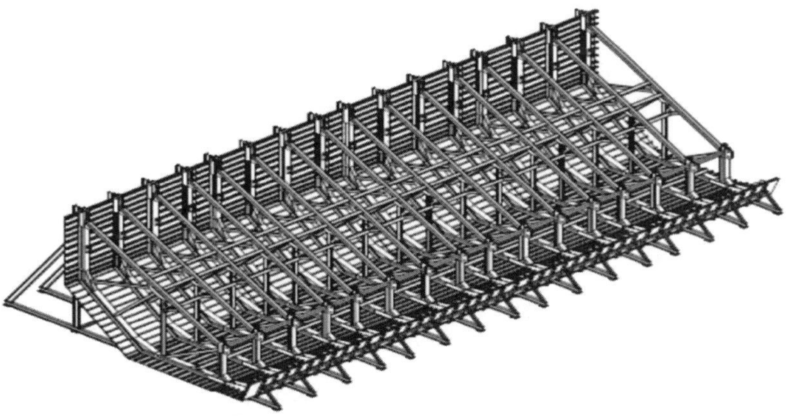

图 4-19　内模构件示意图

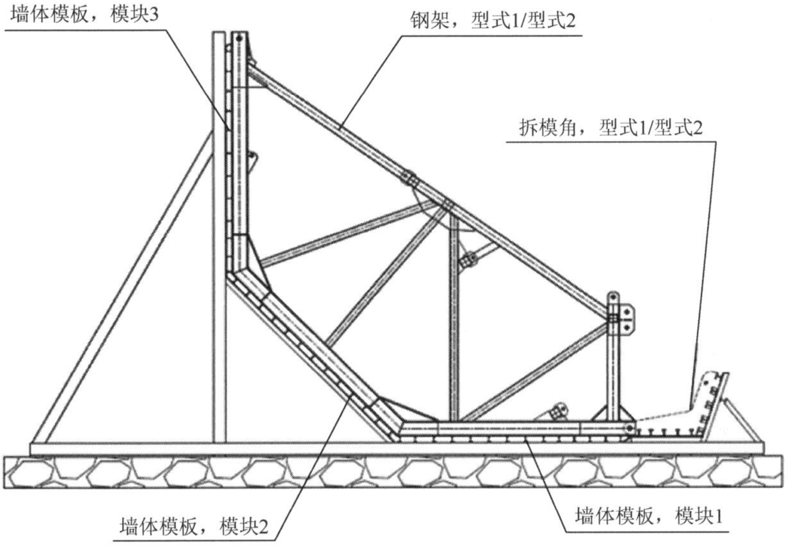

图 4-20　内模安装

内模各分段的 6 mm 面板在水平胎架上进行拼接后，整体画线、修割端部余量，保证相邻两分段的 6 mm 面板自由边平齐、贴合。在安装连接法兰时，两法兰间使用 2 mm 工艺垫片进行定位，保证在 6 mm 面板贴合时，两法兰有 2 mm 间隙的蓝图要求，以达到法兰锁紧的目的。

（4）外墙模制造

1）概述

针对工厂化管节生产工艺，为提高工效，侧模系统（图 4-21，图 4-22）安装与拆除使用液压千斤顶进行操纵。模板体系应满足连续浇注长 22.5 m、约 3415 m^3 混凝土的强度要求。单侧墙模由 4 块侧模组成，每块侧模分为三大块，具体尺寸分别为 5980 mm×7771 mm，5980 mm×3408 mm，5980 mm×1730 mm。

侧模系统固定安装于浇筑坑两侧，由后方的混凝土挡墙支撑，整体安装就位后采用液压千斤顶操纵侧模板做拆、合模板动作。侧模系统可沿固定轨道后退 1.0 m，待钢筋笼下放就位至底模后，再完成侧模安装，侧模布置俯视图见图 4-22。

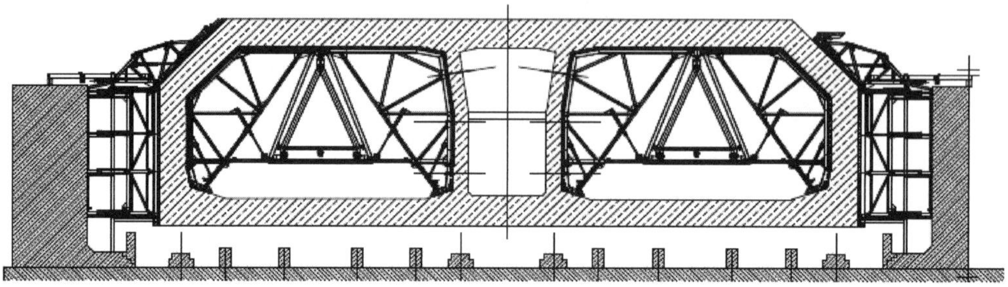

图 4-21　侧模布置图

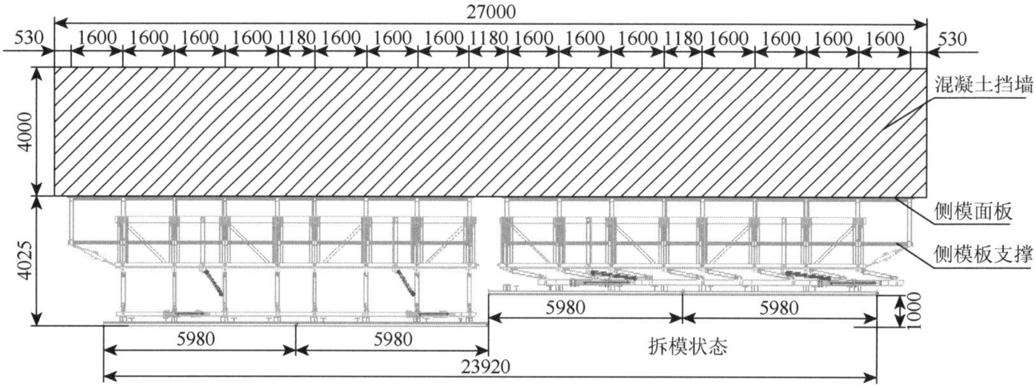

图 4-22　侧模布置俯视图（单位：mm）

外墙模脱模状态（伸直状态）下，每个分段规格为 13060 mm×5980 mm，每套由 4 个分段（即外墙模共长 23.92 m）构成，如图 4-23 所示。

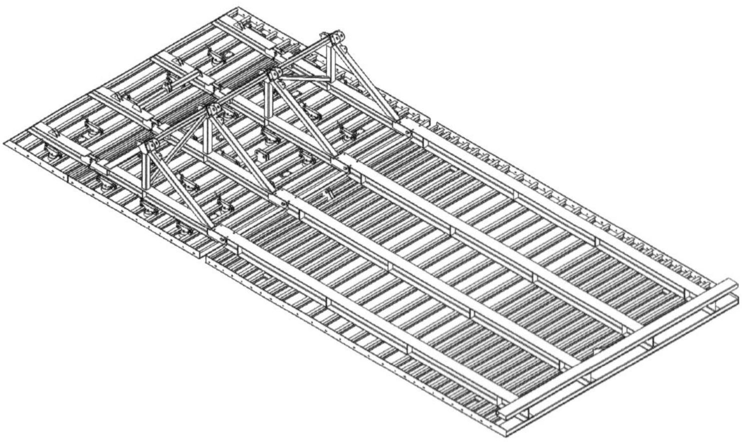

图 4-23　外墙模（分段）

外墙模连同墙体支撑共同承受着混凝土的横向挤压力，为了满足混凝土外形“倒角”及模板脱模要求，外墙模上半部分在液压泵的作用下，需有转动的功能。外墙模立模和拆模状态示意图见图 4-24。

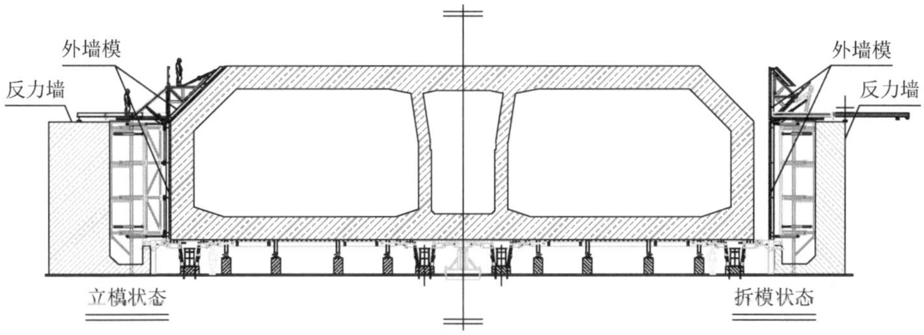

图 4-24　外墙模立模和拆模状态示意图

2）工艺流程

外墙模由尺寸为 13060 mm×5980 mm 的 4 个分段构成，转轴处为界线可将外墙面分段分为上下两部分。制作时，将上下部分分别置于水平胎架上，采用反置法，即面板朝向水平胎架方向进行制作。

各分段的上下两部分面板拼接到位后，激光校正连接轴孔，穿引工艺销轴后整体施焊，保证各分段的上半部分在转动时保持同步。

外墙模各分段 6 mm 面板在水平胎架上进行拼接后，整体画线，修割端部余量，保证相邻两分段的 6 mm 面板自由边平齐、贴合。在安装连接法兰时，两法兰间使用 2 mm 工艺垫片进行定位，保证在 6 mm 面板贴合贴合时，两法兰有 2 mm 间隙的蓝图要求，以达到法兰锁紧的目的。

（5）端模制造

1）概述

端模板由多块小型钢模板组成，最终用钢围檩与拉杆将堵头模板连接在内模、外模与底模上。端模板结构示意图如图 4-25 所示。

图 4-25　端模板结构示意图

2）工艺流程

由于廊道中心线处为界线，可将端模板分段分为左右两部分。制作时，将左或右的部分分别置于水平胎架上，逐块进行加工，采用反置法即面板朝向水平胎架进行制作。

左右两部分面板拼接到位后，激光校正连接轴孔，穿引工艺销轴后整体施焊，保证各分块之间的整体连接效果。

2. 模板组装

（1）底模安装

底模板由公路隧道底模、外墙下底模、廊道下底模和滑移梁上方底模四部分组成，见图 4-26。

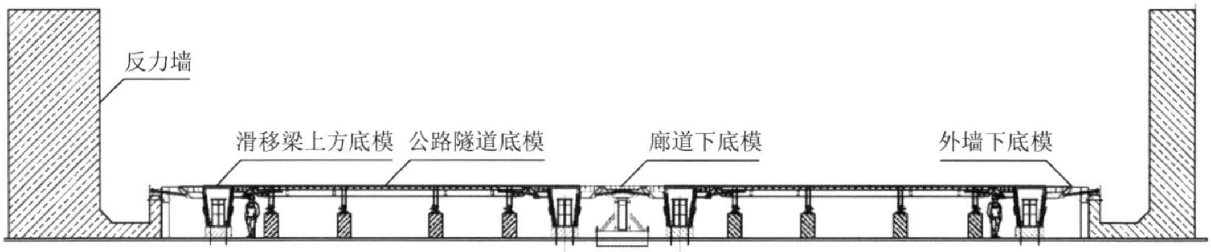

图 4-26　底模板断面图

1）公路隧道底板安装

公路隧道底板由底模中间块、翻折底板、关节支撑杆和相应的液压系统组成，其安装步骤见图 4-27。

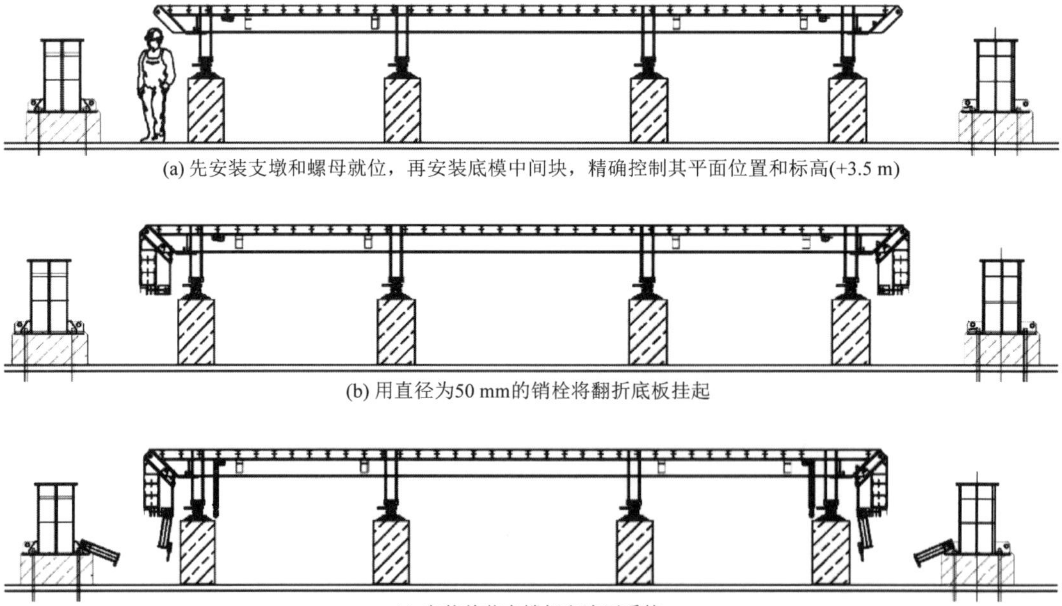

(a) 先安装支墩和螺母就位，再安装底模中间块，精确控制其平面位置和标高(+3.5 m)

(b) 用直径为50 mm的销栓将翻折底板挂起

(c) 安装关节支撑杆和液压系统

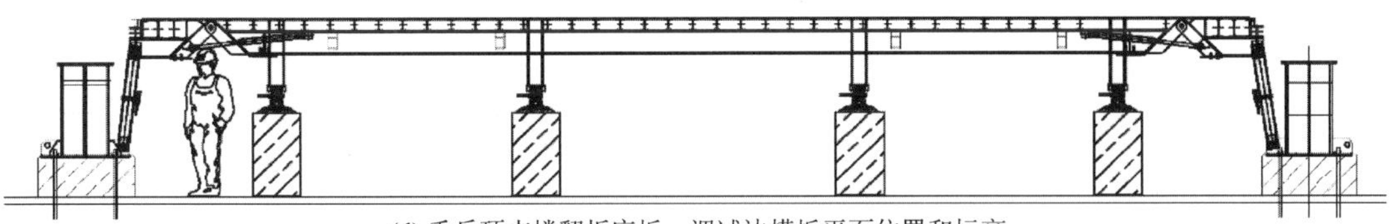

(d) 千斤顶支撑翻折底板，调试边模板平面位置和标高

图 4-27　公路隧道底板安装步骤

2）外墙下底板安装

外墙下底板由侧墙固定框架、翻折底板和关节支撑杆和相应的液压系统组成，其安装步骤见图 4-28。

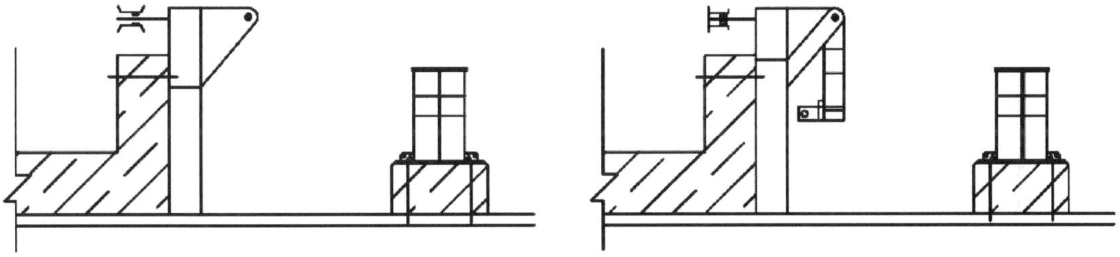

(a) 将固定框架安装到墩墙的边墙上　　(b) 用直径为50 mm的销栓将翻折模板挂起

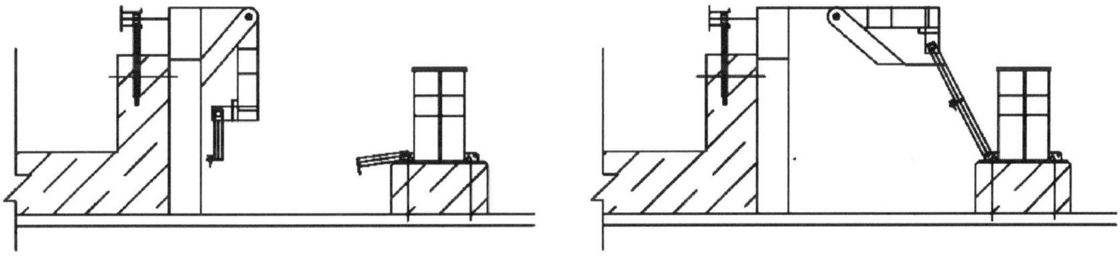

(c) 安装关节支撑杆和液压系统　　(d) 千斤顶支撑翻折底板

图 4-28　外墙下底板安装步骤

廊道下底板由固定支座框架、中间模板、翻折底板、关节支撑杆和相应的液压系统组成，其安装步骤见图 4-29。

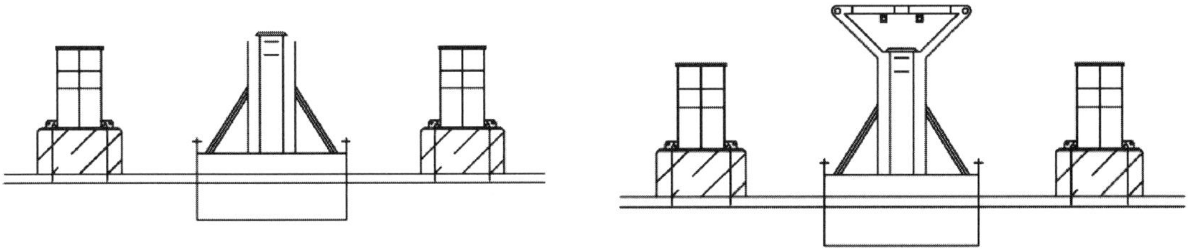

(a) 安装固定支座框架，调整高度　　(b) 安装中间模板

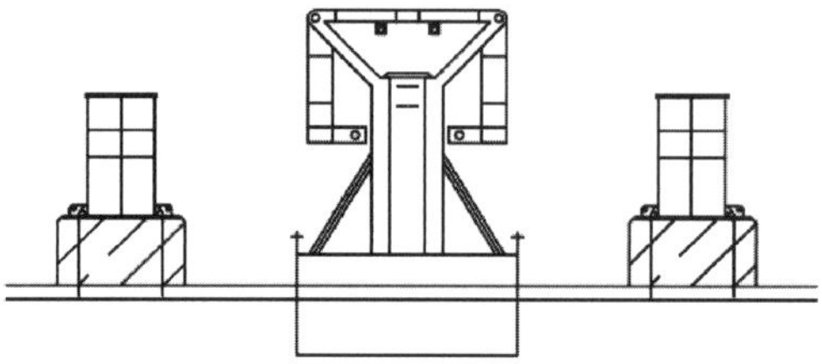

(c) 用直径为50 mm的销栓将翻折底板挂起

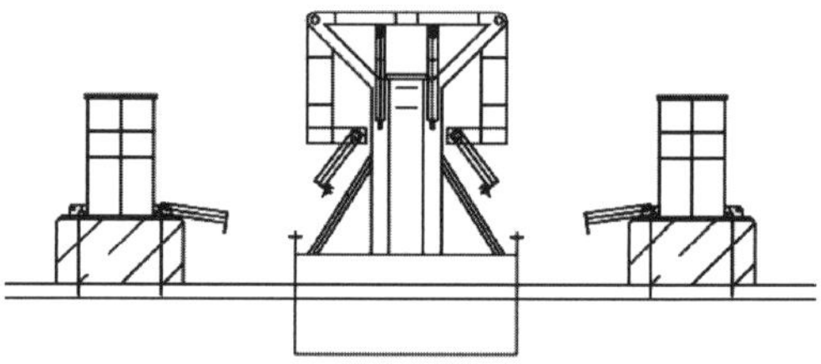

(d) 安装关节支撑杆和液压系统

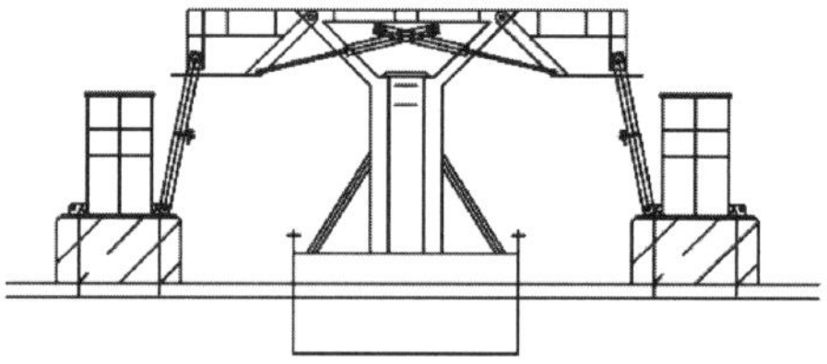

(e) 千斤顶支撑翻折底板

图 4-29　廊道下底板安装步骤

3）滑移梁上方底板安装

滑移梁上方底模板采用散拼式模板，待公路隧道底模板、廊道下底模、外墙下底板和管节支撑千斤顶安装完成后，人工安装，再在上面铺设钢面板，支承千斤顶顶升位置的底模钢板（70 cm×70 cm）随管节一起顶推移动，至浅坞区在支撑体系支承体系转换时再拆除，周转利用。该底板采用钢枕支撑。

（2）针形梁和针式梁安装

针形梁由前支腿、后支腿、临时中支腿和四个 12 m 长的标准节段组成，见图 4-30。

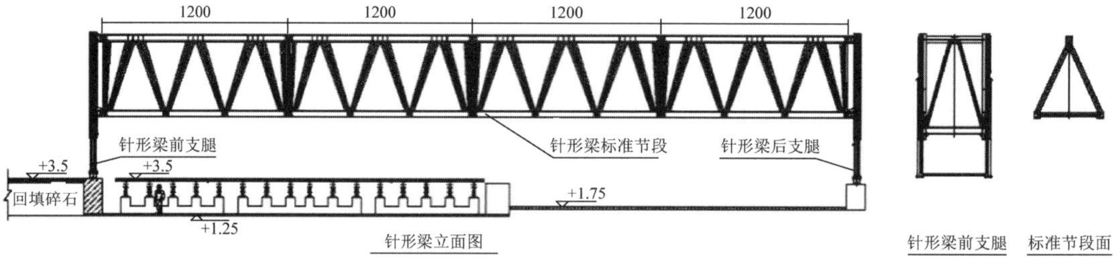

图 4-30　针形梁结构图

注：尺寸标注单位为 mm，标高单位为 m

针形梁前后支腿需在空旷场地进行预安装，安装场地面积为 2 块 10 m×10 m 的平面；标准节段则无须另外安装。各构件准备到位后即可进行针形梁的安装工作，其安装顺序，见图 4-31。针式梁安装步骤与针形梁安装步骤相似。

针形梁安装时需要设置临时支墩，支撑标准节段重量，临时支墩，见图 4-32。

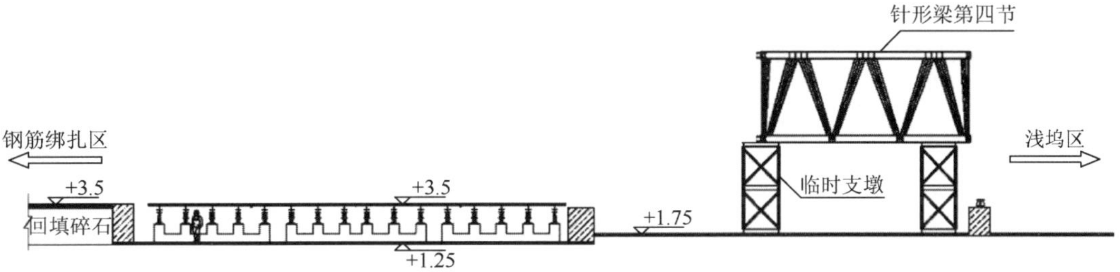

(a) 在临时支墩上安装针形梁第四节

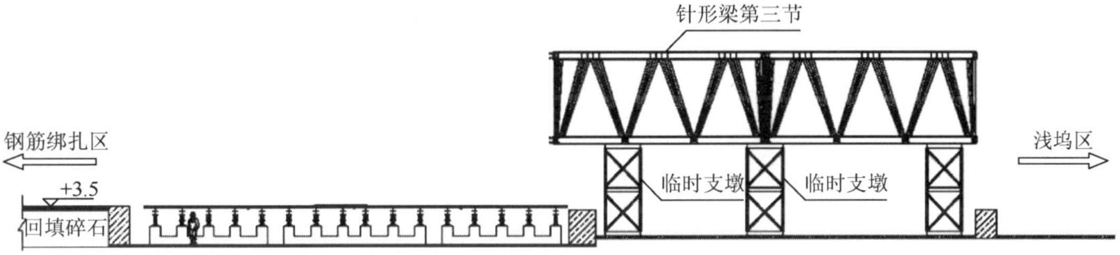

(b) 安装针形梁第三节

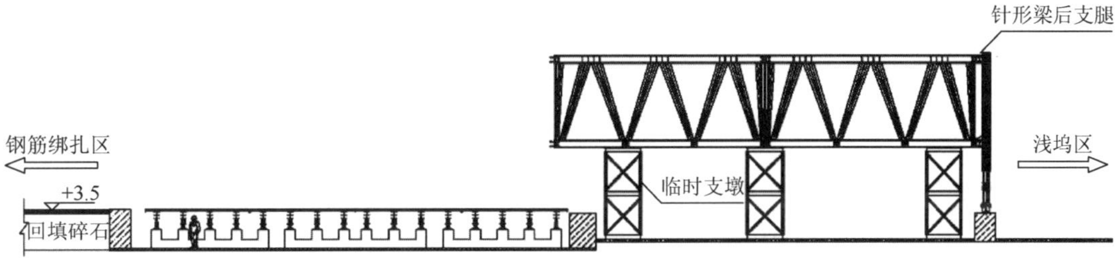

(c) 安装针形梁后支腿

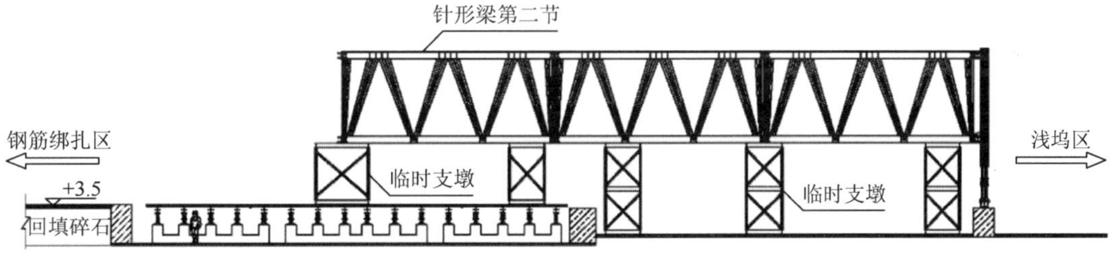

(d) 安装针形梁第二节

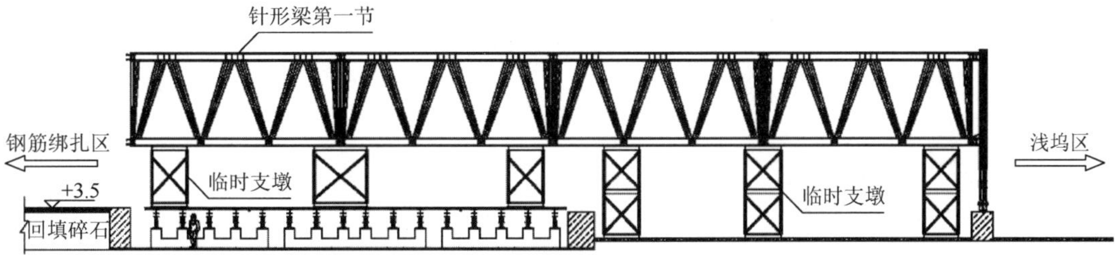

(e) 安装针形梁第一节

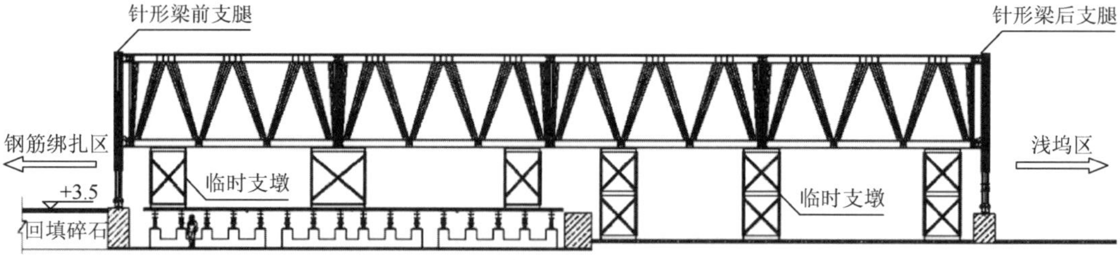

(f) 安装针形梁前支腿

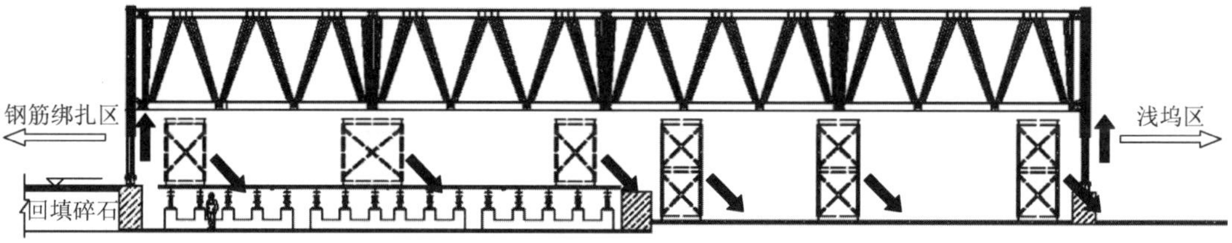

(g) 顶升针形梁至设计标高，拆除临时支墩，完成针形梁安装工作

图 4-31　针形梁安装步骤

注：标高单位为 m

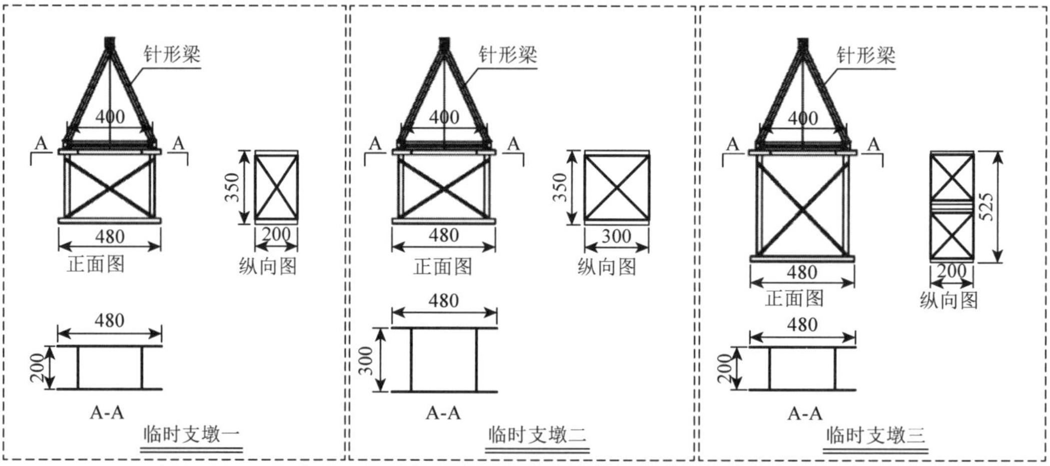

说明：①临时支墩所用立柱和平联材料均为125 b型钢，斜撑采用8号型钢。
②所有连接点均通过焊接的方式连接。

图 4-32　针形梁安装临时支墩图（单位：mm）

（3）内模安装

1）公路隧道内模安装

内模板是通过承压和导向框架挂在针形梁上的，模板结构示意图见图 4-33。故安装内模板前，必须先安装该框架，内模板安装步骤见图 4-34。

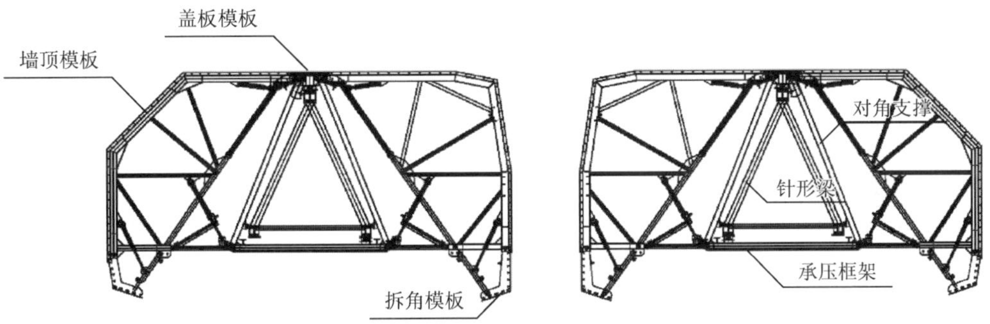

图 4-33　模板结构示意图

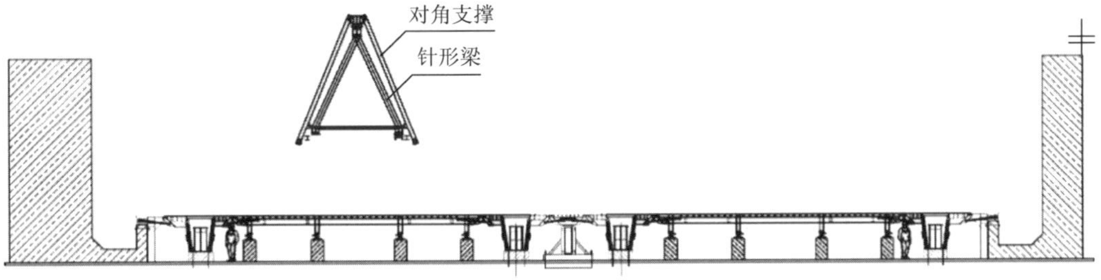

(a) 挂上框架对角支撑

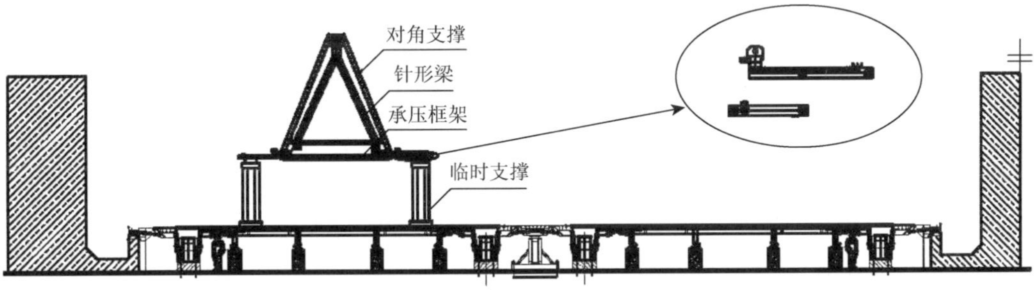

(b) 将在底模上预拼好的承压框架起吊安装；再安装临时支撑，支持承压支架的悬臂部分

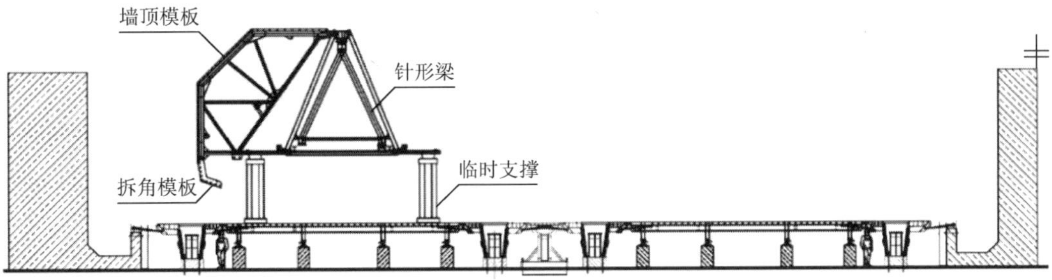

(c) 先预拼内模的墙顶模板和拆角模板，然后用吊车起吊安装

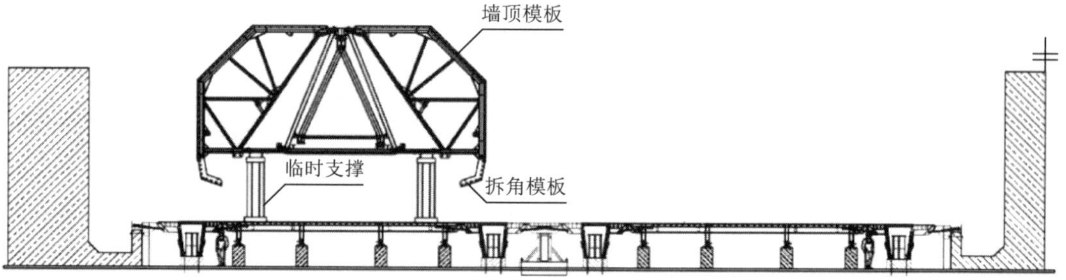

(d) 吊装另一侧墙顶模板和拆角模板

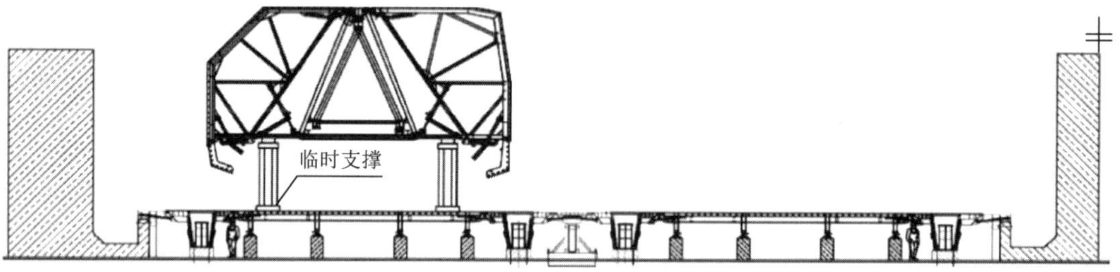

(e) 安装拆模框架和液压系统，并对系统进行调试

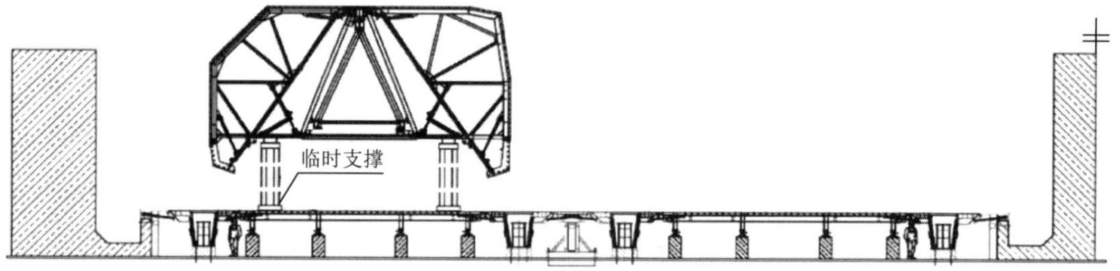

(f) 液压系统支撑内模，安装上缘顶盖模板，拆除临时支墩，完成内模安装

图 4-34　内模板安装步骤

2）廊道内模安装

与公路隧道内模安装方法一致；在安装完墙模后需用顶板支撑将顶模安装固定。

（4）外墙模板安装

外墙模板由其后侧的支架支撑在反力墙上，必须先安装后侧支撑架，再进行外墙模板的安装，便于外墙模的加固和定位等，外墙模安装步骤见图 4-35。

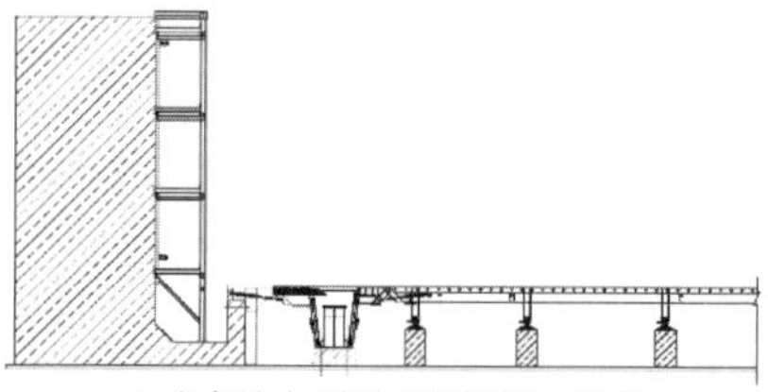

(a) 先在地上预拼支撑框架，然后用吊车起吊，将其安装到反力墙上

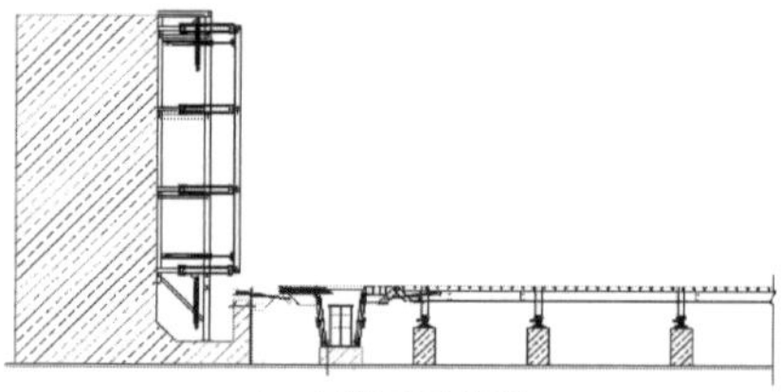

(b) 安装可平移梁

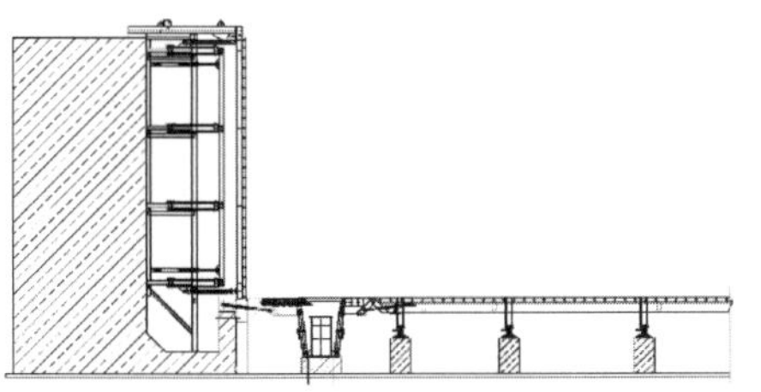

(c) 安装垂直部分模板和支撑、拆模结构

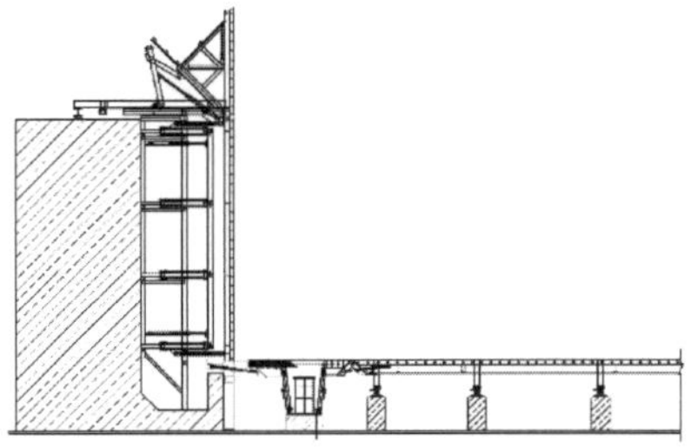

(d) 安装第一节上倒角模板

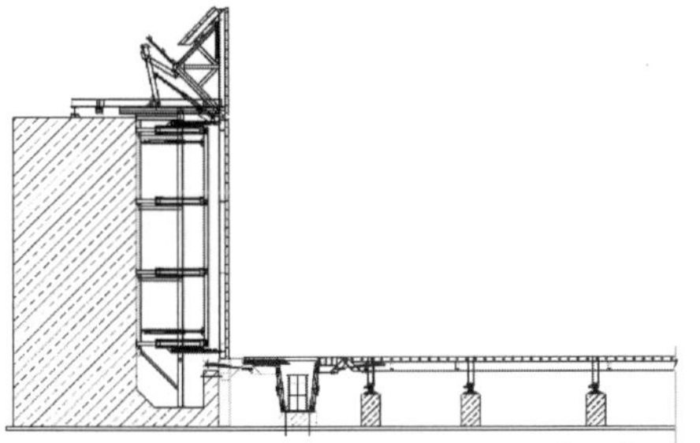

(e) 安装第二节上倒角模板和支撑、拆模结构

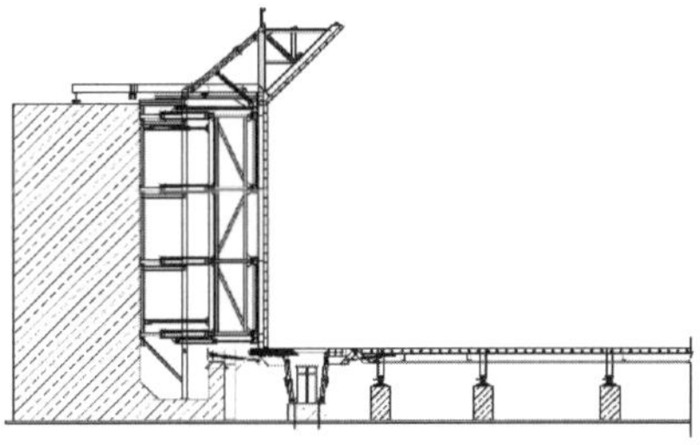

(f) 侧模板调试

图 4-35 外墙模安装步骤

（5）端模安装

伸缩缝处的堵头模板。用钢围檩与拉杆将堵头模板连接在内模、外模与底模上。堵头模板可以将橡胶密闭带和止水带固定在需要的位置上。此模块安装需要用手工或吊车进行操作。

4.1.5 使用及工效

1. 施工步骤

（1）节段模板施工步骤

每个节段模板施工步骤如下：

①拆除端模、外模板，底模下降，管节节段由顶推轨道上的千斤顶支撑。

②打开内模的支撑腿支撑于节段底板上，收起针形梁的前支腿、后支腿和临时中支腿。

③针形梁滑移至其中部位置，使两端的悬臂长度近似相等。

④顶推管节向前移动 22.5 m。

⑤针形梁回位。

⑥针形梁前后支腿支撑，拆除内模支撑，滑出内模并清理。

⑦内模再次滑入节段内，打开内模支撑，收起针形梁前支腿，顶升底模至设计标高。

⑧移入钢筋笼。

⑨针形梁前支腿和后支腿支撑。

⑩第二节内模就位，准备混凝土浇筑工作。

（2）分部操作步骤

1）底模操作

各部分底模断面图见图 4-36。

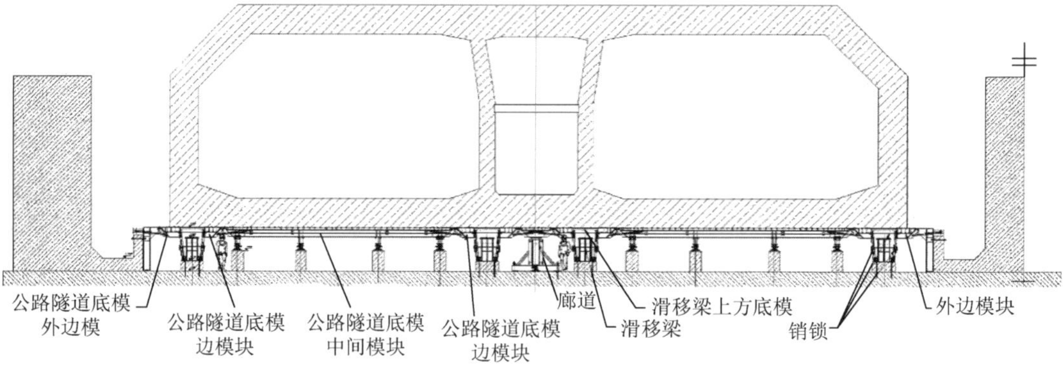

图 4-36　各部分底模断面图

第一步：模板处于立模状态，浇筑混凝土结束（图 4-37）。

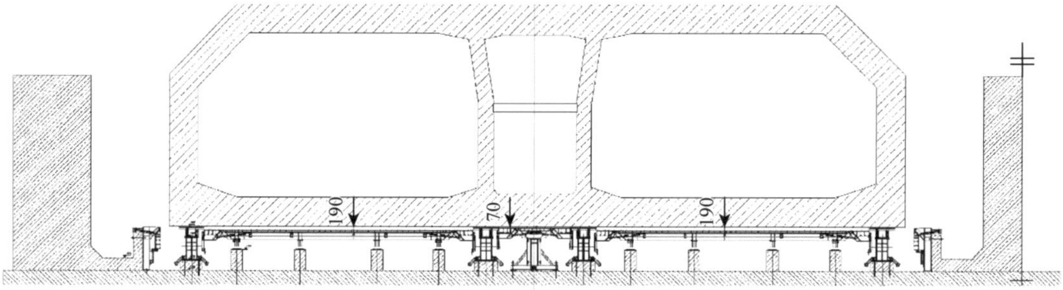

图 4-37　模板处于立模状态（单位：mm）

第二步：模板处于拆模状态，底模中间模块下降 190 mm，底模外边模块处于收折状态，廊道底模下降 70 mm，给滑移梁上部的底模拆模，并临时支撑在滑移梁上（图 4-38）。

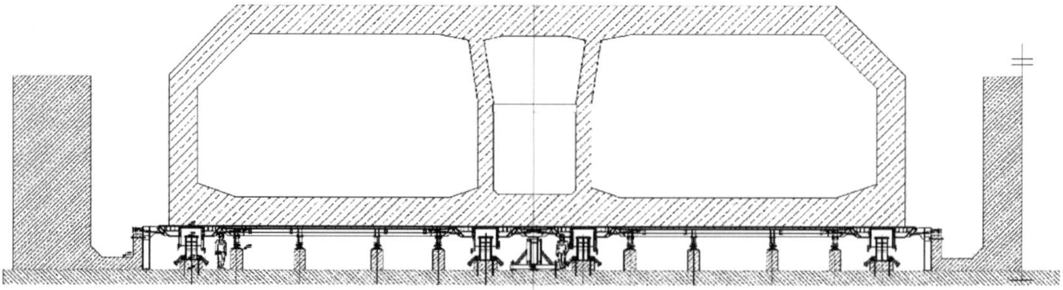

图 4-38　模板处于拆模状态

第三步：模板处于拆模状态，打开所有销栓（图 4-39）。

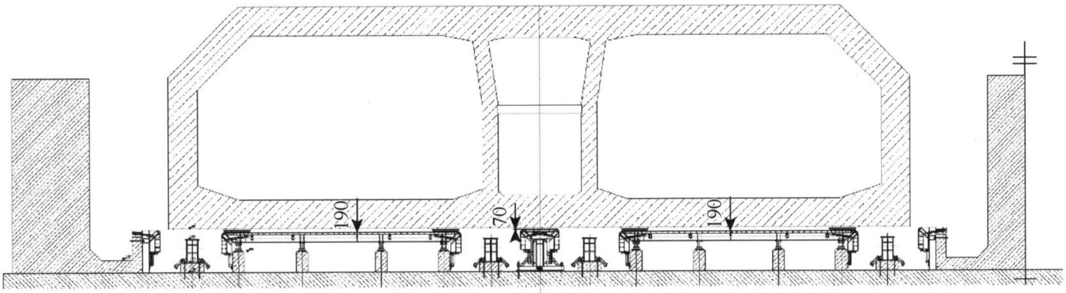

图 4-39　模版处于拆摸状态（单位：mm）

第四步：模板处于拆模状态。将公路隧道底模的边模块收折下来，廊道底模处于收折状态，将滑移梁上部的底模移到公路隧道上，临时存放，拆模完毕。

2）墙模操作

墙模拆模流程见图 4-40。

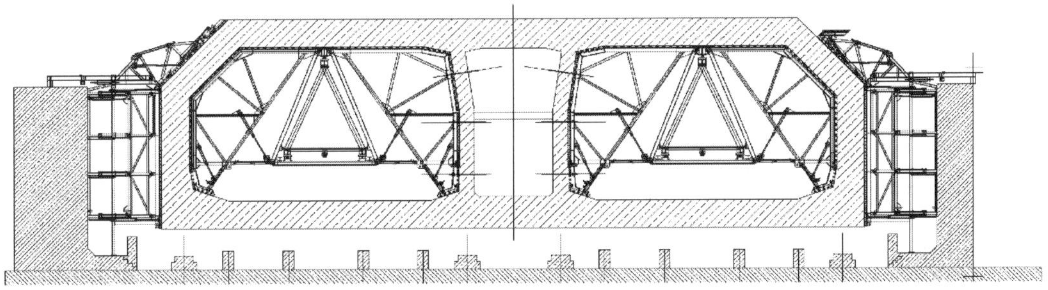

第一步
外墙模处于立模状态
内墙模处于立模状态

第二步
外墙模开始拆模，收回顶部模块第一节
内墙模处于立模状态

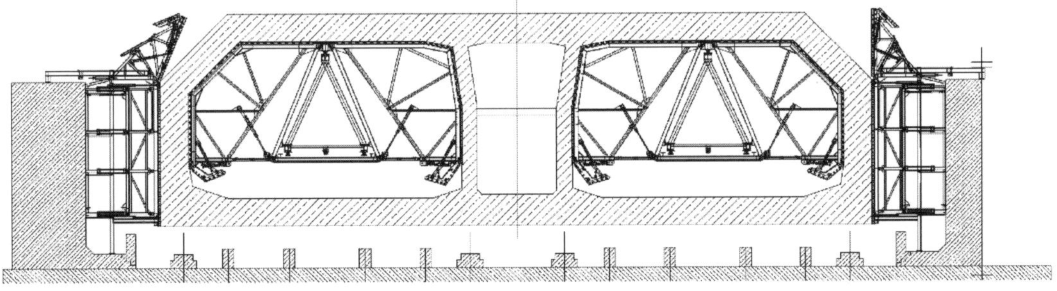

第三步
外墙模收起顶部模块第二节
内墙模折模，收起底角模块

第四步
外墙模上部结构收起到位
内墙模折模，底角模块收起到位

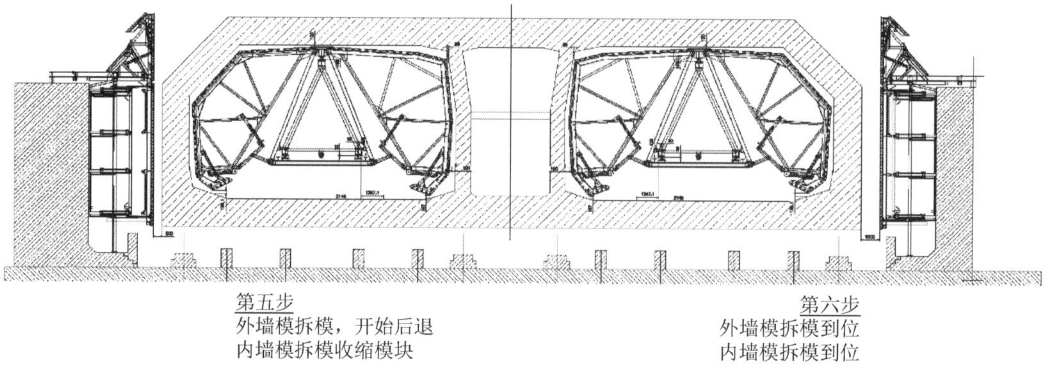

图 4-40　墙模拆模流程

3）系统操作步骤

节段各支座分布示意图见图 4-41。

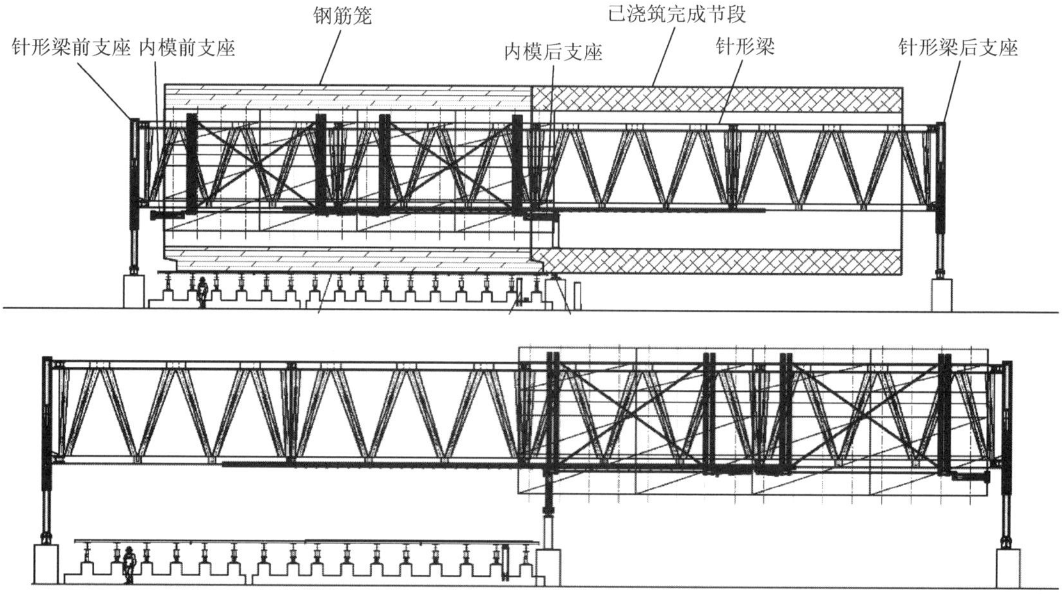

图 4-41　节段各支座分布示意图

起步：初始状态，外墙模板后退，底模处于立模状态，支起针形梁前支座，内模处于拆模状态，支起内模前支座（图 4-42）。

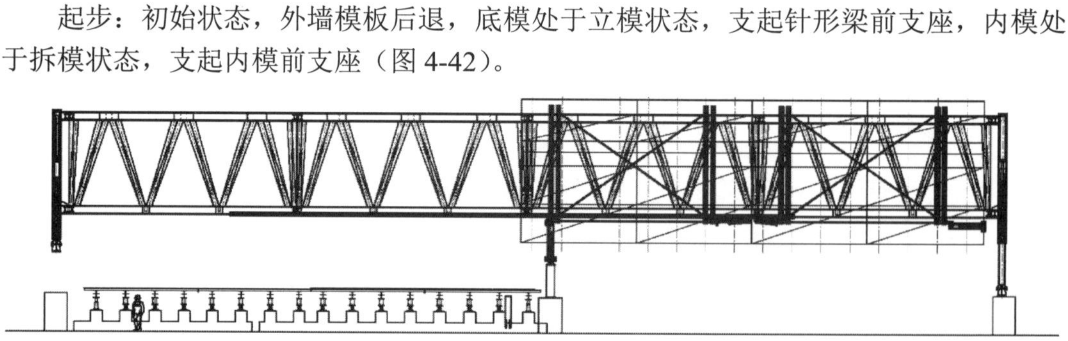

图 4-42　系统初始状态

第一步：升起公路隧道与廊道的针形梁前支座（图 4-43）。

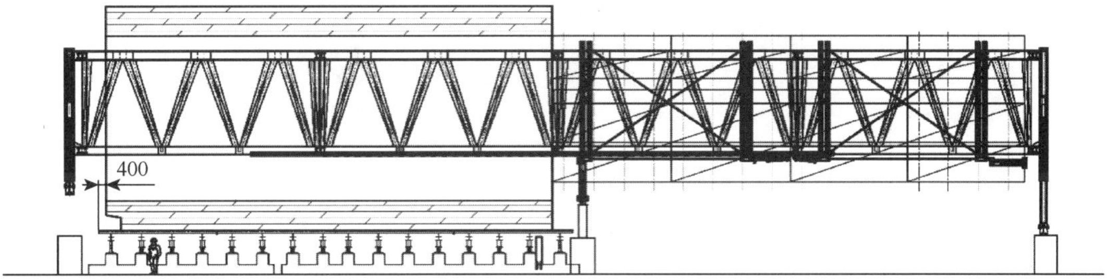

图 4-43　升起针形梁前支座

第二步：移入钢筋笼（图 4-44）。

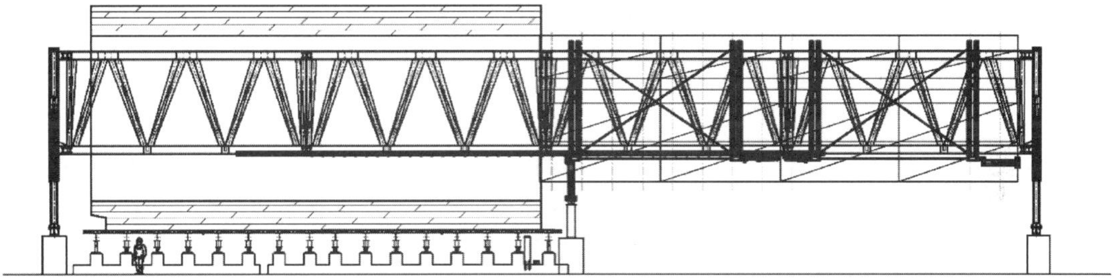

图 4-44　移入钢筋笼

第三步：落下针形梁前支座（图 4-45）。

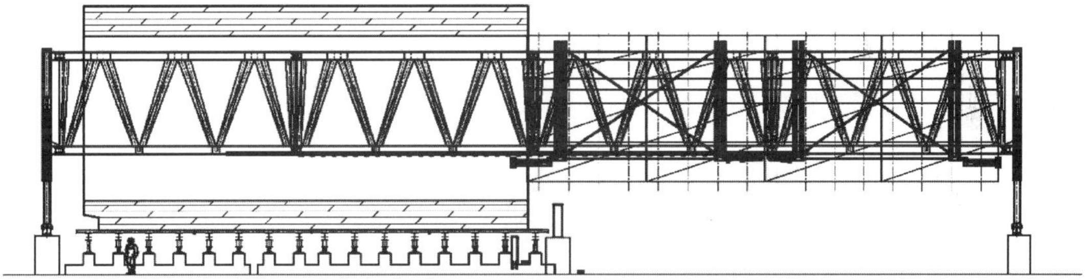

图 4-45　落下针形梁前支座

第四步：升起内模的前支座（图 4-46）。

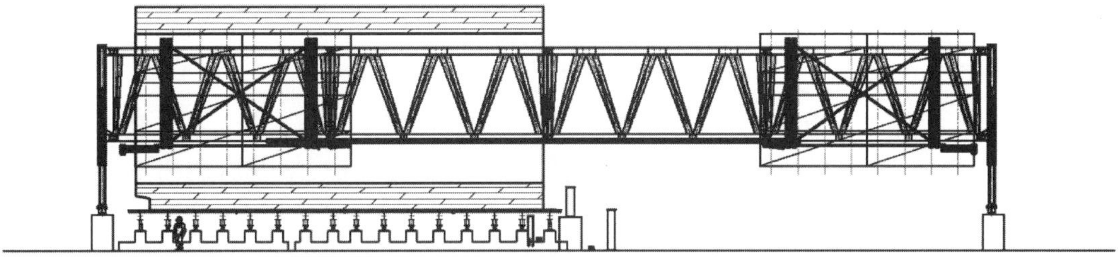

(a)

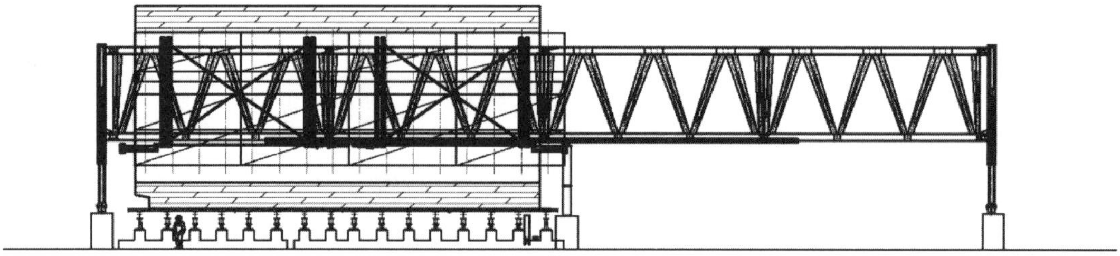

(b)

图 4-46　升起内模的前支座

第五步：将内模移到浇筑位置，立模；将公路隧道的针形梁的临时支撑支架起来，立外墙模；安装为准备 OMEGA 止水带与 GINA 止水带接头的端模；安装所有预留孔盒与拉杆（图 4-47）。

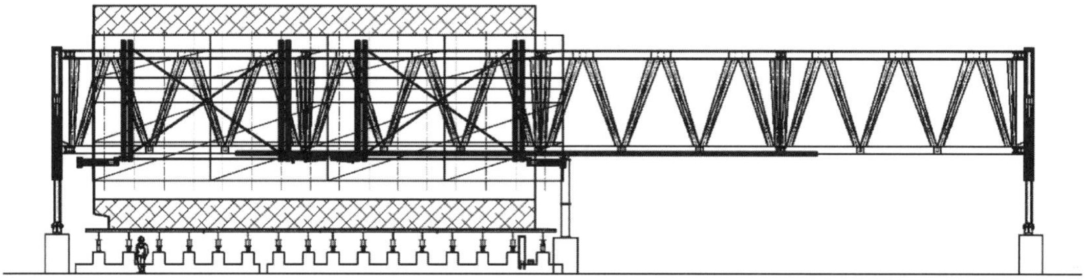

图 4-47　内模移到浇筑位置立模

第六步：浇筑管节第一个节段（图 4-48）。

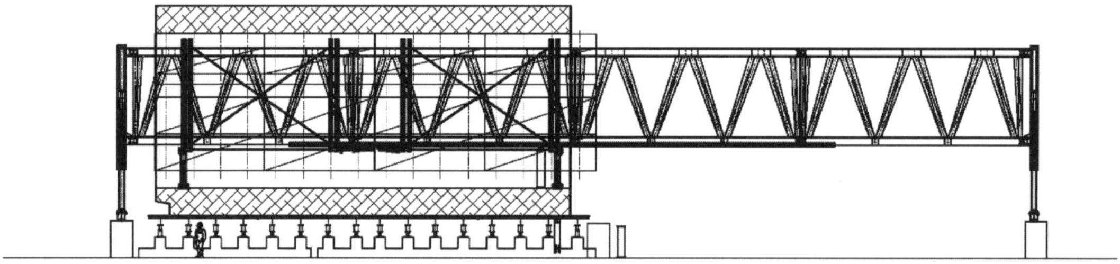

图 4-48　浇筑管节第一个节段

第七步：拆除 OMEGA 止水带接缝的端头模板，拆除 GINA 止水带接缝的端头模板，拆除外模，支起内模的前后支座。设置底模下的临时支撑 2，移开临时支撑 1 的加长段（图 4-49）。

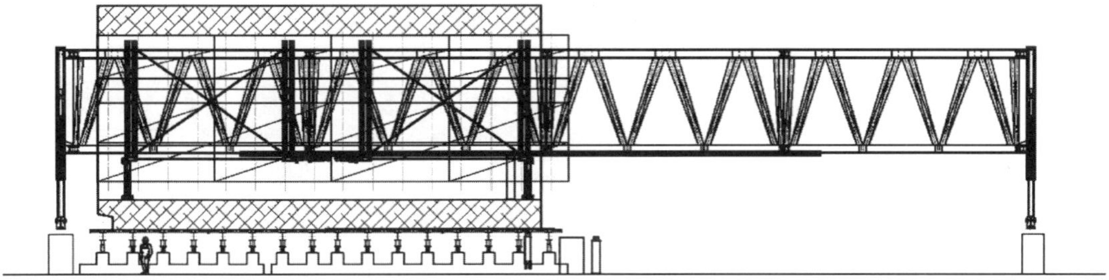

图 4-49　移开临时支撑 1 的加长段

第八步：升起针形梁的前后支撑（图 4-50）。

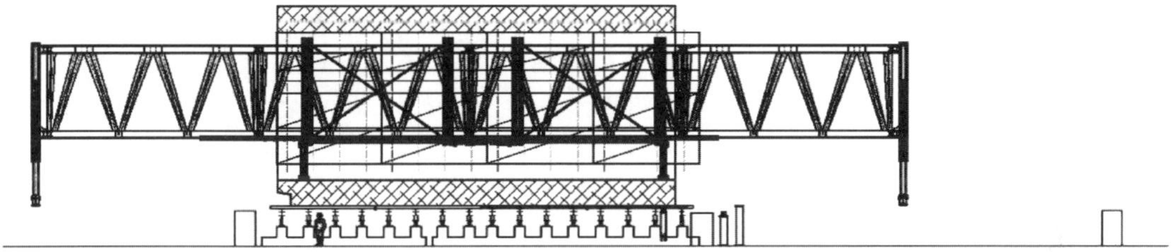

图 4-50　升起针形梁的前后支撑

第九步：将针形梁滑移一半行程（图 4-51）。

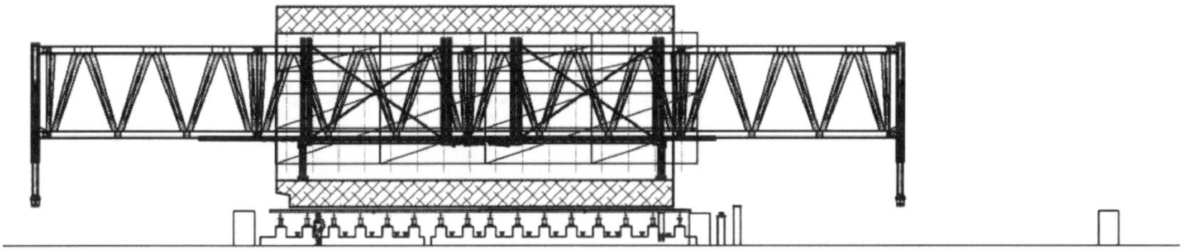

图 4-51　将针形梁滑移一半行程

第十步：降下临时支撑 2，拆底模（图 4-52）。

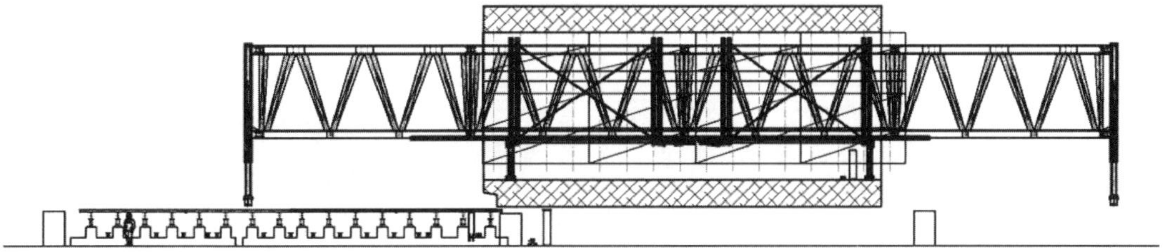

图 4-52　降下临时支撑和拆底模

第十一步：将管节移到下一个操作位置（图 4-53）。

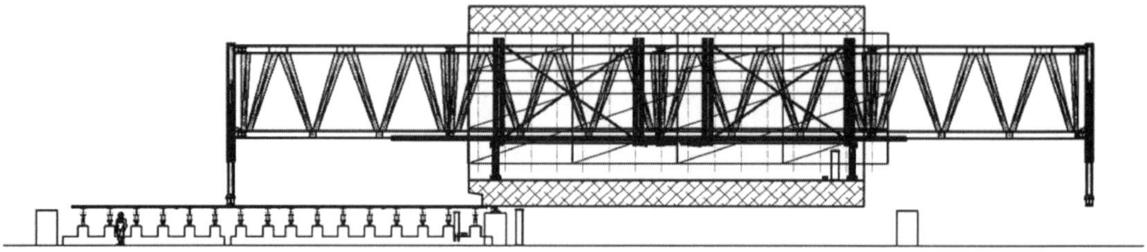

图 4-53　将管节移到下一个操作位置

第十二步：将内模前支座支起，在节段下垫起支座系统，立底模（图 4-54）。

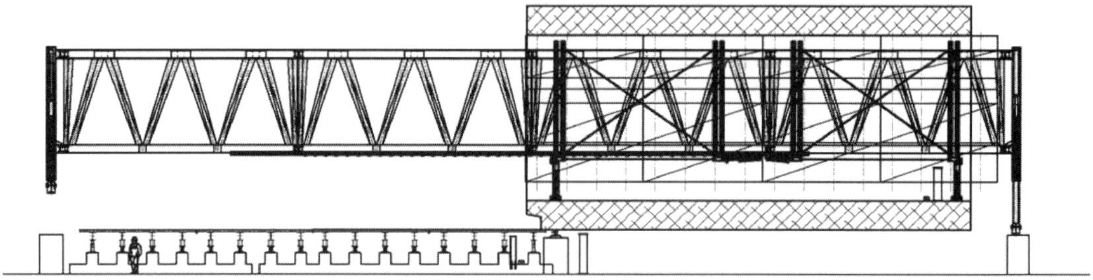

图 4-54　立底模

第十三步：将针形梁移到原位，收起针形梁支座（图 4-55）。

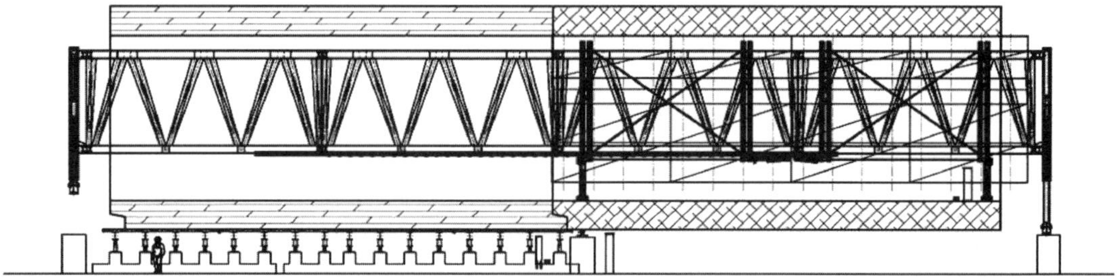

图 4-55　收起针形梁支座

第十四步：将钢筋笼移入浇筑台（图 4-56）。

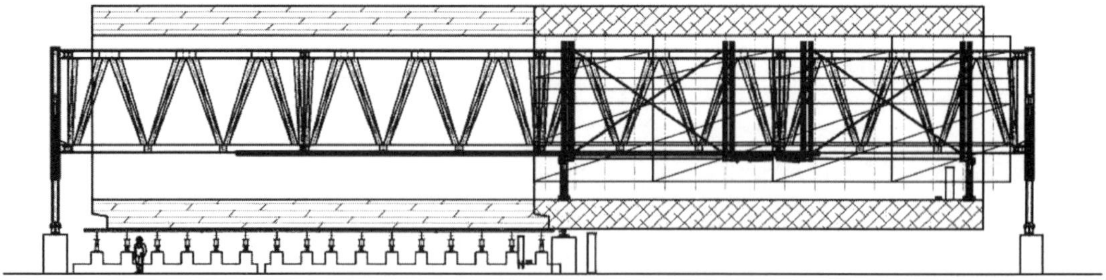

图 4-56　将钢筋笼移入浇筑台

第十五步：将针形梁的前后支座都支起（图 4-57）。

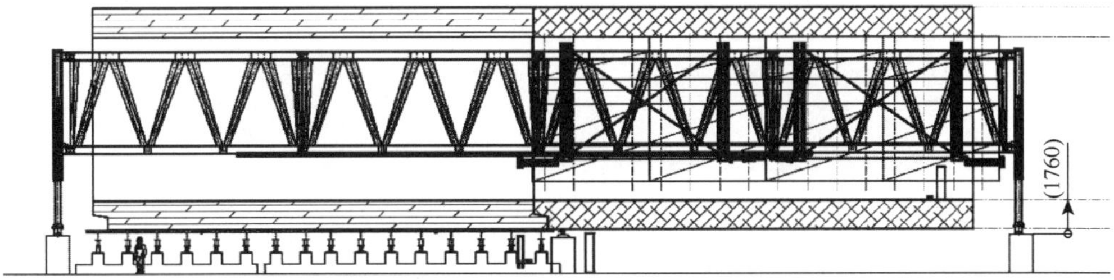

图 4-57　支起针形梁的前后支座（单位：mm）

第十六步：升起公路隧道与廊道的针形梁前支撑，在浇筑第三个与第八个节段时，在针形梁后支座位置垫起支座系统（图 4-58）。

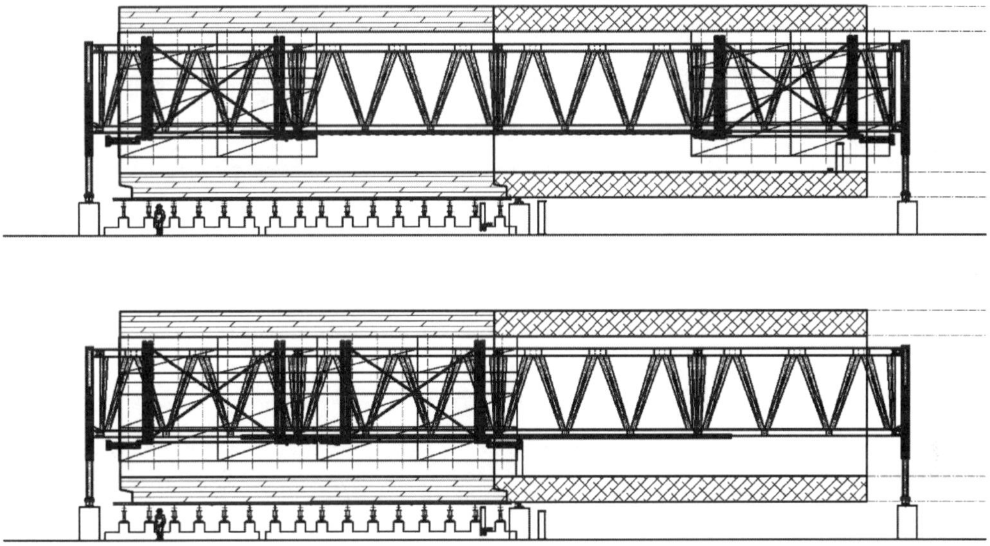

图 4-58　垫起支座系统

第十七步：将内模分两次移到浇筑台位置，在移动过程中安装预留孔盒等。立外模、立内模、立端模，安装拉杆，将公路隧道里的针形梁支撑在临时支撑 1 上（图 4-59）。

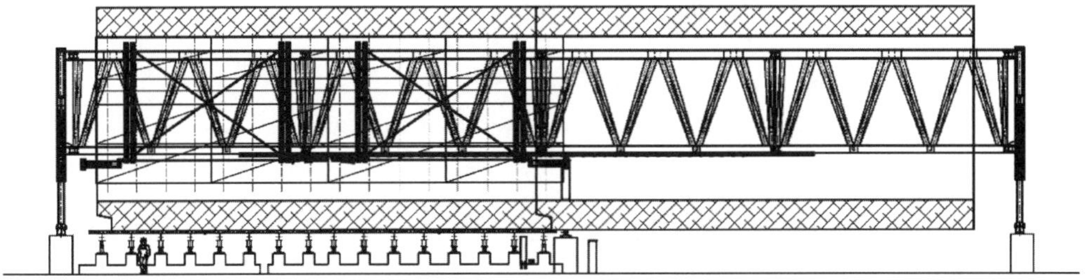

图 4-59　针形梁支撑在临时支撑 1 上

第十八步：浇筑第二个节段（图 4-60）。

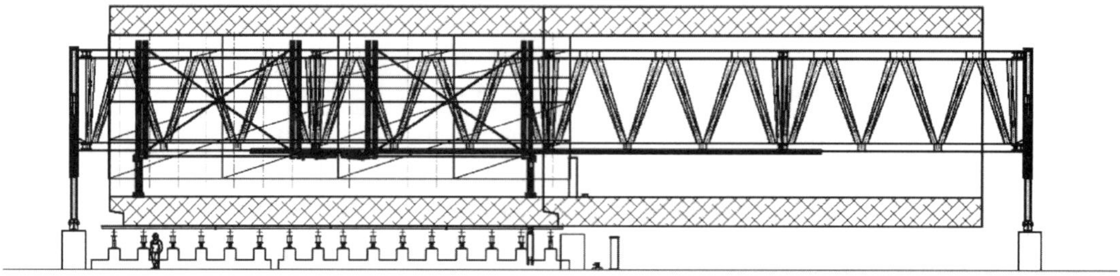

图 4-60 浇筑第二个节段

第十九步：拆端模、拆外模，将内模的前后支座支起。将支座系统垫到底模下临时支撑 2 的位置（廊道模板除外），去除临时支撑 1 的加长杆，将其上部放在管节内存放（图 4-61）。

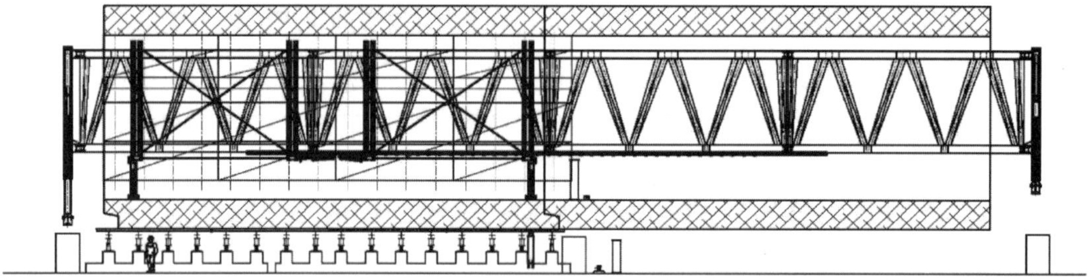

图 4-61 去除临时支撑 1 的加长杆

第二十步：升起针形梁的前后支座（图 4-62）。

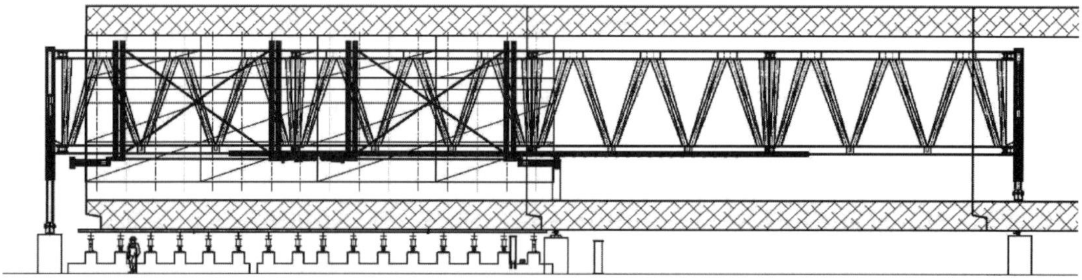

图 4-62 升起针形梁前支座

第二十一步：重复第九到第十七步的操作。
第二十二步：浇筑第三个节段。
第二十三步：重复第十九到第二十一步的操作。
第二十四步：浇筑第四个节段。
第二十五步：重复第十九到第二十一步的操作。
第二十六步：浇筑第五个节段。

第二十七步：重复第十九到第二十一步的操作。

第二十八步：浇筑第六个节段。

第二十九步：重复第十九到第二十一步的操作。

第三十步：浇筑第七个节段。

第三十一步：重复第十九到第二十一步的操作，安装后部 OMEGA 止水带接头的端模（图 4-63）。

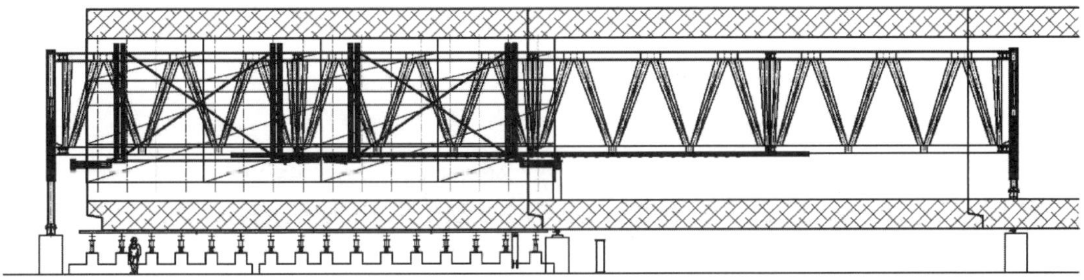

图 4-63　安装后部 OMEGA 止水带接头的端模

第三十二步：浇筑第八个节段（图 4-64）。

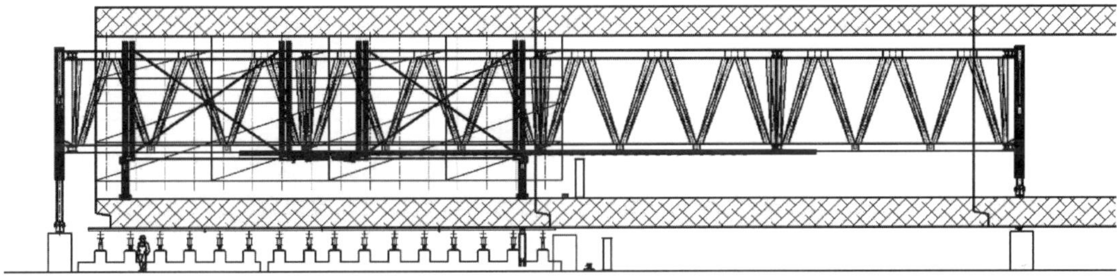

图 4-64　浇筑第八个节段

第三十三步：拆端模，拆外模，将内模的前后支座支撑起来，在管节底模下面的临时支撑 2 支撑起来（除廊道外），如图 4-65 所示。

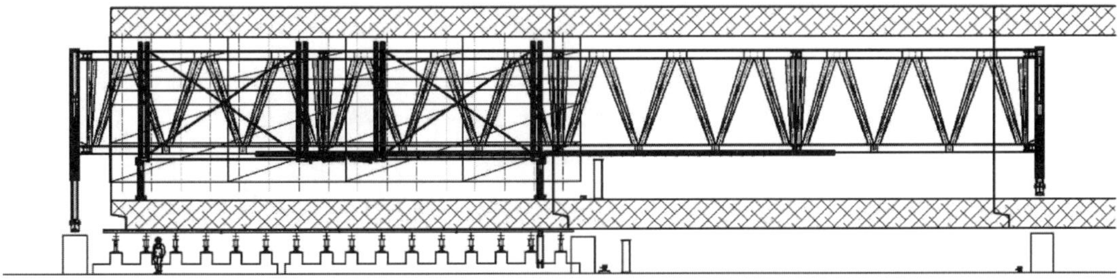

图 4-65　支撑起临时支撑 2

第三十四步：将针形梁的前后支撑提起（图 4-66）。

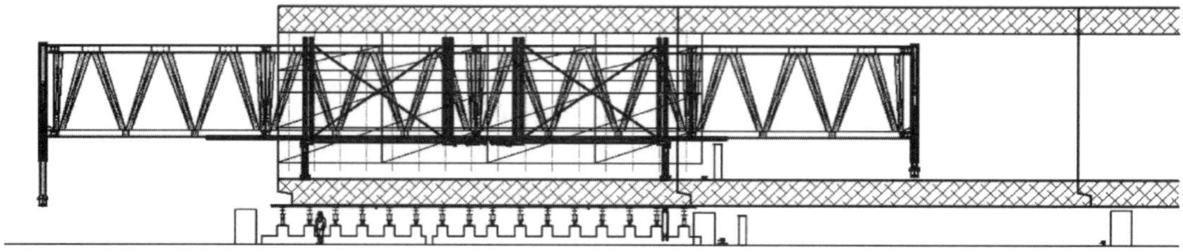

图 4-66　提起针形梁前后支撑

第三十五步：将针形梁移动半个行程（图 4-67）。

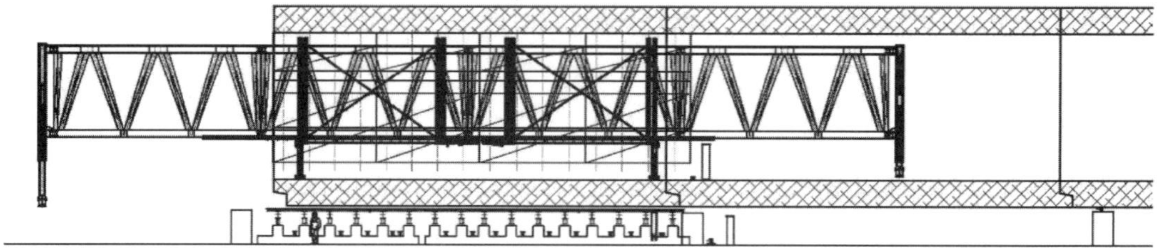

图 4-67　针形梁移动半个行程

第三十六步：拆底模（图 4-68）。

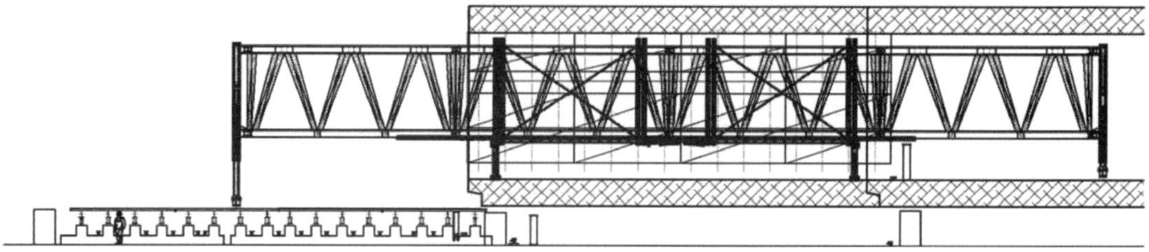

图 4-68　拆底模

第三十七步：将节段移到下个预定的位置（图 4-69）。

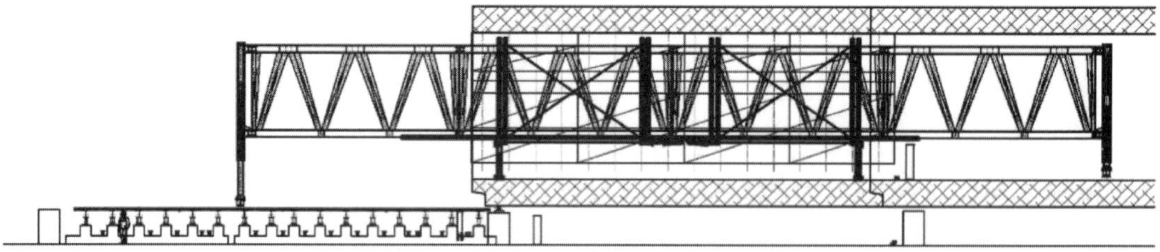

图 4-69　节段移到下个预定位置

第三十八步：将支座系统垫在临时支撑 1 的位置（图 4-70）。

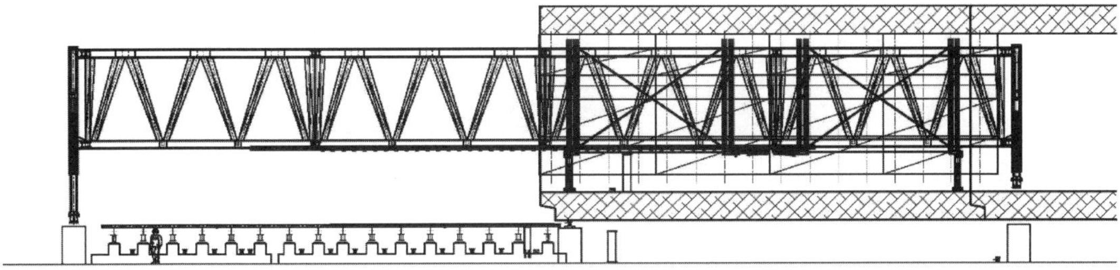

图 4-70　支座系统垫在临时支撑 1 的位置

第三十九步：将滑移梁移到原始位置（图 4-71）。

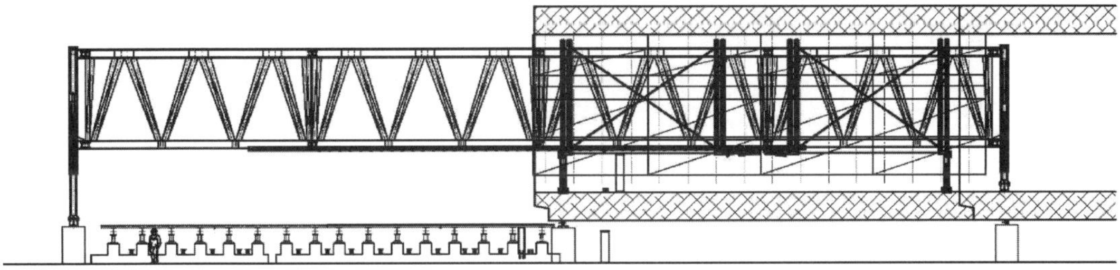

图 4-71　滑移梁移到原始位置

第四十步：在针形梁后支座下垫上支座系统，将针形梁的前后支座支撑起来（图 4-72）。

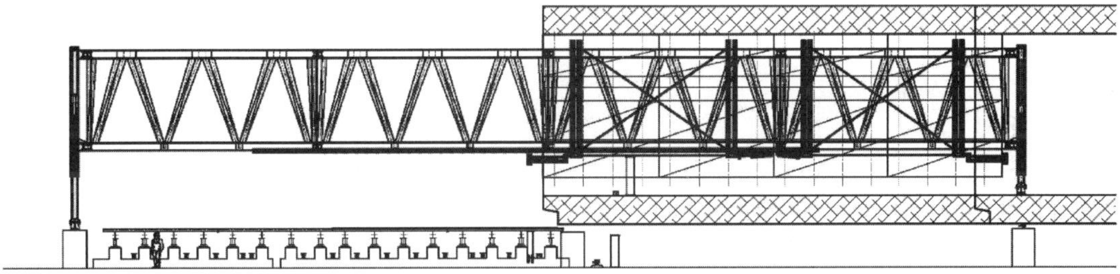

图 4-72　支撑起针形梁前后支座

第四十一步：拆内模，将内模的前后支座支撑起来，将临时支撑 1 下的支座系统移开（图 4-73）。

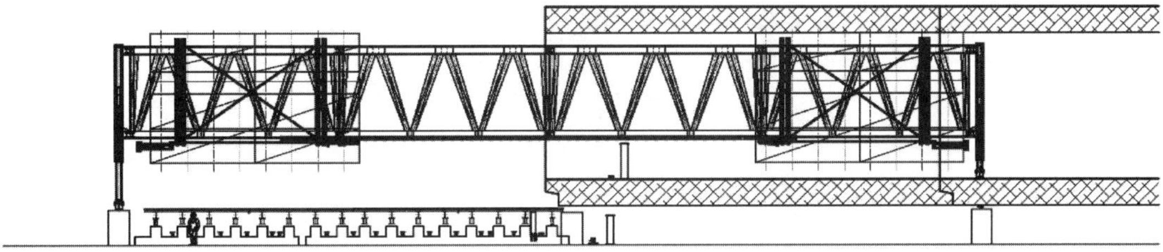

(a)

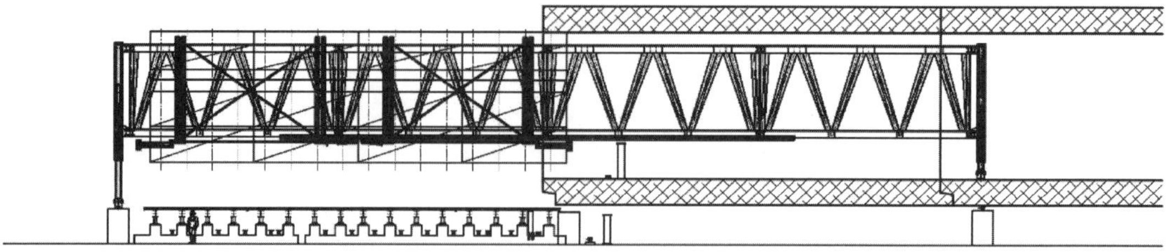

(b)

图 4-73　移开临时支撑 1 下的支座系统

第四十二步：将内模分两步移动到位（图 4-74）。

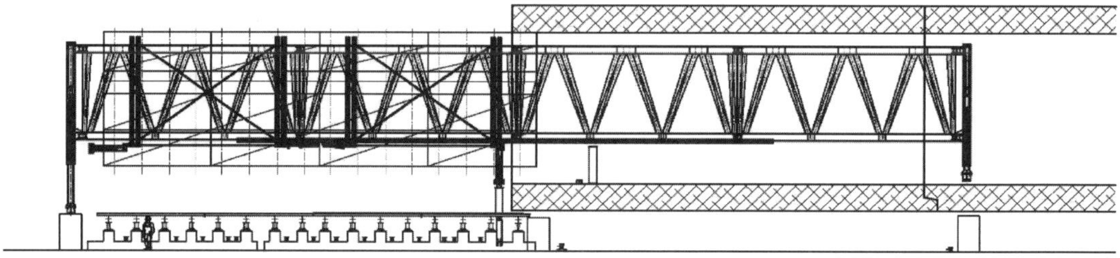

图 4-74　内模移动到位

第四十三步：将临时支撑 2 支撑起来（廊道除外），在内模后部临时支撑 2 的位置支撑起来（廊道除外），将管节下针形梁后部支座下的支座系统移开（廊道除外），提起针形梁的后支座（廊道除外），如图 4-75 所示。

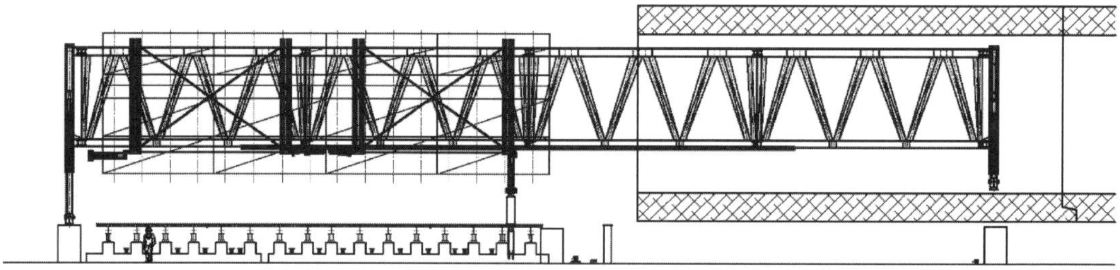

图 4-75　提起针形梁后支座

第四十四步：将节段前推 6 m 左右（图 4-76）。

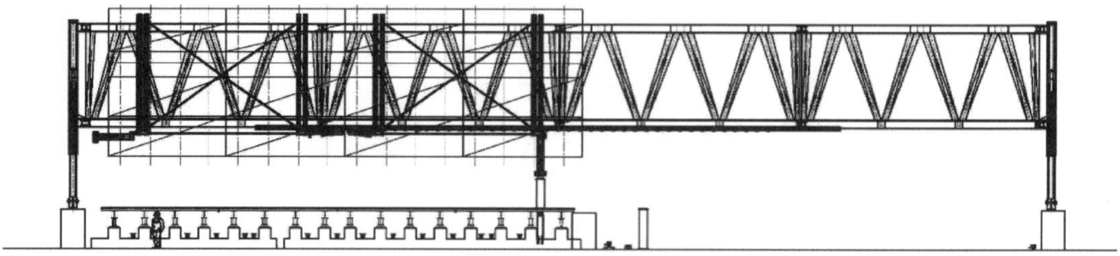

图 4-76　节段前推 6 m 左右

第四十五步：将节段推入浅干坞（图 4-77）。

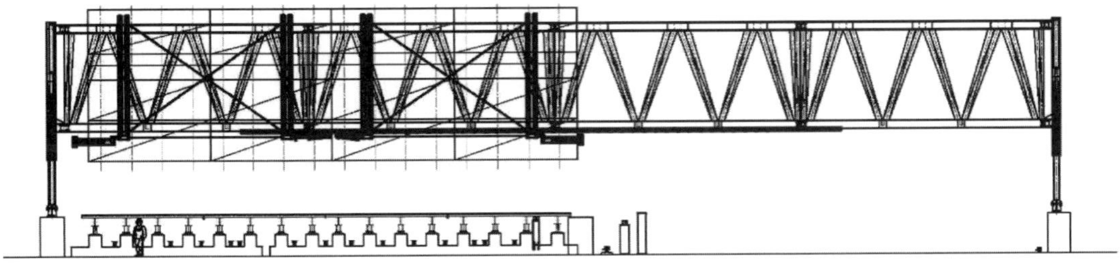

图 4-77　将节段推入浅干坞

第四十六步：将内模的前支座支撑起来（图 4-78）。

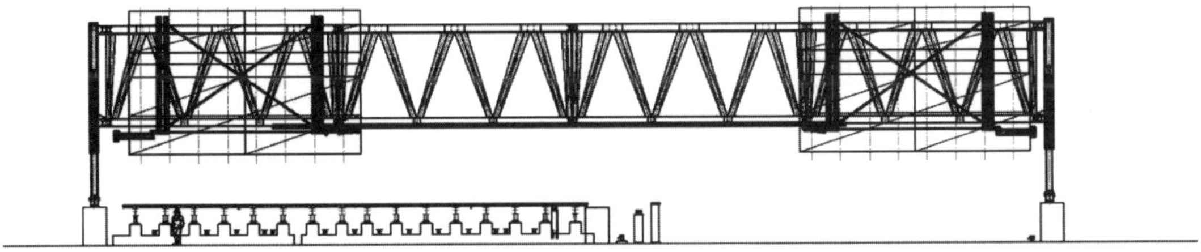

(a)

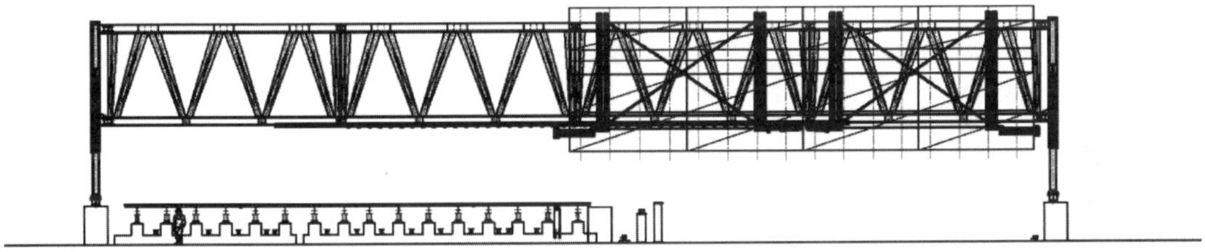

(b)

图 4-78　支起内模前支座

第四十七步：将内模退到后部位置，系统回到初始状态。

2. 施工要点

（1）底模

拆模前，将顶推设备支撑千斤顶加压，使其处于受力状态，原来由底模承受的所有作用力都由支撑千斤顶传递给滑移梁后，开始进行拆模：①为螺母锁定油缸加压，完全打开螺母锁定，所有关节支撑处于卸载状态后，用 36 mm 扳手打开关节支撑。②液压系统控制可折叠边模的拆模。在拆模之前打开保险杆，并用手拿住直至折叠边模完全落下为止。③用 42 mm 和 80 mm 的扳手为机械升降台座卸载，侧向推移，直到离开底模的支腿范围。④下降螺母锁定油缸的活塞杆，降下整个底模，下降高度为 190 mm。

立模：①用带螺母锁定的油缸提升底模，并使其达到准确的位置，以导轨框架上的标记为准。②将所有机械升降台座移到支撑位置，并将其高度调到准确位置。③可折叠边模将由液压系统顶起，直到水平位置，将保险杆安装到位。④推起关节支撑，安装六角螺母锁定。

（2）侧模

拆模：①将导角上拆模块的护栏向前翻转并固定在操作平台上，同时拆除两模块中间的连接销栓。②导角上拆模的受压杆卸载，拆除，操作液压系统翻转。③导角下拆模卸载前要先给受压框架卸载，具体操作是将把手上的拉杆螺盘放松，将扳手从原来的工作状态翻转下来。随即收回导角下拆模，让其垂直。④取下拉杆上部的螺母。⑤墙模与底模过渡处的螺栓也必须打开，取下拆卸拆模框架之间的剪刀撑。⑥通过拆模框架上的液压系统给拆模框架与模板卸载。⑦在支撑框架利用折叠活塞完全折叠到位后，取出拉杆。⑧利用挂梁将模块向后缩回 1 m。

（3）立模

①推进钢筋笼，并调整到位。挂梁上的液压系统将模板向前推到立模位置。②为了承受导角上拆模块的水平力，必须安装支撑螺栓并安装上部拉杆。③支撑框架在折叠液压系统的作用下向前折回，在水平方向上支撑外墙模板块。④拆模液压系统收回到原位。⑤安装并紧固支撑框架中的剪刀撑。⑥待两个模块都准确到位后，在水平方向上将两个模块在中间用螺栓连接起来。在墙模与底模过渡的位置将墙模与导角模连接起来。⑦安装垂直方向的拉杆。

（4）内模

拆模：①先抽出内墙的模板对拉螺杆。②取下墙体与拆模脚之间固定木条螺栓。③给拆模脚卸载，打开关节支撑，用液压系统上提拆模脚。④导向框架与关节支撑之间卸载，用液压系统将其翻起。整个内模系统通过液压系统将前支座与后支座下降，使内模整体下降 5 cm，然后整体拆模。⑤模板块利用模板的推进系统推出节段。

立模：①通过针形梁的前后支座将内模调整到准确的高度，用机械升降台座支撑，用液压系统操纵关节支撑，使得墙、顶板模块到位，并定位。②用液压系统操纵关节支撑，将墙顶模块立模到位。③放下拆模脚，并定位。④安装墙体与拆模脚间的木条板。安装好内隔墙的模板对拉螺杆后，准备浇筑混凝土。

（5）端模

拆模：①解除框架与面板的约束。②从上至下拆除面板，拆除钢盒子。③拆除结构框架。

立模：①底板位置预埋件安装，同时安装端模下部结构。②安装端模上部结构。③用螺栓与销栓将端模模块连接起来。④完成底板位置端模的安装。⑤安装结构框架。

3. 维修保养

沉管预制模板系统具有规模大、操作流程复杂、维护保养要求高、使用周期长、安全隐患大、不可替代等特点。为了加强模板设备使用管理，明确管理分工及责任、规范管理行为和流程，特制定模板系统管理办法。

（1）模板系统修理制度

模板系统的修理包括常规检修、故障维修和功能性改造修理。常规检修主要针对日常保养中存在的局部结构或设备缺陷，影响模板正常使用或存在故障隐患，由工区总工程师负责落实，结构和设备工程师负责实施。故障维修是指模板系统结构部分或机电部分存在故障，模板系统无法正常使用，需要修理后才能实现其功能，由工区总工程师报项目总经理部后具体实施。功能性改造修理是指模板系统因故障或事故导致系统功能损坏或对模板系统进行优化改造。

（2）模板系统保养制度

模板系统的保养包括结构部分保养和设备部分保养，保养工作分为节段施工保养、管节施工保养和年度保养。节段施工模板保养由模板结构工程师和设备工程师按照《节段施工模板保养检查表》组织作业人员进行实施，工区总工程师检查实施情况；管节施工模板保养由工区总工程师负责实施，包括针形梁螺栓预应力检查，模板结构位置检查、模板液压设备检查、模板配属件检查等，检查内容详见《管节施工模板保养检查表》和《针形梁检查记录表》；模板设计单位、制造单位和工区根据模板使用情况制定年度模板保养方案，工区总工程师负责组织实施。

（3）模板系统管理管理表格

模板系统管理表格包括《管节预制模板支撑检查表》、《管节预制模板作业检查表》、《管节预制模板保养检查表》和《管节预制模板针形梁螺栓检查表》，按照管节预制批次装订成册，签署完成后由结构工程师归档。

4. 效率分析

底模：底模采用整体分块式底模，安拆均可在 4 h 内完成。

内模：内模采用整体穿入式移动模架，安拆均可在 4 h 内完成。

侧模：采用全液压驱动，整体拼装、整体脱模、整体移动，全部采用集成系统，插销连接，安装精度高，整体安装或拆除均可在 8 h 内完成。

模板液压系统及管路采用国外知名品牌，安装精度高，整体安装或拆除均可在 8 h 内完成。

整套模板从钢筋笼入模至达到混凝土浇筑条件仅需要 2 d 时间。

4.2 管节支撑顶推设备

4.2.1 研制情况

1. 目的及意义

大型液压多点支撑同步分散顶推成套设备是港珠澳大桥岛隧工程工厂法沉管预制的关键性设备，也是全新研发建造的大型设备，设备性能和规模均居世界前列。

沉管按照流水式预制生产线进行工艺布置，所有预制作业在厂房内 24 h 连续进行，将 180 m 长的管节（标准管节）分为 22.5 m 长的 8 个节段，每个节段在固定的台座上浇筑、养护 72 h 后，向前顶推 22.5 m，空出浇筑台座，下一节段与刚顶出的节段相邻匹配预制。如此逐段预制逐段顶推，直至 8 个节段全部完成浇筑，整体顶推至浅坞进行临时预应力索张拉形成整体，完成一次舾装，然后关闭浅坞与预制厂之间的滑动坞门，浅坞灌水，管节起浮移至深坞，最后打开深坞坞门浮运至沉放现场。

2. 方案选择

管节支撑顶推设备主要包括管节支撑系统、管节导向系统和管节顶推系统三个部分。管节支撑系统采用支撑千斤顶方式，管节导向系统采用检测与纠偏方式，管节顶推系统根据力的不同作用方式可以采取三种方案，分别为集中顶推、分散顶推和预应力连续牵引方案。

（1）集中顶推方案

集中顶推方案（图 4-79）采用均匀分布在轨道上的油缸支撑管节，通过液压系统互连实现管节在顶推中能够适应轨道的高差，同时采用一个或数个大型油缸在箱梁后部集中顶推。在每个支撑点上设置导向机构，对支撑系统的横向位置进行约束。该方案设备数量较少，施工便捷。

图 4-79 集中顶推方案效果图

（2）分散顶推方案

分散顶推方案（图 4-80），即每个 22.5 m 长的节段配备一套顶推设备，单节段顶推到位后，协同完成整个管节（标准管节为 8 个节段）的顶推。每套顶推设备包括 12 套支撑顶推单元（每条轨道 3 套均匀布置），每个单元包括 2 台支撑千斤顶和 2 台顶推油缸。

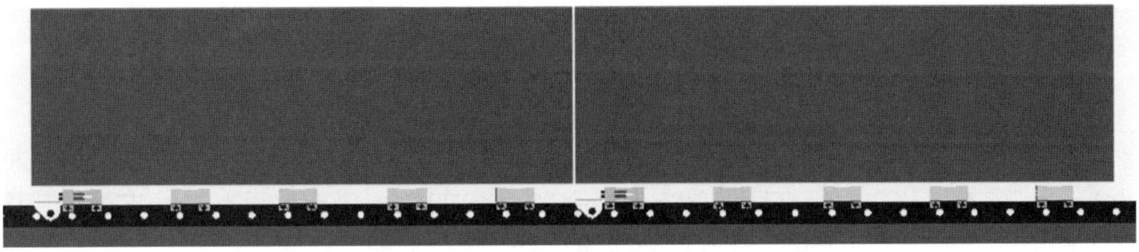

图 4-80　分散顶推方案效果图

（3）预应力连续牵引方案

在浅坞相对浇筑区的另一端安装连续拉力千斤顶，通过钢绞线将拉力传至设置在尾端的牵引横梁上，牵引横梁推着管节向前不间断平移。连续牵引方案效果图如图 4-81 所示。

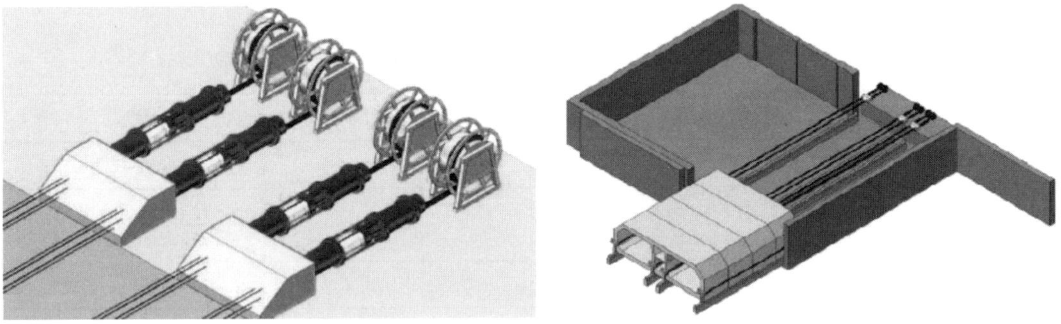

图 4-81　连续牵引方案效果图

通过对上述三个方案的比较，分散顶推方案具有顶推力平衡均匀，顶推过程便于控制，设备制造易于实现等优点，更符合沉管预制施工实际情况，作为主选方案。

3. 设计要求

按照工厂法总体要求，明确管节顶推设备设计要求，主要包括：滑移轨道顶面高程误差±10 mm；滑移轨道（4 条）轴线平行误差±2 mm；管节重量约 7.8 万 t（8×22.5 m）；支撑油缸控制精度满足 72 h 龄期 C50 混凝土管节控裂要求；E1～E28 为直线管节，E29、E30、E31、E32、E33 均为曲率半径为 5000 m 的曲线管节，通过调整相邻两个 22.5 m 长的直线节段之间的夹角来近似拟合 5000 m 曲线半径；电源三相 400 V 和单相 220 V，50 Hz；起重设备 15 t 门吊（厂房内），350 t 塔吊（房外沿滑道区）。

4.2.2 技术性能

1. 设备性能

（1）基本性能

支撑千斤顶与滑移梁摩擦系数≯7%；顶推距离偏差≯±10 mm/22.5 m，轴线偏差≯±3 mm；顶推过程中水平高度偏差≯±2 mm；管节 22.5 m 顶推时间≯6 h；支撑千斤顶满足轨道面高差≯±10 mm；具备自动纠偏和手动纠偏功能。

（2）主要设备性能

1）顶推液压油泵

沉管管节顶推液压油泵分为 EHPS-24MS 和 EHPS-24MSR 两种规格型号，见表 4-4。1 台 EHPS-24MS 油泵负责 1 条滑移轨道上 2 个节段的顶推千斤顶油路供应。1 台 EHPS-24MSR 油泵负责 1 条滑移轨道上 1 个或 2 个节段的顶推千斤顶油路供应。

EHPS-24MSR 油泵放置在隧道节段的后部，通过调整油泵频率控制器来调整油泵供油量，从而调整顶推速度。

表 4-4 顶推液压油泵技术参数表

EHPS-24MS 油泵的技术参数		EHPS-24MSR 油泵的技术参数	
名称	参数	名称	参数
流量	12 L/min 顶推作用 24 L/min 回程作用	流量	12 L/min 顶推作用 24 L/min 回程作用
工作压力	350 bar	工作压力	350 bar
电流荷载	15 kW	电流荷载	15 kW
电压	三相 400 V，50 Hz	电压	三相 400 V，50 Hz
油箱容积	160 L	油箱容积	～160 L
可用油箱容量	70 L	可用油箱容量	70 L
重量	～450 kg	重量	～450 kg

2）支撑液压油泵

支撑液压油泵分为 EHPS-12MS 和 EHPS-6MS 两种规格型号，见表 4-5，通过分区供油实现管节 3 点支撑体系。2 台 EHPS-6MS 油泵在顶推过程中控制轨道 1、2 支撑千斤顶，1 台 EHPS-12MS 千斤顶在顶推过程中控制轨道 3、4 支撑千斤顶控制。液压油泵由油泵控制箱控制，在顶推过程中，所有的油泵与液压系统断开连接。

表 4-5　支撑液压油泵技术参数表

EHPS-12MS 油泵的技术参数		EHPS-6MS 油泵的技术参数	
名称	参数	名称	参数
流量	12 L/min	流量	6 L/min
工作压力	500 bar	工作压力	500 bar
电流荷载	5.5 kW	电流荷载	5.5 kW
电压	三相 400 V、50 Hz	电压	三相 400 V、50 Hz
油箱容积	160 L	油箱容积	～160 L
可用油箱容量	70 L	可用油箱容量	70 L
重量	320 kg	重量	～320 kg
可打开截止阀实现半流量	61 t/min		

3）顶推千斤顶

管节顶推采用 HZP 40/17-850 顶推千斤顶（表 4-6、图 4-82）。每个支撑顶推单元布置 1 对（2 台）顶推千斤顶，每个节段共计 8 对（16 台）顶推千斤顶。通过顶推支架将千斤顶反作用力作用在滑板的垂直板上。

表 4-6　HZP 40/17-850 顶推千斤顶技术参数

名称	参数	名称	参数
顶推力	396 kN	试验压力	440 bar
回拉力	173 kN	活塞顶推缸面积	113.1 cm^2
行程	850 mm	活塞回程缸面积	49.5 cm^2
工作压力	350 bar		

4）支撑千斤顶

管节支撑采用 SPE850-50 支撑千斤顶（表 4-7、图 4-83）。每节段每条滑移轨道上有 6 台支撑千斤顶，布置的等间距为 3.75 m。千斤顶的最大荷载能力为 2 倍的正常工况荷载，确保相邻千斤顶失效时结构安全。

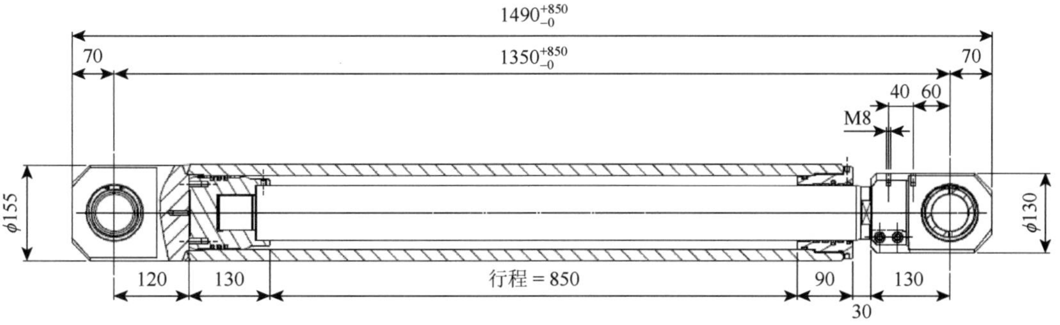

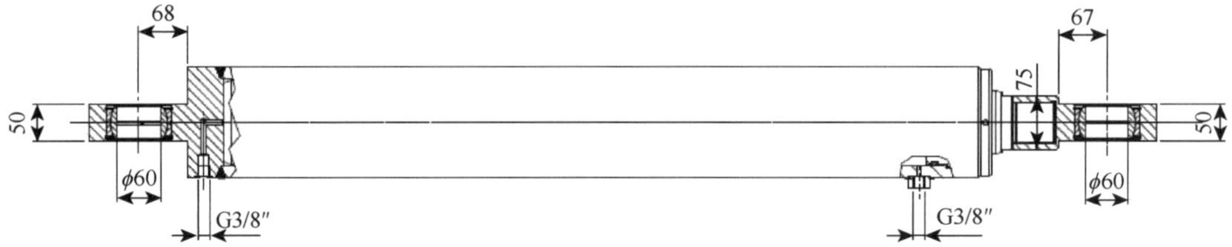

图 4-82　顶推千斤顶示意图（单位：mm）

表 4-7　SPE850-50 支撑千斤顶技术参数

名称	参数	名称	参数
正常荷载能力	4250 kN	工作压力	235 bar
紧急荷载能力	8500 kN	紧急压力	470 bar
加工荷载能力	8500 kN	试验压力	520 bar
行程	50 mm	顶推缸活塞面积	1810 cm^2

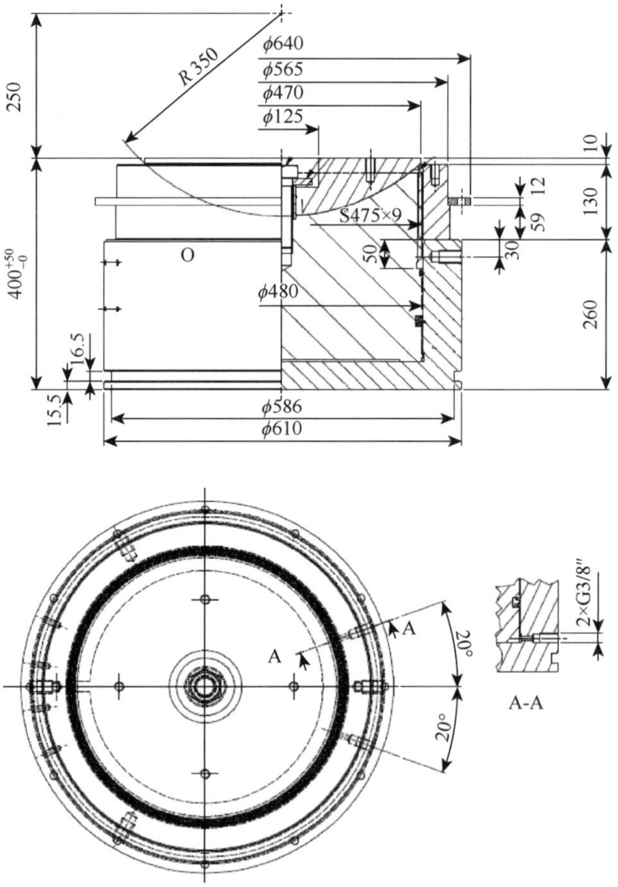

图 4-83　支撑千斤顶示意图（单位：mm）

5）侧导向千斤顶

ZPE56-50D 千斤顶被使用于侧导向装置（表 4-8、图 4-84），每套导向装置有 2 台千斤顶。

表 4-8　ZPE56-50D 千斤顶技术参数

名称	参数	名称	参数
推动荷载能力	563 kN	试验压力	530 bar
行程	50 mm	活塞面积	132.5 cm^2
工作压力	425 bar		

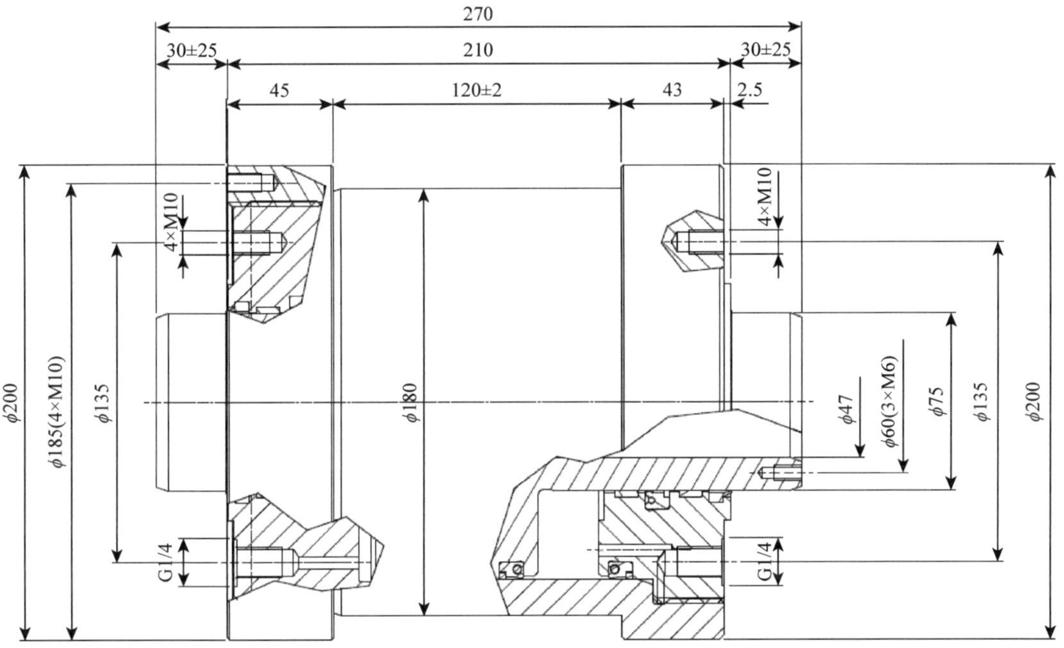

图 4-84　侧导向千斤顶示意图（单位：mm）

6）顶推支架

顶推支架（图 4-85）是联系顶推千斤顶和滑板之间的部件，将顶推力通过千斤顶端部销钉传递给可转动的杠杆（Clinker 反力座），再传递到滑板上。顶推支架沿着滑板的垂直板移动，每套顶推架配有一台顶推千斤顶。

7）无源支撑

在管节被顶推进入浅坞区后，隧道管节的荷载将转移至无源支撑系统。这些无源支撑装置布置在四条轨道的两侧，间距为 3.75 m，见图 4-86。

无源支撑技术参数：荷载能力 300 kN，行程 15 mm。

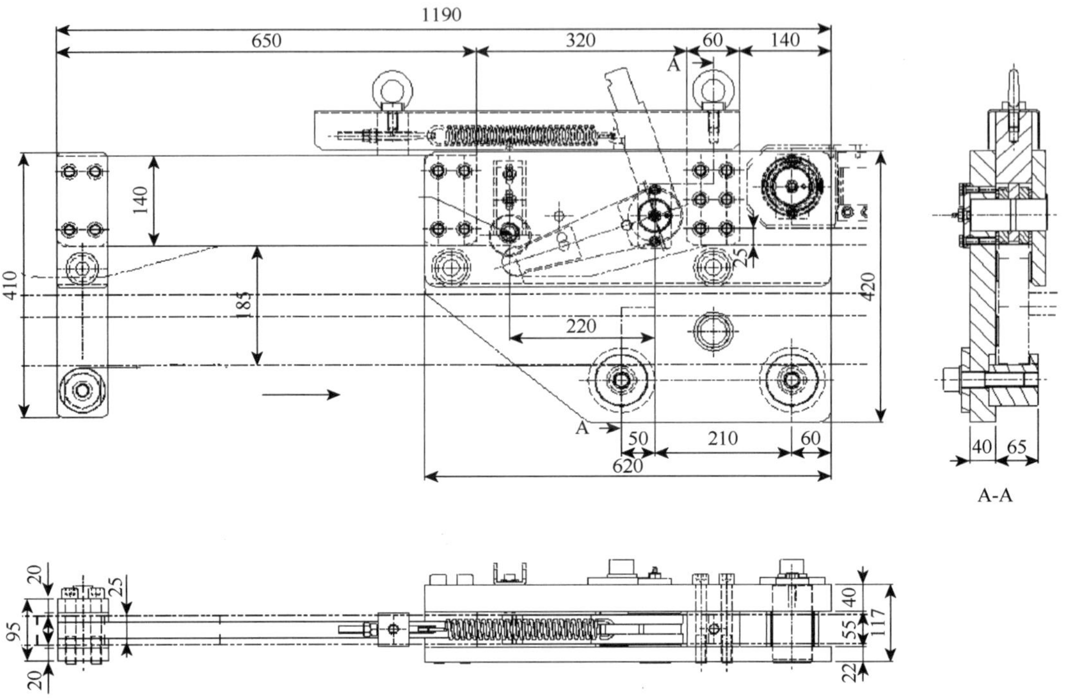

图 4-85　顶推支架示意图（单位：mm）

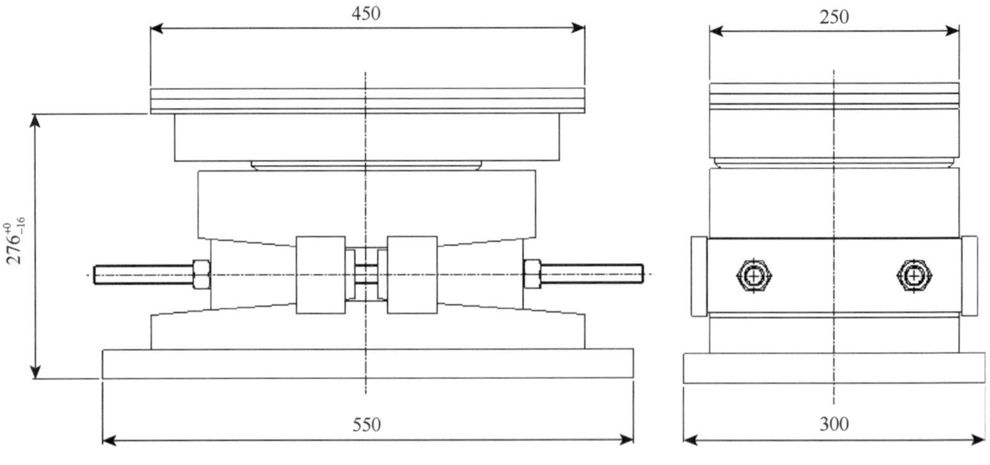

图 4-86　无源支撑示意图（单位：mm）

2. 设备清单

顶推成套设备包括千斤顶、液压及控制设备和钢结构三个部分，主要设备配置表见表 4-9。

表 4-9　主要设备配置表

序号	设备名称	技术规格及型号	数量	备注
千斤顶				
1	支撑千斤顶	SPE850-50	480 台	
2	支撑千斤顶压力感应器固定座	—	496 套	
3	支撑千斤顶行程感应器固定座	—	320 套	
4	顶推千斤顶	HZP T2 40/17，行程 850 mm	320 个	
5	导向千斤顶	ZPE56-50D	16 个	
液压及控制设备				
1	液压油泵	支撑千斤顶配套，EHPS-12 MS2，12 L/min，500 bar，双出口，5.5 kW，400 V	2 套	
2	液压油泵	支撑千斤顶配套，EHPS-6 MS2，16 L/min，500 bar，双出口，4 kW，400 V	4 套	
3	压力累加器及配件	支撑千斤顶配套	160 套	
4	压力感应器	支撑千斤顶配套	160 套	
5	控制箱	支撑千斤顶配套，1 型，32 个接口	12 个	
6	控制箱	支撑千斤顶配套，2 型，52 个接口	4 个	
7	感应器连接线和电缆	支撑千斤顶配套	2 套	
8	控制显示电箱	支撑千斤顶配套	4 个	
9	液压油泵	顶推千斤顶配套，EHPS-28MSR1	40 套	
10	控制箱	顶推千斤顶配套，油泵监控 1 型	32 个	
11	控制箱	顶推千斤顶配套，油泵监控 2 型	8 个	
12	感应器连接线和电缆	顶推千斤顶配套	2 套	
13	连接箱	限制装置	160 套	
14	顶推控制系统	—	4 套	
15	液压油泵	Y26	8 套	
16	液压油泵	导向千斤顶配套，EHPS-1 HS	8 套	
17	累加器	导向千斤顶配套	16 套	
钢结构部分				
1	反力架	—	320 套	
2	滑移梁	—	—	
3	滑板	PTFE 材质定做，两条线	1440 块	

4.2.3 组成及特点

1. 设备组成

按照功能将管节支撑顶推设备分为三个部分，分别是管节支撑系统、管节顶推系统和管节纠偏系统。

（1）管节支撑系统

管节下设置4条滑移轨道，轨道所处的位置处于管节中隔墙和外墙下，结构承载最佳。以管节节段为布置单位，每条滑移轨道上等距布置三组支撑千斤顶，每组有2台千斤顶，每条轨道上布置6台千斤顶，共计24台千斤顶。标准管节共有8个节段，共需要布置192台支撑千斤顶。支撑千斤顶通过油管和控制线路与泵站及控制中心连接，实现集中控制。

（2）管节顶推系统

顶推千斤顶布置示意图如图4-87所示，每个节段布置8组顶推千斤顶（每组有2台千斤顶），即每条轨道布置两组顶推单元，分别与轨道上前后两组支撑单元组合在一起。两台支撑千斤顶、两台顶推千斤顶及配套机构、一个顶板组装在一起，形成一个支撑顶推单元，支撑顶推组合单元如图4-88所示。

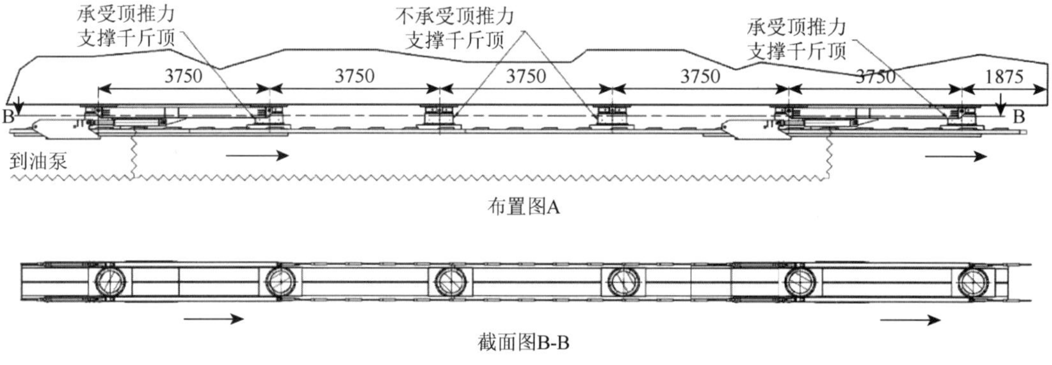

图4-87 顶推千斤顶布置示意图（单位：mm）

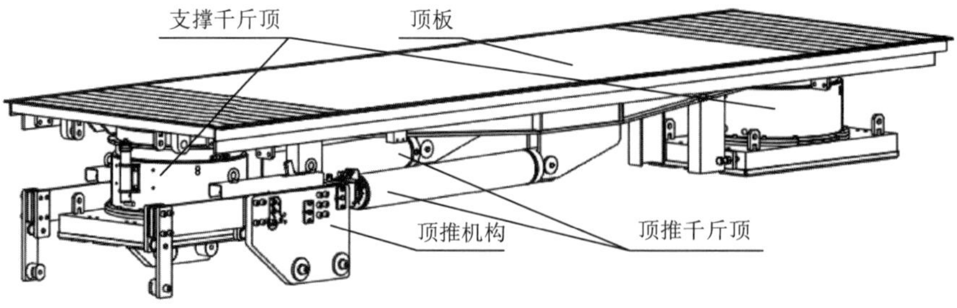

图4-88 支撑顶推组合单元

（3）管节纠偏系统

为了保证管节在顶推过程中始终沿着轨道方向移动，必须设置顶推导向系统，该系统用于引导管节顶推前移，平衡顶推力垂直轨道方向的分力。根据不同的顶推系统设计，导向机构的设置数量和方式不一样，通常每个管节首端和尾端支撑千斤顶上设置导向机构，则导向系统至少由 8 套导向机构组成。导向机构示意图如图 4-89 所示。

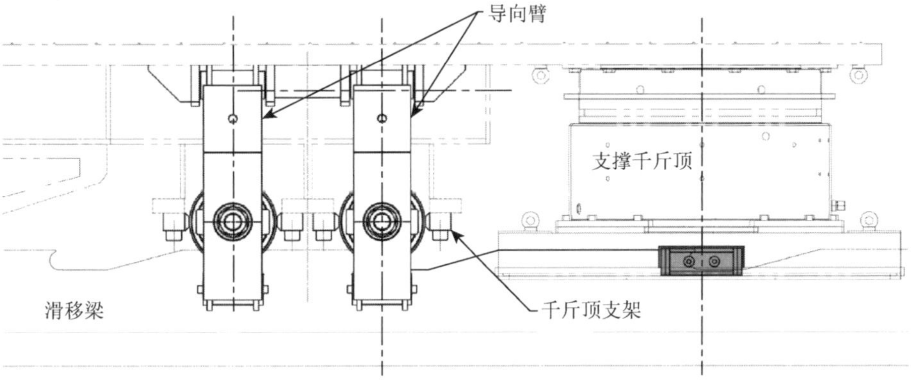

图 4-89　导向机构示意图

支撑千斤顶台座上预留安装孔，导向机构通过安装孔拆装，与支撑千斤顶组成一个整体。在顶推过程中调节导向千斤顶的压力，向支撑千斤顶施加一个侧向压力，从而引导支撑千斤顶向一边进行微调。在实际顶推作业中，作业人员实时对管节位置进行测量，避免发生偏位现象。如果出现微量偏位，通过导向千斤顶进行调节，效果比较明显。

2. 设备特点

（1）支撑体系的稳定性

支撑千斤顶采用三点支撑体系，将所有的支撑千斤顶分成三组，每组油泵并联后通过一个油泵供油建立油压。在进行一个节段顶推作业时，左侧千斤顶分为两组，右侧千斤顶为一组，组成一个三点支撑体系。同理，在进行四个节段顶推作业时，每组并接四倍的千斤顶建立三点支撑体系。支撑千斤顶分组不局限于上述方式，通常将所有支撑千斤顶分成相邻均衡的四组，将相邻两组组成一个支撑点，另两组分别为另外两个支撑点。支撑千斤顶结构图及实体图如图 4-90 所示。

三点支撑体系的另一个优点是实现管节的水平姿态调整。通过调整任意一组千斤顶油压能相应调整管节的倾斜度。标准管节由 8 个节段组成，如果需要微调其中任意一个节段的位置，可以将拟调整的节段建立独立的三点支撑体系，其余节段支撑千斤顶油路锁定，调整完成后再建立大三点支撑体系。

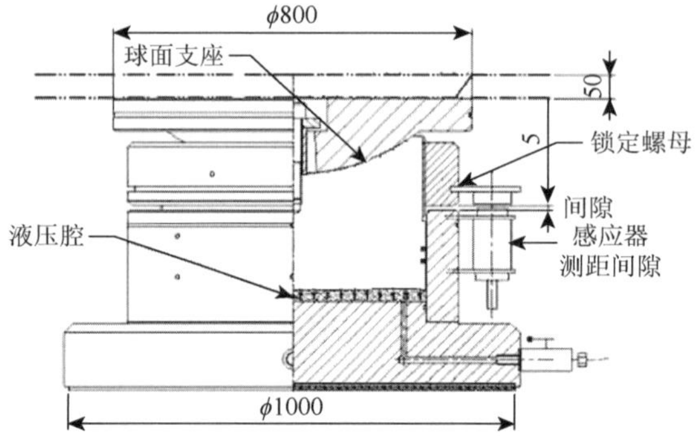

图 4-90　支撑千斤顶结构图及实体图（单位：mm）

（2）滑移轨道的不平整补偿

滑移轨道的不平整度主要表现为滑移表面不锈钢板与滑移梁钢梁之间的结合误差、滑移材料 PTFE 的变形、滑移材料 PTFE 与千斤顶底座之间的安装误差、滑移梁 H 钢梁与混凝土梁之间的安装误差，上述误差或变形为不可克服的偏差，设计要求为±10 mm。滑移梁 H 钢梁与混凝土梁之间的安装误差和安装基础的沉降不在考虑范围内，如果存在上述偏差需要对安装误差或基础进行修复。

滑移轨道不平整补偿通过支撑千斤顶的设计来解决。支撑千斤顶设计的额定承载力 425 t；极限承载力 850 t；最大行程 50 mm；工作行程±25 mm；工作压力 23.5 MPa；极限压力 47 MPa。千斤顶顶部为球形支座，通过球形支座的滑动来适应滑移梁不平整度。支撑千斤顶油路中设置有氮气瓶，可以提供千斤顶±10 mm 的补偿。需要说明的是，轨道不平整补偿仅发生在顶推作业过程中，管节浇筑期间或长时间驻停期间，支撑千斤顶锁定螺母将活塞与缸体锁定，支撑力通过千斤顶结构而非油压传递到底座。

（3）支撑体系转换方式

每个节段浇筑完成后顶推 22.5 m，接着浇筑下一个节段，依次循环浇筑 8 个节段，共计 180 m 长。管节浇筑完成后需要整体顶推 120 m 至浅坞区进行舾装作业。舾装完成后坞区灌水，管节漂浮在水面，通过绞缆设备牵引至深坞区。管节在坞区灌水前需要将顶推设备置换出来，避免海水污染腐蚀设备，将具有动力的设备更换为不能附加动力的装置，即为支撑体系转换。进行支撑体系转换时必须保证管节平稳，支撑与千斤顶支撑方式基本一致，对管节结构受力无较大调整。

支撑体系的基本组成包括三部分：球面支座、混凝土立柱和力量转换检测设备。球面支座上承台采用滑移球面，保证管节与混凝土立柱之间衔接良好，通过一对楔形块调整高度并施加预紧力。混凝土立柱的作用是将管节承载力传递到地基。力量转换检测设备是在球面支座顶板与管节底部安装力量检测应力片，检测管节承载力，同时在管节起浮时检测管节脱离混凝土立柱的情况，避免局部受力损坏管节结构。

（4）滑移梁和滑移材料

滑移梁（图 4-91）设计需要满足基础稳定、承载面光洁平直、顶推力传递可靠等要求。滑移梁包括两个部分：一是混凝土承载梁，二是 H 钢梁滑板组成，两者之间通过灌注高强环氧浆体紧密贴合。滑板由宽 740 mm、厚 35 mm 的平整钢板和 3 条厚度为 3 mm 的平行不锈钢条组成。一块高 185 mm、厚 45 mm 的连续钢板焊接在滑板两侧，钢板上切割出“凹槽”。顶推千斤顶拨叉装置通过“凹槽”的反作用力传递推力。

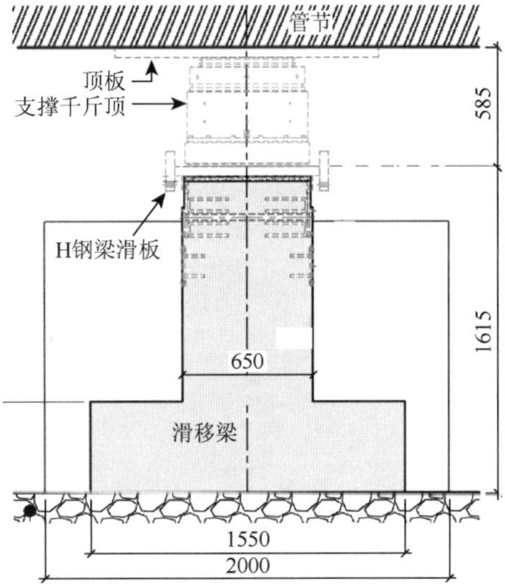

图 4-91　滑移梁简图（单位：mm）

顶推施工滑移面材料通常采用不锈钢板配高分子材料，以获得低的摩擦系数和良好的耐久性。不锈钢板采用 361 镜面不锈钢板即可，厚度 3～5 mm 为宜。高分子材料选择难度较大，常用的有高纯度 PTFE 板和塑料合金等自润滑材料。

PTFE 板为自润滑材料，在油润滑条件下，摩擦系数减小。采取油润滑，润滑脂性能的选择和储油槽的设计非常重要。储油槽设计通常要考虑两方面的因素：一是便于润滑油进入滑板下面；二是滑板下面能吸住润滑油。同时过多的储油槽设计将影响滑板承载力，导致滑板过早损坏。滑移材料储油槽布置图如图 4-92 所示。

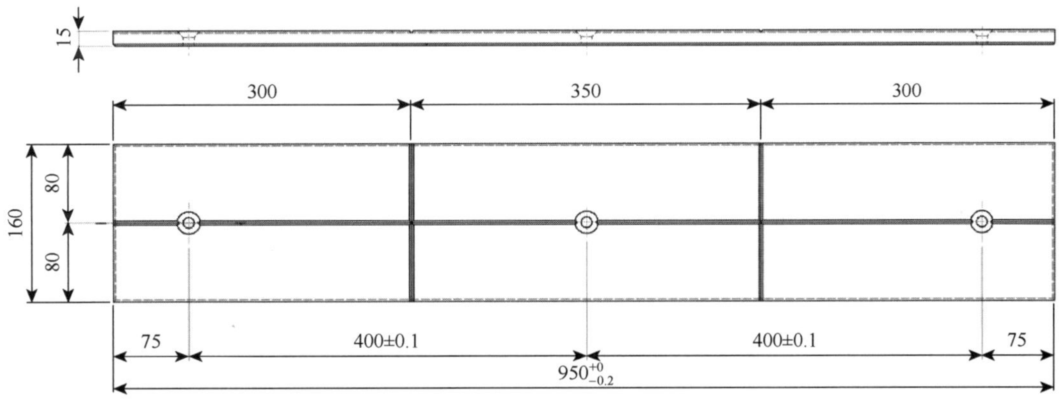

图 4-92　滑移材料储油槽布置图（单位：mm）

（5）曲线管节顶推

港珠澳大桥岛隧工程有 5 节曲线管节，曲率半径为 5000 m。与直线管节比较，曲线标准管节中轴线与直线管节中轴线偏差为 405 mm。曲线管节在图 4-93 所示的轨道位置上浇筑，依次顶推出浇筑区，整个流程与直线段管节一致。曲线管节顶推作业需要解决两个问题：一是每条轨道上管节承载力不一样，相应顶推力也不一致；二是体系转换时临时支墩处于管节外侧。

为了解决顶推力不一致的问题，减小曲率内侧顶推千斤顶顶推力，增加外侧千斤顶顶推力，增加辅助顶推单元，增加导向千斤顶。体系转换时支墩漏出管节下部的问题，在内侧增加移动钢结构支墩。

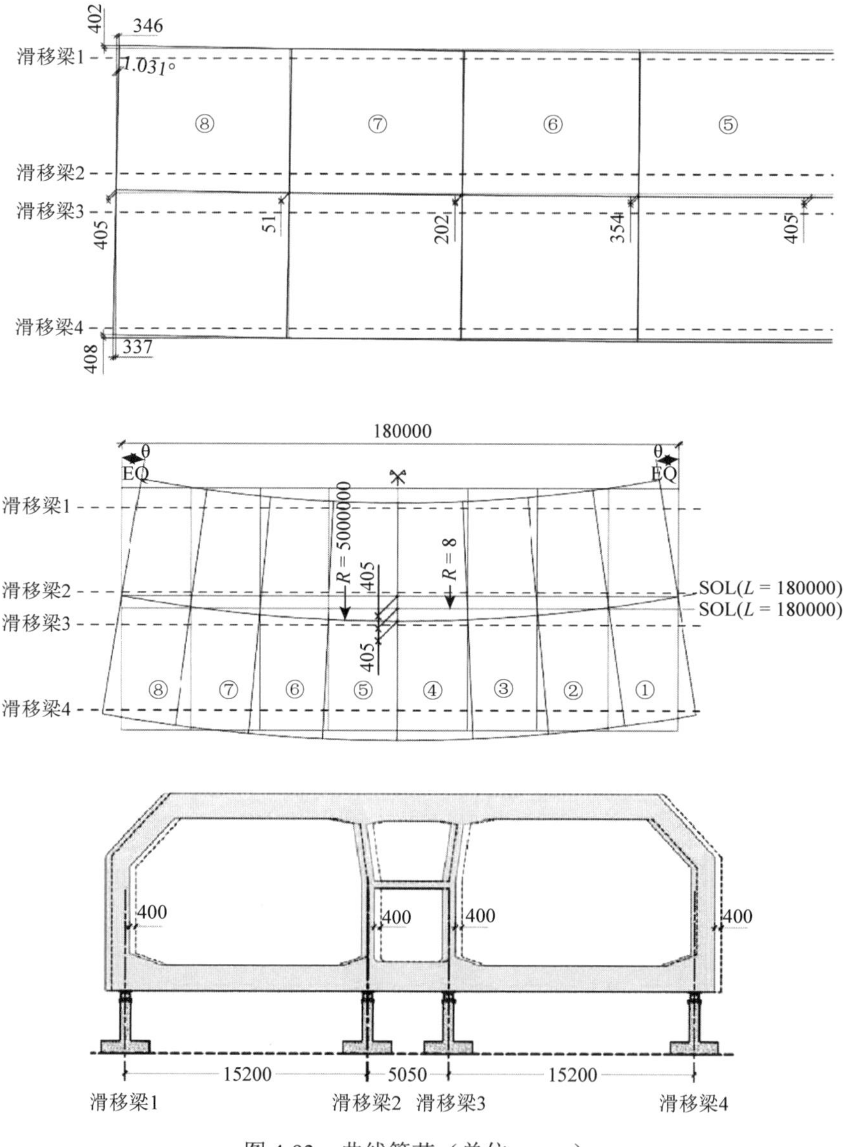

图 4-93　曲线管节（单位：mm）

4.2.4　制造与组装

1. 设备制造

沉管管节顶推设备来源分为进口和国产两部分，液压油泵、控制系统、控制线路均在国外生产后运至国内。千斤顶、液压油管、无源支撑及其他辅助设备均为国产。上述产品均为成熟产品。

2. 现场组装

（1）顶推滑移轨道安装与调试

滑移钢轨在加工厂加工完成后，运输至安装现场。按照长度进行划分，滑移钢轨共有 7 种规格，单条滑移轨道梁上的滑移钢轨数量，见表 4-10。

表 4-10　滑移钢轨数量表

名称	型号							总长
	A	B	C	D	E	F	G	
标称长度/m	12.000	11.000	7.500	5.250	3.750	3.000	1.500	—
数量/条	9	16	1	2	1	1	2	—
小计/m	108.000	180.000	7.500	10.500	3.750	3.000	3.000	315.000

在浇筑坑位置处的滑移钢轨可用桥式起重机进行安装；厂房外的滑移钢轨用 350 t·m 移动式塔吊进行安装。为防止小节段滑移钢轨在吊装过程中产生较大变形，设计专用吊具起吊。

在顶推滑移梁基础内间隔 1.5 m 埋置一根横向的 PVC 套管，安装顶推滑移轨道前，在 PVC 管中穿入横向的钢杆，并将 PVC 的出口处填塞密实，限制钢杆的移动。然后在钢杆上安装滑移轨道安装支架，安装支架上设置有 C 形固定架，通过调节螺栓可将支架与顶推滑移钢轨连接成整体，确保两者的整体移动。钢杆与 C 形固定架之间设有调节螺栓进行标高的调节，复测滑移钢轨顶面标高达到设计要求后方可固定螺栓。

在灰浆层压浆前，还必须对滑移钢轨侧向钢板与滑移轨道基础间的空隙进行封堵，具体方法如下：复测顶推滑移钢轨的平面位置满足设计要求后，在滑移梁基础与滑移钢轨的水平钢板间通长布置橡胶密封条，其外安装胶合板（通长），然后间隔 0.5 m 设置 1 对木楔子，将胶合板支撑在滑移钢轨的侧墙钢板上，完成侧向缝的封堵工作。滑移钢轨安装验收标准见表 4-11。

表 4-11　滑移钢轨安装验收标准

序号	检查项目	允许偏差/mm	检测方法
1	滑移轨道梁轴线偏位	±3	用全站仪测量
2	滑移钢轨梁同轴度	±1	用全站仪测量
3	不锈钢顶面高程（+2.915 m）	±3	用水准仪测量

滑移钢轨的水平钢板上每隔 1.5 m 设置一对进浆口和出浆口（进浆口灌入浆液，在 1.5 m 后的出浆口出浆），浆液采用自密实的高强度的环氧灰浆。

经分析可得，该环氧灰浆能够确保填充的密实性，且无收缩，强度满足顶推时的传力要求。根据施工能力和材料准备情况，综合确定每次灌浆的长度。环氧灰浆压浆完成3 d后，即可拆除滑移钢轨的临时加固支架至下一施工点进行灌浆工作。

（2）管节支撑及顶推系统

顶推及支撑单元类型Ⅰ由2套底板、2套支撑千斤顶、2套顶推千斤顶、2套顶推支架、1套顶板类型Ⅰ及液压装置组成。

按照操作手册依次完成各部件的组件后，采用四点吊将整体吊运至滑移轨道指定位置处。吊运时注意所有支撑及顶推千斤顶必须将活塞回程，以免损伤活塞杆。吊运前用吊机安装8套套筒螺母将支撑千斤顶与顶板固定，同时拉起反力手柄使之与反力架固定，利用12 t卡环锁定在顶板预留的吊点处完成顶推及支撑单元类型Ⅰ的吊装就位。

顶推及支撑单元类型Ⅱ由2套底板、2套支撑千斤顶、2套顶推千斤顶、2套顶推支架、1 套顶板类型Ⅱ及液压装置组成。顶推及支撑单元类型Ⅱ的预装配和吊装与顶推及支撑单元类型Ⅰ基本相似。

顶推及支撑单元类型Ⅲ由1套底板、1套支撑千斤顶、1套顶板类型Ⅲ及液压装置组成。吊运前用吊机安装4套套筒螺母将支撑千斤顶与顶板固定，其他吊运方法与顶推及支撑单元类型Ⅰ基本相似。

管节下方有4条滑移轨道支撑，每条滑移轨道上布设6台支撑千斤顶，即单节段共由24台支撑千斤顶支撑。1号、6号千斤顶距节段端头1.875 m（n号节段的6号支撑千斤顶与$n+1$号节段的1号支撑千斤顶距离为3.75 m)，其余千斤顶之间间距为3.75 m。管节由8个节段制成，共有8×24 = 192台支撑千斤顶。支撑系统布置图如图4-94所示。

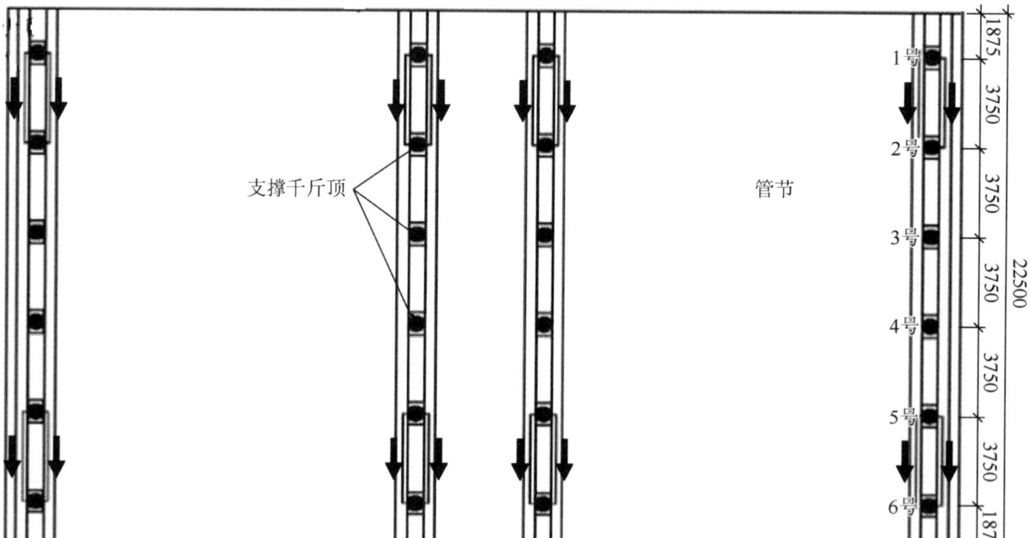

图4-94　支撑系统布置图（单位：mm）

在 1 号、2 号千斤顶之间和 5 号、6 号千斤顶之间设置顶推装置（双杠），3 号、4 号千斤顶之间不设置，即每个节段下方设置 8 对顶推千斤顶，即管节共有 8×16 = 128 台顶推千斤顶。

每个支撑千斤顶的顶部配有一个 50 mm 厚的顶板来支撑混凝土。1 号、2 号千斤顶顶部为一块连接板，尺寸为 4610 mm×1305 mm，3 号、4 号千斤顶上部各布置一块顶板，尺寸为 860 mm×1305 mm。千斤顶上的顶板在混凝土浇筑时作为底模的一部分；拆模后，顶板随千斤顶一起顶推至浅坞，千斤顶在置换后，顶板才能拆除。

顶板装配有分开制动器环形板（导环），帮助顶板精确地对准支撑千斤顶；支撑千斤顶上还设置有锁紧螺母，在浇筑坑位置用来锁定千斤顶，以机械方式固定，节段产生的荷载要通过顶板传递到千斤顶的球形头面上，并传递到活塞中（活塞通过活塞头和锁紧螺母相连）。锁紧螺母将荷载传递给气缸。再通过千斤顶底板将荷载从气缸传递到滑板上。顶推过程中需要将千斤顶锁紧螺母松开，以油压来支撑节段重量，锁紧螺母作为紧急情况下的安全储备装置。

顶推千斤顶前端支撑在 1 号与 2 号支撑千斤顶（或 5 号与 6 号）的连接梁上，该连接梁与 1 号和 2 号上的连接顶板焊接牢固；将千斤顶（活塞端）的另一端销接到带反力销系统的顶推支架，该系统可将顶推力转移到滑移钢轨的侧板凹槽中，凹槽纵向间距为 750 mm，即顶推步距为 750 mm。节段顶推时，反力销的支撑反力点受力，顶推千斤顶顶推节段前行 75 cm；收缩千斤顶，由于顶推千斤顶前端与支撑千斤顶连接，摩擦力较大，前端位置固定，后端则随着千斤顶的收缩前行至下一个支撑反力点位置，再固定，进行下一步顶推作业。

单个节段混凝土约 3413 m^3，混凝土容重按照 25 kN/m^3 计算，单节段重约 85 325 kN。单个支撑千斤顶设计荷载为 85325/24≈3555 kN。单个支撑千斤顶承载能力为 8500 kN，安全系数为 2.391，能在半数千斤顶失效的情况下确保结构安全。

PTFE 板与不锈钢板的最大摩擦系数为 5%，考虑 2%的安全储备，则顶推单个节段的顶推力需 0.07×85325 kN≈5973 kN。单台顶推千斤顶顶推力为 395.8 kN，单个节段下顶推千斤顶能够提供 395.8×16≈6333 kN 的顶推力，能够确保节段的顶推工作顺利完成。

（3）管节导向系统

两个导向装置安装在管节的下侧，其中之一在前端（节段 1），另一个在尾端（正在浇筑的最后节段）。整个滑动操作期间，前端保持固定，而尾端导向装置位置不断转换到新浇筑的节段上，直到最后节段浇筑完成，导向系统平面布置图见图 4-95。两个导向装置控制管节对应两个内部滑移轨道进行对齐。导向装置配有水平放置的液压起重器，并支撑滑道边上的滑板。滑动操作期间，液压起重器允许对管节横向移动导向。导向系统结构图见图 4-96。

滑动操作期间，要对向 2 个内部滑移轨道施压的导向装置进行连续监控，导向装置可通过采集的压力值的变化来判断管节是否发生偏移，但具体调整值应以测量观测的结果为准。如果压力超过了预设值，通过测量检测给出的纠偏值，利用导向千斤顶对管节施以水平力，促使管节发生平面内的微小转动实现沉管姿态调整，将导向装置的压力减小到预设值，最终实现管节轴线纠偏。

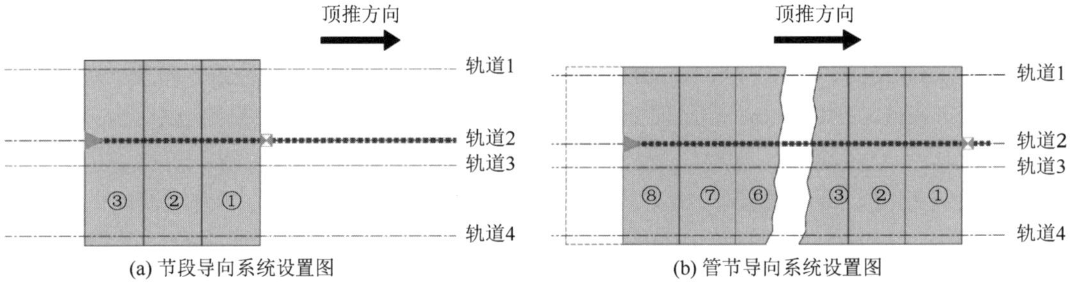

图 4-95　导向系统平面布置图

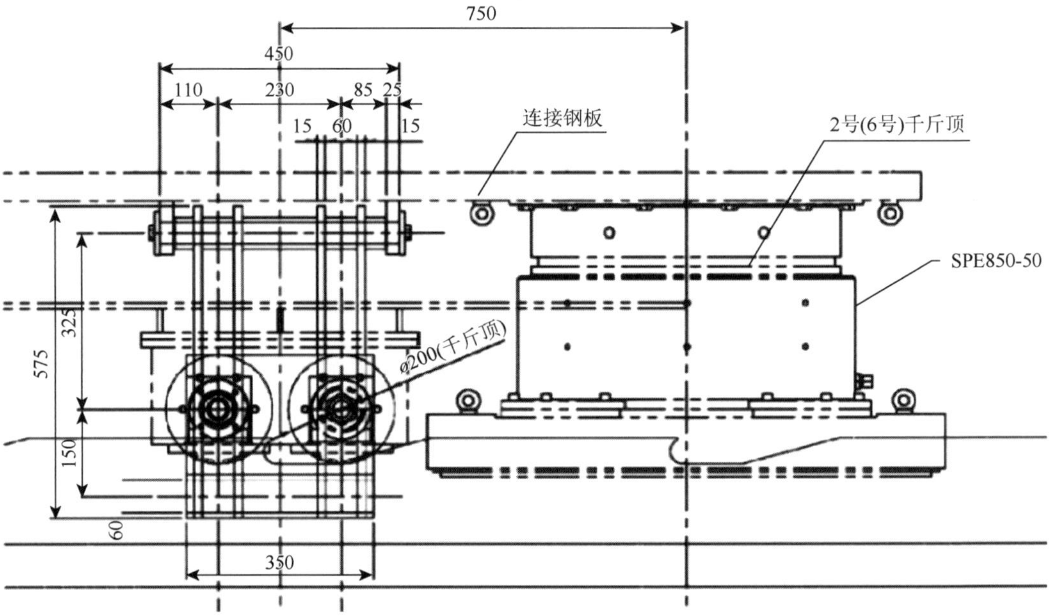

图 4-96　导向系统结构图（单位：mm）

（4）管节顶推电气控制系统

进行节段滑动操作时，始终由 3 台液压泵提供压力支撑预制节段。节段的一侧布置 2 台液压泵，另一侧布置 1 台液压泵，用于给支撑千斤顶提供油压。3 台液压泵由总控制平台统一控制，确保每台支撑千斤顶始终处在相同的液压下。随着操作不断进行且节段数量不断增加，在新节段下方安装更多的液压支撑千斤顶。将液压泵移动到新的位置，调整液压连接件，再次为整个正在操作的管节创建一个对称的 3 点支撑平衡装置，3 点液压系统布置图如图 4-97 所示。所有的支撑千斤顶由同一个控制系统进行统一监制，确保支撑千斤顶的均匀受力，支撑控制系统布置图如图 4-98 所示；所有的顶推千斤顶由另一个控制系统进行统一监制，确保顶推千斤顶的操作协调性和均匀受力，顶推控制系统布置图如图 4-99 所示。

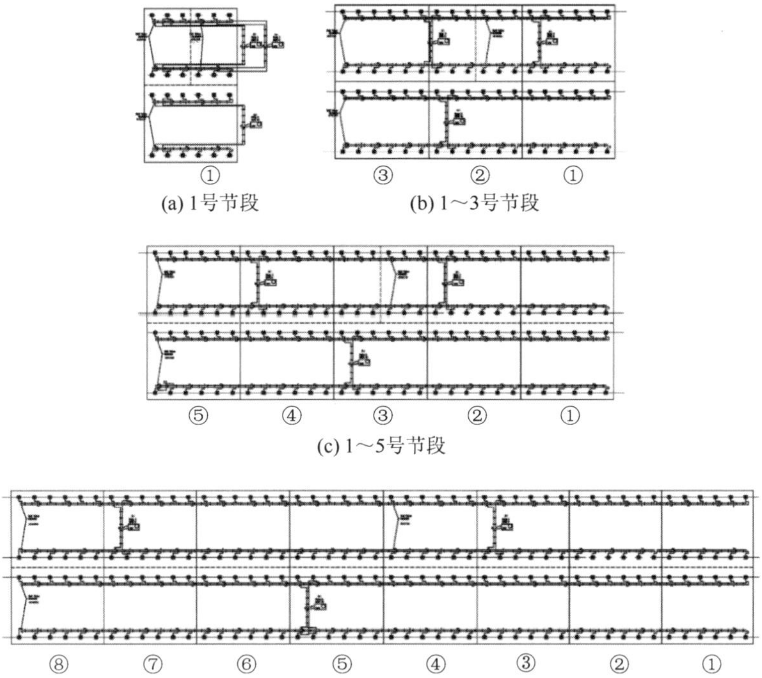

(a) 1号节段　(b) 1～3号节段

(c) 1～5号节段

(d) 1～8号节段

图 4-97　3 点液压系统布置图

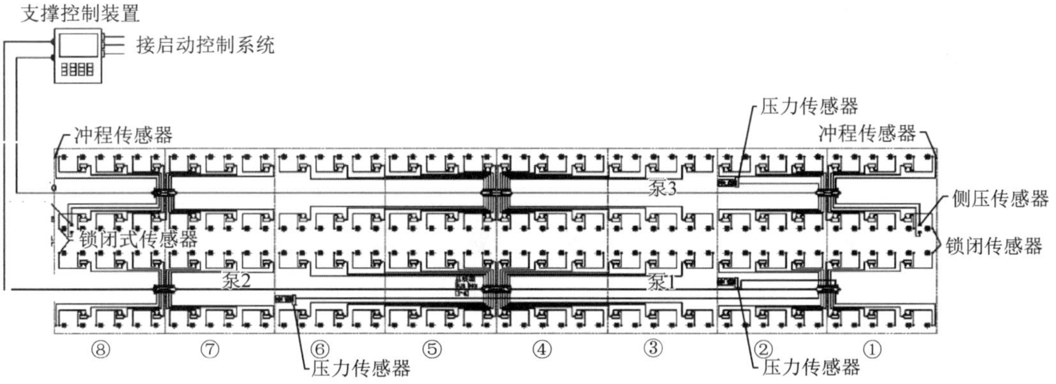

图 4-98　支撑控制系统布置图

每组液压泵装配有 A 和 B 两个出口。每个支撑点的支撑千斤顶在交错群中将分为 a 类支撑千斤顶和 b 类支撑千斤顶，避免当 3 个水平点的任一点出现液压故障时，隧道装置进行旋转。支持千斤顶 a 连接出口 A，千斤顶 b 连接液压泵出口 B。液压泵输出与支撑千斤顶对接示意图见图 4-100。

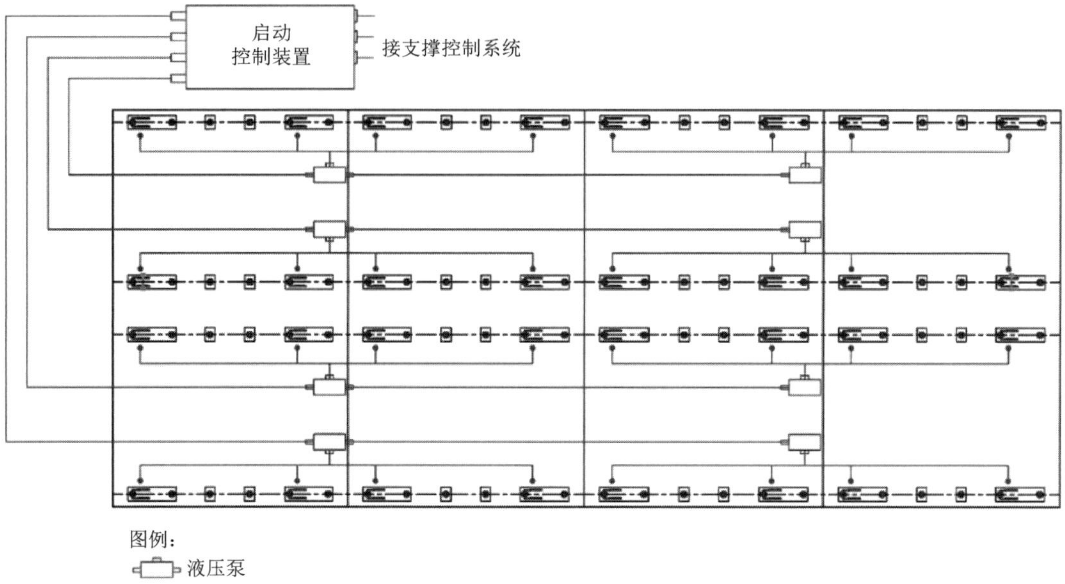

图 4-99　顶推控制系统布置图

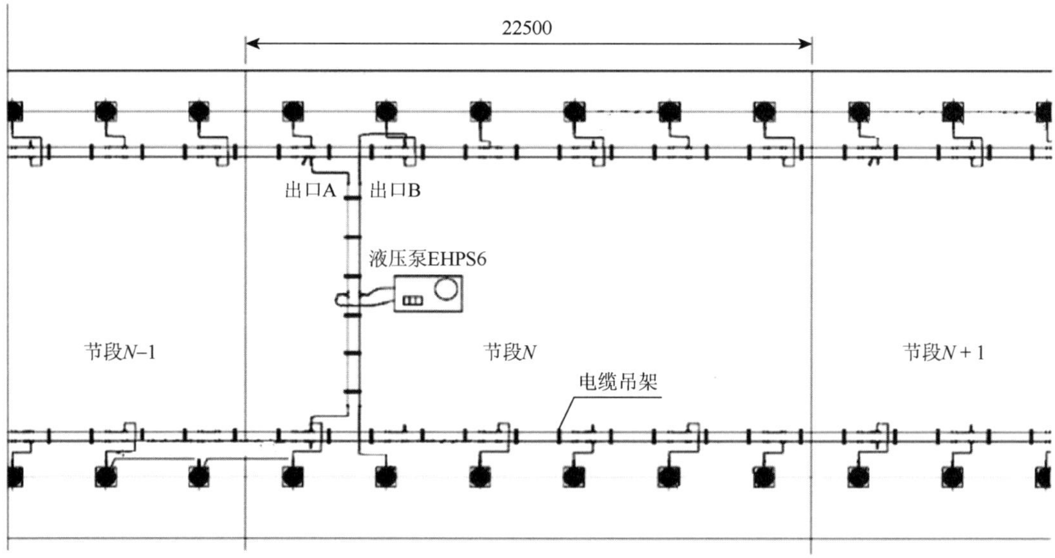

图 4-100　液压泵输出与支撑千斤顶对接示意图（单位：mm）

滑动操作期间，支撑千斤顶 a 和 b 的移动类似，要始终记录两个压力并进行比较。每个出口要新增一个蓄压器，从而对已连接的支撑千斤顶 a 和 b 尺寸非常小的三角形进行补偿。如出现液压故障，支撑千斤顶 a 荷载（假定支撑千斤顶 a 回路中出现了泄漏）将传递给支撑千斤顶 b。支撑千斤顶 a 内的压力将会下降，但支撑千斤顶 b 中的压力将随之上升。从控制站监控两个支撑千斤顶间的压力差，当压力差超过某一设定值时，要立即停止滑动操作。具有泄漏的液压回路能够重新加压，且在节段可以继续操作之前，要找出泄漏的位置，并修复。由于采用液压泵对支撑千斤顶进行集中泵油，故管线较多，本工程设计了电缆吊架，将电缆悬挂在管节底部，随节段顶推一起前移。在滑移轨道间设置若干接线盒，便于电控系统的电力输入，600 kV·A，电压三相 400 V，频率 50 Hz。

3. 现场改造

顶推阻力除不锈钢板与 PTFE 板之间的摩擦力外还包含其他的约束力，主要包括：顶推油缸不同步或顶推角度偏差消耗的顶推力；滑移表面不清洁、润滑脂中含有细砂等硬质颗粒的摩擦力；滑板下聚集油污形成的阻力；H 钢梁表面不平整产生的阻挡力。在滑移轨道不平整或存在错台，顶推阻力将大幅增加，不锈钢表面损坏事件时有发生。滑移轨道不锈钢板损坏实景图见图 4-101。

图 4-101　滑移轨道不锈钢板损坏实景图

如何减小顶推力，首先是解决 H 钢梁平整度和错台问题，其次是提高滑移表面光洁度。为了解决 H 钢梁不平整问题，优化原设计，将 H 钢梁标高调整一致后首尾焊接成一个整体。在实施焊接方案前，对 H 钢梁与混凝土梁的强度进行核算，消除接缝后热胀冷缩，以免破坏整体结构。焊接完成后对 H 钢梁与混凝土梁之间的缝隙灌注高强环氧砂浆，保证接触良好。滑移面的光洁度主要依靠打磨完成。上述措施实施后，顶推力下降比较明显，PTFE 板损耗大幅降低。

4.2.5 使用及工效

1. 设备使用

（1）管节顶推施工准备

1）1 号、3 号、5 号、7 号节段

在 1 号、3 号、5 号、7 号节段混凝土浇筑前，应完成顶推及支撑单元的就位与调试工作，顶板应作为节段底模的一部分，节段浇筑的整个过程中顶推及支撑单元的所有千斤顶和液压系统应保持无压力状态。以 1 号节段为例，其他依此类推，在混凝土浇筑前应完成如下工作。

①油泵安放

A 步骤

1 号节段：将支撑油泵 EHPS-12MS 放置在模板的前面，滑移梁轨道 3 和 4 之间；将 2 套支撑油泵 EHPS-6MS 放置在模板的前面，滑移梁轨道 1 和 2 之间。

3 号、5 号、7 号节段：将一套支撑油泵 EHPS-6MS 放置在节段 1 的下面，滑移梁轨道 1 和 2 之间。

B 步骤

1 号节段：在每个滑移轨道，模板前约 12 m 处放置顶推油泵 EHPS-24MSR。

②支撑千斤顶与辅助支撑系统关联

C 步骤：全部的支撑千斤顶连接到辅助支撑系统。D 步骤：支撑油泵连接到附注支撑系统连接。E 步骤：关闭辅助支撑系统后端部的针式阀门。

③支撑千斤顶顶出约 30 mm

F 步骤：关闭全部支撑千斤顶的截止阀门。G 步骤：开启支撑油泵。H 步骤：打开一个支撑单元的千斤顶截止阀门（类型 1、2 或 3）。I 步骤：将千斤顶活塞泵出约 30 mm。J 步骤：关闭该支撑单元的截止阀门。K 步骤：重复上述步骤，逐个单元将全部千斤顶活塞泵出 30 mm。L 步骤：合模。

④支撑千斤顶活塞回程

M 步骤：打开油泵液压线路。N 步骤：打开一个支撑单元的千斤顶截止阀门。O 步骤：通过套筒螺母，千斤顶活塞回程直到作用在顶板上的荷载传递到模板上。P 步骤：并进一步确保不再有荷载作用在千斤顶上。Q 步骤：关闭此支撑单元的截止阀门。R 步骤：重复上述步骤，逐个将作用在千斤顶顶板上的荷载全部传递至模板上后。S 步骤：移走套筒螺母。T 步骤：打开全部支撑千斤顶的截止阀门。

2）管节节段 2 号、4 号、6 号、8 号

类似于 1 号、3 号、5 号、7 号节段，除油泵安放位置不同外，其余均相同。以 2 号节段为例，其他依此类推。油泵安放时，在 1 号节段处将一个支撑油泵 EHPS-6MS 放置

在 1 号节段的下面，滑移梁轨道 1 和 2 之间，在 8 号节段处，将顶推油泵 EHPS-24MS 放置在每个滑移梁轨道上。

（2）管节顶推前准备工作

管节节段正式顶推前移时，应完成承重体系转换工作，即底模支撑系统退出工作，管节节段重量转由支撑及顶推系统支撑。

1）1 号节段

①支撑千斤顶活塞泵出，顶至顶板

A 步骤：关闭全部支撑千斤顶的截止阀门。B 步骤：启动油泵 EHPS-6MS 和 EHPS-12MS。C 步骤：打开一个支撑单元的千斤顶截止阀门（类型 1、2 或 3）。D 步骤：加压至 50 bar。E 步骤：确保千斤顶活塞完全接触到顶板。F 步骤：关闭该支撑单元的截止阀门。G 步骤：锁紧该支撑单元千斤顶的螺母。H 步骤：重复上述步骤，逐个单元泵出千斤顶活塞使之完全接触到顶板。I 步骤：进一步确认辅助支撑系统的压力是否为 50 bar。

②节段重量的 90%荷载转移

J 步骤：打开全部千斤顶的截止阀门。K 步骤：以每步 50 bar 的加载速度逐步对液压系统进行加压，以实现全部支撑千斤顶承载重量达到节段重量的 90%（节段理论重量应建立在较为准确计算的基础上）。L 步骤：关闭所有支撑千斤顶两端的截止阀门。M 步骤：释放辅助支撑系统的压力。N 步骤：拆除千斤顶的液压管（包括辅助支撑系统的截止阀门）。

③打开模板

O 步骤：打开模板，并开始降低模板。此时，辅助支撑系统应无压力作用。

④支撑和顶推系统的准备

A 步骤：将顶推和支撑系统安装在新节段底下。B 步骤：将支撑千斤顶连接到支撑系统中（注意：1 号顶推节段的支撑千斤顶的连接在滑移梁轨道 1 和 2 中与其他顶推节段是不同的）。C 步骤：在后端部用液压管连接辅助支撑系统和支撑系统，同时打开后端部的针式阀门。D 步骤：在模板的前端增加 1 台油泵 EHPS-6MS，并将其连接到辅助支撑系统。E 步骤：将顶推油泵 EHPS-24MSR 连接到顶推系统中。

⑤侧导向装置的准备

F 步骤：在滑移梁轨道 2 号的前端和后端安装侧导向装置并事先调整好要求的侧导向位移。

⑥控制系统的准备

G 步骤：按照设计布置，分别完成垂直支撑控制系统、顶推控制系统的安装与调试。

2）2～8 号节段

①节段重量的 90%荷载传递（前一节段）

A 步骤：打开所有纵向装置在接缝上的针式阀门。B 步骤：打开前一个节段全部支撑千斤顶的截止阀门。C 步骤：将油泵 EHPS-12MS 和前端油泵 EHPS-6MS 连接到前一个节段上的支撑系统。D 步骤：启动油泵 EHPS-12MS 和前端油泵 EHPS-6MS。E 步骤：将全部支撑千斤顶加压至相同的压力。F 步骤：打开油泵和支撑系统间的截止阀门。G 步骤：以每步 50 bar 的加载速度逐步对液压系统进行加压 90%节段重量。H 步骤：关闭油泵的截止阀门，并释放油泵的压力。I 步骤：从支撑系统中断开与油泵 EHPS-12MS、EHPS-6MS 的连接。

②支撑千斤顶活塞泵出，顶至顶板（新节段）

J 步骤：将油泵 EHPS-12MS 连接到辅助支撑系统。K 步骤：关闭新节段上全部支撑千斤顶的截止阀门。L 步骤：启动油泵 EHPS-6MS 和 EHPS-12MS。M 步骤：打开一个支撑单元上千斤顶的截止阀门。N 步骤：加压至 50 bar。O 步骤：并确保千斤顶活塞与顶板充分解除。P 步骤：关闭此支撑单元的截止阀门。Q 步骤：锁紧该支撑单元的螺母。R 步骤：重复上述步骤，逐个将支撑千斤顶的活塞与顶板充分接触。S 步骤：进一步确认辅助支撑系统的压力是否为 50 bar。

③节段重量的 90%荷载传递（新节段）

T 步骤：打开全部千斤顶的截止阀门。U 步骤：以每步 50 bar 的加载速度逐步对液压系统进行加压，以实现全部支撑千斤顶承载重量达到管节节段重量的 90%（节段理论重量应建立在较为准确计算的基础上）。V 步骤：关闭所有支撑千斤顶两端的截止阀门。W 步骤：释放辅助支撑系统的压力。X 步骤：拆除千斤顶的液压管（包括辅助支撑系统的截止阀门）。

④打开模板

Y 步骤：打开模板，并开始降低模板。此时，辅助支撑系统应无压力作用。

⑤节段安装准备

A 步骤：将顶推和支撑系统安装在新节段底下。B 步骤：用液压油管将前一阶段的支撑系统与当前的支撑系统连接（主要不能打开新、旧节段之间的针式阀）。C 步骤：将模板下的支撑千斤顶连接到支撑系统。D 步骤：用液压油管连接后端部的辅助支撑系统和支撑系统，打开后端部的针式阀。

⑥连接顶推油泵

E 步骤：在新的接缝处将 EHPS-24MSR 连接到顶推系统中。F 步骤：3 号（5 号、7 号）节段应将滑移轨道上的顶推油泵连接到顶推系统中。

⑦接缝处连接

G 步骤：1～4 号滑移梁轨道中，在接缝处两块顶板之间安装一对螺纹拉杆。

⑧侧导向装置的准备

H 步骤：在滑移梁轨道 2 号的前端和后端安装侧导向装置并事先调整好要求的侧导向位移。

⑨控制系统的准备

I 步骤：按照设计布置，分别完成垂直支撑控制系统、顶推控制系统的安装与调试。

（3）顶推条件

顶推前必须确保滑移轨道顶面高程误差不超过±3 mm，滑移轨道四条轴线平行误差不超过±3 mm。

支撑油缸控制精度必须满足 C25 混凝土抗裂要求，顶推油缸同步精度需达到单行程误差不大于±2 mm。导向系统具有检查和主动修正功能，顶推速度需满足 6 h 完成 22.5 m 行程，含准备、顶推和配套件安拆等事件。可提供三相 400 V 或单相 220 V、50 Hz 电源。15 t 门吊（厂房内）和 300 t·m 塔吊（厂房外沿滑道内）辅助作业。

浇筑混凝土时留置试块并与管节混凝凝土同条件养护，待混凝土强度达到要求（轴心抗压强度标准值≥16.7 MPa，轴心抗拉强度标准值≥1.78 MPa）后方可进行顶推作业。

（4）管节顶推施工

根据管节的具体情况，拟设置 4 条平行顶推滑移轨道，顶推滑移轨道位置设在沉管腹板正下方，确保底板不会在顶推过程中产生变形。

节段顶推采取分散连续顶推方法：在单个节段下方设置 24 台支撑千斤顶和 8 对顶推千斤顶，当 1 号节段混凝土达顶推强度要求后，向浅坞方向顶推 22.5 m，下一节段匹配预制（即 2 号节段）；2 号节段则配置同样的支撑和顶推装置，连同 1 号节段向前顶推 22.5 m；以此类推，完成管节 8 个节段的浇筑工作；最后顶推管节至浅坞区进行一次舾装工作。

1）模板区受力体系转换

1 号节段浇筑前，将支撑千斤顶、顶推千斤顶和导向系统安装就位，然后再合模，浇筑节段混凝土，此阶段各千斤顶均处于无应力状态。混凝土浇筑前千斤顶就位如图 4-102 所示。

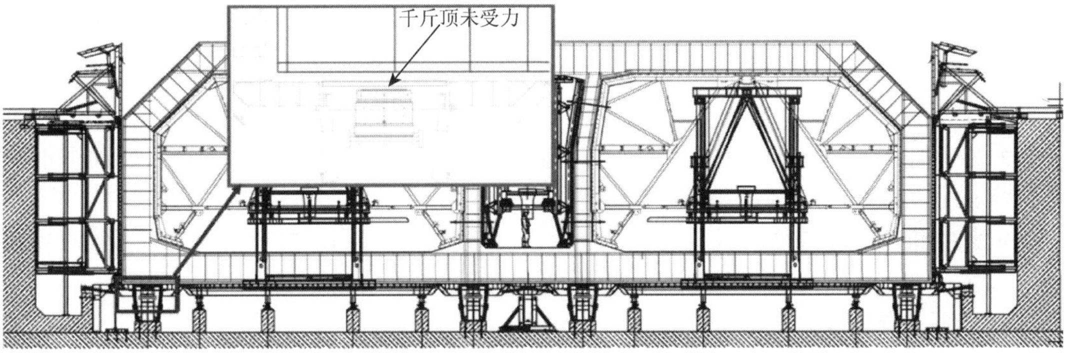

图 4-102　混凝土浇筑前千斤顶就位

节段养护达到 C25 抗裂强度要求后，方可拆除模板，节段重量转由支撑千斤顶承受，节段完成受力转换。承受节段重量的支撑千斤顶如图 4-103 所示。

底模区管节受力体系转换操作步骤如下。

第一步：关闭所有支撑千斤顶的单向阀门。

第二步：打开轨道 1 支撑千斤顶单向阀门，加压至 50 bar，确认千斤顶完全接触顶板。

第三步：关闭轨道 1 的单向阀门，咬合轨道 1 的千斤顶螺母。

第四步：在轨道 2～4 上分别按第二、三步进行操作。

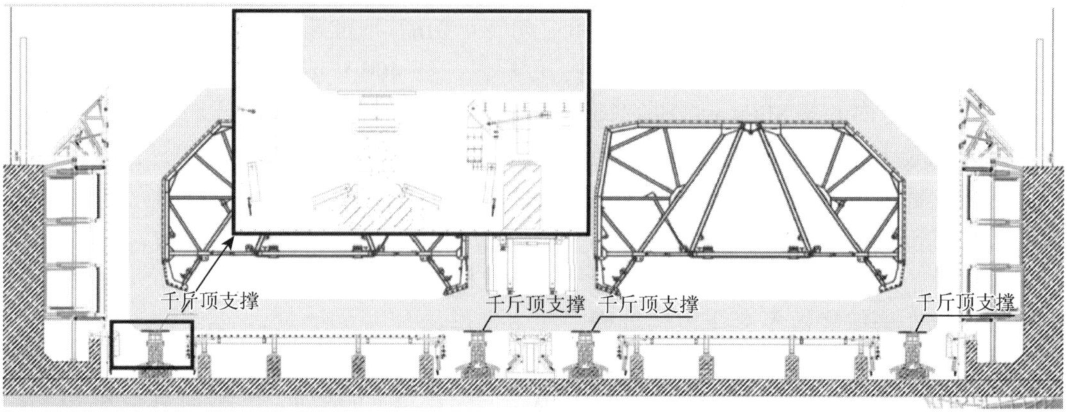

图 4-103　承受节段重量的支撑千斤顶

第五步：启动油泵 EHPS-6MS 和 EHPS-12MS，缓慢对辅助支撑装置加压，以每 50 bar 为加压步骤，缓慢加压到节段自重的 90%（重量偏差不超过 2%）。

第六步：关闭支撑千斤顶的单向阀门，锁紧千斤顶螺母。

第七步：打开模板并完成降模工作，此时节段重量全部转移至支撑千斤顶承受。

第八步：释放辅助支撑装置的油压、从千斤顶上拆除辅助支撑装置油管。

2）顶推前进

顶推千斤顶推动节段前移，由于滑移钢轨的反力槽间距为 75 cm，故每次顶推 75 cm 后，前移千斤顶的后端部分至新的反力槽位置，总共需要顶推 30 次，共计 22.5 m，首节节段移出浇筑坑。

2 号节段与首节节段匹配进行预制，达到顶推条件后，完成受力转换。启动顶推系统，将 2 号节段与 1 号节段整体往前顶推 22.5 m，2 号节段移出浇筑坑。

依此类推，直至 8 号节段从浇筑坑中移出，然后 8 个节段整体一起往前顶推约 130 m 至浅坞区，在浅坞区完成后续舾装、出坞等工序。

管节顶推前进操作步骤如下。

第一步：启动控制系统。启动控制系统之前应检查顶推系统各单元，如液压管连接是否漏油，电气线路安装是否完好，等等。

第二步：启动顶推千斤顶。确定全部顶推千斤顶都处在回程状态及全部的反力把手都处在工作状态下（总控制台系统的屏幕上会显示）。

第三步：按“推进键”，预加载顶推千斤顶（当顶推千斤顶顶推到预设值时，系统将自动停止）。

第四步：按“推进键”，启动顶推（当顶推千斤顶顶推到预设值顶推距离时，系统将自动停止）。

第五步：按“回程键”，使顶推千斤顶回程，确定全部顶推千斤顶都处在回程状态下（总控制台系统的屏幕上会显示）。

第六步：重复以上步骤，直至顶推至最终位置。

3）管节驻停

在一个新节段浇筑期间，前面的节段将驻停等待新节段一起往前顶推，在驻停期间支撑千斤顶的压力将一直保持在 80%左右，千斤顶的环形螺母要与缸体接触，以避免在压力损失状态下活塞发生移动，具体方法如下。

第一步：使全部支撑千斤顶的螺母处于工作状态。

第二步：关闭支撑千斤顶全部的截止阀门。

第三步：将支撑千斤顶连接到支撑系统中。

第四步：将支撑油泵压力增加至与支撑系统相同的压力。

第五步：打开油泵与支撑系统之间的截止阀门。

第六步：完全释放支撑系统的压力。

第七步：为下一步的顶推改变滑移轨道 1 和 2 上的支撑系统（仅 1 号节段需作调整，2～8 号节段不需要）。

第八步：增加压力至管节重量的 80%。

第九步：关闭油泵和支撑系统间的截止阀门。

第十步：完全释放油泵的压力，关闭并覆盖油泵并从支撑系统中拆除油泵油管。

4）浅坞区受力体系转换

在管节整体顶推至浅坞后，为防止支撑顶推系统被海水浸湿后腐蚀，管节需要进行体系转换即支撑和顶推系统将被置换出来，管节重量将转由设置在浅坞区的无源支撑承担。

①千斤顶置换

在浅坞区的滑移轨道梁两侧需设置置换混凝土基础梁，用于支撑置换系统；采用自锁角度的无源支撑来替换千斤顶，见图 4-104。置换混凝土基础梁的布置，见图 4-105，无源支撑结构图，见图 4-106。无源支撑没有液压驱动，通过调节横向的锁紧螺栓实现自身的升高和降低操作，故必须将无源支撑安装到位，确保支撑顶面与管节底面的良好接触，再锁紧横向调节螺栓后，方可对支撑千斤顶进行卸载以完成体系转换。千斤顶置换操作步骤如下。

第一步：将全部楔形支撑按设计位置安放在置换混凝土基础梁上，为了减小楔形支撑与节段垫板之间的间隙，在无源支撑上安装薄垫片，将支撑油泵连到支撑系统中，打开交接处的全部针式阀门（除一个必要的 3 点支撑系统）。

第二步：将油泵加压至与支撑系统相同的压力，打开油泵与支撑系统之间的截止阀门，将支撑千斤顶加压，直到所有支撑千斤顶的环形螺母可以转动，向上转动环形螺母 5 mm（如果有必要，螺母可向上多调整一些）。

第三步：以每步 50 bar 的压力逐渐减少全部千斤顶的压力（千斤顶的螺母不允许与千斤顶外缸体接触！查看在控制面板上的指示）；在无支撑结构状态下保持 50 bar 的压力 1 h。

第四步：检查支撑结构，调整螺母至自由状态，完全释放支撑系统的压力；连接油箱和支撑系统，以便收集液压油；打开所有针式阀门，在底板和顶板之间的所有位置装入套筒螺母，始终使用套筒螺母支撑着顶板。

②千斤顶转运与重新组装

支撑千斤顶卸载，高度下降后，可直接通过小型卷扬机从管节下面分批拖出，并通过现场的移动塔吊吊离轨道。卷扬机和轨道通过轨道上的销孔安装来提供固定点。支撑油缸之间采用钢丝绳连接油缸上的吊点来连成一组，每组数量取决于卷扬机提供的拉力。置换出来的千斤顶转运至专门的储存地点，并及时保养。

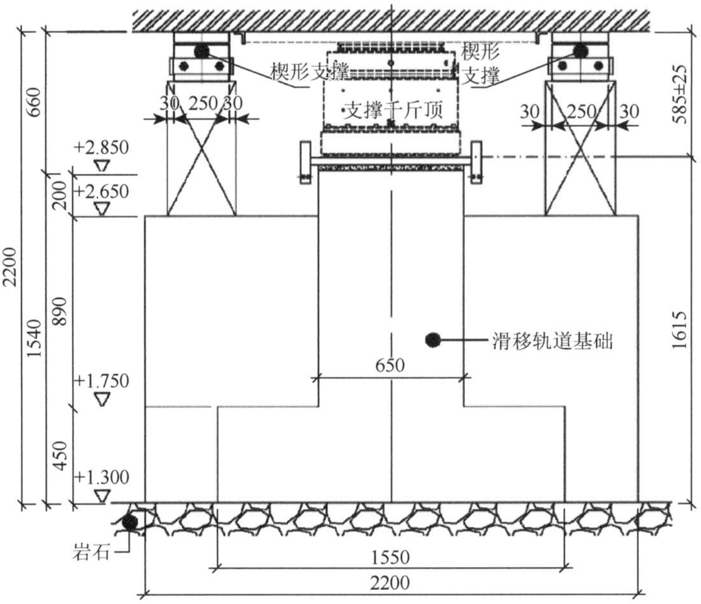

图 4-104 千斤顶置换示意图

注：尺寸单位为mm，标高单位为m

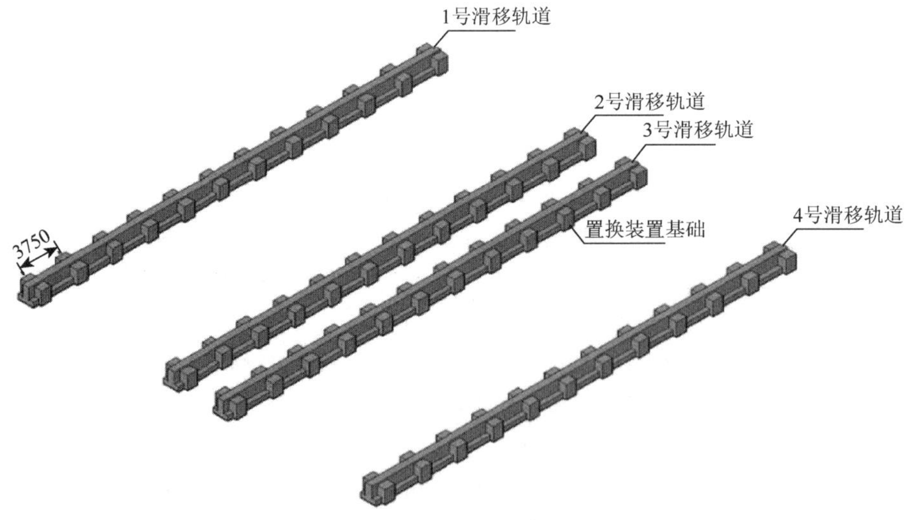

图 4-105 置换混凝土基础梁布置图

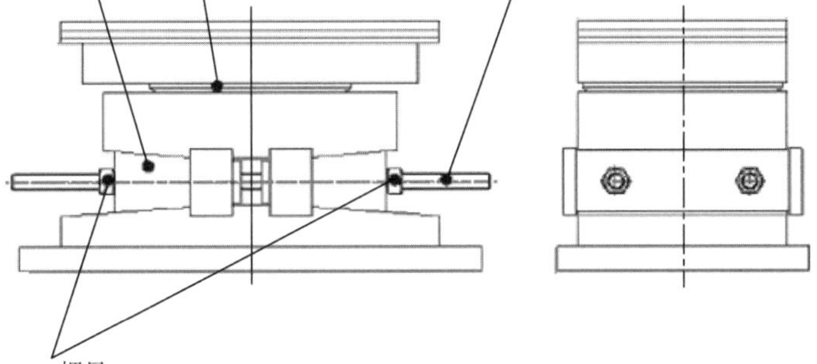

图 4-106　无源支撑结构图

5）顶推纠偏

在管节顶推工程中，因顶推千斤顶不同步，滑移轨道梁加工及安装精度问题尤其是反力座横向位置偏差过大等可能引起管节发生绕平面内的旋转，因此，管节轴线偏移必须控制在一定允许范围内，管节纠偏主要针对的是轴线方向的纠正。

①测量监控与顶推控制系统监控

管节轴线纠偏通过测量纠偏和管节导向装置纠偏结合的方式进行，并应以测量纠偏为主，导向装置纠偏为辅。正常顶推情况下，测量监测拟保证 2 次/d 的监测频率，管节轴线测量应在一天中气温变化较小时进行，观测点设置在每个节段的端部，做明显标记并注意保护。在导向装置检测到压力值增大时需对管节进行纠偏时必须配合测量监测进行。

管节顶推前在节段前、后端均设置导向装置。导向装置由一对双向导向千斤顶组成，管节顶推时，导向千斤顶会对滑移梁轨道翼缘板施以一定预压力，导向装置设有监控装置并连接到总控制台。当管节往一侧偏移时，这一侧的压力将会显著增加，另一侧的压力则会显著减小，总控制台系统会敏锐地监测到这一情况，并及时作出反应。

当总控制台采集到导向装置反馈回来的管节偏移信息或每日例行测量检测到管节发生偏移时就必须对偏移量进行仔细复核并及时作出调整。管节需要进行纠偏处理时，应停止往前顶推，通过测量监测给出的纠偏值，利用导向千斤顶对管节施以水平力，促使管节发生平面内的微小转动实现沉管姿态调整，将导向装置的压力减小到预设值，最终实现管节轴线纠偏。

测量监测纠偏与导向装置监测纠偏是一种相辅相成的关系，测量监测获得的管节偏移量是导向装置进行纠偏的参照数据，而在顶推过程中，导向装置检测到压力变化较大时，可提醒测量人员进行管节监测。因此，在顶推工程中，两种监测应同时进行。

②标准导向方案

为保证管节顶推工效，应允许管节在顶推过程中发生的偏移在一定的可控范围内，因此，在顶推前应对管节设以允许偏移值，该目的是通过对侧导向装置设置一定的允许偏移值来实现的，标准导向方案见图 4-107，具体操作步骤如下。

第一步：将两边的导向千斤顶均加压至 5 bar 的压力（千斤顶保持在居中状态）。

第二步：关闭截止阀门。

第三步：在侧导向臂的铜导向板与滑移轨道间设置 2～5 mm 的间隙。在顶推中管节在轴线方向发生一定的偏移（5～10 mm）也不会影响顶推的顺利进行。

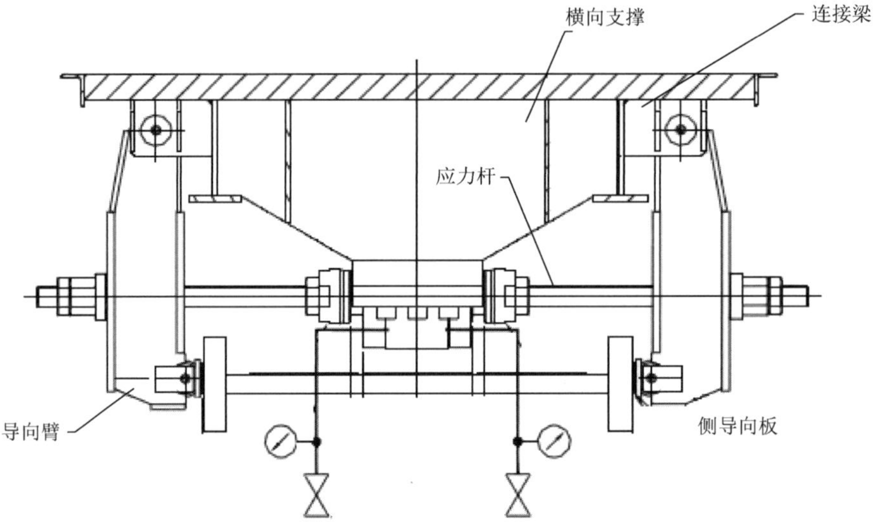

图 4-107　标准导向方案

③纠偏方案

管节在顶推过程中，因轨道间摩擦力、油泵间油压损失等不同难以避免地会出现偏移现象。为保证顶推施工安全，应采取纠偏措施使得管节在正常状态下进行顶推，以管节向左偏移后为例，纠偏措施如下。

第一步：拧紧右侧的环形螺母。

第二步：根据测量人员给出的偏移值，调整左侧螺母与导向千斤顶的间距。

第三步：连接手动泵对左侧的千斤顶加压至 425 bar 后，关闭截止阀门。

第四步：释放手动泵的压力。

第五步：断开手动泵的连接，将手动泵连接到右侧千斤顶。在管节顶推前进过程中，利用手动泵对千斤顶加压并保持在 100 bar 左右，如此循环进行几个行程直至管节姿态正常后，关闭手动泵截止阀门。

2. 维护保养

（1）系统维护保养

系统维护保养是对顶推系统顶板、千斤顶、反力架、传感器、油泵、控制柜、主控台及其零部件进行清理维护。

（2）钢结构维护保养

钢结构主要有顶板、反力架、导向臂等部分，其维护保养主要是清理其上的混凝土、油污等杂物和修复变形或脱焊的受力部位。

（3）电气设备维护保养

电气设备根据不同类型采用对应的清理材料，传感器用精密仪器清洗剂，信号线、接线排表面油污用油污清洗剂，插头部位用精密仪器清洗剂，清理完成后分类保存。对于顶推控制柜和主控柜，先清理灰尘等杂物，再检查接线，并做好防潮措施。油泵电控部分检查电机接线，防止电机受潮，检查控制箱电器元件。分类整理所有顶推电缆、电箱和照明灯具，修复破损电缆，检查电箱电器元件及接线，检查灯具。

（4）液压设备维护保养

液压设备维护保养包括：清理所有液压设备表面混凝土和油污，脱漆部位补漆，不同液压设备采用专项维保；检查支撑千斤顶缸体和底座连接螺栓，对缸体锁紧螺母进行除锈，在螺牙上涂抹滑石粉润滑；对顶推千斤顶进行 200 bar 试压检测，如有内泄，更换密封圈；清理油泵油箱，更换液压油，对油泵进行 400 bar 试压检测和流量检查，如压力和流量达不到要求，检修泵站阀件；清理纠偏千斤顶、液压油管等其他液压附属设备，按保养手册维护后分类保存。

（5）顶推滑移轨道维护保养

轨道对管节顶推摩擦力有重要影响，非顶推期间覆盖保护，顶推前，对轨道不锈钢表面抛光处理，保证干净光滑。顶推完成后，在管节底部 1 号、4 号轨道外侧悬挂遮帘，防止灰尘落入，污染轨道。若轨道出现钢梁沉降、接头位置错台等现象摩擦力增大时，沉降采用注浆的方式处理，接头错台采用调平后重新焊接修复，轨道接头错台具体处理方法如下：

①采用切割（碳刨）的方法将接缝处不锈钢板向两侧各去除 0.50 m。

②采用切割的方法在接缝处滑移梁上开焊接坡口，并打磨光滑。

③调整接缝处滑移梁标高并焊接，再重新焊接不锈钢板。

④焊接完成后，将焊缝打磨光滑，最大偏差控制在 1 mm 以内。

3. 工效分析

节段混凝土浇筑完成 3 d，且节段混凝土达到顶推强度（轴心抗压强度标准值≥16.7 MPa，轴心抗拉强度标准值≥1.78 MPa）后，即可进行节段的顶推工作。管节往前顶推单个行程（750 mm）可分解为顶推千斤顶预压、伸出及回缩（含顶推架）三个动作。各动作耗时如下。

①顶推千斤顶预压及检查：历时约 30 s；

②顶推千斤顶伸出及检查：正常顶推速度约 133 mm/min，顶推 750 mm 所需时间约 340 s；

③顶推千斤顶及顶推架回缩及检查：历时约 30 s；

④单个行程总耗时：①＋②＋③，约 7 min。

单个节段预制完成顶推出浇筑坑（22.5 m）所需时间，按每天 8 h 工作时间计算，含顶推过程检查、纠偏等工作时间需 1 个工作日。8 个节段预制完成顶推（约 130 m）

至浅坞区所需时间，按每天 8 h 工作时间计算，含顶推过程检查、纠偏等工作时间共需 5 个工作日。

4.3 混凝土生产设备

4.3.1 研制情况

1. 配置要求

（1）沉管预制混凝土施工总体需求

沉管单个节段混凝土方量为 3451 m^3，除中横隔板为后期二次浇筑（其浇筑方量约为 38 m^3）外，其余浇筑部位采用全断面一次浇筑成型。33 节管节总共 252 个节段，混凝土浇筑总方量约 87 万 m^3。

（2）混凝土浇筑速度要求

为满足沉管耐久性要求，管节预制采用全断面浇筑工艺，单节段 3413 m^3 须在 30 h 内浇筑完毕，平均浇筑强度约 114 m^3/h。底板浇筑速度约 155 m^3/h，中隔墙和侧墙上部浇筑速度约 70 m^3/h。

2. 方案选择

（1）搅拌站

依据沉管混凝土浇筑工艺性能要求，对知名品牌混凝土搅拌站的可靠性、稳定性及生产精度等相关性能做了严格的比较筛选，最终选定 HZS180 搅拌站。

（2）温控设备设施

为保证混凝土入模温度要求，在混凝土生产相关环节配备了多台（套）温控设备设施，包括制冰冷水机组、骨料喷淋系统、粉料喷淋系统、冷风系统等。

1）制冰冷水机组

在混凝土拌制过程中投入冷水（8℃）及适量片冰可有效降低混凝土出机温度。沉管混凝土拌合站配置 3 t/h 型制冰机和 5 t/h 型冷水机各 2 台，1 台制冰机和 1 台冷水机组装在一起，供两台搅拌站使用。制冰机总制冰能力 144 t/d，冷水机总工作能力 240 t/d（从 28℃至 2℃）。每台制冰机配备 2 个容量 72 t 的冰库，总储冰量 140 t。每 3 m^3 混凝土需 100 kg 片冰，一个节段累计需 340 余吨片冰，两台制冰机同时工作 2.4 d 才能完成片冰制作。在混凝土生产前需提前 24 h 开始制冰，待两个冰库储满 144 t 冰后开始混凝土生产。搅拌站与制冰冷水机相对位置图如图 4-108 所示，制冰冷水机现场图如图 4-109 所示。

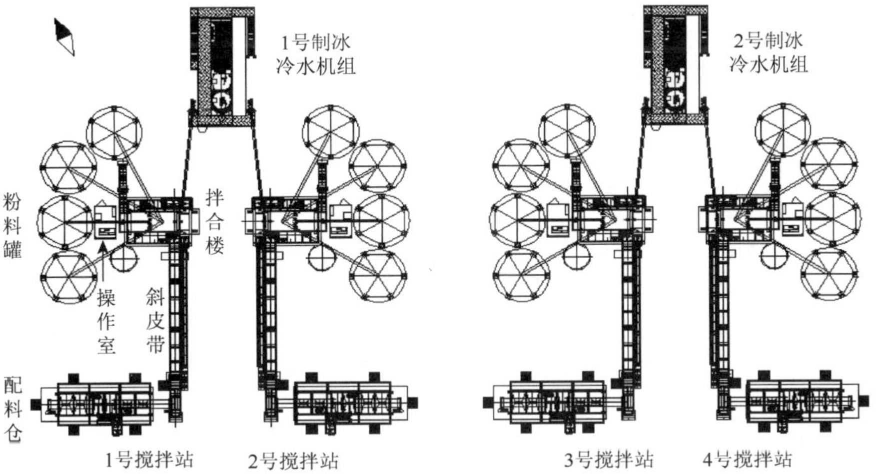

图 4-108　搅拌站与制冰冷水机相对位置图

图 4-109　制冰冷水机现场图

2）骨料喷淋系统

6 个骨料仓设置有一套喷淋系统，喷水管路及雾化喷嘴安装在骨料室棚顶，单个喷嘴采用高压水平双向喷雾方式，每个喷嘴喷雾弥散面积 4 m^2，骨料仓总计设置 960 个喷嘴。料仓旁设置两台喷淋供水泵（一用一备）配置水净化软化设施。搅拌站冷水机为喷淋泵提供冷水水源。冷水通过软处理及净化后由喷淋泵加压输送至雾化喷嘴，冷水通过喷嘴雾化扩散到空气中，使骨料存储环境温度降低，从而有效降低骨料仓环境温度，降低环境温度对骨料温度的影响。

3）粉料喷淋系统

沉管预制厂搅拌站配备的粉料仓及暂存粉料仓都配备有喷淋系统，喷淋系统设备配置与骨料喷淋系统基本相同。

4）冷风系统

每台搅拌站骨料配料机及骨料斜皮带区域设置有冷风系统。配料机与斜皮带形成密闭空间，用水帘式冷风机为空间降温，由搅拌站冷水机提供冷水水源。每台配料机配备5台冷风机降温，每台配料机骨料出口与斜皮带连接处配置1台大功率冷风机。冷风机工作时，密闭空间的空气通过冷风机水帘与冷水进行热交换，降低环境温度，使骨料在计量、投送过程中温度降低。

4.3.2 技术性能

1. 搅拌站

（1）技术性能

HZS180搅拌站每盘标准拌制3 m^3，投料时间20 s，搅拌时间120 s，卸料时间50 s，即每小时理论上可生产56 m^3，考虑0.8的效率折减系数，每台搅拌站计算生产能力45 m^3/h，4台搅拌站生产能力达到180 m^3/h，满足沉管预制混凝土生产最高速率。为保证海岛环境下的粉料储备量，配备有500 t粉料仓16罐，800 t粉料罐6只，粉料仓储能力约1.3万t。搅拌站布置实景图如图4-110所示。

图4-110　搅拌站布置实景图

（2）性能特点

①计量精度高，骨料计量精度为±1.5%，粉料±1.0%，水、外加剂±1.0%。

②结构实行模块化，安拆便捷。钢结构件镀锌防腐处理，防腐能力强。

③有较完备的硬件故障报警功能。对各部件的工作状态、超秤、元器件误动作、缺油等能及时提醒，能自动在安全的前提下切断故障回路。

④能自动判断操作员误操作，在输入数据错误、配合比输入错误、计量超差能自动阻止生产继续进行并及时提示。

⑤能自动计算水灰比，水灰比发生偏差及时显示。若称量设备发生泄漏故障，系统会提示。

（3）设备清单

预制厂搅拌站由供料系统、配料系统、搅拌系统和操作控制系统组成，设备清单及技术规格见表 4-12。

表 4-12　设备清单及技术规格

序号	设备名称	技术规格	数量	备注
一、供料系统				
1	粉料罐	500 t	32 个	
2	带式输送机	中心距离约 12.6 m；皮带速度 1.23 m/s；皮带宽度 1000 mm；橡胶质量 EP300；驱动功率 18.5 kW	13 条	
3	螺旋输送机	输送量 60～90 t/h，驱动功率约 18.5 kW	32 个	
4	外加剂供料装置	—	4 套	
5	空压机	进气量 450 L/min，双缸风冷式。压力 0.8～10.5 MPa，储气罐容积为 150 L	4 套	
6	水泥仓除尘器	带清理装置和振动器，电控装置及电线，过滤面积 22 m^2，清洁空气中残留灰尘浓度≤20 mg/m^3	8 套	
二、配料系统				
7	水泥秤	由称重传感器、称量容器及电-气操作蝶阀、电缆盒及通往称量电子元件的电缆、1 个电机驱动的振动器组成。最大称载能力 1770 kg	4 套	
8	骨料秤	电子机械式骨料秤，带传感器的称重装置	12 套	
9	冰秤	最大称载能力 250 kg	4 套	
10	水秤	最大称载能力 750 kg	4 套	
11	外加剂秤	电子机械式骨料秤，带传感器的称重装置	4 套	
三、搅拌系统				
12	双卧轴式混凝土搅拌机	型号 3.0DW，驱动功率 2×55 kW，每次搅拌生产混凝土 3.0 m^3，两级同步行星传动	4 套	
四、操作控制系统				
13	操作控制系统	型号 XLC-MPSII	4 套	

2. 制冰冷水机组

（1）技术性能

制冰冷水机组为非标定制产品，专为沉管混凝土生产设计，主要技术参数见表 4-13 和表 4-14。

表 4-13　片冰制冰器参数表

型号	FIP72 + AIS75 + ID18S
日产冰量	72 000 kg/套
储冰库温度	−10～−6℃
名义储冰量	75 t
制冷剂	R22
总安装功率	322 kW
电源	三相 400V，50Hz
机组尺寸	40 尺集装箱（长×宽×高）12192 mm×3530 mm×4200 mm

表 4-14　冷水机参数表

型号	ICW-120
日产冷水量	120 t/d
最高供水温度	28℃
冰水温度	1～3℃
装机制冷量	165 kW
安装功率	72 kW
电源	三相 400V，50Hz

（2）设备清单

制冰冷水机组由冷水机组、制冰机组和储冰库组成，设备清单及技术规格见表 4-15。

表 4-15　设备清单及技术规格

序号	设备名称	技术规格	数量	备注
1	冷水机组	ICW120，冷水流量 5 t/h，冷水机运行时间 24 h，进水温度 28℃，出水温度 2℃装机制冷量 165 kW，安装功率 70.75 kW，制冷剂 R22，每套包括一个 20 英尺集装箱，活塞式压缩机 2 台（Bitzer 6G-40.2-40P），水冷冷凝器 2 台，冷却塔和蒸发器各 1 台，冷却水泵（川源 L-37-100/2P）1 台，还包括水泵、制冷机和控制设备等	2 套	
2	制冰机组和储冰库	FIP72，冰产量 72 t/d，运行时间 24 h，进水温度≤10℃，出冰温度−5℃装机制冷量 409 kW，安装功率 280 kW，制冷剂 R22，每台套包括 1 个 40 英尺集装箱，活塞式压缩机 1 台（Bitzer 6H-25.2-40P），半封闭螺杆压缩机-制冰机系统（Bitzer HSN7471-75-40P）4 套，冷风机蒸发器空调（LU-VES3HC215N50）1 台，冷风机蒸发器储冰库（LU-VES3HC213E80）2 台，耙冰机构 1 套，还包括制冷机和控制设备等	2 套	

4.3.3　组成及特点

1. 搅拌站

（1）搅拌站组成

预制厂搅拌站主要由供料系统、配料系统、搅拌系统、操作控制系统、粉料储存系统五大部分组成。搅拌站配有原材料温度、混凝土温度、料位等检测和报警装置；生产全过程采用计算机控制，实现了物料自动补扣、精确修正及生产过程混凝土温度监控。单套搅拌站布置图如图 4-111 所示。

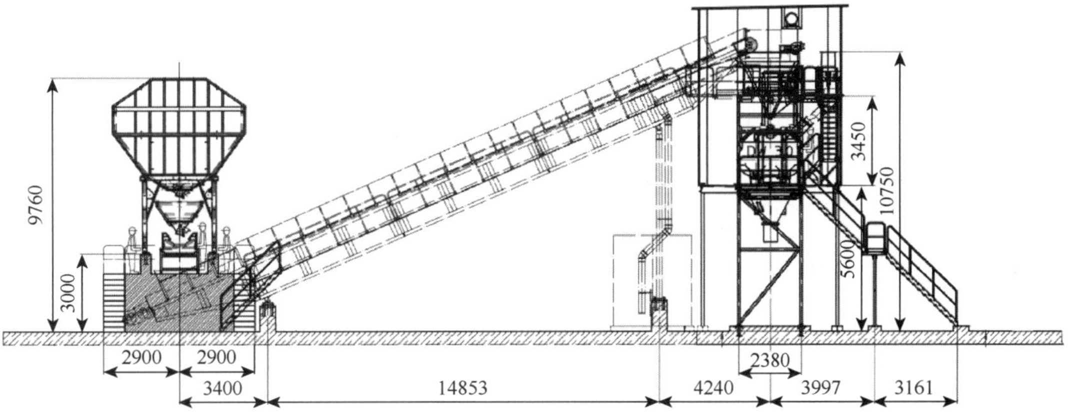

图 4-111　单套搅拌站布置图（单位：mm）

（2）结构组拼及防雷

拌合楼及配料站为全钢结构形式，结构件采用非焊接的螺栓销轴连接，安拆简便。粉料仓为分片栓接式。除粉料仓使用油漆涂装防腐外，所有钢结构采用镀锌工艺防腐，使用过程中钢结构未出现腐蚀现象。厂家在设备生产制造时已将控制线路进行分单元分节段规范固定在结构件上，线路接点设置高性能插接件；各电气柜、控制箱及操作室外接线路接口处均采用高性能插接件。拌合楼的结构件拼接完成后，各线路也已就位，将对应的插接件相连接，控制线路即安装完成。整体结构采用等电位接地，用 40-4 镀锌扁铁将粉料罐、配料机机架、皮带机、主机楼、操作室机架连成一个环形整体，然后用扁铁将接地体与等电位体以焊接的方式进行连接，并与预制厂接地网连接，接地连接全采用焊接方式。

（3）骨料分配系统

根据场地条件，配料站设置在地坪面以上，使骨料储存仓高出地坪 9 m，装载机不能直接将骨料装入骨料储存仓，增设了配料机骨料分配系统，系统自动指挥装载机按需上料，并自动转换骨料分配小车。

2. 制冰冷水机组

制冰冷水机组包括制冰系统、冷风系统、冰库耙冰系统、冷水系统及螺旋送冰系统等，见图 4-112。

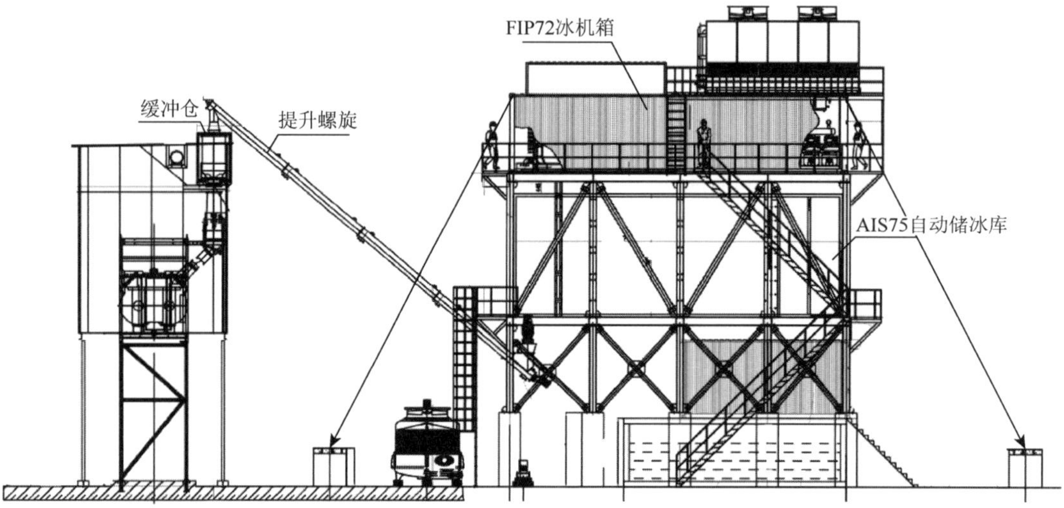

图 4-112　制冰冷水机组布置图

（1）制冰系统

制冰系统包含片冰制冰器、压缩机组、蒸发式冷凝器、压力容器、管道阀门元件及控制配件。片冰制冰器是立式内刮圆柱状制冰器，是片冰生成的部位。其所有部件为模块化，易于日常操作、清洁及维护。制冰过程直接简单，只需将水接入制冰机，连接制冷系统，通电启动 10 min 即可产生片冰。观察口处装有行程开关，减速机旁装有急停按钮，可使操作人员爬上制冰器进行作业时锁定制冰器，防止其运转。压缩机组是制冰系统的“心脏”，为系统的运行提供动力。通过压缩机组的运行将制冰器蒸发吸热的蒸汽吸收并压缩成高温气体排往蒸发式冷凝器。压缩机进行并联安装。蒸发式冷凝器安装于集装箱顶部，与集装箱内制冷系统的管道用法兰连接。蒸发冷水箱内安装有电极式液位控制器，防止蒸发冷水位过低。采用双速风机，可根据不同的工况调整风量，实现冷凝温度的恒定。

（2）冷风系统

冷风系统包含冷风机组、设备箱冷风机及储冰库冷风机。其中冷风机组包括压缩机、冷凝器、三器一体器（储液器、气液分离器、冷热交换器三个有机地结合在一起，具有储液、气液分离、冷热交换三种功能），冷却水进入冷凝器冷却降温，为冷风机提供冷源。设备箱冷风机调节制冰集装箱内的环境温度，为设备和操作人员提供舒适的工作环境。储冰库冷风机调节储冰库内的环境温度，确保片冰储存较长时间。

（3）冰库耙冰系统

自动储冰库为集装箱式，有 PU 夹芯保温层，主要由库体和水平螺旋输送机两部分组成，其中库体部分由耙冰机构、挡冰机构、升降机构、冷风循环装置等组成。冷风循环装置能确保所制的冰在储冰库内储存较长时间，使储冰温度保持在–10～–6℃，自动储冰库结构示意图如图 4-113 所示。

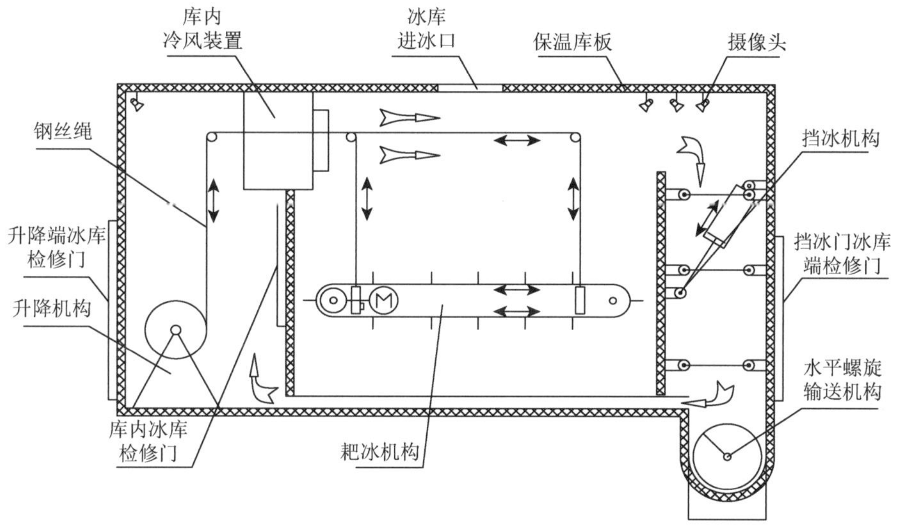

图 4-113　自动储冰库结构示意图

（4）冷水系统

冷水系统主要降温对象是水，温水（28℃）经过第一级降温变成冷水（约 10℃）后，再经过特殊的降幕式冷水蒸发器变处理成要求的冷水（2℃），流到保温水箱内储存。总体分为 2 级串联降温系统。水的第一级降温为板换制冷降温，水和制冷剂在换热器的交替通道内流动降温，制冷剂系统为一个完整的压缩式制冷系统。水路系统蒸发器上端装有气镇阀，自动排出水管内的气体，使水路畅通，下端设有排水阀，便于系统排水检修。水的第二级降温系统为降幕式板片降温系统。为了保证出水温度为 1～3℃临界温度的冰水，制冷系统蒸发温度必须低于水的凝固临界温度，但蒸发温度低于凝固温度，蒸发器容易结冰，所以板片间距要宽一些，防止结冰膨胀，冻坏蒸发器。蒸发器利用板片表面冷水降幕流动对流，加强水的换热效果，快速降温。经过板片的冷水变成要求温度水温的冷水，一部分供到冷水机外使用，另一部分回流与温水供水混合，再到降幕式冷水蒸发器冷却循环。

（5）螺旋送冰系统

螺旋送冰系统在应对短距离定点、定量送冰时可靠，由水平螺旋为送冰系统供冰，螺旋送冰系统同时向两台搅拌站送冰。螺旋送冰系统包括提升螺旋、缓冲仓、称重斗。螺旋送冰系统示意图如图 4-114 所示。

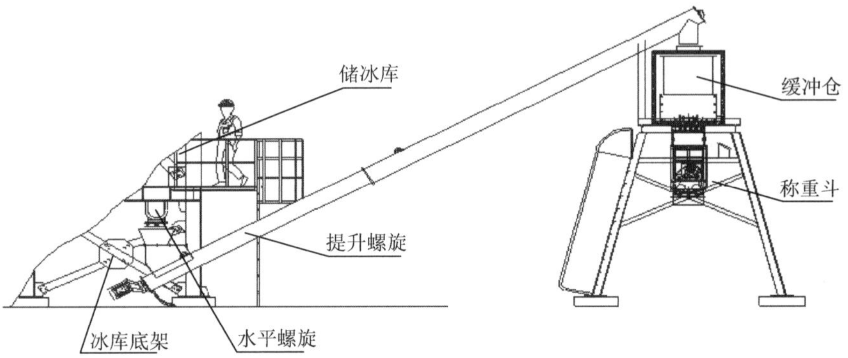

图 4-114 螺旋送冰系统示意图

4.3.4 设备安装

为满足岛隧工程管节预制施工需要，在沉管预制厂安装 4 套 180 混凝土生产系统，承担混凝土生产任务。搅拌站由供料系统、配料系统、制冰系统、搅拌系统、操作控制系统、粉料储存系统六大部分组成，根据预制厂布局和设备组装流程进行设备组装。

1. 安装内容

混凝土生产系统构件明细表见表 4-16。

表 4-16 混凝土生产系统构件明细表

序号	部位	设备名称	单位	数量
1	供料系统	砂、骨料贮存料仓	格	12
		带式输送机	条	8
		螺旋输送机	个	16
		外加剂供料装置	套	4
2	配料系统	水泥秤	套	4
		冰秤	套	4
		骨料秤	套	12
		水秤	套	4
		外加剂秤	套	4
3	制冰系统	制冰机	套	2
		储冰柜	套	2
		送冰螺旋输送机	套	2
4	搅拌系统	双卧轴式混凝土搅拌机	套	4
5	操作控制系统	操作、控制室	套	4
6	粉料储存系统	粉料罐	个	16

2. 安装工艺

（1）安装顺序

双卧轴式混凝土搅拌机安装→配料系统安装→供料系统安装→粉料罐拼装→螺旋输送机安装→制冰系统安装→外围护及主机封装安装→整套系统调试。

（2）安装前准备工作

1）技术资料的准备工作

技术资料包括混凝土搅拌站正式施工图，有关设计文件，安装、调试方案，设备的安装技术文件，设备安装的相关施工记录、检验表格，等等。在设备安装前必须具备以上技术资料，组织各施工班组认真熟悉上述资料，以便更好地组织施工。

2）基础验收

基础强度达到设计强度的 70%以上方可进行设备安装。检查设备基础尺寸和位置偏差应符合表 4-17 中的规定。基础验收完毕后，作出验收报告，对不符合要求的基础，通知施工单位整改，直至合格后方可进行安装。对验收合格的基础，应由测量工放出安装基准线（纵线、横线，标高）。

表 4-17　设备基础尺寸和位置的允许偏差

<table>
<tr><th>序号</th><th colspan="2">项目</th><th>允许偏差/mm</th></tr>
<tr><td>1</td><td colspan="2">基础纵线、横线</td><td>±20</td></tr>
<tr><td>2</td><td colspan="2">基础各平面的标高</td><td>+0、−20</td></tr>
<tr><td rowspan="2">3</td><td rowspan="2">基础平面的水平度</td><td>每米</td><td>5</td></tr>
<tr><td>全长</td><td>10</td></tr>
<tr><td rowspan="2">4</td><td rowspan="2">垂直度</td><td>每米</td><td>5</td></tr>
<tr><td>全长</td><td>10</td></tr>
<tr><td>5</td><td colspan="2">预埋地脚螺栓标高（顶端）</td><td>+20、−0</td></tr>
<tr><td>6</td><td colspan="2">中心距（在根部和顶部测量）</td><td>±2</td></tr>
<tr><td rowspan="3">7</td><td rowspan="3">预留地脚孔</td><td>中心位置</td><td>±10</td></tr>
<tr><td>深度</td><td>+20</td></tr>
<tr><td>孔壁铅垂度每米</td><td>10</td></tr>
</table>

搅拌站安装的吊装设备主要包括 1 台 135 t 履带吊、1 台 80 t 汽车吊、1 台 25 t 汽车吊等。两台汽车吊可以辅助 135 t 履带吊作业。

（3）混凝土搅拌机的安装

安装搅拌机钢结构支架，保证支架的垂直度偏差≤10 mm。将搅拌层大梁用螺栓及连接板连为一体，用 1 台 25 t 汽车吊将搅拌层大梁吊起，然后旋转 180°，使搅拌层大梁下平面朝上。吊车分别将下支腿吊起，用螺栓与搅拌层大梁连为一体，将搅拌层大梁与

4根立柱在地面连接好。利用80 t汽车吊的大小钩套绳，翻转平台180°，使立柱朝下，用80 t汽车吊吊装于地基上，与基础预埋件焊接。安装卸料斗，将卸料斗吊装于搅拌层大梁下用螺栓连为一体。

安装制冰系统缓冲仓钢结构平台。用25 t汽车吊将缓冲仓钢结构平台在地面上组装好。用80 t汽车吊将缓冲仓钢结构平台整体吊装到安装基础预埋件上，通过测量工放线确定安装的具体位置，将钢结构平台与基础预埋件焊接。

安装搅拌层楼梯及防护栏杆。用25 t汽车吊将楼梯及防护栏杆在地面上连接好；安装楼梯支柱；将楼梯及护栏吊装。

安装混凝土搅拌机。用80 t汽车吊将混凝土搅拌机整体吊装到搅拌层并安装在搅拌层大梁上，紧固搅拌机与搅拌层大梁的连接螺丝。

（4）配料系统安装

用25 t汽车吊安装称量平台、制冰系统缓冲仓钢结构平台的楼梯及防护栏杆。吊装称量层，用螺栓将称量层连为一体，将称量层与搅拌层立柱在地面连接好，然后旋转180°，使立柱朝下，用80 t汽车吊吊起固定于搅拌层大梁上。

将装好开门装置的中间储料斗吊到计量仓就好位，用螺栓连接好；将卸压管吊装到位用螺栓连接好；将粉料计量系统、液体计量系统、冰称吊装到位并连接好，并使各计量斗处于自由状态，不与其他部件发生干涉；吊装除尘器到位并安装好。

安将水泥计量斗、粉煤灰计量斗、矿粉计量斗、水和外加剂计量斗的传感器，使传感器受力，调整好各拉杆及支座，使各传感器受垂直拉力，严禁使传感器承受扭转力。

用软连接套将骨料储料斗门、水泥计量斗门、粉煤灰计量斗门、矿粉计量斗门与主机盖连为一体，注意软连接套不能绷得太紧，以免影响计量精度；用软连接套将水计量斗与接水管连在一起；用橡皮套将除尘管与水泥计量斗、粉煤灰计量斗、矿粉计量斗、主机盖等连接在一起，并处于自由状态，以确保计量精度。

安装制冰系统缓冲仓，用25 t汽车吊将缓冲仓吊装到缓冲仓平台，安装在缓冲仓平台大梁上，并拧紧连接螺丝。

（5）供料系统

1）斜皮带的安装

由于斜皮带机较长，机架较易变形，采用两台汽车吊抬吊方式。

拼装斜皮带机。先将V形和水平托辊支架固定牢靠，再安装从动滚筒、V形和水平托辊、驱动滚筒、减速装置，最后安装并连接输送带、输送带清扫装置、挡石器、紧急停机装置等。

通过放线确定斜皮带立柱在基础预埋钢板上的位置，并将其安装在基础预埋件上；用两台汽车吊将斜皮带整体吊装到斜皮带安装立柱，与立柱铰接安装；安装斜皮带导料槽、人行楼梯和防护栏杆等附件。

2）骨料配料系统安装

拼装平皮带机。按图拼接，将V形和水平托辊支架固定牢靠，再安装V形和水平托辊、最后安装并连接输送带、输送带清扫装置、挡石器、紧急停机装置、挡料装置等。

将拼装好的平皮带机安装于基础上，调整位置，皮带前端对准导料槽，机脚焊接在预埋板上；配料机骨料仓吊装到位，固定在机架上；将传感器安装好，调整计量斗上平面与卸料门的间距至适宜。安装传感器时严禁使传感器受扭力。将运输铰链松开，但不要取下，使其不再受力即可。

安装配料机骨料分料仓。首先，在配料机骨料仓上安装分料仓行走轨道；其次，将分料仓整体吊装到行走轨道上；最后，在行走轨道两端安装行程开关及挡板。

安装带式输送机。首先，将V形和水平托辊支架固定牢靠，再安装V形和水平托辊、最后安装并连接输送带、输送带清扫装置、挡石器、紧急停机装置、挡料装置等。用两台汽车吊将拼装好的带式输送机抬吊到安装基础上，调整位置，皮带前端对准骨料分料仓，机脚焊接在预埋板上。其次，安装带式输送机集料斗。将带式输送机集料斗吊装到安装基础预埋件，校准其安装位置，并焊接在预埋件上。最后，安装梯子和防护栏杆。

3）粉料罐安装

安装粉料罐总重量35 t，选用135 t履带吊，根据其起重性能表在长48.8 m起重臂12 m的吊幅下可起吊41 t，在起吊过程中瞬间冲击荷载取吊装物体重量的110%，则瞬间冲击荷载38.5 t。

4）螺旋输送机安装

将螺旋输送机在地面组装好，用吊车吊运到安装位置。将进料端吊挂于水泥仓出料口上，使出料口与计量斗进料口对正后，紧固好吊绳，安装好螺旋输送机支架，然后将进料口与水泥仓出料口连接好，出料口与计量斗进料口之间用软橡胶套连接好。软橡胶套不能绷得太紧，以免影响计量精度。

（6）制冰系统的安装

1）自动储冰库的安装

验收自动储冰库的安装基础是否符合安装标准。

自动储冰库为模块化设计制造，安装方便，根据总体布置结构，按照顺序吊装安装各模块。起吊时应在模块的各起吊点同时水平向上起吊。起吊点的拉力方向偏移竖直方向夹角最大不超过30°，以免机组模块变形，造成不可挽回的后果。设备均为重型设备，吊装时底部不得有人，以免发生危险。

2）制冰机的安装

为防止集装箱起吊时发生变形或内部设备损坏，集装箱的四个起吊点必须同时向上起吊，起吊点的拉力方向偏移竖直方向夹角不超过30°。起吊时，集装箱底下或内部不得有人逗留，以免发生危险。吊装集装箱时，应确定储冰库落冰口的位置，使集装箱落冰口与储冰库落冰口对齐。

3）蒸发式冷凝器安装

蒸发式冷凝器底架锁于集装箱顶部焊接的垫块上，安装时，应清理集装箱顶部的杂物。对锁牢固后再将蒸发式冷凝器起吊至底架上，蒸发式冷凝器对锁于底架上。对锁螺栓时，应注意防止手或身体其他部位被夹伤。

4）冷风系统管路安装

对于配置储冰库系统，还需将冷风机组与储冰库冷风机之间的供液管、回气管、冲霜管进行焊接。焊接时要充分注意配管尺寸的选定，并边充氮气边焊接，以免管内产生氧化皮。

5）输冰螺旋输送机的安装

螺旋输送机吊装到位，将进料端与自动储冰库出料口对正，将出料口与制冰系统缓冲仓进料口对正后，紧固好吊绳，安装好螺旋输送机支架，然后将进料口与自动储冰库出料口连接好。

（7）电气系统安装

电气系统的控制电器分别安装在电气柜及控制台内，在外部接线前，先检查各部分电器元件是否完好无损，是否牢固，接线螺钉不得松动，焊接处不得脱落、腐蚀；根据电气接线图敷设走线槽，安装传感器分线盒；系统采用接地保护作为安全保护，要求安装现场要有良好的接地保护措施，保证系统接地电阻不大于 5Ω；外部接线布置应合理、美观、大方，各部分走线排列要整齐，不得接触油、水及腐蚀性物质；根据设备使用工地的地理、地质、土壤、气象、环境等自然条件和雷电活动规律，必须安装防雷装置。

（8）其他附件安装

安装外加剂泵，并连接各管路；安装生产水泵，连接各水管管路；安装空压机，并连接各气路；安装粉料罐除尘器。用压型钢板对搅拌站主体进行外部封闭，并安装门窗。依次安装斜皮带机顶棚、骨料配料机顶棚、带式输送机顶棚和操作室等。

3. 试验和验收

（1）空运转试验

搅拌站在安装完毕后做空运转试验，控制室接通电源后首先开启空压机达到额定压力后持续 15 min，控制阀、管路、气缸等部件不得漏气，安全阀或限压阀能进行可靠的动作。

搅拌站供料系统、搅拌系统、原料系统、操作控制系统持续空运转 30 个循环，分别检查各部件的运行是否正常、灵活、可靠，电压、电流、油压、油温等是否在标准范围内。

在砂石称量斗和水泥、粉煤灰称量斗中放置的标准砝码为最大量程的 100%，观察其计量精度并请职能部门鉴定标定，水与外加剂等一并检验。

（2）负载试验

搅拌站在正式生产前和空运转试验后应进行负载试验，带式输送机、斗式提升机在额定载荷下工作时能随时启动和制动，不得有异常杂音、卡碰，所有托辊、支承轮、滚筒均能正常运转和承载，被运送物料不得有撒漏。

测量砂、石秤的动态计量精度，观察物料卸料口的启闭准确度，给定一个任意不小于 1/2 量程的数值，观测实际的自动计量。水泥、粉煤灰、外加剂等按生产循环周期（秒表测定），测定动态计量精度。

试测混凝土实际生产周期（包括全部辅助时间）计算生产率，按混凝土多种配合比调整最佳搅拌时间，混凝土试块要做强度试验。

4. 设备改进

（1）搅拌站改进

1）斜皮带改进

调试时发现四台拌合楼骨料皮带防雨设施在大风暴雨时有轻微渗水现象，易造成皮带打滑及骨料含水率升高的风险。将内包卡扣改为外包卡扣，有效地防止了雨水渗入。斜皮带改进图如图 4-115 所示。

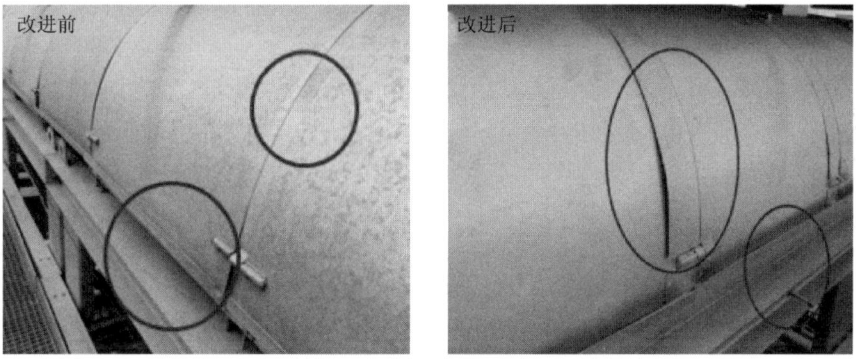

图 4-115　斜皮带改进图

2）粉料仓除尘器优化

搅拌站正式生产前，粉料仓除尘器更改为脉冲反吹强制除尘器，具有排气效率高、滤材过滤效果好、滤芯更换频次少等优点。

3）外加剂供液罐改进

原搅拌站外加剂供液罐为铁质，容量 20 t，容器为铁质易氧化腐蚀、会引起外加剂变质。容量过大，外加剂长期存在剩余量，会造成外加剂过期变质。改进：使用容积 1 t 的聚乙烯塑料材料液体罐。

（2）制冰冷水机组改进

①使用初期，耙冰机构减速机输出轴出现 2 次断裂，此减速机为普通卧式 3 级齿轮减速机，使用中将其改进为传动比更大的摆线针轮减速机。

②2015 年 7 月两台制冰机均间歇性出现冷风机因系统压力过高而保护报警，间隙停机。经查，系统压力过高是因系统（冷媒）温度过高造成。制冰机原设计为制冰系统与冷风系统共用一套冷媒散热系统，长时间运行后，散热系统散热效能下降，共用一套散热系统不能满足冷媒散热降温要求。在使用过程中给冷风机建立单独蒸发冷降温系统，冷风系统压力归于正常，无报警与停机现象。

4.3.5 使用管理

1. 生产流程

由装载机将骨料装入暂存料斗，通过皮带机及分料机将骨料分布配到相应的储料仓，储料仓卸料门受计量控制系统控制，分别按计量要求将骨料卸入各计量斗中计量。然后由皮带机将骨料输送至暂存仓，准备投入主机。混凝土粉料（水泥、粉煤灰和矿粉）由螺旋输送机送往计量斗中计量。同理，片冰、水、外加剂输送入各自计量斗完成计量。计量完毕后，通过PLC逻辑程序控制，搅拌站将各种物料依一定顺序卸入搅拌机内搅拌，按设定的搅拌时间进行拌制生产。

2. 日常管理

利用计量系统“周检”“季检”制度使用砝码定期对搅拌站计量系统进行自检，每年委托地方检测单位对搅拌站称量系统及砝码进行检验标定，同时定期委托澳门土木工程实验室对搅拌站进行认证。在制度方面，制定了《搅拌站作业指导书》《搅拌站质量控制制度》《交接班制度》《搅拌站保养制度》等搅拌站管理制度。搅拌站由培训合格的操作员进行操作（物料的含水率等混凝土的技术参数调整），由试验员对物料检测，完善相关手续后向操作员发出指令，操作员方可按指令调整。搅拌站操作员不得私自调整配合比内容。在混凝土生产过程中，搅拌站操作员需每2 h对整套设备进行巡检。一个生产周期后对搅拌站进行全面检查维修。每罐混凝土的生产都记录在册，做到混凝土的生产可追溯。

3. 输送调度

为便于沉管混凝土输送布料管理，制定混凝土输送调度指挥制度，配备1名调度员。由调度员调度指挥10台罐车，指挥输送泵6条输送线的供料起停。在输送泵作业现场，设备多，作业人员多，噪声大。为保证调度员的调度令发送及时准确，研制配备了混凝土输送声光指挥系统，输送泵操作员只需按照声光信息操作即可。

4. 布料调度

①明确通过对讲机发布指令及信息的固定语言。

②混凝土调度员的责任重大，在向拖泵发出声光泵送指令信号前，必须准确核实布料点指令的真伪，头脑保持清醒，不受外界因素的干扰，信号核实准确无误后才能发出相关指令。

③布料点指挥指令要明确果断，充分核实布料点情况后，才能发出明确指令。布料点出现异常情况，及时停止使用。

④现场作业人员严禁在布料臂及出料口下方或正前方站立或逗留。

⑤如布料臂回转区域内有人员停留及本布料机有泵送作业时，严禁操作员操作布料臂。

⑥在泵送作业时，布料人员严禁用手扶或抱住出料软胶管，人员需与软胶管保持2 m以上的安全距离。只能用绳索固定在软胶管上牵引布料。

⑦工作餐时布料机位最少有1人值班。

⑧调度值班不得离开岗位，对讲机不得离开作业频道。

⑨输送管路由专人巡视值守。

5. 检查维保

（1）设备自检

各设备在参与沉管预制之前，各设备操作员须依据《沉管预制前设备检查表》逐条逐项地对设备进行检查，并在检查表上做好记录。在作业过程中，各设备操作员每2 h对设备进行一次巡检，并按巡检记录表内容填写设备燃油消耗情况，按液体、燃油油箱刻度进行记录，发现问题及时汇报处理。

（2）设备月度安全综合检查

每月坚持设备的月度安全检查，检查由设备分管领导组织，前现场统一检查重点及细目，检查结束进行集会点评，对检查出的问题发出整改通知单，由责任人进行限期整改，并对整改结果进行复查验收。对检查整改验收的全部资料进行归档备查。

（3）星级安全文明施工检查

制定有针对性的《星级安全文明施工管理办法》。依据此办法及相关管理制度对设备星级及安全文明施工进行月度检查考评。每月考评一次，考评时每台设备逐一检查，查设备性能、设备外观、设备运转记录、设备安全运行情况及操作人员的劳动纪律、投诉情况等，并依据《星级安全文明施工管理办法》对设备操作员进行奖罚。

（4）设备维保

1）设备维保班组化

以使用班组为团队进行维保。在班组长的统一协调组织下进行班组设备保养维修，严格按设备说明书要求由操作人员对设备进行日常检查和定期检查。定期维护和预防性维修均由设备操作员负责。这样有利于设备操作人员“三懂四会”素养的养成。

2）设备维保制度化

督促操作使用人员和专业维修人员做好设备的日常保养、定期维护和预防维修工作。对维护保养差、保管不良、严重失修造成设备不能正常运行，追究有关人员的责任，并按《星级安全文明施工管理办法》进行处罚。

①岗位责任制度

设备实行定人、定机，包使用、包保管、包保养的“两定三包”责任制。设备操作人员必须坚守岗位，确保机械正常运行。对擅离职守或在岗位上做与工作无关之事的操作人员按《星级安全文明施工管理办法》进行处罚。

②持证上岗制度

设备操作及维修人员，已经过培训、考试合格取得相应操作证。

③交接班制度

交接班由值班操作人员执行，多人操作的单机或机组，交接岗位时，上一班操作人员或班长全面交接并填写设备运转记录。按交接细目进行设备及工作的交接。

④设备运输记录填写。

3）设备维保周期化

对设备的重大修理及保养制定严格翔实的计划。设备的维保计划严格按设备说明书要求进行。设备的修理间隔期以实际运转或使用时间（或行驶公里）为主，参考设备耐用年限计算，制定维修计划。

4）配件使用节约化

拖泵及布料机泵管在使用寿命达一半时，翻转 180°再行使用，泵管使用寿命可延长 20%。整条管线的泵管进行更换时，挑选可用泵管另组一条管线再行使用。对拖泵的 S 阀等耐磨易损件进行堆焊修复再使用。

5）配件储备

沉管预制厂属孤岛环境，配件物资应急采购不便。所使用的混凝土生产输送设备专业性强，配件全由生产厂商供给，供货周期长。为保证沉管生产预制的顺利进行，预制厂储备了齐全的混凝土生产与输送设备关键性配件。定期进行风险排查，进行配件库存情况统计，及时补充关键性配件。

4.4 混凝土输送与布料设备

4.4.1 研制情况

1. 配置要求

标准管节外形尺寸 22.5 m×37.95 m×11.4 m，混凝土方量约 3420 m^3，24 h 完成浇筑。每条生产线平均 15 d 生产 1 节管节，2 条生产线可生产 2 节管节，方量约 6840 m^3。两条生产线不同时浇筑，其混凝土由四台搅拌站统一提供，混凝土标号 C45，总方量约 87 万 m^3。

浇筑台座设在厂房内，厂房外设有搅拌站生产区，安装四台搅拌站进行混凝土生产。

正常情况下，开启三台搅拌站即可满足生产需要。当其中一台搅拌站发生故障、短时不能解决时，立即开启第四台搅拌站并入生产系统。

管节是由底板、顶板、侧墙和隔墙组成的空间结构，在管节浇筑布料断面内，同时存在厂房及立柱、起重机轨道、管节模板、针形梁及支腿、浇筑区内外高差等限制。厂房顶部主梁最低处标高 + 24.9 m，休整区地面标高 + 3.5 m，单个节段长 22.5 m，布料机的选型必须既符合在上述标高限制下全伸展功能，又满足管节顶板全覆盖的要求，同时布料机选型配置还须考虑互为备用情况。模板就位后，行车道内模与底板钢筋之间高度约 2 m。布料机须满足在此空间下实现管节底板混凝土浇筑要求。沉管预制厂采用钢筋笼顶推工艺，布料机、泵管的布置不能影响或阻碍钢筋笼的顶推施工。

管节混凝土浇筑采用水平分层连续进行（图 4-116），由一端向另一端用循序渐进的方法施工。按照管节截面全断面共分 6 个部分进行浇筑，其中 6 区采取节段顶推后再进行二次浇筑，总浇筑时间控制在 24 h 以内，见表 4-18。

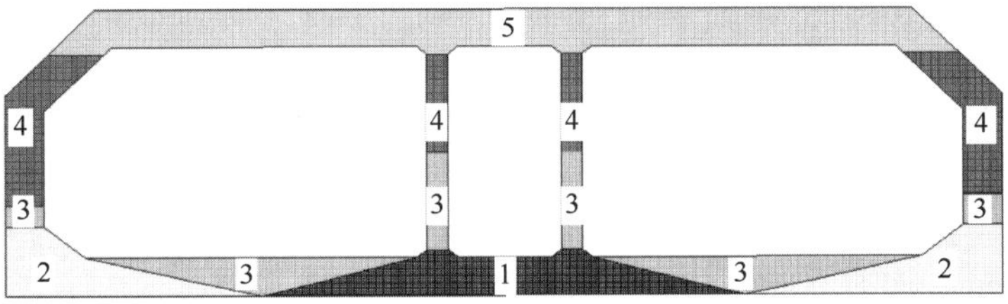

图 4-116　管节浇筑断面分区图

图中数字表示浇筑顺序

表 4-18　混凝土浇筑分区工效表

区号	区域及下料点描述	浇筑总量/m^3	理论所需时间/h	浇筑工效/(m^3/h)
1	底板中部，从腹板及廊道腔处下料	531.3	0～3.3	161
2	底板边腹板，从侧腹板下料	506	3.3～6.2	174.5
3	边中腹板中下部，从边中腹板直接下料，底板除 1、2 以外的区域，从空腔内补料	485.4	6.2～9	173.4
4	边中腹板中上部，从边中腹板直接下料	668	9～16	95.4
5	顶板，直接下料	1139.4	16～24	142.4

2. 方案选择

沉管混凝土输送方式分为泵送及皮带机输送两种方式，设备配置和性能具体如下。

（1）泵送方案

选用 6 台混凝土拖泵进行混凝土的泵送，4 台布料半径为 32 m 的移动式布料杆进行墙体、顶板布料及部分底板的辅助布料。选用 2 台吸顶式布料杆进行车道内底板的布料。混凝土拖泵布置于厂房侧门处，拖泵到布料杆的水平最远输送距离约为 70 m。根据混凝土的输送及布料强度，最大浇筑方量约 150 m^3/h，配置 10 台 12 m^3 的混凝土搅拌车进行混凝土运输。混凝土泵送见图 4-117。

图 4-117　混凝土泵送

（2）皮带机输送方案

混凝土布料有 5 台布料机，其中 2 台伸缩皮带机和 3 台箱内皮带机。布料机输送量不低于 110 m^3/h，沉管顶板、侧墙、中隔墙和部分底板混凝土采用 2 台伸缩皮带机布料，其余底板混凝土采用两个行车道和廊道里面的纵向皮带机布料，其中行车道内的输送机末端配置 1 条 4～5 m 长的旋转皮带，可以沿着皮带出料口四周任意旋转，将混凝土输送到任意位置。皮带机输送工艺示意图见图 4-118。

图 4-118　皮带机输送工艺示意图

（3）方案比较

根据两次足尺模型试验的浇筑情况，比较两种输送方式的优缺点，详见表 4-19，最终选用泵送方案。

表 4-19　方案对比

序号	对比项目	对比分析	选择结果
1	资金投入	两种方案经分析资金投入相近	相等
2	技术可行性	皮带机输送及泵送工艺均为成功方案，但泵送工艺较为成熟，皮带机输送混凝土工艺较为少见，特别是对于结构复杂的小型构件的高强度混凝土输送情况较少	泵送工艺
3	抗裂性能	皮带机输送方式可减少水泥用量，减小混凝土坍落度，最大限度避免混凝土水化热引起的微裂缝	皮带机输送工艺
4	质量及安全保证	皮带机运输距离较长，约 200 m，暴露在空气中，受风、日照等外界因素影响较严重，混凝土性能波动大； 仅有 2 条皮带机一个分料仓，施工风险极大，易导致混凝土浇筑中断； 皮带机输送易导致混凝土浆、料分离，入模前混凝土离析风险大； 皮带机输送工艺的顶板 2 台布料杆不能满足 4 道墙体的布料工艺，易导致浇筑分层冷缝现象； 泵送高强混凝土技术工艺成熟，不受外界因素影响，性能稳定； 泵送有爆管伤人的可能性，施工中需特别注意检查	泵送工艺
5	标准化管理	布料机、皮带机在浇筑混凝土过程中都存在皮带上混凝土刮不干净的现象，对地面、模板及杆件造成污染，施工现场杂乱； 泵送工艺场地较为清洁，标准化措施可控	泵送工艺
6	输送效率	混凝土输送皮带跑偏导致输送能力弱，且操控困难，不易进行实时调整； 混凝土泵送工艺输送稳定，且 6 台拖泵能弥补某台机械故障的损失	泵送工艺

3. 设备选型与布置

（1）布料系统

在模板休整区铺设专用轨道，布置 4 台行走式 MX32-4 布料机，如图 4-119 所示，最大布料半径 31.6 m。该布料机为 Z 字形臂架，臂架伸展方式类似于弹簧，第一节臂基本竖直后，随即可伸展第二、三、四节臂，即第一节臂高度决定了布料机全伸展所需的空间；行走机构高 1.5 m、立柱及回转机构高 10.5 m、第一节臂长 8.7 m，总高度 20.7 m，小于厂房顶部主梁与休整区高差（21.7 m），即厂房空间满足行走布料机臂架伸展要求。同时，第一节臂中心回转以下高 12 m，与管节顶板高度（11.4 m）基本平齐，更加便于臂架面对管节方向时的伸展，提高作业效率；布料机为无配重形式，臂架回转时不用考虑模板、针形梁等对其的限制，更加有利于安全，同时提高布料、清洗施工时的综合效率；管节混凝土浇筑时，4 台 MX32-4 布料机同时布置在模板休整区，即管节正前方，在保证管节侧墙、隔墙和顶板混凝土布料无盲区的同时，相邻两台布料机布料范围还可重合，实现互为备用，极大提高布料可靠性；在 2 号输送泵布置区一侧设置了行走式布料机休整区，非生产时段，4 台布料机驶入休整区，对两条生产线的其他作业无任何影响。

图 4-119　布料机施工图

（2）腔内固定式布料机

每个管节两个行车道，在每个行车道内模内安装了 2 台倒挂式 RV7 布料机。RV7 布料机高 1.6 m，布料半径 7 m，供料泵管从针形梁内接入，采用人工手动回转。布料机平面和立面布局图如图 4-120 所示。

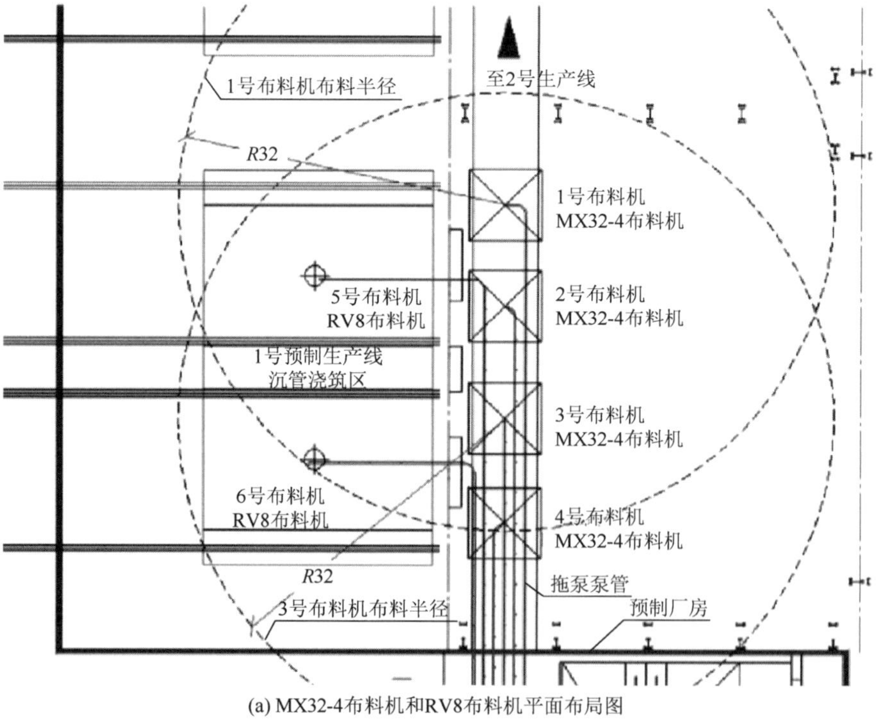

(a) MX32-4布料机和RV8布料机平面布局图

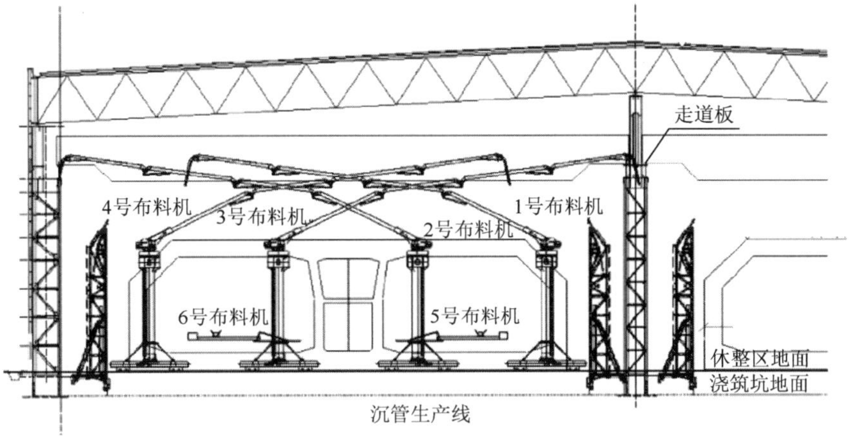

(b) MX32-4布料机和RV8布料机立面布局图

图 4-120　布料机平面和立面布局图

（3）泵送系统

1）设备选择

根据沉管预制混凝土的需求及输送特点进行了输送泵选型，经对比选用普茨迈斯特闭式液压系统混凝土输送泵。

2）出口压力

输送泵工作时压力的损失由 3 部分组成，出口混凝土压力 P = 沿程损失阻力 P_1 + 重力损失阻力 P_2 + 机械内耗阻力 P_3。根据高性能混凝泵送施工经验，含矿粉混凝土水平管道压力损失为 0.018～0.024 MPa/m。混凝土压力损失与混凝土的黏度系数、泵送速度相关，一般泵送速度较快时，压力损失会增加，计算时暂按 0.021 MPa/m。

①不同管道的泵送阻力折算成水平管道的泵送阻力

a. $R1000\times900$ 弯管的泵送阻力相当于 9 m 水平直管的泵送阻力；$R500\times900$ 弯管相当于 12 m 水平直管的泵送阻力；$R500\times450$ 弯管相当于 6 m 水平直管；$R275\times900$ 弯管的泵送阻力相当于 15 m 水平直管的泵送阻力；$R275\times450$ 弯管的泵送阻力相当于 7.5 m 水平直管的泵送阻力。

b. $\phi150$-$\phi125$ 椎管的泵送阻力相当于 8 m 水平直管的泵送阻力；$\phi175$-$\phi150$ 椎管的泵送阻力相当于 4 m 水平直管的泵送阻力；1 m 软管的泵送阻力相当于 5 m 水平直管的泵送阻力。

②垂直状态输送时混凝土泵管内的阻力由以下公式计算：

$$P_{反} = \rho Hg$$

式中，ρ——混凝土密度 kg/m^3，计算取值 2500；

H——泵送高度；

g——重力加速度 m/s^2。

③以输送距离最长的管路工况为例进行计算分析。各管路折合为水平管道，统计见表 4-20。

表 4-20　折算成水平管统计表

序号	泵管型号	数量/根	折算长度/m
1	3 m 直管	42	126
2	$R1000\times900$	5	45
3	$R500\times900$	4	48
4	$R275\times900$	10	150
5	$R500\times450$	2	12
6	$R275\times450$	2	15
7	$\phi150$-$\phi125$ 椎管	1	8
8	4 m 软管	1	20
合计			424

④计算：

$$P_1 = \Delta P_x(L + H) = 0.021\times424 = 8.904\ \text{MPa}$$

$$P_2 = \rho Hg = 2500\times20.7\times10\approx0.518\ \text{MPa}$$

$$P_3 = 2.8\ \text{MPa}$$

故总的压力损耗为 $P = P_1 + P_2 + P_3 = 12.222$ MPa。

在正常管节混凝土泵送过程中，实际泵送系统压力通常在 18 MPa 左右即出口压力约 14 MPa，大于计算压力损失 12.222 MPa，故混凝土实际沿程阻力大于取定值 0.021 MPa/m，因此可反推算出在通常排量下，沉管混凝土沿程阻力约为 0.025 MPa/m。

通过以上压力损失计算，最长输送管路的输送泵压力损失为 12.222 MPa。普茨迈斯特 BSA2109H-D 型和 BSA2109HPD 型输送泵出口压力分别为 18 MPa 和 20.5 MPa，均满足泵送要求。

3）输送泵排量及配置数量

依据混凝土布料工艺要求，浇筑时最多 6 个布料点同时布料，故每条生产线需配置 6 台输送泵，BSA2109HPD 型和 BSA2109H-D 型输送泵高压理论排量均为 57 m^3/h，考虑 0.8 的效率，每台输送泵计算泵送能力 45.6 m^3/h，6 台输送泵共 273.6 m^3/h，满足最高浇筑速率要求。

4）设备布置

1、2 号生产线两侧分别设置 1、2 号输送泵布置区（图 4-121），每台输送泵布置区各布置 6 台输送泵，其中 4 台 BSA2109H-D 型输送泵（最大出口压力 18 MPa，最大排量 95 m^3/h），2 台 BSA2109HPD 型输送泵（最大出口压力 20.5 MPa，最大排量 84 m^3/h）。浇筑 1 号生产线时，只接入 1 号输送泵布置区输送泵，2 号生产线同理。

（4）混凝土搅拌运输车

4 台搅拌站对两条生产线，每条生产线 6 台输送泵供料，或者四台搅拌站出料口配 1 台输送泵，采取泵管及阀组切换方式供料，系统复杂，可靠性低，选取传统混凝土搅拌运输车在搅拌站和输送泵之间转料具有灵活、调度方便、可替代性等优点。

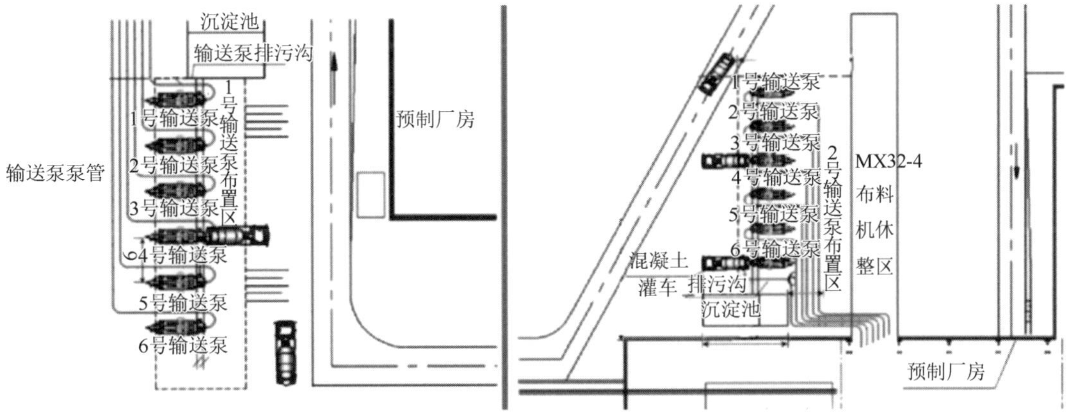

图 4-121　1 号、2 号生产线输送泵区布局图

选择常规 12 m^3 混凝土搅拌运输车，每趟往返运输时间约 300 s，接料时间 840 s，卸料时间 900 s，理论上运输量为 21 m^3/h，按照 174.5 m^3/h 的最高浇筑强度 8 台车能满足要求，为应对车辆故障，另备用两台。

4.4.2　技术性能

1. 主要设备配置表

混凝输送及布料系统由混凝土搅拌输送车、混凝土输送泵、移动式布料机和悬挂式布料机等组成，主要设备配置表见表 4-21。

表 4-21　主要设备配置表

序号	设备名称	技术规格	数量	备注
1	混凝土搅拌输送车	三一品牌，型号 SY5250GJB3A，容量 10 m^3，欧 III；配置日野 P11C-UH 柴油发动机，直列六缸、水冷、增压中冷、电喷式；配置陕西法士特 9JS150TA-B 变速器，输入扭矩 1500 N·m，输入功率 265 kW，额定转速 2600 r/min	10 辆	
2	混凝土输送泵	普茨迈斯特品牌，型号 BSA 2109H-D，最大输出量 95 m^3/h，最大混凝土输送压力 180 bar；配道依茨 BF6M1013 型柴油发动机	4 台	
3	混凝土输送泵	普茨迈斯特品牌，型号 BSA 2109HPD，最大输出量 84 m^3/h，最大混凝土输送压力 205 bar，配置沃尔沃 TAD22VE 型柴油发动机	8 台	
4	移动式布料机	普茨迈斯特品牌，型号 MX32-4，最大布料半径 31.6 m，配置底盘轨距 6350 mm，最大行走距离 120 m，总功率 10.4 kW + 15 kW	4 台	
5	悬挂式布料机	普茨迈斯特品牌，型号 RV-7，最大布料半径 6.5 m	4 台	

2. 设备性能与改进

（1）输送泵

1）液压系统原理

预制厂使用的输送泵为闭式液压系统，主压力油路为闭式，主油泵产生的高压油直接为主油缸供油。主油泵的两个进出油口直接连接主油缸，主油泵通过两个进出油口交替为两个主油缸供油，交替从两个主油缸中吸油。主油泵两侧油口既是吸油口也是输出压力出油口。运行中，一侧油口进油，另一侧油口出油，主油泵斜盘偏转越过中位（0°角），进油口变成出油口，出油口变成进油口，如此周而复始，形成闭式回路，通过改变主油泵斜盘的倾斜方向来使主油缸换向。

2）主油泵

预制厂使用的BSA2109HPD（或BSA2109H-D）型输送泵主油泵是力仕乐（Rexroth）公司制造的变量柱塞泵。其关键特点是斜盘可越过中位左右偏转，主油泵压力油液由主油泵内两个高压溢流阀控制。主油泵内套装有补油泵，其为主油泵补油和提供系统控制压力油。

补油泵通过两个单向阀在主油泵内部与主油路相连，从油箱吸入冷却后的液压油，通过单向阀向主油泵低压吸油油路补油，用于补充系统的内泄漏及冲洗阀释放的冷却液压油。补油泵同时为主油泵提供控制压力油。冲洗阀配合释放部分冲洗液压油到散热器进行冷却。大量液压油经主油泵出口，进入驱动主油缸做功后，直接进入主油泵吸油口，其中约12%经冲洗阀进入散热器回油箱冷却和过滤。主油泵液压图如图4-122所示。

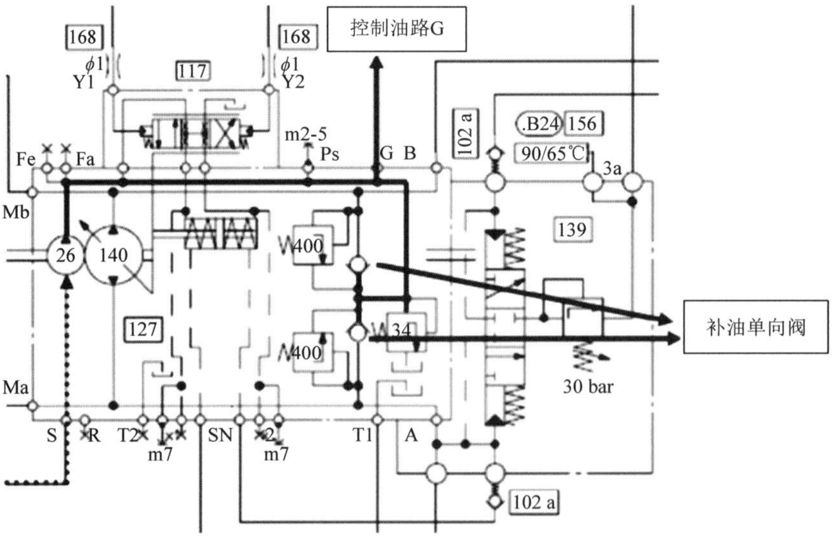

图4-122　主油泵液压图

3）发动机转速控制

发动机转速在 900 r/min 以下时，控制压力卸荷，主油泵斜盘稳定在中位，主油泵卸荷，主油泵无输出。泵送时，发动机转速在 900 r/min 以上时，控制压力建立，主油泵输出。运行时，如发动机转速突然降至 900 r/min 以下，主油泵停止工作，主油缸停止运动，为发动机卸荷，从而防止发动机在高负荷情况下突然熄火。

4）"SN"系统

在液压系统中，急剧改变液压油缸运动方向和迅速关闭开启液流通道时，由于液体与运动部件的惯性作用会引起压力冲击。混凝土泵驱动主油缸运动速度快，换向时间短，在换向时也会产生很大的液压冲击。"SN"系统是专为缓冲主油缸换向冲击设计的。"SN"系统是在主油缸换向的瞬间，主油泵相关油路控制伺服油缸活塞向释放压力端移动，牵动斜盘回中位，主油泵排量瞬间减小，液压冲击消除。"SN"系统主油泵主油口直接与伺服油缸连接，响应速度快，能可靠、有效地消除液压冲击。

5）摆阀蓄能器节能系统

摆阀由恒压泵 128 输出压力油，通过单向阀 166 给蓄能器 120 充油升压。当蓄能器 120 压力充至设定压力 17 MPa 时，恒压泵 128 在其伺服油缸作用下，斜盘归向中位，压力输出趋零。恒压泵能使液压系统保持在设定的压力而没有压力油输出，处于不做功的节能状态，减少系统发热。恒压泵斜盘控制油路图见图 4-123。

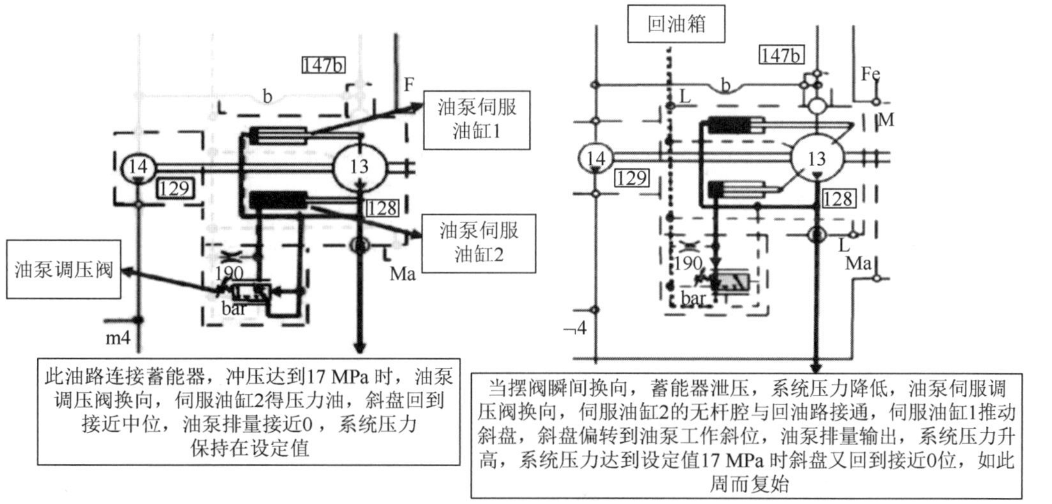

图 4-123　恒压泵斜盘控制油路图

6）系统优缺点

①"HHP"闭式回路系统油泵与驱动油缸之间无阀件，能量损失少，油液因渗漏发热低，可节省燃油。

②"HHP"闭式回路系统主油路只有少部分的冲洗油回到油箱，液压油使用量比同等开式回路混凝土泵少三分之一。

③在发动机低转速时，其液压系统不工作，可保护液压系统及发动机。

④“SN”系统通过泵送换向瞬间控制斜盘向中位方向偏转，可减缓主油路的冲击。

⑤换向加力阀通过换向完成瞬间控制斜盘向大角度方向偏转，瞬间增大混凝土排量，使输送的混凝土更均匀，管路振幅小。

⑥摆阀泵间歇性工作，可减少能耗，减少机械磨损发热。

⑦大部分控制阀件在低压环境工作，液压系统磨损小、泄漏少。

⑧主油泵及摆阀泵斜盘频繁偏转，易造成油泵损坏。

⑨对所使用的液压油清洁度要求高，使用时更换液压油频繁。

7）输送泵改进

沉管预制施工要求输送泵在 30 h 内不间断输送混凝土，为降低故障率，在使用过程中对输送泵进行了多项改进。

①输送泵出口变径管 125 端改进。设备原配 $\phi150$-$\phi125$ 变径管，125 端采用普通低压 125 管夹与过渡管对接。输送管普通低压 125 管夹卡扣环槽外径受限，管内径限定为 125 mm，此处管壁厚只有 7 mm，强度低；此处是输送泵出口近端，承受压力大，管路振幅强。变径管易撕裂，管夹易损坏。

将变径管 125 端的接口与过渡管的外径同时增大，让其接口位适于高强 150 管夹卡扣。因内径未变，外径加大，接口位管壁随之增厚，厚度达 22 mm。改进后提高了输送泵近端管的安全性。

②BSA2109HPD 型输送泵发动机改进。发动机原厂只配设一条冷却风扇传动皮带，此皮带运行 120～150 h 就可能出现断裂现象。将风扇皮带轮改进为双槽轮，安装两条风扇皮带。使用中未出现皮带断裂。原装 BSA2109HPD 型与 BSA2109H-D 型输送泵均未设置发动机转速表，影响设备的安全使用。该两型输送泵的发动机发电机上设有测速端“W”，每台输送泵改进增设与测速端匹配的转速仪表，解决输送泵转速的指示问题。

③BSA2109HPD 型输送泵原装 S 阀大端密封件安装套（大端支撑套）刮油环端面厚度只有 2.5 mm。刮油环端面与混凝土直接接触，端面与混凝土存在相对运动。在生产过程中，刮油环端面薄且强度不足使其磨损变形损坏严重，造成大端支撑套内进入浆料而损坏密封件及 S 阀大端。经与厂家协商将支撑套刮油环端面加厚到 5 mm（图 4-124）。

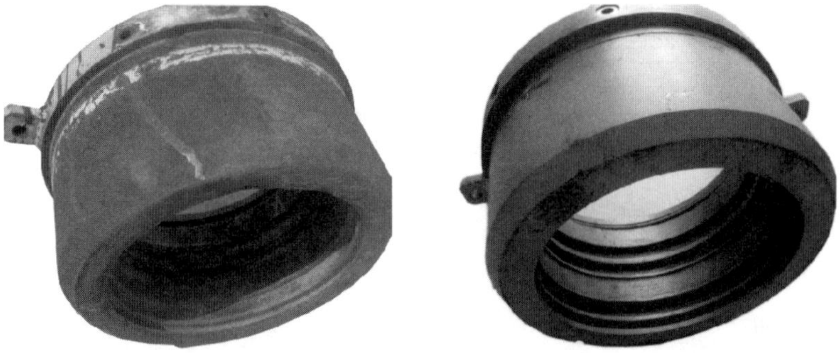

厚2.5 mm端面图　　厚5.0 mm端面图

图 4-124　大端支撑套对比图

④BSA2109HPD 型输送泵发动机原装中冷器为焊接式，强度不足，使用中出现爆裂现象。将中冷器结构材料加强，进行冲压成形。改进后未出现爆裂现象。

（2）MX32-4 布料机

1）技术参数

MX32-4 布料机技术参数和参数图分别见表 4-22 和图 4-125。

表 4-22　MX32-4 布料机技术参数

项目	参数	项目	参数
最大布料半径	31.6 m	臂架形式	Z 形
工作环境温度	−20～60℃	输送管径	125 mm
塔身高度	19.5 m	末端软管长度	3 m
爬升形式	油缸顶升	第一节臂长度	8.7 m
电动机功率	15 kW	转角	103°
防护等高级	IP55	第二、三节臂长度	7.7 m
转速	1500 r/min	转角	180°
系统压力	350 bar	第四节臂长度	7.5 m
流量	24 L/min	转角	234°
控制方式	手动/有线	平衡配重	0
输送管清洗方式	水洗/干洗	爬升步距	500 mm
电源电压	400 V	楼板开孔尺寸	1 m×1 m

MX32-4 布料机由普茨迈斯特公司设计生产制造，主要用于房建的屋面混凝土布料，具有与塔吊相仿的自爬升机构，可随着楼层的加高而升高。沉管管节的浇筑高度始终无变化，无须爬升功能。预制厂的 4 台 MX32-4 布料机标准节只使用一节（6 m）即可满足使用。MX32-4 布料机标准产品无自行走功能，管节浇筑工艺要求 4 台布料机需为自行式。经与普茨迈斯特公司技术交流，确定专项设计制造行走机构拼装在布料机底座上，实现布料机的自行功能。

2）结构性能特点

①主体（普茨迈斯特公司标准产品 MX32-4 布料机）

MX32-4 布料机（图 4-126）布料臂有 4 段，为 Z 形展开臂，回转为无配重式，回转时由左右回转油缸带动回转驱动齿条，驱动齿条绕着环形齿盘公转而实现布料臂旋转。旋转最大角度 370°。

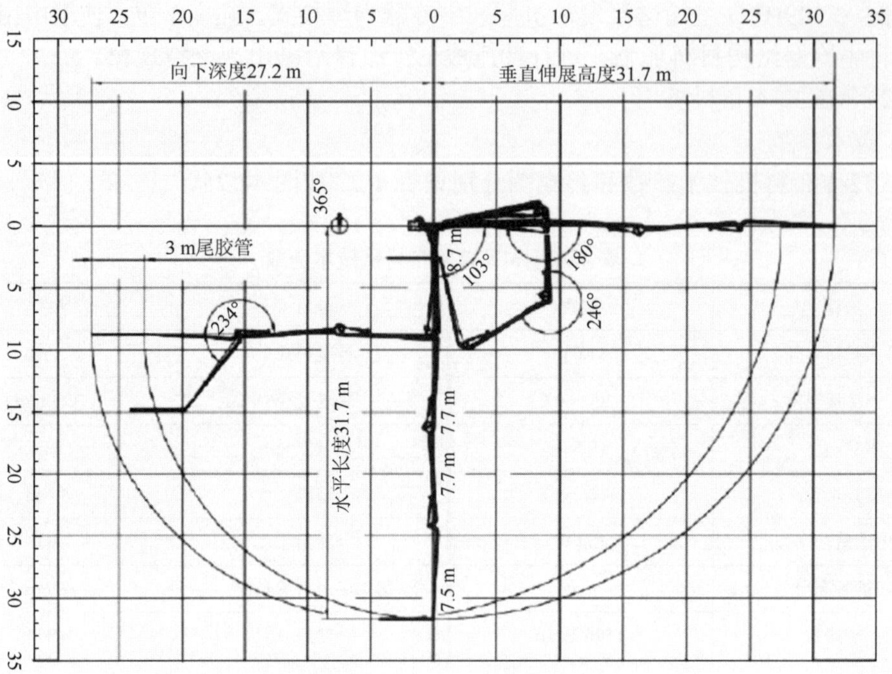

图 4-125　MX32-4 布料机参数图（单位：m）

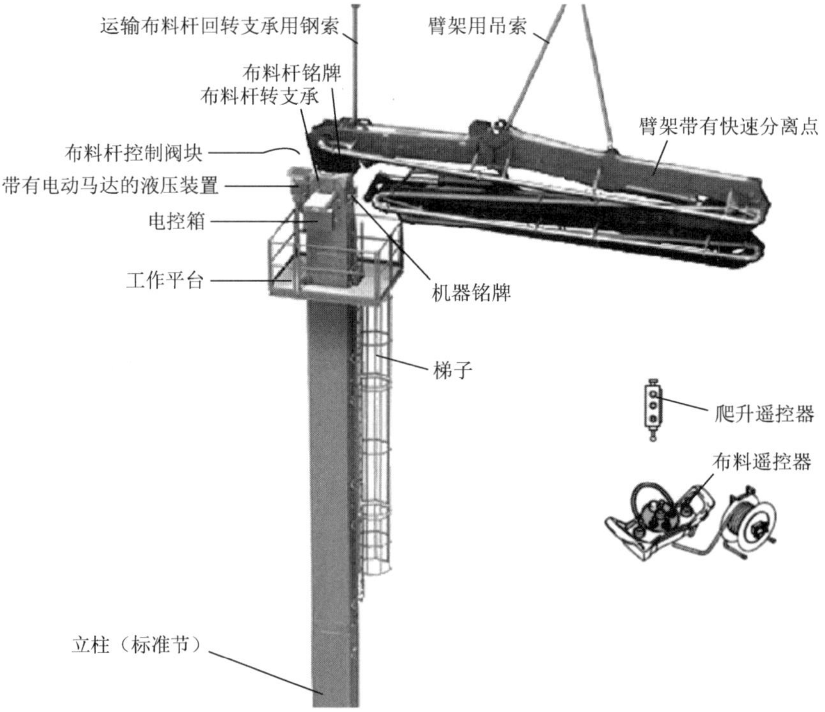

图 4-126　MX32-4 布料机

②行走机构

行走机构是为满足沉管预制布料需要对标准 MX32-4 布料机增加的机构，只针对港珠澳大桥沉管预制工艺进行的专项设计改造。行走机构基本参数如下：①行走距离 120 m；②行走钢轨轨距 6350 mm；③行走移动速度 12.5 m/min；④布料系统及配重总质量 50 t；⑤配手动夹轨器，行走平台高 1500 mm。

3）设计

①总体设计

根据设计要求，在 MX32-4 布料机十字底座下设计一个行走底座，以满足轨距及高度要求，实现行走功能。将十字底座平板安放在设计制作的行走式布料机底座平板上，将平板加焊，确保整机结构稳定。行走机构采用两台主动台车，电机功率 5.2 kW，布料机总功率为 25.4 kW。总体设计装配示意图见图 4-127。

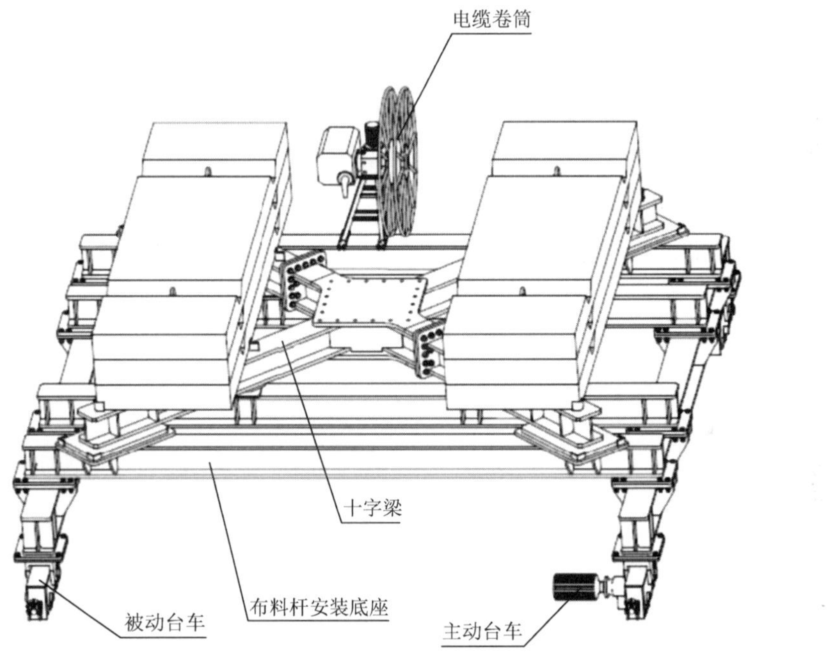

图 4-127　总体设计装配示意图

②结构设计

a. 十字梁与底座连接。将十字交叉支座平稳地安放在行走底座上，使对应平板平行贴合，并焊接牢固，十字梁与底座连接示意图如图 4-128 所示。

b. 行走底座结构。行走底座包括 4 根分配上梁，2 根行走下梁。上下梁通过螺栓连接。底座组成示意图如图 4-129 所示。

c. 电缆卷筒组件安装在行走机构底座上，如图 4-130 所示。

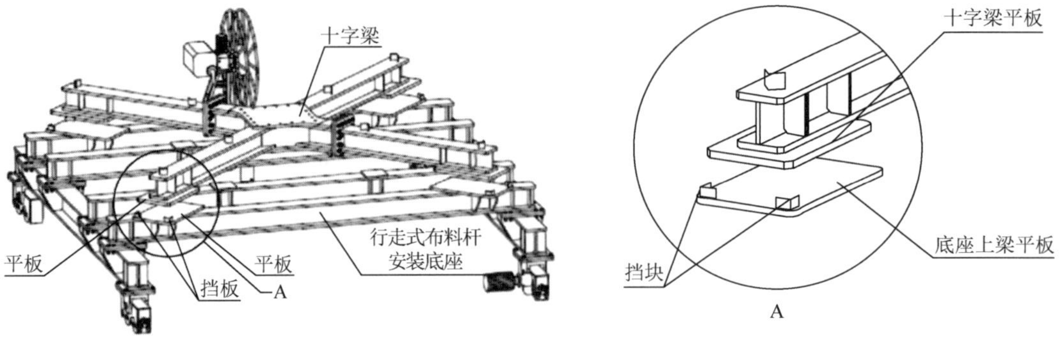

图 4-128　十字梁与底座连接示意图

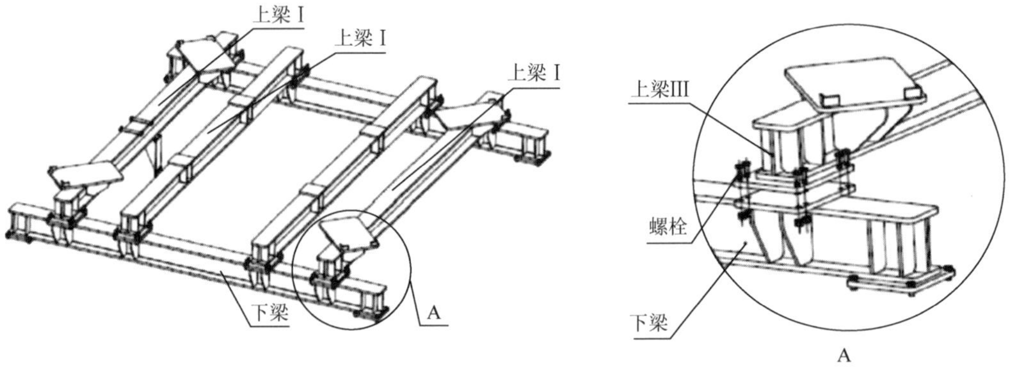

图 4-129　底座组成示意图

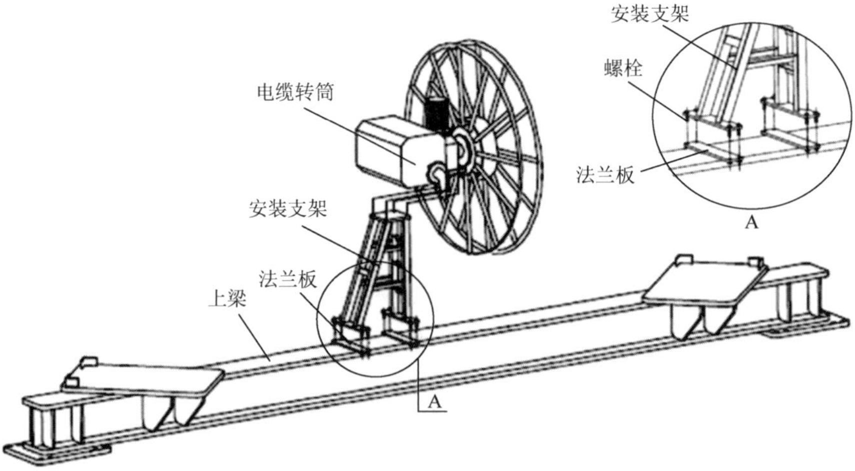

图 4-130　电缆卷筒组件示意图

d. 行走台车。行走台车由电机、减速器、限位器、限位斜块、行走轮、行走车箱及制动钳等组成。行走台车性能参数表如表 4-23 所示，行走台车示意图如图 4-131 所示。

表 4-23　行走台车性能参数表

项目	电机型号	电机功率/kW	电机转速/(r/min)	减速器	行走速度/(m/min)	轨道型号
参数	双速电机 YTZE112L	5.2（2.6）	2800（1400）	JT01 $I=140.2$	25（12.5）	重轨 50 kg/m

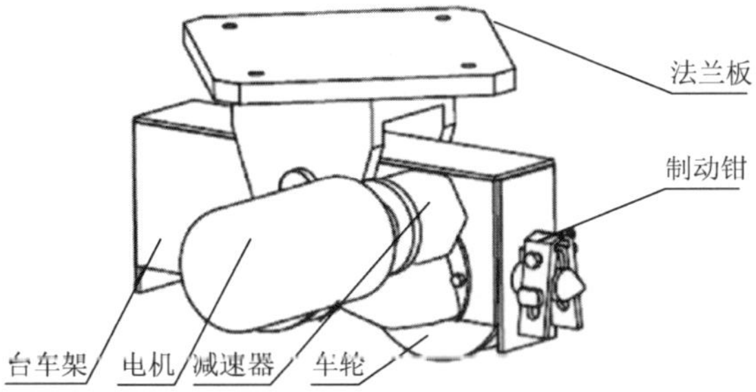

(a) 主动台车

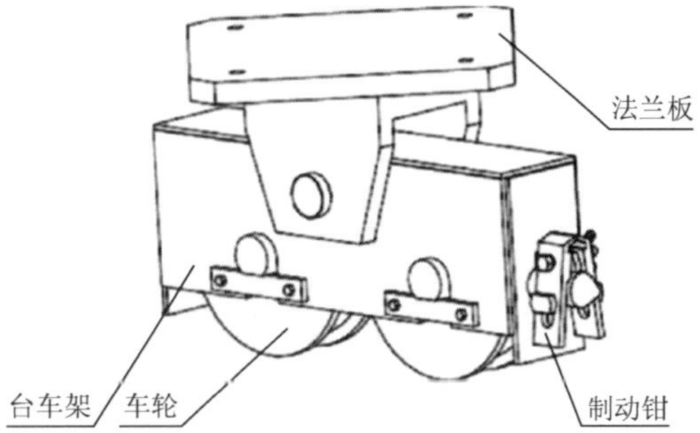

(b) 被动台车

图 4-131　行走台车示意图

③改进

MX32-4 布料机输送管路原厂配属淬火管（Q235 淬火），输送 1400～2000 m^3 混凝土后易出现漏浆爆管现象。经性价比选，使用高强双层耐磨管，水平管型号 137×7 mm（外管壁厚 3 mm，合金退火内管壁厚 4 mm），臂架管型号 133×4.5 mm（外管壁厚 2 mm，合金退火内管壁厚 2.5 mm）。

MX32-4 布料机管路入口端。设备原配置在布料机立柱与底座位设置两条 $R275\times90°$ 弯管角度反向对接成 S 形。S 形管因转弯半径小，又是管路的过渡点（地面普通输送管与布料机管连接点），摩擦较大，输送 700～800 m^3 混凝土就出现漏浆爆管现象。

提升布料机立柱管对机座平台空间高度，与立柱管连接一条 $R500\times90°$弯管，再连接一条 2 m 直管置于机座平台上，在平台边缘与 2 m 直管反向连接一条 $R500\times90°$弯管，在此与输送泵连接的地面管相连接。此点的地面管与布料机水平管内径等径，改进后效果明显。MX32-4 布料机底座布管图如图 4-132 所示。

图 4-132　MX32-4 布料机底座布管图

（3）附着式布料机

RV8 布料机有两节臂，水平曲臂，360°全回转，全手动，RV8 布料机结构示意图如图 4-133 所示。

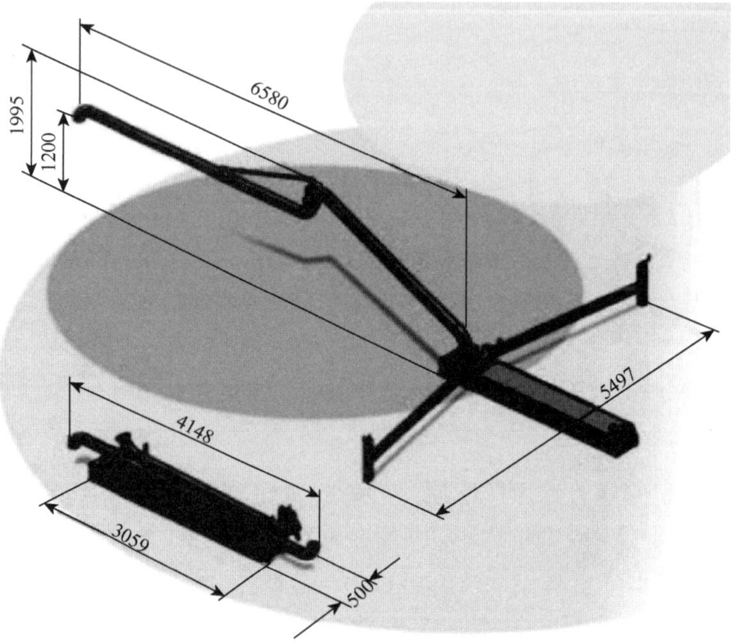

图 4-133 RV8 布料机结构示意图（单位：mm）

4.4.3 设备安置及使用

1. 输送泵安置

6 台输送泵成一字排开，首尾方向一致，输送泵中对中间距 6 m。各输送泵出口端接 $R400\times90°\times150$ 通径弯管、过渡变径为 9 mm 法兰式 125 高锰钢泵管、2 m 直管、$R1000\times90°$弯管后，整个管路从输送泵的后端延出。

2. 场地布置

（1）沉淀池

泵送站靠预制厂房侧设置两级沉淀池，对泵送站产生的废水进行初步沉淀处理，一级沉淀池底部设置为斜坡，装载机可从泵送站地面直接进入沉淀池内清理废渣。沉淀池通过隔墙分出两级沉淀池，隔墙顶部开设有孔洞使两级沉淀池相通。沉淀池实景图如图 4-134 所示。

图 4-134　沉淀池实景图

（2）排水沟

泵送站地面从预制厂房的远端至近端由高到低预设 3%横坡，向沉淀池方向倾斜，便于废水自动流入沉淀池。在 6 台输送泵料斗下方设置有 1 条与沉淀池相连接的水沟，水沟在输送泵排污口正下方。水沟宽 1 m，其底部相对于沉淀池由高到低设置 3%横坡，便于泵送过程产生的污水排入沉淀池。

（3）罐体定位止挡

在 6 台输送泵前方设置有一条钢筋混凝土结构的罐车倒车挡（罐车停车标识），如图 4-135 所示。其截面为弧形，长 36 m、宽 0.5 m、高 0.2 m。其作用是限制罐车与输送泵之间的间距，罐车的后轮不越过倒车挡，罐车卸料时自动排列整齐；防止在泵送过程中产生的废水进入罐车卸料停车区，确保泵送站现场整洁。

图 4-135　罐车倒车挡

3. 设备的使用

混凝土输送和布料设备与混凝土生产设备组成混凝土供应设备，设备的管理、使用、养护、维修参照混凝土生产设备。

4.5 钢筋加工设备

4.5.1 设备配置

1. 总体要求

管节钢筋采用 HRB400，直径有 ϕ40 mm、ϕ36 mm、ϕ32 mm、ϕ28 mm、ϕ25 mm、ϕ20 mm、ϕ16 mm、ϕ12 mm，单个节段钢筋最大用量约 1100 t。预制沉管的横向主筋直径分为 32 mm 和 40 mm 两种，分 4 层布置，最外层主筋为环管节横断面封闭形式，间距除端部加密段之外为 10 cm 和 14 cm 间隔布置。箍筋设计为外箍分两半制作、搭接连接，中间设拉钩筋加强的形式。为保证钢筋骨架的刚度及在绑扎和顶推过程中的稳定性，间距 2 m 设置沿管节横断面封闭的型钢劲性骨架。钢筋绑扎采用分区绑扎、顶推移位施工工艺，即在底板区完成底板钢筋绑扎后，顶推到墙体区绑扎侧墙和中隔墙钢筋，然后顶推到顶板区绑扎顶板钢筋，最后顶推到模板区，依次流水施工。

预制厂有两条沉管预制生产线，每条生产线配置一条钢筋加工生产线，分为底板钢筋加工区、隔墙钢筋加工区、顶板钢筋加工区 4 个作业区。

根据基本工艺流程和布局，原材料主要在底板和顶板区堆存，2×10 t 龙门吊上料，经输送辊道转运至隔墙区加工。隔墙上料区为保证上料，另配备 1 台 10 t 龙门吊。剪切料经横移摆渡车对弯曲和套丝设备进行供料，传输采用输送辊道。半成品采用各区 2×10 t 龙门吊和过跨车进行转运。

单节段钢筋重 1100 t，按周计算钢筋加工能力不低于 150 t/d。

剪切设备能剪切 HRB400ϕ40 的钢筋，数控弯曲中心（立弯）能弯曲 HRB400ϕ32 的钢筋，自动弯曲机（平弯）能弯曲 HRB400ϕ40 的钢筋，套丝机能加工 HRB400ϕ40 的钢筋。

自动弯曲机（平弯）弯心轴需配备常规弯心轴和大半径弯心轴，可根据钢筋弯曲半径改装，且方便更换不同的弯心轴，以便加工不同类型的主筋。

2. 选型要求

（1）剪切

根据统计分析，标准管节单个节段需要加工的钢筋数量见表 4-24。

表 4-24　标准节段钢筋剪切加工量统计表

序号	直径/mm	合计重量/kg	半成品根数/根	数控锯切次数/次	数控剪切次数（小）/次	数控剪切次数（大）/次	电动剪切次数/次
1	36	53 597.7	1050	105	1050	525	1050
2	32	219 667.3	4025	402	4025	2013	4025
3	28	37 843.5	700	50	700	350	700
4	25	44 613.4	3350	209	1117	559	2150
5	20	49 209.2	6250	372	1563	782	3126
6	16	53 944.1	27 140	1802	4523	2262	6785
7	12	1550.2	84	4	14	7	28
合计		460 425.4	42 599	2944	12 992	6498	17 864

若采用数控钢筋剪切机（小型号按 GJW150 型或以上型号）按 1 次/30 s 的工效计算，总剪切次数为 6498 次，每日有效作业时间按 14 h 计，每周按 6 d 计，则每台每周净剪切次数为 2 次/min×60 min/h×14 h/d×6 d = 10080 次，配备一条数控剪切线，设计每周剪切数量约 10 080 次＞6498 次（满足）。富余系数 $\mu = 10080/6498 \approx 1.55$。

若采用锯切线，按 1 次/60 s 的工效计算，总锯切数量为 2944 次，每日有效作业时间按 14 h 计，每周按 6 d 计，则每台每周净剪切次数为 1 次/min×60 min/h×14 h/d×6 d = 5040 次，配备一条锯切生产线满足要求。

采用普通切断机，人工送料断料，按 1 次/min 的工效计算，总剪切次数为 17 864 次，每日有效作业时间按 16 h 计，每周按 6 d 计，则每台每周净剪切次数为：1 次/min×60 min/h×16 h/d×6 d = 5760 次。配置 4 套，每周剪切次数 23 040 次＞17 864 次（满足），富余系数 $\mu \approx 1.29$。

（2）套丝

根据统计分析，沉管单个标准节段钢筋套丝加工量见表 4-25。

表 4-25　标准节段钢筋套丝加工量统计表

序号	直径/mm	套丝数量/个
1	36	1050
2	32	5250
3	20	700
4	16	84
合计		7084

套丝均按照 30 个/h 的工效计算，总套丝数量为 7084 个，每日有效作业时间按 16 h 计，每周按 6 d 计，则单台每周加工丝头数量为：30 个/h×16 h/d×6 d = 2880 个。配备 4 套套丝设备，每周可加工丝头 11 520 个＞7084 个（满足），富余系数 $\mu \approx 1.63$。

（3）弯曲

根据统计分析，标准管节单个节段需要加工的钢筋数量见表 4-26。

表 4-26 标准管节单个节段钢筋弯曲加工量统计表

序号	直径/mm	大半径弯曲/个	其他弯曲/个	拉钩/个	数控单次弯曲/个	数控总弯曲/次	电动单次弯曲/个	电动总弯曲/次
1	36	1050	700	0	1	700	1	700
2	32	350	1400	0	3	1400	3	1400
3	28	0	700	0	1	700	1	700
4	25	0	2300	0	2	2300	2	2300
5	20	0	5550	0	6	2776	3	5550
6	16（12）	0	6638	20 502	12	6785	6	13 570
合计		1400	17 288	20 502	25	14 661	16	24 220

底板侧墙下倒角大半径弯曲钢筋若采用 GW50 弯曲机（改型），人工操作。按照 10 根/h 的工效计，每日有效作业时间按 16 h 计，每周按 6 d 计，则每台设备每周加工根数为：10 根/h×16 h/d×6 d = 960 根。配备 2 台该种型号弯曲机，每周可加工 1920 根＞1400 根（满足），富余系数 $\mu\approx1.4$。

若改用自动弯曲机（平弯），人工辅助即可，按照 1 根/min 的工效计，每日有效作业时间按 14 h 计，每周按 6 d 计，则每台设备每周加工根数为：60 根/h×14 h/d×6 d = 5040 根。满足需要，除加工大半径弯曲钢筋外，也可弯曲直径 36 mm、32 mm 的钢筋。

选用数控弯曲机对其余钢筋进行加工，共计 14 661 次。按照 1 次/40 s 工效计，每日有效作业时间按 14 h 计，每周按 6 d 计，则每台设备每周弯曲次数为：90 次/h×14 h/d×6 d = 7560 次，选用 2 台，设计弯曲次数 15120＞14661 次（满足）。

如选用普通弯曲机，共计 24 220 次。按照 1 次/2 min 工效计，每日有效作业时间按 16 h 计，每周按 6 d 计，则每台设备每周弯曲次数为：30 根/h×16 h/d×6 d = 2880 次。配置 10 台，每周弯曲次数共 28800＞24220（满足），富余系数 $\mu\approx1.20$。

3. 配置方案

（1）总体方案

根据以上分析，设备及人员配置初步方案见表 4-27。采用三区联动，底板区堆放原材料，隔墙与顶板区为加工区，其中三个区的半成品堆存区不变。根据定尺钢筋不同的取型比较，对钢筋加工设备影响较小，设备方案配备相同。钢筋加工设备采用全自动联动机制，剪切线—套丝线—弯曲线整体流水化施工，加工的半成品利用厂内小车运输至指定区域的半成品堆存区。

该方案自动化程度高，减少了龙门吊的使用量和操作工人的数量，钢筋配料及半成品综合利用便利。

表 4-27　钢筋加工设备和人员配置数量统计表

分区	名称	数控型设备	
		设备实际配置数量/人	人员配置数量/人
加工区	剪切生产线/锯切生产线	1	4
	套丝机	4	8
	立式弯曲机	2	4
	平式弯曲机	1	2
	普通弯曲机	—	—
合计		8	18

（2）工艺流程设计

根据设备配置方案，对钢筋加工各工序进行工艺流程设计，如图 4-136 所示。

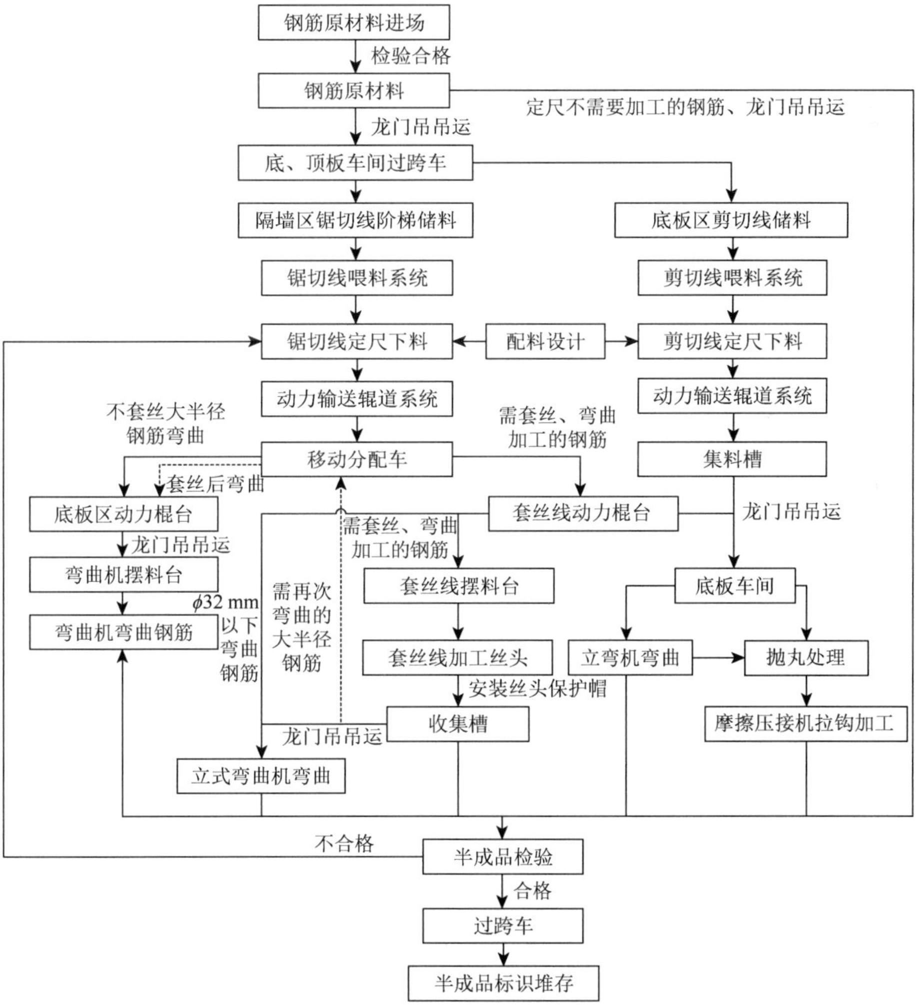

图 4-136　钢筋加工工艺流程图

（3）平面布置设计

每条钢筋加工生产线由原材料待检区、合格材料堆存区、钢筋加工区、半成品堆放区四个区域组成，其中半成品堆放区与绑扎区域对应划分为三个区域，场内钢筋转运采用输送辊道或平移台车配合龙门吊进行转运，充分体现流水化和机械化的施工特点。

4.5.2 技术性能

1. 设备清单

经国内外钢筋加工工艺和设备调研，采取国内外性价比高的产品进行组合，选取国内外优秀品牌产品，单条线设备清单如表 4-28 所示。

表 4-28 单条线设备清单

序号	设备名称	型号	数量/套	备注
1	数控锯切生产线	GJX500	1	包括动力传送辊道、移动分配车、锯切机等
2	套丝机	ADS-40III	2	包括套丝机、自动喂料系统、横向传送台、镦粗机等
3	过跨车	KPD-R-10T	3	1 套原材过跨车、2 套半成品过跨车
4	数控剪切生产线	TFC-LA	1	包括横向传送台、自动剪切机等
5	立式弯曲机	TBS-25-NC4	1	—
6	平式弯曲机	B52/B33	2	—
7	摩擦压接焊机	WH-30SH	3	设置于加工区外车间

2. 性能参数

①数控锯切生产线参数见表 4-29。

表 4-29 数控锯切生产线参数

序号	项目	参数
1	型号	GJX500
2	锯切宽度	500 mm
3	锯切钢筋直径	12～50 mm
4	定尺长度范围	1500～12 000 mm
5	辊道输送速度	48 m/min
6	辊道承载能力	120 kg/m
7	气路系统工作压力	0.5～0.8 MPa
8	总功率	19 kW

②移动分配车（摆渡车）参数见表 4-30。

表 4-30　移动分配车（摆渡车）参数

序号	项目	参数
1	槽位数	3 槽
2	承载能力	200 kg/m
3	槽位宽度	440 mm
4	最大输送长度	12 m
5	总功率	11 kW
6	输送速度	35 m/min

③动力输送辊台参数见表 4-31。

表 4-31　动力输送辊台参数

序号	项目	参数
1	输送槽宽度	500 mm
2	承载能力	200 kg/m
3	最大输送长度	12 m
4	总功率	4.4 kW
5	输送速度	35 m/min

④套丝自动喂料系统参数见表 4-32。

表 4-32　套丝自动喂料系统参数

序号	项目	参数
1	最大加工长度	12 m 或 9 m 两种
2	加工钢筋直径	12～50 mm
3	纵向送进速度	50 m/min
4	钢筋丝头加工方式	两端分别加工
5	收集槽位数	2 槽
6	总功率	6 kW（不含套丝机）

⑤横向动力输送台参数见表 4-33。

表 4-33　横向动力输送台参数

序号	项目	参数
1	最大输送长度	12 m 或 9 m 两种
2	传送速度	10 m/min

续表

序号	项目	参数
3	承载能力	200 kg/m
4	总功率	—

⑥过跨车参数见表 4-34。

表 4-34　过跨车参数

项目	长/m	宽/m	内轨距/m	速度/(m/min)	功率/kW	轮径/mm	离地距离/mm	钢轨质量/kg	载荷/t
原料过跨车	10	2.4	1.435	35	4.5	420	50	P24	30
半成品过跨车	7	3	1.435	35	3	420	50	P24	20

⑦GHB40 型套丝机技术参数见表 4-35。

表 4-35　GHB40 型套丝机技术参数

序号	项目名称	项目指标
1	规格型号	GHB40
2	主电机功率	4 kW
3	副电机功率	0.09 kW
4	滚压螺纹钢筋直径	16～40 mm
5	滚压螺距	2 mm，2.5 mm，3 mm，3.5 mm

⑧TFC-LA 切断机参数见表 4-36。

表 4-36　TFC-LA 切断机参数

序号	项目	参数
1	输送机长度规格	12×12
2	切割钢筋直径	D10、D16、D25、D38
3	材料台可载重量	3000 kg
4	定尺长度范围	500～12 000 mm
5	挡板定位精度	±1 mm
6	总功率	15.05 kW
7	同时切割最多根数 SD345	25 根（D10），15 根（D16），9 根（D25），3 根（D38）

⑨TBS-25-NC4 立式弯曲机参数见表 4-37。

表 4-37　TBS-25-NC4 立式弯曲机参数

序号	项目	参数						
1	可加工的钢筋的材质	SD295A、SD295B～SD490（SD685～SD785）						
2	可加工钢筋的公称直径	D10、D13、D16、D19、D22、D25						
3	反复定位精度	±1 mm						
4	可加工的弯曲角度	±1°						
5	同时弯曲的最多根数	钢筋公称直径	D10	D13	D16	D19	D22	D25
		SD295～390	9	7	5	3	2	1
		SD490	9	7	4	2	1	1
		SD685～785	8	5	3	—	—	—

⑩B-52S 平式弯曲机参数见表 4-38。

表 4-38　B-52S 平式弯曲机参数

序号	项目	参数							
1	可加工的钢筋的材质	SD295A、SD295B、SD345、SD390、SD490							
2	可弯曲角度	15°～180°							
3	反复定位精度	±1°							
4	同时弯曲的最多根数 SD490	公称直径	D25	D29	D32	D35	D38	D41	D51
		根数/根	2	2	2	1	1	1	1
		高速/低速	高速	高速	高速	高速	低速	低速	低速

⑪B-33 平式弯曲机参数见表 4-39。

表 4-39　B-33 平式弯曲机参数

序号	项目	参数						
1	可加工的钢筋的材质	SD295A、SD295B、SD345						
2	反复定位精度	±1°						
3	同时弯曲的最多根数 SD345	公称直径	D16	D19	D22	D25	D29	D32
		根数/根	3	2	1	1	1	1
		高速/低速	高速	高速	高速	高速	低速	低速

⑫WF-30SH 摩擦压接焊机参数见表 4-40。

表 4-40 WF-30SH 摩擦压接焊机参数

<table>
<tr><td rowspan="16">机身</td><td colspan="2" rowspan="2">设备规格</td><td colspan="3">WF-30SH</td></tr>
<tr><td colspan="3">钢筋加工专用机</td></tr>
<tr><td colspan="2" rowspan="2">摩擦焊接方式</td><td colspan="3">制动式</td></tr>
<tr><td colspan="3">（装有干式制动器）</td></tr>
<tr><td colspan="2">限制方式</td><td colspan="3"></td></tr>
<tr><td>1</td><td>变形量限制</td><td colspan="3">磁性尺式</td></tr>
<tr><td>2</td><td>全长限制</td><td colspan="3">磁性尺式</td></tr>
<tr><td>3</td><td>时间限制</td><td colspan="3">数字计时器式</td></tr>
<tr><td colspan="2">主轴转速</td><td>Max</td><td>2500</td><td>r/min</td></tr>
<tr><td colspan="2" rowspan="3">最大焊接力顶锻</td><td>Max</td><td>103.5</td><td>kN</td></tr>
<tr><td>Max</td><td>10 556</td><td>kgf</td></tr>
<tr><td>Max</td><td>10.56</td><td>t</td></tr>
<tr><td colspan="2">滑座移动距离（行程）</td><td>Max</td><td>200</td><td>mm</td></tr>
<tr><td colspan="2">机芯高度</td><td></td><td>1100</td><td>mm</td></tr>
<tr><td colspan="2">机身重量</td><td>约</td><td>5500</td><td>kg</td></tr>
<tr><td colspan="2">机身尺寸</td><td colspan="3">※参照图纸布局图</td></tr>
<tr><td rowspan="2">主轴</td><td colspan="2" rowspan="2">主轴固定方式/数量</td><td colspan="3">专用夹具/ 1 套</td></tr>
<tr><td colspan="3">使用磁铁固定钢板</td></tr>
<tr><td rowspan="6">焊钳</td><td colspan="2">焊钳方式/数量</td><td colspan="3">液压水平双开闭式/1 套</td></tr>
<tr><td colspan="2" rowspan="2">焊钳夹持力（推压侧）</td><td colspan="3">Max 144 kN</td></tr>
<tr><td colspan="3">Max 14 720 kgf</td></tr>
<tr><td colspan="2">焊钳行程（推压侧）</td><td colspan="3">Max 45 mm</td></tr>
<tr><td colspan="2">可安装最大工件（直径）</td><td colspan="3">Maxϕ25 mm</td></tr>
<tr><td colspan="2">可安装最大工件（长）</td><td colspan="3">Max 2100 mm</td></tr>
</table>

注：1 kgf = 9.80665 kN。

4.5.3 摩擦压接焊机

1. 拉钩筋方案

受主筋间距、长度、施工工艺和钢筋绑扎区场地限制，导致封闭箍筋的拉筋如采用常规设计将无法施工，必须采取新型拉钩筋形式才能解决拉钩筋安装的施工难题。

由于拉钩筋钢板加工难以采用常规焊接方法，故引入并采用摩擦压接焊技术，采购了三台摩擦压接焊机，见图 4-137。鉴于摩擦压接焊机不属于钢筋加工常规设备，因此对其进行详细介绍。

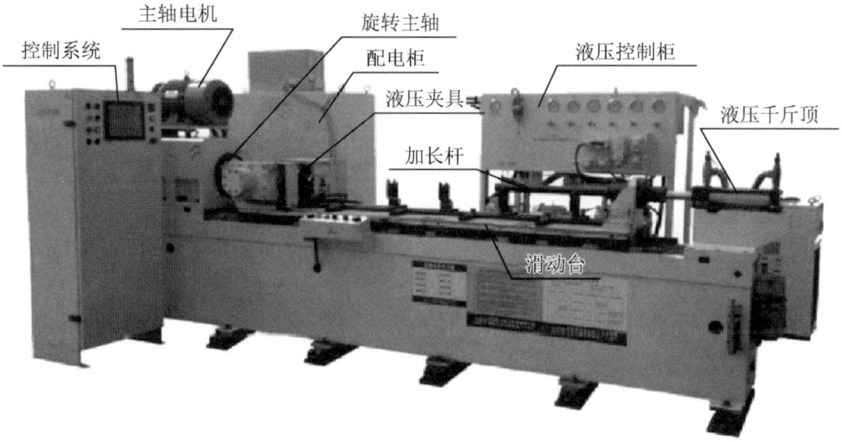

图 4-137　摩擦压接焊机

2. 工作原理

锚固钢板安装于旋转主轴前端的旋转头凹槽内，钢筋安装在滑动台的支座上，通过加长杆保证钢筋与锚固钢板有效接触并由液压夹具固定，后方液压千斤顶顶动滑动台使钢筋与锚固钢板接触压力满足加热压力要求，主轴电机带动旋转主轴高速旋转使钢筋与锚固钢板间摩擦发热，当钢筋与钢板熔化后主轴停止旋转，通过液压千斤顶顶推滑动台带动钢筋与钢板压接成型。设备运行参数在控制系统触摸屏上设置。

3. 加工工艺

（1）工艺流程图

加工工艺流程如图 4-138 所示。

（2）材料准备

钢筋采用切断机下料，要求端面平整，无明显变形。下料长度偏差小于 3 mm，否则摩擦压接焊机会报错而无法焊接。锚固钢板按设计尺寸在钢材市场购买成品，焊接前用抛丸清理机对钢板表面进行处理，处理后的钢板表面要求无锈蚀、油污等杂质。钢板应做到随处理随使用，避免处理后的表面二次污染影响焊接质量。

（3）更换旋转头、设置运行参数

根据所加工的钢筋直径，更换相应的旋转头。设备运行参数包括：主轴旋转头转速、加热压力 P_1（MPa）、接合压力 P_2（MPa）、钢筋长度、加热时间、接合时间、液压夹具夹持力等，参数选择的主要依据为钢筋强度等级、钢筋直径、经试验得到的参数图表。在设备投入使用前，抽检所用钢筋、钢板进行力学性能试验，根据厂家提供的参数曲线

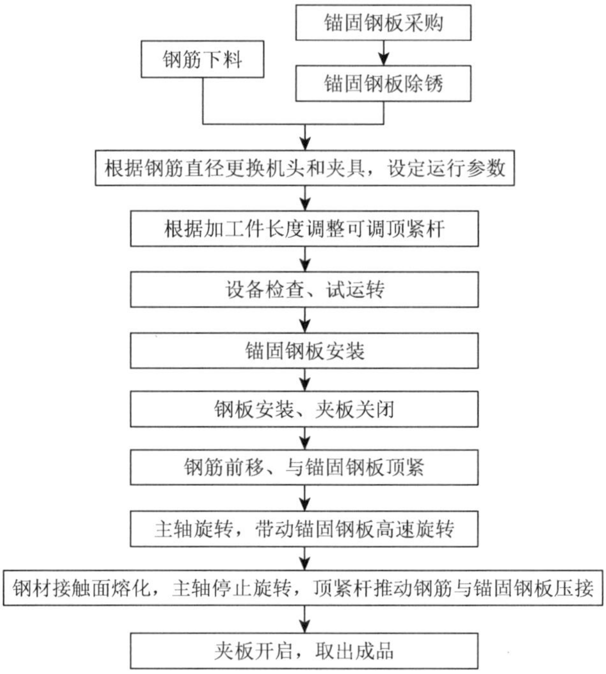

图 4-138　加工工艺流程

选定设备运行参数，进行试加工并检验焊接接头力学性能，如果接头力学性能不能满足要求则对运行参数进行微调并再次进行试加工和检验。接头检验合格后该运行参数即固定不变，除非材料有明显变化导致接头质量不合格才需重新进行试加工和检验。

（4）设备检查和试运行

每个工作班开始焊接前，需对设备进行检查和试运行，主要检查内容包括：确认工件安装部位和钢筋夹具等位置无杂物和粉尘；确认各部分液压单元、液压油管及接头无漏油，电磁阀等电器元件正常；确认各液压单元油位正常，液压油无污染，压力计指针在绿色使用压力范围内；确认主轴旋转头侧面的油脂泵内润滑油油量满足要求。

（5）调节加长杆

根据成品所需尺寸，安装或拆除加长杆，并调节加长杆后方螺纹使钢筋前端与锚固钢板顶紧、后方与加长杆顶紧即可。

（6）钢筋与锚固钢板焊接

设备运行参数设置完成，试运行后即可正式开始钢筋与锚固钢板焊接作业。设备运行过程全自动化，工人只需要进行锚固钢板安装、钢筋安装和取出成品即可，消除了人为因素可能带来的质量波动。焊接过程中需注意的安全事项包括：设备运行中要注意观察主轴旋转头和滑动台等运动装置，防止焊接工件脱落；焊接过程中可能会有高温的钢筋氧化皮飞起，人员不得靠近焊接处；链条传动驱动装置和主轴旋转装置上均装有安全盖，在拆下安全盖的状态下不得运行设备；刚焊接好的拉钩筋接合部位温度很高，不可接触人体以免烫伤；停止运行或人员离开设备时，应关闭设备的电源。

4.5.4 使用与效率

1. 设备安装

钢筋加工设备为定型产品，在工厂内进行加工制造，分批发运至现场进行组装。在设备安装之前，应注意预埋件、电路、气路的预埋预设。

2. 加工流程

采用横跨顶板、隔墙和底板三个车间的钢筋集中加工方式，三个车间的原材料通过一辆 30 t 过跨车实现过跨运输，套丝和弯曲成型后的制品（半成品）通过两个 20 t 动力过跨车配合龙门吊周转至三个半成品堆放区。采用锯切线下料，从传送辊台到两条套丝生产线钢筋连续动力转运，套丝后直条钢筋收集于集料槽，由龙门吊周转至相应弯曲主机。

顶板及底板车间原材料通过相应车间龙门吊（纵向）给 30 t 过跨车上料，钢材传送至隔墙区，再由专用的 10 t 横向龙门吊吊运至钢筋锯切线喂料储料台。锯切下料后翻至移动分配车，由这台三槽 12 m 移动分配车通过动力传送辊分别将钢筋送至两部套丝所在位置。

在隔墙区，9 m 套丝生产线置于动力传送辊台一侧，带翻料的动力传送辊台将锯切下料钢筋直接翻转到套丝线横向动力传送台上，通过纵向和横向传送达到套丝半自动喂料。套丝后自动收集于收集槽，需要弯曲成型的吊至弯曲机（平弯）9 m 横向动力传送台上，弯曲后由吊车和 20 t 过跨车分配于三个车间，不需要弯曲的直接吊运分配。

在顶板区，12 m 套丝生产线置于动力传送辊台一侧，弯曲机（平弯）横向动力传送台为 12 m，其余工艺同隔墙区。

动力传送辊台由隔墙区到顶板区设一套折叠式过跨装置，保证顶板区龙门吊路过时不会干涉该系统。

3. 使用培训

设备安装完成后，操作人员必须通过厂家技术人员进行培训后方可上岗。数控剪切机及摩擦压接焊机现场培训。

沉管预制厂的两套钢筋设备除了为沉管钢筋笼加工钢筋外，还为东、西人工岛的暗埋段、敞开段及房建加工钢筋，2011～2017 年，历经 7 年的时间里，共计加工钢筋约 30 万 t。所有设备均采用星级管理标准，直至最后钢筋加工完成，依然能保持很好的状态。

4. 工效分析

（1）钢筋剪切

1）工艺顺序

钢筋剪切工艺顺序图如图4-139所示。

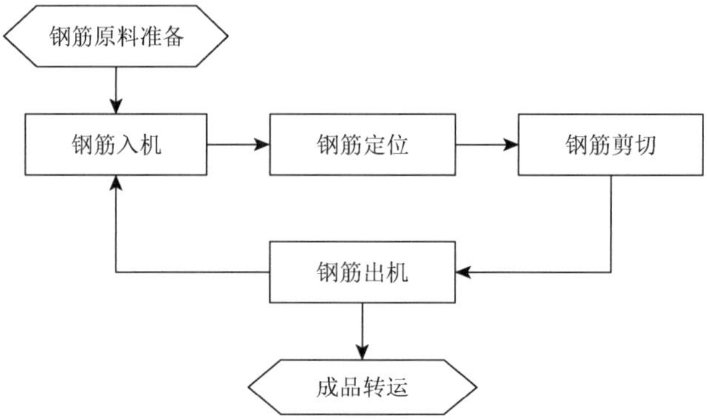

图4-139　钢筋剪切工艺顺序图

2）工效

工效分析表如表4-41所示。

表4-41　工效分析表

<table>
<tr><th>序号</th><th colspan="2">名称</th><th>概率</th><th>标准时间/s</th><th>频次</th><th>工效时间/s</th><th colspan="2">备注</th></tr>
<tr><td>1</td><td colspan="2">钢筋原料准备 p1</td><td>100%</td><td>600</td><td>1</td><td>600</td><td colspan="2"></td></tr>
<tr><td>2</td><td colspan="2">钢筋入机 p2</td><td>100%</td><td>5.4</td><td>50</td><td>270</td><td colspan="2"></td></tr>
<tr><td>3</td><td colspan="2">钢筋定位 p3</td><td>100%</td><td>2.8</td><td>50</td><td>140</td><td colspan="2"></td></tr>
<tr><td>4</td><td colspan="2">钢筋剪切 p4-1</td><td>100%</td><td>4.0</td><td>50</td><td>200</td><td colspan="2">1根/次</td></tr>
<tr><td>5</td><td colspan="2">钢筋剪切 p4-2</td><td>100%</td><td>4.0</td><td>50</td><td>200</td><td colspan="2">3根/次</td></tr>
<tr><td>6</td><td colspan="2">钢筋剪切 p4-3</td><td>100%</td><td>4.0</td><td>50</td><td>200</td><td colspan="2">5根/次</td></tr>
<tr><td>7</td><td colspan="2">钢筋出机 p5</td><td>100%</td><td>5.0</td><td>50</td><td>250</td><td colspan="2"></td></tr>
<tr><td>8</td><td colspan="2">成品转运 p6</td><td>100%</td><td>600</td><td>1</td><td>600</td><td colspan="2"></td></tr>
<tr><td>9</td><td colspan="2">其他 p7</td><td>100%</td><td>30</td><td>5</td><td>150</td><td colspan="2"></td></tr>
<tr><td rowspan="3">合计</td><td rowspan="3">型号</td><td>$\phi32$</td><td colspan="3">1+2+3+4+7+8+9</td><td>2210</td><td rowspan="3">换算工效</td><td>651根/班</td></tr>
<tr><td>$\phi25$</td><td colspan="3">1+2+3+5+7+8+9</td><td>2210</td><td>1954根/班</td></tr>
<tr><td>$\phi20$</td><td colspan="3">1+2+3+6+7+8+9</td><td>2210</td><td>3257根/班</td></tr>
</table>

（2）钢筋锯切

1）工艺顺序

钢筋锯切工艺顺序图如图4-140所示。

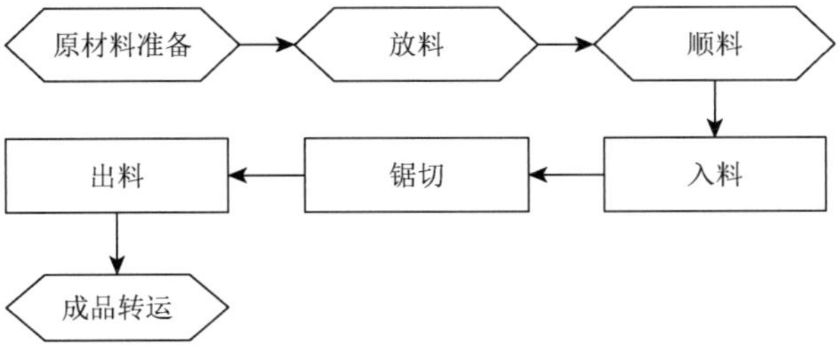

图 4-140　钢筋锯切工艺顺序图

2）工效

工效分析表如表 4-42 所示。

表 4-42　工效分析表

<table>
<tr><th>序号</th><th colspan="2">名称</th><th>概率</th><th>标准时间/s</th><th>频次</th><th>工效时间/s</th><th colspan="2">备注</th></tr>
<tr><td>1</td><td colspan="2">入料 p4</td><td>100%</td><td>28</td><td>20</td><td>560</td><td colspan="2"></td></tr>
<tr><td>2</td><td colspan="2">钢筋锯切 $\phi40$ p5-1</td><td>100%</td><td>240</td><td>20</td><td>4800</td><td colspan="2">每次锯切 10 根</td></tr>
<tr><td>3</td><td colspan="2">钢筋锯切 $\phi36$ p5-2</td><td>100%</td><td>210</td><td>20</td><td>4200</td><td colspan="2">每次锯切 10 根</td></tr>
<tr><td>4</td><td colspan="2">钢筋锯切 $\phi32$ p5-3</td><td>100%</td><td>180</td><td>20</td><td>3600</td><td colspan="2">每次锯切 12 根</td></tr>
<tr><td>5</td><td colspan="2">钢筋锯切 $\phi28$ p5-4</td><td>100%</td><td>180</td><td>20</td><td>3600</td><td colspan="2">每次锯切 14 根</td></tr>
<tr><td>6</td><td colspan="2">钢筋锯切 $\phi25$ p5-5</td><td>100%</td><td>150</td><td>20</td><td>3000</td><td colspan="2">每次锯切 16 根</td></tr>
<tr><td>7</td><td colspan="2">钢筋锯切 $\phi20$ p5-6</td><td>100%</td><td>150</td><td>20</td><td>3000</td><td colspan="2">每次锯切 20 根</td></tr>
<tr><td>8</td><td colspan="2">出料 p6</td><td>100%</td><td>15</td><td>20</td><td>300</td><td colspan="2"></td></tr>
<tr><td rowspan="6">合计</td><td rowspan="6">型号</td><td>$\phi40$</td><td colspan="3">1 + 2 + 8</td><td>5660</td><td rowspan="6">换算工效</td><td>1017 根/班</td></tr>
<tr><td>$\phi36$</td><td colspan="3">1 + 3 + 8</td><td>5060</td><td>1138 根/班</td></tr>
<tr><td>$\phi32$</td><td colspan="3">1 + 4 + 8</td><td>4460</td><td>1549 根/班</td></tr>
<tr><td>$\phi28$</td><td colspan="3">1 + 5 + 8</td><td>4460</td><td>1808 根/班</td></tr>
<tr><td>$\phi25$</td><td colspan="3">1 + 6 + 8</td><td>3860</td><td>2387 根/班</td></tr>
<tr><td>$\phi20$</td><td colspan="3">1 + 7 + 8</td><td>3860</td><td>2984 根/班</td></tr>
</table>

（3）钢筋套丝

1）工艺顺序

钢筋套丝工艺顺序图如图 4-141 所示。

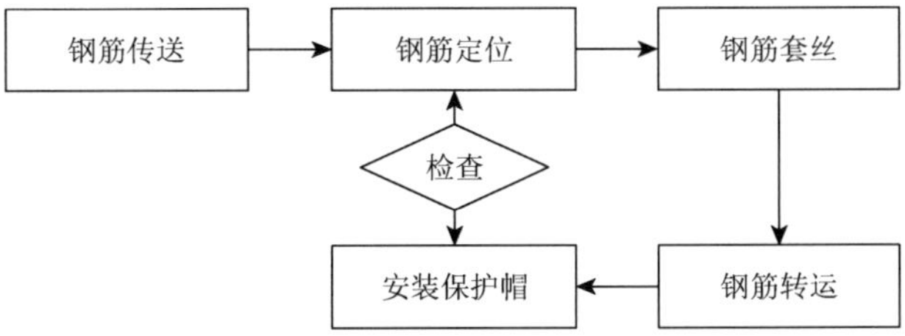

图 4-141　钢筋套丝工艺顺序图

2）工效

工效分析表如表 4-43 所示。

表 4-43　工效分析表

<table>
<tr><th>序号</th><th colspan="2">名称</th><th>概率</th><th>标准时间/s</th><th>频次</th><th>工效时间/s</th><th colspan="2">备注</th></tr>
<tr><td>1</td><td colspan="2">钢筋传送 p1</td><td>100%</td><td>4.8</td><td>10</td><td>48</td><td colspan="2"></td></tr>
<tr><td>2</td><td colspan="2">钢筋定位 p2</td><td>100%</td><td>4.5</td><td>10</td><td>45</td><td colspan="2"></td></tr>
<tr><td>3</td><td colspan="2">钢筋套丝 p3-1</td><td>100%</td><td>73.1</td><td>10</td><td>731</td><td colspan="2"></td></tr>
<tr><td>4</td><td colspan="2">钢筋套丝 p3-2</td><td>100%</td><td>44.9</td><td>10</td><td>449</td><td colspan="2"></td></tr>
<tr><td>5</td><td colspan="2">钢筋套丝 p3-3</td><td>100%</td><td>38.6</td><td>10</td><td>386</td><td colspan="2"></td></tr>
<tr><td>6</td><td colspan="2">钢筋套丝 p3-4</td><td>100%</td><td>29.6</td><td>10</td><td>296</td><td colspan="2"></td></tr>
<tr><td>7</td><td colspan="2">钢筋套丝 p3-5</td><td>100%</td><td>26.4</td><td>10</td><td>264</td><td colspan="2"></td></tr>
<tr><td>8</td><td colspan="2">钢筋转运 p4</td><td>100%</td><td>5.2</td><td>10</td><td>52</td><td colspan="2"></td></tr>
<tr><td>9</td><td colspan="2">安装保护帽 p5</td><td>100%</td><td>2.1</td><td>10</td><td>21</td><td colspan="2"></td></tr>
<tr><td>10</td><td colspan="2">其他 p6</td><td>100%</td><td>38</td><td>10</td><td>38</td><td colspan="2"></td></tr>
<tr><td rowspan="5">合计</td><td rowspan="5">型号</td><td>ϕ40</td><td colspan="3">1 + 2 + 3 + 8 + 9 + 10</td><td>935</td><td rowspan="5">换算工效</td><td>308 个/班</td></tr>
<tr><td>ϕ36</td><td colspan="3">1 + 2 + 4 + 8 + 9 + 10</td><td>653</td><td>441 个/班</td></tr>
<tr><td>ϕ32</td><td colspan="3">1 + 2 + 5 + 8 + 9 + 10</td><td>—</td><td>4 个/班</td></tr>
<tr><td>ϕ25</td><td colspan="3">1 + 2 + 6 + 8 + 9 + 10</td><td>—</td><td>4 个/班</td></tr>
<tr><td>ϕ20</td><td colspan="3">1 + 2 + 7 + 8 + 9 + 10</td><td>—</td><td>4 个/班</td></tr>
</table>

（4）钢筋立式弯曲

1）工艺顺序

钢筋立式弯曲工艺顺序图如图 4-142 所示。

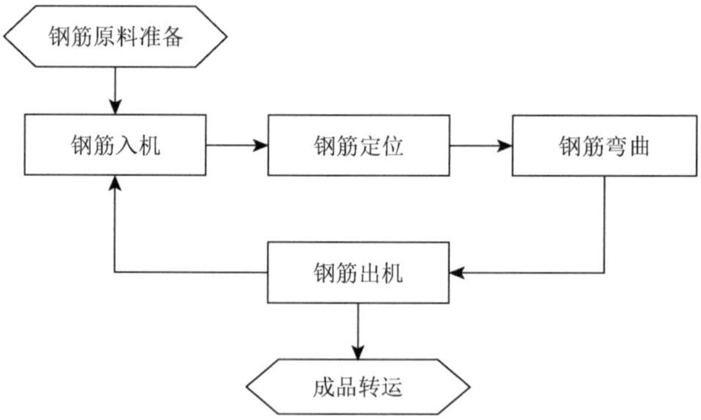

图 4-142　钢筋立式弯曲工艺顺序图

2）工效

工效分析表如表 4-44 所示。

表 4-44　工效分析表

<table>
<tr><th>序号</th><th colspan="2">名称</th><th>概率</th><th>标准时间/s</th><th>频次</th><th>工效时间/s</th><th colspan="2">备注</th></tr>
<tr><td>1</td><td colspan="2">钢筋原料准备 p1</td><td>100%</td><td>500</td><td>1</td><td>500</td><td colspan="2"></td></tr>
<tr><td>2</td><td colspan="2">钢筋入机 p2</td><td>100%</td><td>5.4</td><td>50</td><td>270</td><td colspan="2"></td></tr>
<tr><td>3</td><td colspan="2">钢筋定位 p3</td><td>100%</td><td>2.8</td><td>50</td><td>140</td><td colspan="2"></td></tr>
<tr><td>4</td><td colspan="2">钢筋弯曲 p4</td><td>100%</td><td>5.0</td><td>50</td><td>250</td><td colspan="2"></td></tr>
<tr><td>5</td><td colspan="2">钢筋出机 p5-1</td><td>100%</td><td>5.0</td><td>50</td><td>250</td><td colspan="2">1 根/次</td></tr>
<tr><td>6</td><td colspan="2">钢筋出机 p5-2</td><td>100%</td><td>4.6</td><td>50</td><td>230</td><td colspan="2">3 根/次</td></tr>
<tr><td>7</td><td colspan="2">成品转运 p6</td><td>100%</td><td>500</td><td>1</td><td>500</td><td colspan="2"></td></tr>
<tr><td>8</td><td colspan="2">其他 p7</td><td>100%</td><td>30</td><td>5</td><td>150</td><td colspan="2"></td></tr>
<tr><td rowspan="2">合计</td><td rowspan="2">型号</td><td>ϕ25</td><td colspan="3">1 + 2 + 3 + 4 + 5 + 7 + 8</td><td>2040</td><td rowspan="2">工效换算</td><td>705 根/班</td></tr>
<tr><td>ϕ20</td><td colspan="3">1 + 2 + 3 + 4 + 6 + 7 + 8</td><td>2060</td><td>2097 根/班</td></tr>
</table>

（5）钢筋平式弯曲

1）工艺顺序

钢筋平式弯曲工艺顺序与钢筋立式弯曲工艺顺序相同。

2）工效

工效分析表如表 4-45 所示。

表 4-45　工效分析表

<table>
<tr><th>序号</th><th colspan="2">名称</th><th>概率</th><th>标准时间/s</th><th>频次</th><th>工效时间/s</th><th colspan="2">备注</th></tr>
<tr><td>1</td><td colspan="2">钢筋原料准备 p1</td><td>100%</td><td>300</td><td>1</td><td>300</td><td colspan="2"></td></tr>
<tr><td>2</td><td colspan="2">钢筋入机 p2</td><td>100%</td><td>5.4</td><td>50</td><td>270</td><td colspan="2"></td></tr>
<tr><td>3</td><td colspan="2">钢筋定位 p3</td><td>100%</td><td>2.8</td><td>50</td><td>140</td><td colspan="2"></td></tr>
<tr><td>4</td><td colspan="2">钢筋弯曲 p4-1</td><td>100%</td><td>5.0</td><td>50</td><td>250</td><td colspan="2"></td></tr>
<tr><td>5</td><td colspan="2">钢筋弯曲 p4-2</td><td>100%</td><td>5.0</td><td>50</td><td>250</td><td colspan="2">ϕ16 二次弯曲</td></tr>
<tr><td>6</td><td colspan="2">钢筋出机 p5-1</td><td>100%</td><td>7.0</td><td>50</td><td>350</td><td colspan="2"></td></tr>
<tr><td>7</td><td colspan="2">钢筋出机 p5-2</td><td>100%</td><td>5.5</td><td>50</td><td>275</td><td colspan="2"></td></tr>
<tr><td>8</td><td colspan="2">钢筋出机 p5-3</td><td>100%</td><td>5.3</td><td>50</td><td>265</td><td colspan="2"></td></tr>
<tr><td>9</td><td colspan="2">钢筋出机 p5-4</td><td>100%</td><td>5.0</td><td>50</td><td>250</td><td colspan="2"></td></tr>
<tr><td>10</td><td colspan="2">钢筋出机 p5-5</td><td>100%</td><td>4.6</td><td>50</td><td>230</td><td colspan="2"></td></tr>
<tr><td>11</td><td colspan="2">钢筋出机 p5-6</td><td>100%</td><td>3.0</td><td>50</td><td>150</td><td colspan="2">ϕ16 钢筋出机</td></tr>
<tr><td>12</td><td colspan="2">钢筋成品转运 p6</td><td>100%</td><td>300</td><td>1</td><td>300</td><td colspan="2"></td></tr>
<tr><td>13</td><td colspan="2">其他 p7</td><td>100%</td><td>30</td><td>5</td><td>150</td><td colspan="2"></td></tr>
<tr><td rowspan="2">合计</td><td rowspan="2">型号</td><td>ϕ40</td><td colspan="3">1 + 2 + 3 + 4 + 6 + 12 + 13</td><td>1760</td><td rowspan="2">换算工效</td><td>818 个/班</td></tr>
<tr><td>ϕ36</td><td colspan="3">1 + 2 + 3 + 4 + 7 + 12 + 13</td><td>1685</td><td>854 个/班</td></tr>
</table>

续表

序号	名称		概率	标准时间/s	频次	工效时间/s	备注	
合计	型号	ϕ32	1+2+3+4+8+12+13			1675	换算工效	860 个/班
		ϕ25	1+2+3+4+9+12+13			1660		867 个/班
		ϕ20	1+2+3+4+10+12+13			1640		878 个/班
		ϕ16	1+2+3+4+5+11+12+13			1810		795 个/班

（6）摩擦压接焊

1）工艺顺序（按子工序排定）

钢筋压接焊工艺顺序图如图 4-143 所示。

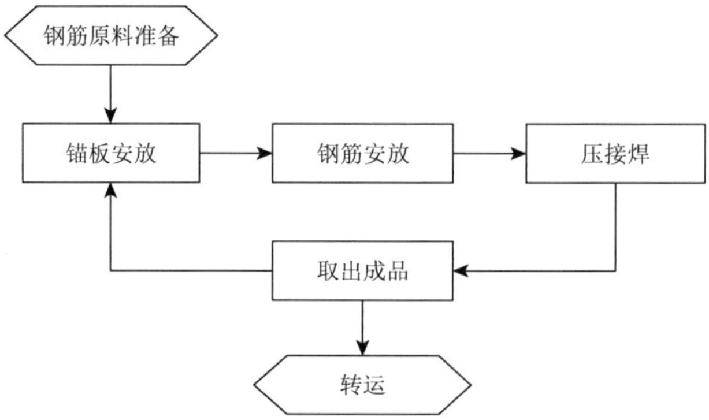

图 4-143　钢筋压接焊工艺顺序图

2）工效

工效分析表如表 4-46 所示。

表 4-46　工效分析表

序号	名称		概率	标准时间/s	频次	工效时间/s	备注	
1	锚板安装 p2		100%	1.3	20	26.9		
2	钢筋安装 p3		100%	4.6	20	92.5		
3	锚板压接 p4-1		100%	—	20	—		
4	锚板压接 p4-2		100%	21	20	420		
5	锚板压接 p4-3		100%	—	20	—		
6	取出成品 p5		100%	2	20	40		
7	其他 p7		100%	100	1	100		
合计	型号	ϕ16	—			—	换算工效	个/(人·班)
		ϕ20	1+2+4+6+8			678		850 个/(人·班)
		ϕ25	—			—		个/(人·班)

4.6　钢筋笼顶推设备

4.6.1　研制情况

1. 技术方案

钢筋笼顶推为流水线上的枢纽工序，各部位工序依靠顶推有机串联起来。采用计算机控制液压顶推系统完成，在钢筋安装区、模板休整区、浇筑坑设置 14 条滑移轨道作为钢筋笼的支撑和滑移体系，其行走系统是依靠滑块与不锈钢镜面滑槽摩擦移动，动力来源于作用在 4 条顶推轨道上的千斤顶。为控制钢筋笼的变形，4 台千斤顶采用计算机同步控制系统进行控制。钢筋笼顶推轨道及其布置图如图 4-144 所示。

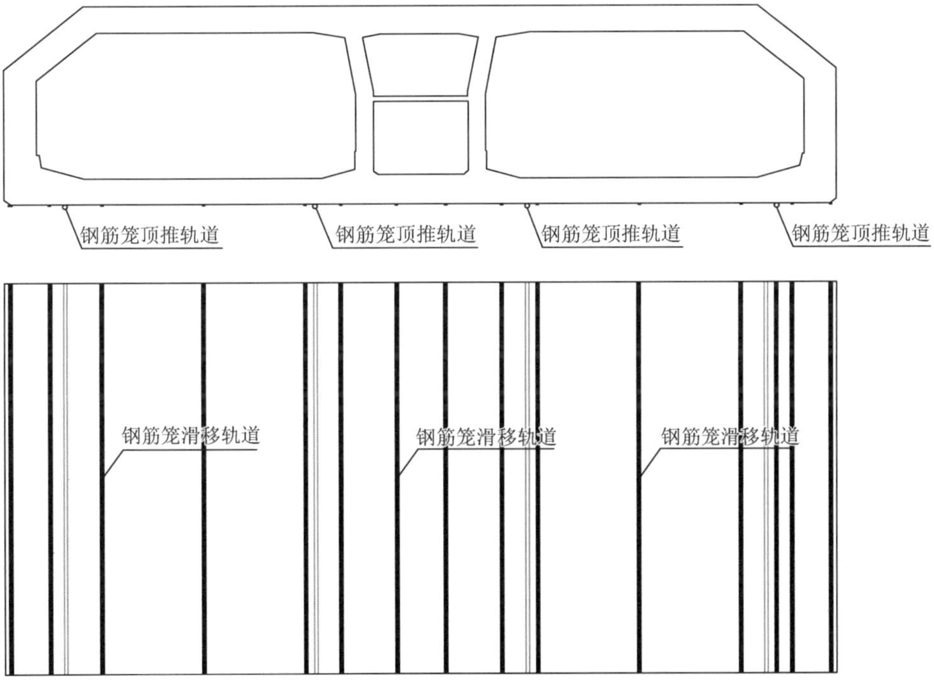

图 4-144　钢筋笼顶推轨道及其布置图

计算机控制液压同步顶推技术是通过水平顶推油缸进行顶推工作的。因为顶推油缸具有布置灵活、安装方便、体积小、荷载大等特点，在很多钢结构整体顶推施工工程中大量应用。成套的计算机控制液压顶推设备具有以下特点：①设备体积小，荷重大；②布置灵活，安装方便；③结合标准轨道进行顶推施工，顶推距离不受限制；④自动化程度高，操作方式灵活；⑤控制精确，可实现毫米级的微调，能实现精确定位；⑥安全性高。

该套设备主要由顶推油缸、顶推夹轨器、顶推导向装置、液压泵站、计算机控制系统和附件组成。其中，顶推夹轨器夹紧轨道，提供顶推反力；顶推油缸，提供顶推动力；液压泵站则根据主控制器的指令，进行伸缸和缩缸的动作及速度调节。传感器监控顶推油缸的行程和压力，反馈给主控制器。在设备工作的时候，需要把各个部分连接起来才能工作，顶推设备总体布置图如图 4-145 所示。

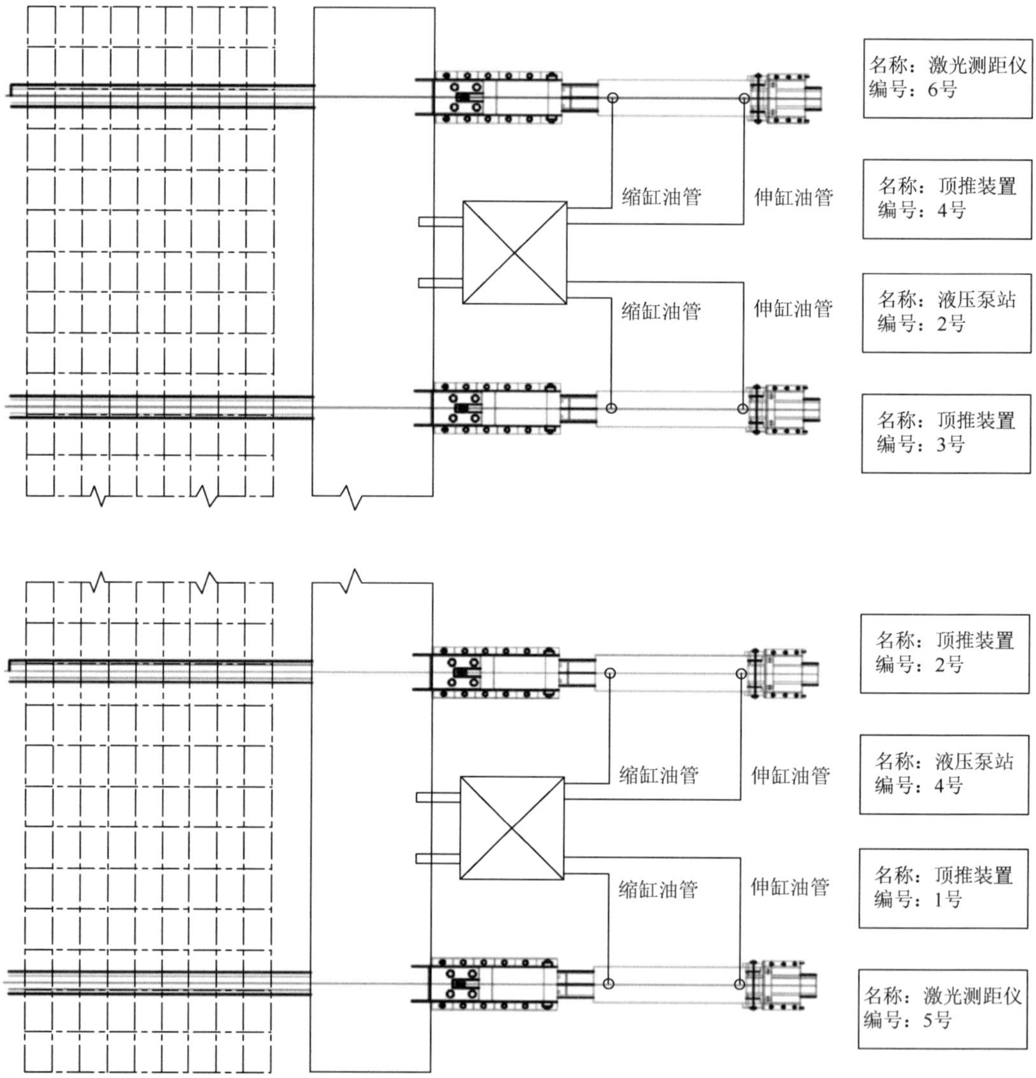

图 4-145　顶推设备总体布置图

2. 设计原理

（1）工作原理

钢筋笼采用楔形夹轨器顶推方式进行同步顶推，每套楔形夹轨器顶推装置包括 1 只 30 t 顶推油缸和 1 台楔形夹紧装置。在正向顶推时，通过楔形块的单向自锁装置自动夹持轨道形成反力；在反向回缩时，由于楔形块无自锁，油缸带着楔形夹轨器夹持装置自动回缩到初始位置，实现间歇式顶推前行。

1）楔形夹轨器的工作原理

楔形夹轨器工作原理如图 4-146 所示。

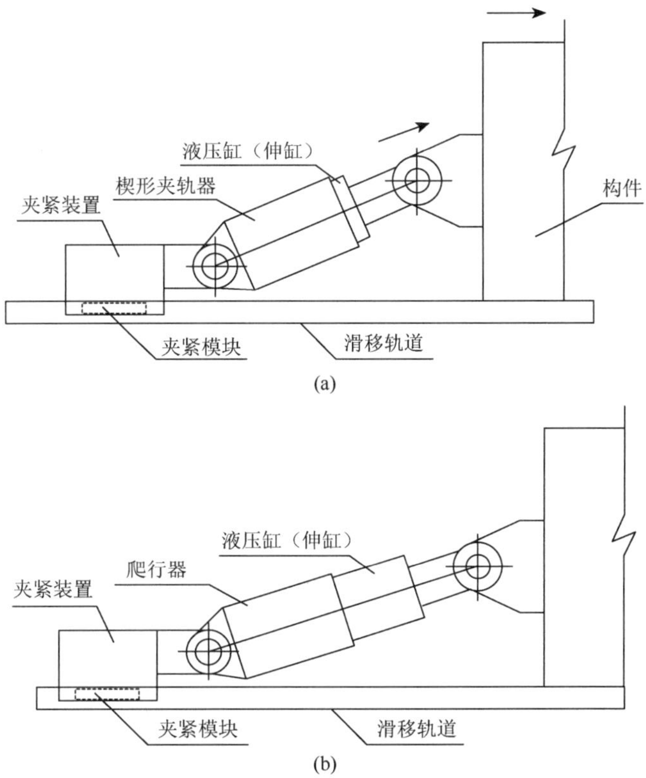

图 4-146　楔形夹轨器工作原理

2）顶推反力计算

钢筋笼重量：顶推静摩擦系数（摩擦副为钢板对钢板）。

顶推水平力：共布置 4 套顶推装置，平均每台顶推千斤顶的额定水平推力为 30 kN。考虑顶推装置在顶推过程中并不保持水平状态，而是有一定的升角，最大升角为 8°。

油缸的额定推力：顶推轨道只承受楔形夹轨器装置的顶推反力，顶推结构（钢筋笼）的重量通过滑移轨道来支撑。

启停状态分析：

①根据以往的滑移经验，在滑道上涂抹黄油后，静摩擦系数为0.1，正常滑移时滑移摩擦系数为0.08；

②惯性加速度，正常滑移时速度为25 m/h，考虑行程往返，实际滑移速度约30 m/h。假定滑移启动时，在2.5 s内加速到30 m/h，则惯性加速度约为3.3 mm/s^2。考虑顶推千斤顶安装升角，最大顶推力为120 t，顶推千斤顶满足起步阶段的惯性要求；

③制动状态分析：正常滑移时钢筋笼动量为 mv（$v = 8.33$ mm/s）。滑移摩擦系数为0.1，滑移摩擦力为0.1 mg。则当停止顶推时，摩擦力产生制动，制动所需时间为 $t = v/(0.1g) =$ 8.33 ms。制动时的滑行距离 $S = 0.034$ mm。钢筋笼滑移制动时滑行距离很短，不会窜行。在顶推到位时，也可降低顶推速度，以增加平稳性。

（2）与顶推梁的连接设计

顶推千斤顶与钢筋笼顶推梁之间通过销轴连接。

根据与钢筋笼顶推梁的安装形式不同，有三种方式可供选择，如图4-147所示。第一种方式：顶推耳板位于反力梁后端，油缸中线保持与轨道平行。第二种方式：顶推耳板位于反力梁的底部，油缸中线保持与轨道平行。第三种方式：耳板位置与招标文件一致，位于反力梁后端，同时油缸中线与轨道之间保持约8°的夹角。

第一种方式与第二种方式，钢筋笼反力梁所受倾覆力矩较小，为保持反力梁的稳定性设置轨道抱持机构（与招标文件图纸相符）。其中第一种方式轨道抱持机构所受反力约为2.5 t（对轨道起上拔作用），第二种方式约为4.5 t（对轨道起上拔作用），第三种方式所受反力约为10 t（对轨道起上拔作用），见图4-147。

4.6.2 技术性能

1. 性能参数

（1）顶推千斤顶

根据最初设计，顶推千斤顶的额定载荷为 $F = 300$ kN。千斤顶两端安装关节轴承，允许有3°的摆角。

1）顶推千斤顶参数

额定压力/最大压力：25 MPa/31.5 MPa

额定载荷：30 t/37 t

额定行程：600 mm

中心距：1050 mm

与构件连接：50 mm 销轴

带关节轴承重量：55 kg

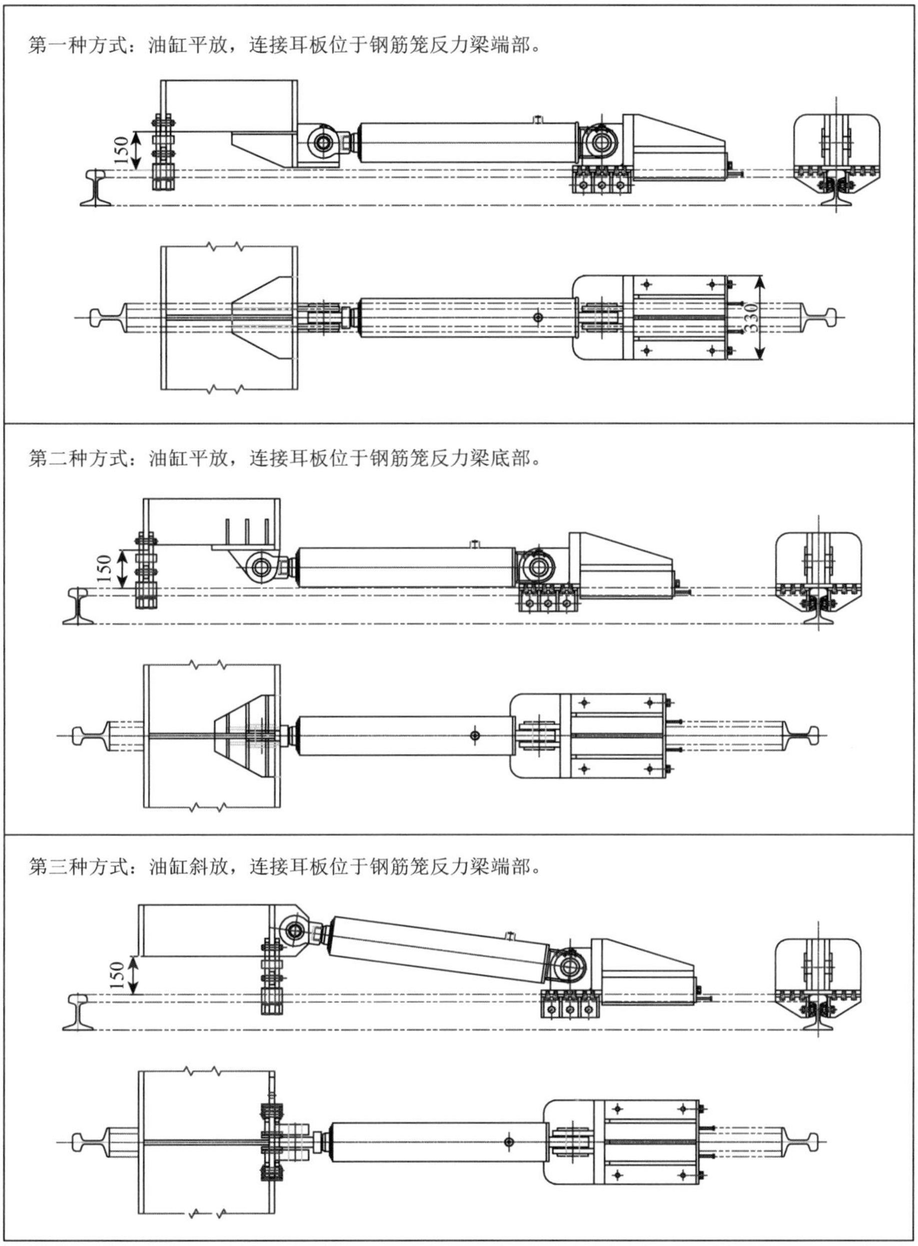

图 4-147　顶推千斤顶与反力梁端头连接示意图（单位：mm）

2）质量控制

千斤顶由专业厂家生产，生产过程严格按照 ISO9000 质量标准进行质量控制，并且经过严格的测试与试验。千斤顶试验主要包括：功能性试验和耐久性试验。千斤顶密封件采用先进技术，有效保证液压油缸的密封性能，从而提高千斤顶的工作可靠性。在现有的顶推系统中，专门设计了对每台顶推千斤顶的载荷保护，整体滑移过程更加可靠安全。

（2）楔形夹轨器

楔形夹轨器夹紧装置通过内置的楔形夹块与轨道接触，在顶推时利用机械自锁原理夹紧轨道。由于单向自锁，所以在千斤顶缩缸时，能够带动夹轨器回缩到初始位置。通过楔形夹轨器的自锁原理与前进顶的往复运动，从而实现对钢筋笼的间歇式顶推施工。其主要结构包括耳板、本体结构件、楔形块、顶紧弹簧、轨道卡板。楔形夹轨器装置主要参数：外形尺寸为 300 mm×490 mm×215 mm；重量为 50 kg；销轴连接形式 50 mm 销轴，带关节轴承。

（3）液压泵站

采用 1 台液压泵站，集中控制 4 组夹轨器顶推千斤顶，4 组夹轨器能够独立动作。采用多路柱塞泵并联，共有 4 个独立的油路出口，可独立地带动 4 路顶推千斤顶，且流量相等。由于 4 个油缸的内径差别非常小，可以忽略不计，所以 4 个油缸的速度相等。

4 个顶推回路独立调压，也可并联控制，以适应 4 条轨道顶推反力的差异化控制，同时也可通过调速阀调节 4 台顶推千斤顶的速度。

液压泵站主要参数：额定流量为 4×20 L/min；顶推速度（配上述型号千斤顶）为 25 m/h；额定功率为 4×7.5 kW；配电 AC380V，三相四线制；尺寸为 0.6 m（长）×0.6 m（宽）×1 m（高）；重量为 600 kg。

（4）顶推控制系统

顶推控制系统主要包含主控制器 1 台，泵站分控制器 1 台，油缸行程传感器 3 套，油缸压力传感器 3 套，以及相应的电线电缆，是一套分布式实时控制系统，能够自动、手动和顺控，实现同步顶推施工，并且对所有顶推状态参数进行实时监控。

控制方式采用位置同步，载荷跟踪的控制策略。顶推控制策略如图 4-148 所示。

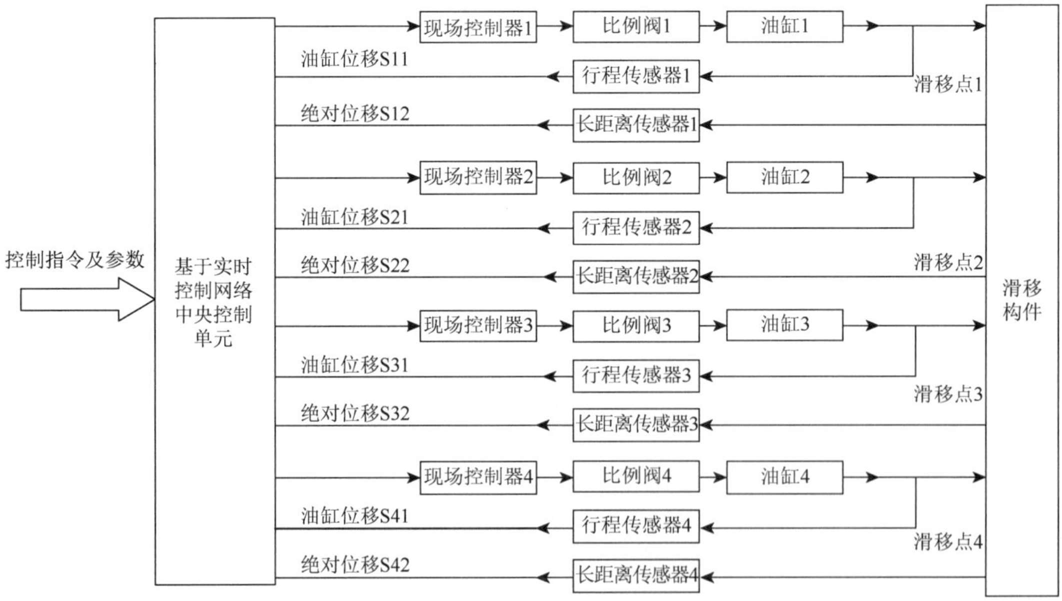

图 4-148　顶推控制策略

通过行程传感器检测各个顶推有效行程，并反馈给主控计算机，由计算机进行位置同步控制。同时，检测各台顶推千斤顶的油压，防止由于顶推卡阻导致局部顶推力过大，导致钢筋笼失稳。为确保顶推安全，设置顶推超差限位，超过 10 mm 系统自动停机。

2. 设备改进

前期在系统设计时，考虑单个钢筋笼（含胎架）最初设计的总重量约 1000 t，按照 0.08 的摩擦系数，设计 4 台 30 t 千斤顶可以满足顶推需求，管节进入深水区后，钢筋笼重量骤增，最重的钢筋笼达到 1500 t（含胎架）。同时，在顶推过程中，由于滑移轨道数量过多，其平行度对摩擦系数影响较大，启动的静摩擦系数可达到 0.12。因此，为储备更高的安全系数，后期全部更换成 50 t 千斤顶。

4.6.3　制造与组装

1. 设备制造

千斤顶及液压泵站均在国内工厂制造，轨道及其他附属构件均采购成型产品。

2. 设备组装

（1）轨道

1）轨道型号

轨道采用 43 kg/m 重轨。

2）轨道安装

轨道与顶推轨道梁的预埋钢板间段焊接，焊缝采用角焊缝。单根轨道长度为 12 m（或 6 m），在两根钢轨拼缝处焊接，并打磨光滑，在轨道端头设置挡板。轨道布置在顶推轨道梁的中部，位于轴线①、④、⑦、⑩上面。轨道断面图如图 4-149 所示。

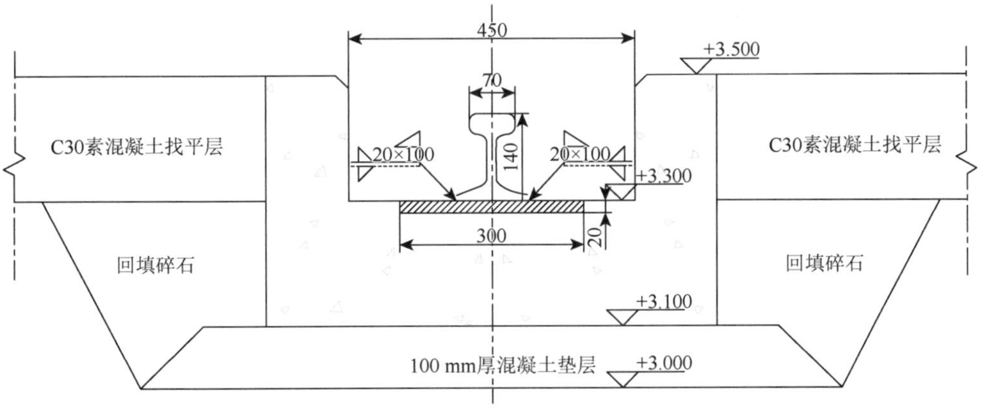

图 4-149　轨道断面图

注：尺寸标注单位为 mm，标高单位为 m

3）轨道安装要求

轨道与轨道梁预埋件采用焊接，钢轨材质为 65 Mn，需防止焊接变形；轨道顶部标高允许偏差为 10 mm，轨道顶端保持平滑，防止有突起；轨道中线允许偏差为 5 mm，在轨道拼接处须平滑过渡。

（2）顶推装置

1）组成

顶推装置主要由顶推导向装置、顶推油缸和顶推夹轨器三部分组成，三者之间通过销轴连接。顶推装置组件示意图如图 4-150 所示。

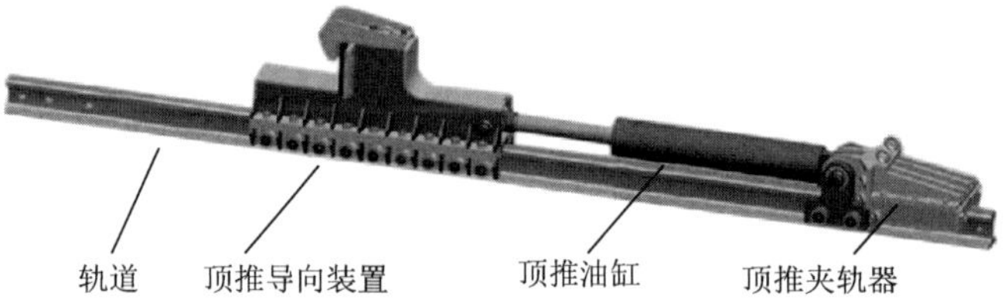

图 4-150　顶推装置组件示意图

顶推装置安装在 4 条轨道上，通过导向轮抱紧轨道两侧，以抵消和分散可能产生的上拔力。顶推装置通过上面的卡板与反力梁连接，同时在两者之间布设了一块厚 30 mm 的橡胶垫，以均载。在向前顶推时，橡胶垫受压；在空载回缸时，卡板受拉。

2）顶推导向装置

顶推导向装置主要是将顶推时产生的竖向力均载在轨道上面，以防止反力梁受到扭转而变形。顶推导向装置与反力梁之间平面接触，通过橡胶垫均载，保证反力梁仅受水平推力，而没有竖向力。

3）顶推导向装置安装

安装时将图上的 9 个螺栓 C 全部拆除，拆下下部导向轮；将整体结构吊到轨道上，水平放置好后临时固定；将开始拆下的部分从轨道稍后位置调入轨道槽，手工推动到原位置后锁紧螺栓 C。

4）顶推导向装置与反力梁的安装

拆除挂钩上的 4 只螺栓 D，取下挂钩；将顶推机构连接工字钢吊到导向机构上部，如图 4-151 所示；分别安装好挂钩，锁紧螺栓 D，安装完成。

5）顶推夹轨器

顶推夹轨器是用来加紧轨道，产生作用反力，其示意图如图 4-152 所示。

顶推夹轨器安装时拆除 A、B 件固定螺栓，拆下连接附件，然后将整体吊到轨道上，将相应的两件安装上去，并锁紧螺栓。顶推夹轨器齿条连续顶推 100 m 后需要取下清理牙齿污垢，防止打滑。

（3）顶推油缸

顶推油缸为系统的动力执行件，安装过程如图 4-153 所示。

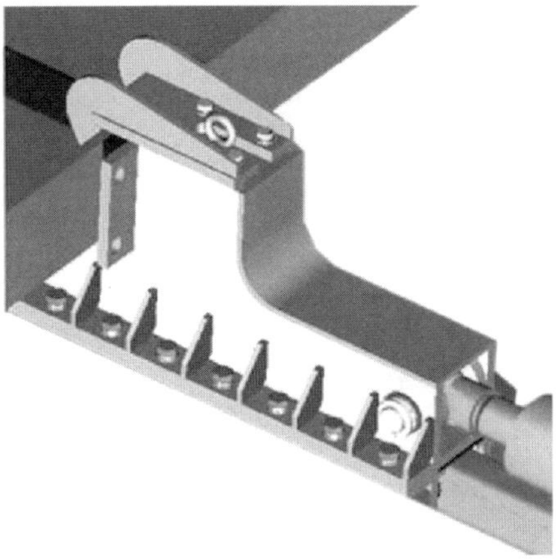

图 4-151　顶推导向装置与反力梁的连接

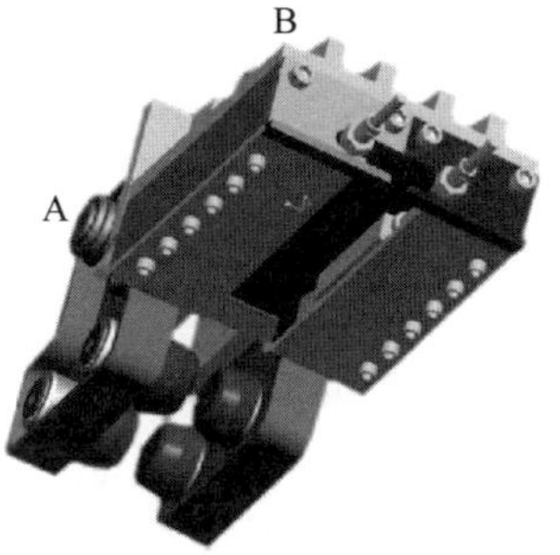

图 4-152　顶推夹轨器示意图

图 4-153　顶推油缸连接

安装时拆除销轴螺栓，将油缸吊装到轨道上表面，人工调整高度，穿入销轴并连接好螺栓。

注意：油缸大腔一端与顶推夹轨器连接，小腔端与导向机构连接；有油管接入面向上。

（4）液压泵站

1）液压泵站与反力梁连接

液压泵站作为动系统的动力单元，使用过程中由于顶推距离较长，液压泵站需要跟随被顶推构件同时行走。液压泵站下部带有行走轮，顶推过程中将液压泵站与反力梁通过挂钩连接，带动泵站前进。

通过挂钩钩住反力梁，调整好高度后将液压泵站与挂钩底座焊接。焊接位置必须在液压泵站边上的支架位置处，液压泵站放置时操作面板向外，方便操作与连线。

2）液压泵站与顶推油缸连接

液压泵站与油缸通过两根油管连接，油管上带有快速接头，对接时将端部的卡环向后推，与阳接头对接好后松手，弹簧自动复位，用手拉动油管连接好。

两组主油路阀块组上的“伸/缩”缸油口分别连接到提升油缸的油缸阀块的“伸/缩”缸油口。油管连接时注意检查接口及油管口有无杂物，如有则需清理，还要检查油管接头上密封件是否完好。

4.6.4 使用与效率

1. 设备使用

（1）液压泵站操作

液压泵站上面安装有就地控制柜，主要包括两个部分：一是电机启动回路；二是电源及控制回路。在控制面板上面有控制按钮，可以选择控制某一个油缸的伸缸或缩缸，并且通过比例阀旋钮进行调速。

溢流阀压力设定包括伸缸压力设定和缩缸压力设定。“伸缸”为使换向阀的伸缸电磁铁得电，进行伸缸动作，与“缩缸”电气上互锁。“缩缸”为使换向阀的缩缸电磁铁得电，进行缩缸动作，与“伸缸”电气上互锁。

伸缸压力设定：主泵启动后，拔掉外接油缸油管，然后旋转“伸缸”旋钮，伸缸电磁铁得电，用内六角扳手旋转伸缸溢流阀，可以调节伸缸压力（顺时针压力变大）。调节过程中观察伸缸压力表显示，调到预定压力。

缩缸压力设定：主泵启动后，拔掉外接油缸油管，然后旋转“缩缸”旋钮，缩缸电磁铁得电，用内六角扳手旋转缩缸溢流阀，可以调节缩缸压力（顺时针压力变大）。调节过程中观察缩缸压力表，调到需要压力，顶推过程中建议缩缸压力调节到 5 MPa 即可。

提升系统压力的大小由负载决定，一般根据计算可以得到初步顶推的压力，然后依据此压力分级加载直到被推构件启动起为止。到结构可以推动时，在原来基础上增加 1 MPa 为正常工作压力。

（2）电机启动操作

控制柜左侧为电机启动回路，每台泵站由两组电机启动回路，内置有交流接触器实现星形转三角形启动。对应按钮为“A 泵启动”“A 泵停止”“B 泵启动”“B 泵停止”，按下“紧停”按钮则两个电机全部停止。泵站控制柜操作面板如图 4-154 所示。

图 4-154　泵站控制柜操作面板

当面板上的“手动/自动”开关切换到“手动”挡时，选择面板上的开关进行就地控制；如果是切换到“自动”挡，则选择外部的主控柜进行远程控制，此时泵站电气柜上的按钮无效。如果泵站与油缸相对应的油管连接正确，油缸就能相应地动作。以下是对各个动作开关的解释。

（3）控制系统操作

控制柜的主要功能是远程操作泵站，采集传感器信号，显示泵站动作及油缸行程及压力等参数。控制柜有手动/自动/顺控三种模式。显示器主要显示泵站动作、油缸行程及压力等参数，供操作者远程监控使用；比例阀 1、2、3、4 旋钮供调节泵站 PWM 输出用（控制输入油缸的流量），分别对应 1、2 号泵站的 1、2 号比例阀，手动模式时全部有效，自动及顺控模式时只有 1、2、3、4 中被选择油缸中编号最小的一个有效，其余点按照同步逻辑算法由控制柜自动控制；油缸 1、2、3、4 为选择开关，三种模式下同时有效，只有在选择的情况下该油缸才有动作。

选择开关转到手动挡，手动模式时，被选择的油缸对应的比例阀为手动输入值，手动按下伸缸或缩缸时开始对应的油缸动作，按下停止按钮后停止相应的动作，按下动作后显示器上有相关的显示。

选择开关转到顺控挡，顺控模式时，被选择的油缸以编号最小点的比例阀为初始值，其余各个油缸以最小号油缸为基准。伸缸时控制柜会自动同步各个油缸的行程，直到按下停止按钮后停止。缩缸不同步，需要人为干预停止动作。

选择开关转到自动挡，自动模式时，按下自动启动按钮后，系统进入自动循环状态，同步伸缸到上设定值，后自动全速缩缸到下设定值，再循环。

2. 维修保养

（1）泵站的维护与保养

新泵站在使用过程中可能发生压力调节无反应问题，检查是否有杂物卡住，将泵站溢流阀拆下用柴油清洗后复原，如果还不能解决问题需联系相关技术人员处理。泵站使用超过 5 个月后需要更换滤芯，泵站长期不使用时放在室内。

（2）控制柜保养与维护

控制柜使用时避免强烈光照，损坏屏幕；使用过程中要防雨防潮；长期不用时请在干燥室内存放。

（3）油缸的维护与保养

油缸端头有关节轴承，每 3 周需要加注黄油 1 次；油缸使用 2 年后需要返厂进行密封件更换；油缸长期不用需在室内存放。

（4）传感器的维护与保养

传感器拆除与安装过程中不要通过外部电线拖拉；传感器使用过程中需做好防雨工作；传感器使用时注意不要用力磕碰；长期不使用时需存放在室内干燥环境。

（5）气路系统的维护与保养

气囊维护见上述气囊介绍；螺杆式空压机每 3 个月更换 1 次过滤器滤芯，并更换 1 次机油；气管和接头不宜频繁插拔，要求在插拔 10 次时更换。出现气管开裂、接头漏气时需要立即更换。

3. 工效分析

钢筋笼顶推系统的使用过程主要分为两个阶段：首次安装阶段和正常顶推阶段。在循环使用时，已顶推至浇筑区的钢筋笼在完成体系转换的过程中，将其顶推系统分件拆除，转运至底板钢筋绑扎区进行首次安装。待底板钢筋笼绑扎完成后，再顶推至侧墙区，此时顶推系统不拆，以此类推直至浇筑区形成流水施工。

（1）首次安装阶段

①顶推系统安装工艺顺序（按子工序排定）见图 4-155。

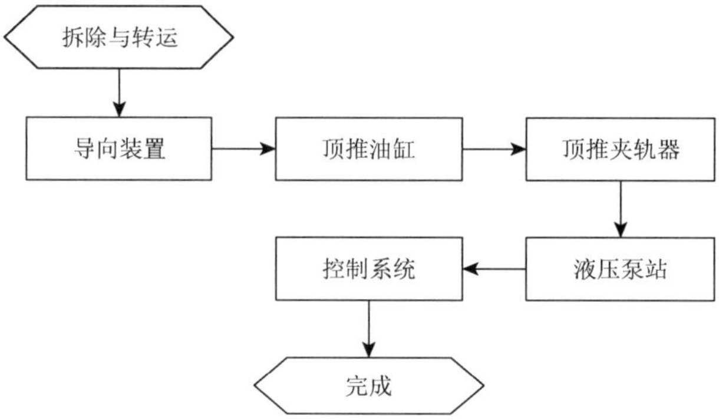

图 4-155　顶推系统安装工艺顺序

②工效时间见表 4-47。

表 4-47　工效时间

编号	工序名		标准时间 t'/min		频次	总计/min
	关键线路工序	非关键线路工序				
P1	—	拆除与转运	—	180	—	—
P2	导向装置	—	10	—	4	40
P3	顶推油缸	—	5	—	4	20
P4	夹轨器	—	10	—	4	40
P5	液压泵站	—	5	—	2	10
P6	控制系统	—	15	—	1	15
合计	—	—	—	—	—	125

（2）正常顶推阶段

①顶推操作流程图见图 4-156。

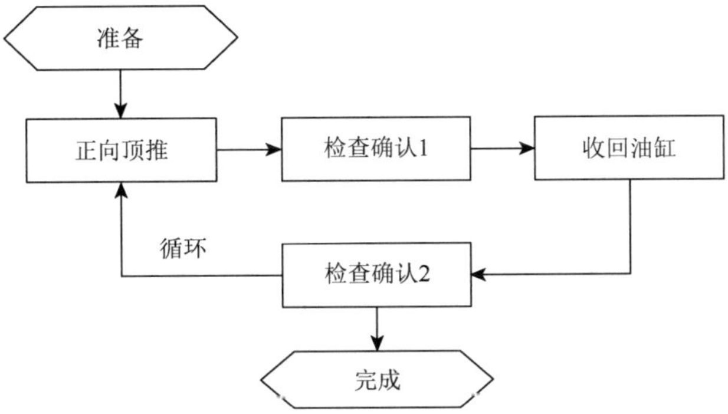

图 4-156　顶推操作流程图

②工效时间，见表 4-48。

表 4-48　工效时间

编号	工序名		标准时间 t'/min		频次	总计/min
	关键线路工序	非关键线路工序				
P1	—	准备	—	30	—	—
P2	正向顶推	—	1	—	50	50
P3	检查确认 1	—	1.5	—	10	15
P4	收回油缸	—	0.5	—	50	25
P5	检查确认 2	—	3	—	1	3
P6	—	纠偏	2	—	3	6
合计	—	—	—	—	—	99

③注意事项：准备阶段的检查包括钢筋笼与胎架是否完全脱开、滑移轨道内是否清理干净并涂抹润滑油脂、顶推系统是否完好；顶推过程中需要每 5 个行程（3 m）检查确认 4 台千斤顶是否同步，如超过限度需及时纠偏。

4.7　浅坞钢闸门

4.7.1　研制情况

1. 目的和意义

沉管预制厂坞门体系管节灌水横移配套设施，主要为配合管节二次舾装及出坞施工。

坞门体系分为浅坞钢闸门与深坞坞门。浅坞钢闸门为浅坞与预制厂之间的封闭隔断结构，其主结构采用 H 型钢和无缝钢管。浅坞钢闸门总长约 105 m，型深约 13.5 m，型宽约 14.6 m，结构总重约 800 t。

2. 方案比选

为了设计制造轻便实用的浅坞钢闸门，对常用钢闸门方案进行对比，具体如下。

①工字钢式钢闸门方案的优点：闸门大部分采用通用型工字钢，材料成本低于同强度定制钢材；强度高。缺点：重量大，闸门启闭配套设施及工艺复杂昂贵。

②船闸式钢闸门方案优点：闸门结构相对简单，启闭相对快捷。缺点：船闸式钢闸门对场地要求高，现场工况复杂难以满足。闸门跨度达 105 m，对闸门强度及工艺要求极高，成本高，船闸式钢闸门见图 4-157。

图 4-157　船闸式钢闸门

③三角桁架式钢闸门方案优点：整体重量较轻，便于钢闸门拖行及进行体系转换，启闭相对快捷；三角桁架结构，结构强度高，稳定性高。缺点：采用定制钢材，成本高。三角桁架式钢闸门图见图 4-158。

图 4-158　三角桁架式钢闸门

三角桁架式钢闸门方案总体成本可控，为终选方案。

4.7.2　设计制造

1. 工艺概述

浅坞钢闸门的制作分为车间制作及珠海现场总装两部分。车间制作主要包括桁架弦杆 H 型钢预制、底部钢梁预拼、三角桁架制作、浅坞门节段制作及拼装。底部钢梁预拼主要将余量修除，并安装好加劲板和封板。三角桁架制作在水平胎架上进行，先将三根弦杆安装到位，然后安装桁架腹杆及连接板。浅坞钢闸门分节段制作，节段划分如图 4-159 所示。在特制胎架上进行，先将一片三角桁架放置在下部胎架上，然后安装连系腹杆、连接板及加劲板，接着将另一片三角桁架安装到位制作成小节段，最后小节段两两安装。浅坞钢闸门节段制作完毕后翻身吊至底部钢梁上进行拼装，调整到位后烧焊，最后安装安装墙梁及斜止水板。现场总拼主要包括浅坞钢闸门节段间的拼装（桁架腹杆安装、底部钢梁对接、斜止水板对接等）及两端三角止水结构的安装。

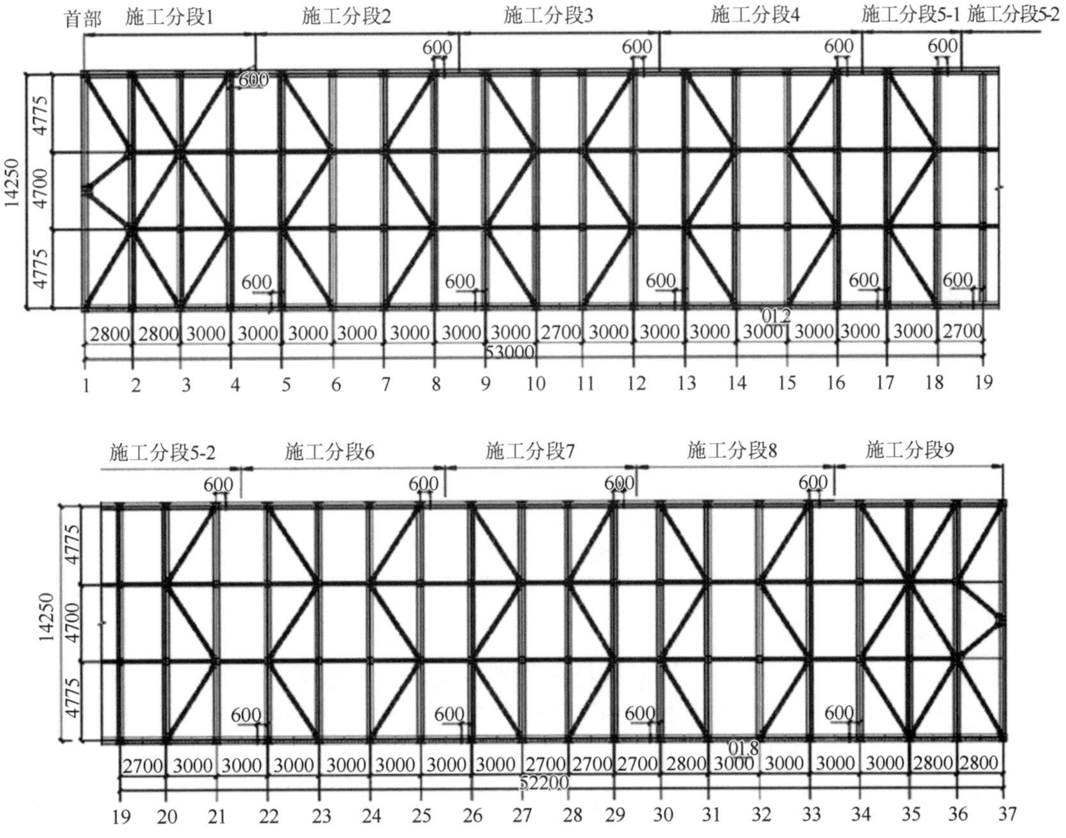

图 4-159　浅坞钢闸门节段划分（单位：mm）

节段参数表见表 4-49。

表 4-49　节段参数表

分段名称	重量/t	长（mm）×宽（mm）×高（mm）
分段 1	79.1	11200×14650×13865
分段 2	78.2	13800×14650×13865
分段 3	77.7	13500×14650×13865
分段 4	78.1	13800×14650×13865
分段 5-1	47.2	7500×14650×13865
分段 5-2	70.9	10200×14650×13865
分段 6	78.1	13800×14650×13865
分段 7	77	12900×14650×13865
分段 8	77.5	13300×14650×13865
分段 9	79.1	11200×14650×13865

2. 总体工艺流程

钢闸门制作工艺包括方案设计、工厂节段制作工艺流程和现场安装工艺流程两个部分。工厂节段制作工艺流程包括制作前准备、放样、切割、成形、焊接、节段安装等部分，基地车间制作流程图见图 4-160。现场安装工艺流程包括转运、定位、拼装、完工报验等部分，珠海现场安装流程图见图 4-161。

3. 三角桁架

浅坞钢闸门三角桁架主要由迎水面弦杆、背水面弦杆、底部弦杆、桁架腹杆和焊接空心球组成。三角桁架底边长约 15 m，高约 13.5 m，所用材料主要为 Q345 的 H 型钢和无缝管。

三角桁架制作遵循：胎架搭制→弦杆、桁架腹杆制作→弦杆及焊接空心球定位、安装→桁架腹杆安装。

（1）装配胎架布置

如图 4-162 所示，在弦杆和桁架腹杆处设置胎架，胎架水平需控制＜1 mm。由于弦杆、桁架腹杆尺寸不同，胎架高度需计算确定，保证弦杆、桁架腹杆中心共面。

（2）弦杆、桁架腹杆制作

弦杆根据图纸要求下料，迎水面弦杆、底部弦杆分别需与异形梁对接。迎水面弦杆、背水面弦杆与焊接空心球连接的端部需割出圆弧。桁架腹杆两端与连接板连接，需火工割制插槽。弦杆、桁架腹杆制作见图 4-163。

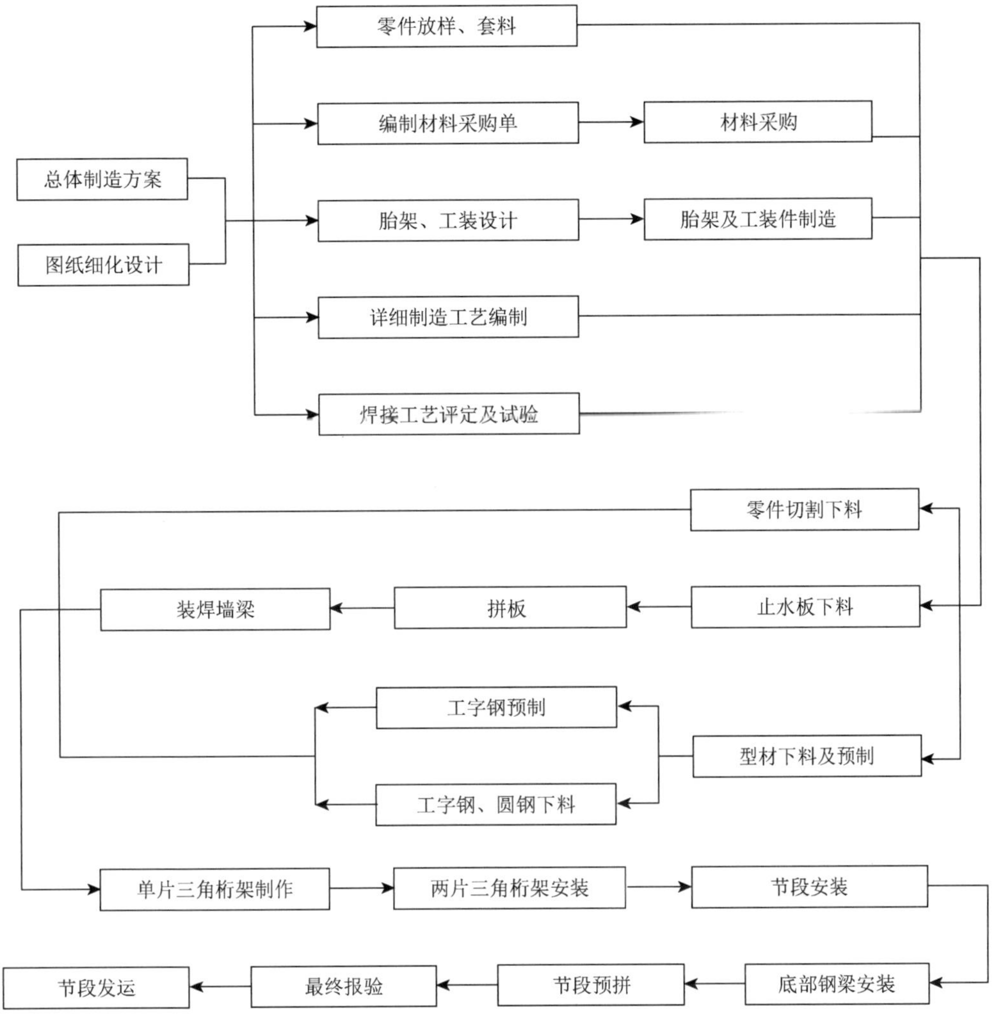

图 4-160　基地车间制作流程图

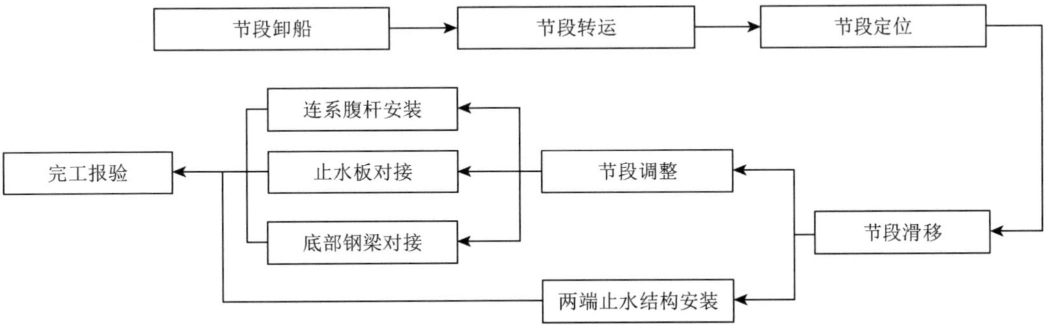

图 4-161　珠海现场安装流程图

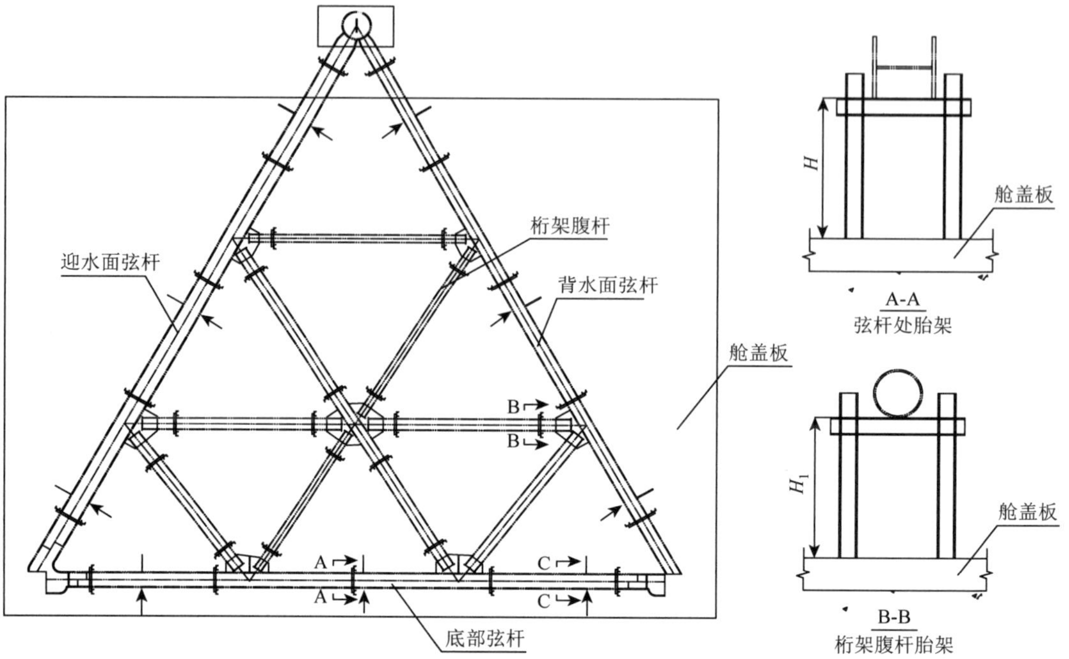

图 4-162　三角桁架制作胎架布置

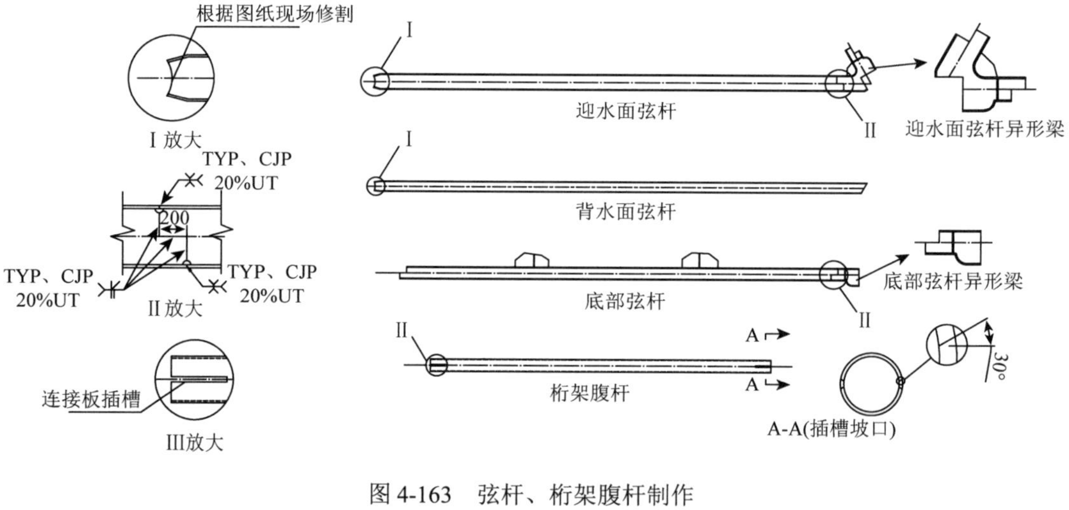

图 4-163　弦杆、桁架腹杆制作

（3）三角桁架拼装

三角桁架拼装由外向内安装，先安装三根弦杆，再安装内部的桁架腹杆。为了保证安装精度，我们在弦杆内、外侧设置靠山用于弦杆导向和固定，两底角处设置靠模用于弦杆安装时的定位，这样可以有效提高三角桁架的制作精度。三角桁架拼装见图 4-164。

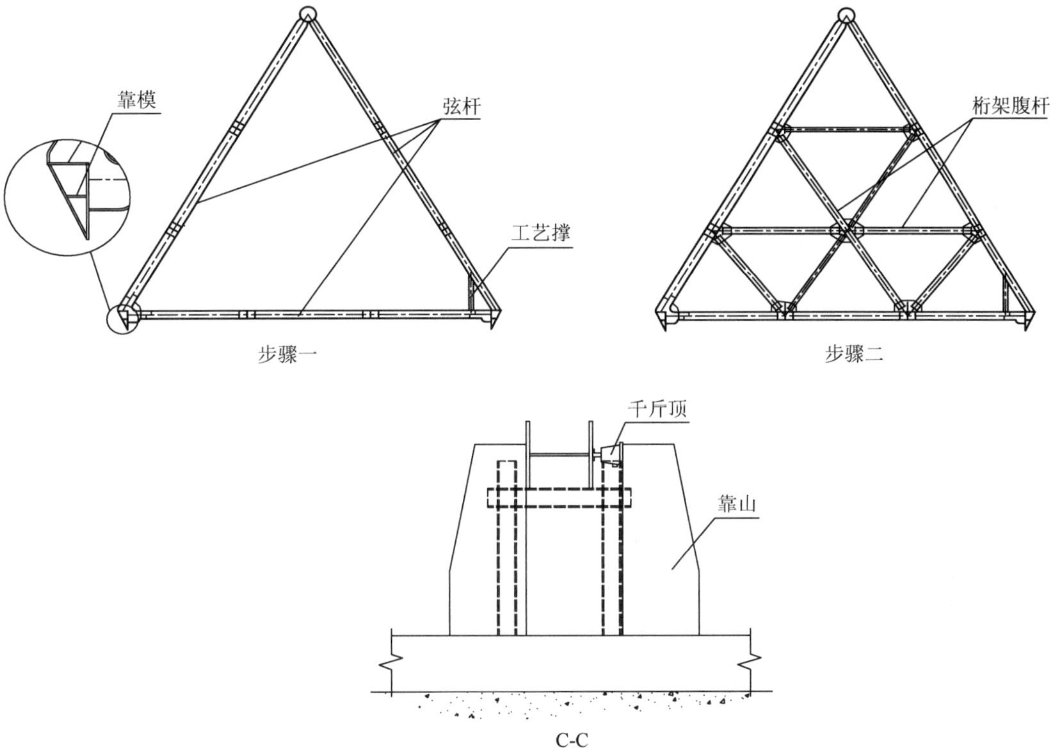

图 4-164　三角桁架拼装

4. 浅坞钢闸门节段

将浅坞钢闸门分为 10 个节段进行制作，其中 8 个节段由 4 个三角桁架组成，1 个节段由 2 个三角桁架组成，1 个节段由 3 个三角桁架组成。这里以 4 个三角桁架组成的节段为例介绍其装配焊接工艺。

浅坞钢闸门节段我们在制作中采用 1 + 1、2 + 2 的方式进行制作，即将 2 个单片三角桁架进行拼装制作成 1 个小节段，然后再将两个小节段进行拼装。

（1）节段拼装胎架布置

如图 4-165 所示，布置节段拼装胎架，拼装胎架分上下两层，上下两层通过螺栓连接。

（2）1 + 1 拼装

1 + 1 拼装先将一片三角桁架吊至下层拼装胎架上，根据地样线调整其位置，然后用斜楔固定。然后依次安装连系腹杆和连接板，最后将另一片三角桁架吊至胎架上。对地样线调整上部三角桁架的位置，调整到位后根据图纸要求烧焊连接板与弦杆间的焊缝。

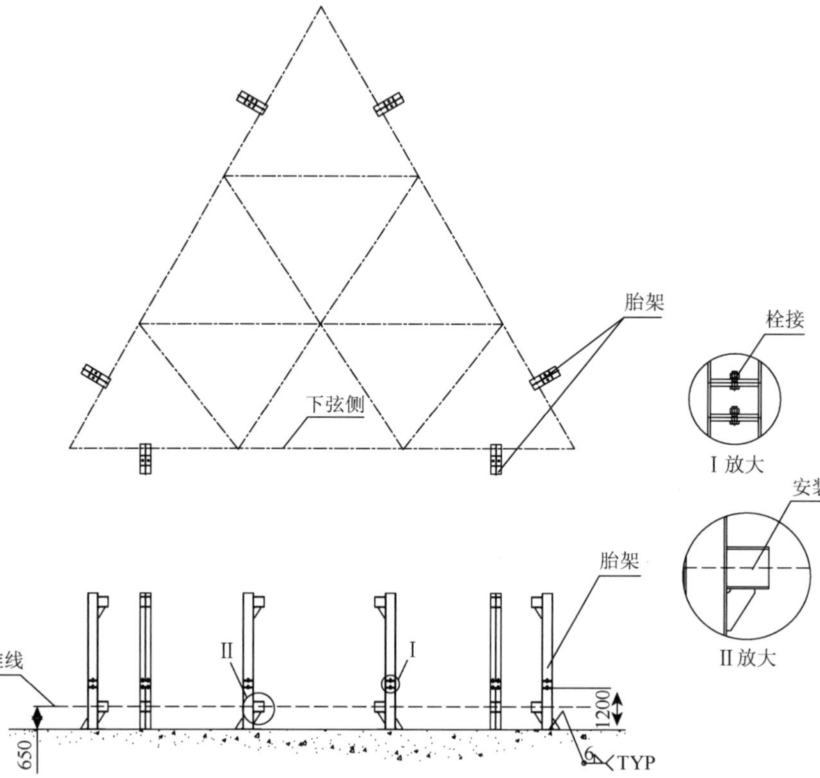

图 4-165　节段拼装胎架布置（单位：mm）

（3）2 + 2 拼装

将一个 1 + 1 节段吊至胎架上搁平，根据地样线进行调整。与 1 + 1 拼装类似，安装两个 1 + 1 节段间的连系腹杆和连接板。然后将另一个 1 + 1 节段吊至胎架上，根据地样线调整上部节段的位置，调整到位后根据图纸烧焊连接板与弦杆间的焊缝。节段拼装如图 4-166 所示。

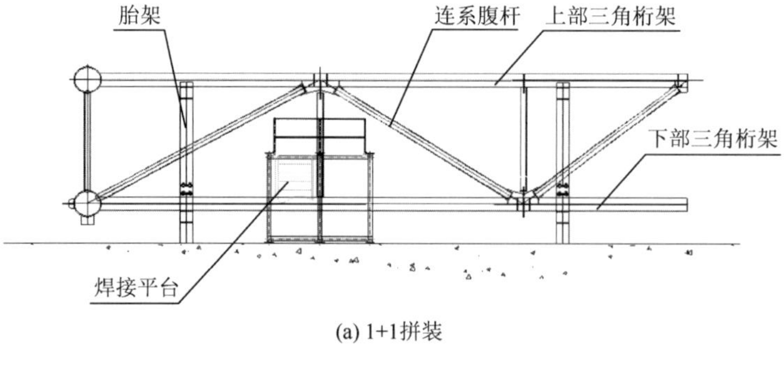

(a) 1+1拼装

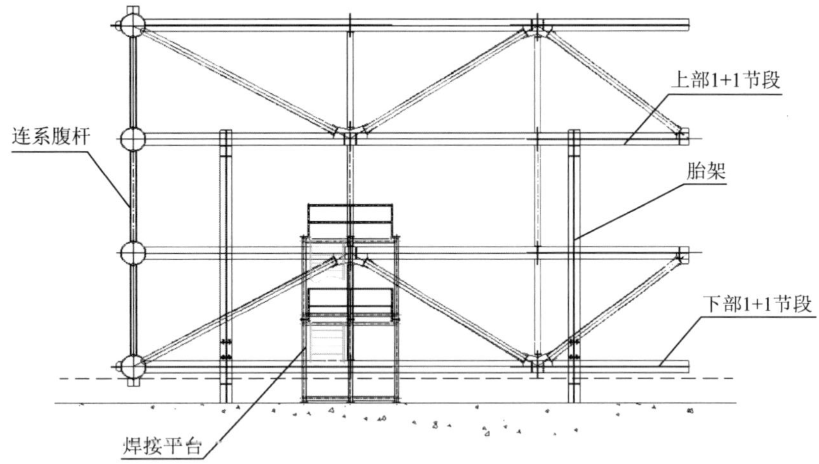

(b) 2+2拼装

图4-166 节段拼装

5. 节段预拼

节段制作完毕后需要与底部钢梁装配、焊接，然后节段间预拼，安装迎水面止水板从而制作成完整的结构。

工艺顺序为：底部钢梁预拼→节段翻身、竖立→节段与底部钢梁装配定位、烧焊→节段间连系腹杆预装→迎水侧止水板安装。

（1）底部钢梁预拼

底部钢梁预拼需先布置胎架，胎架由轨道梁与支座组成，支座上表面整体水平需进行控制。底部钢梁分段放置在胎架上安装加劲板和封板。底部钢梁预拼如图4-167所示。

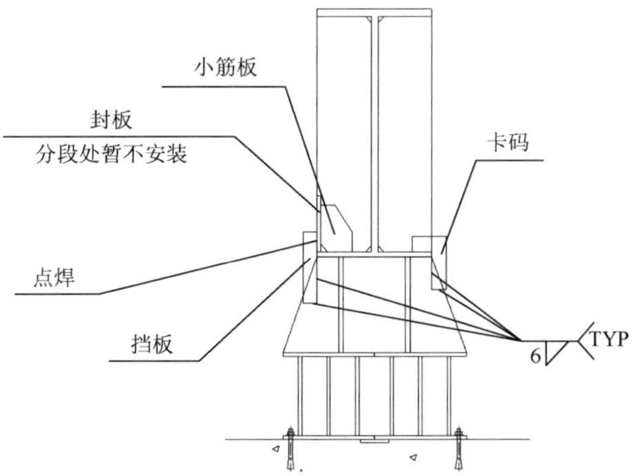

图4-167 底部钢梁预拼

（2）节段翻身、竖立

节段制作完毕并检验合格后需将其翻身、竖立，翻身可借助车间行车或外场门机。节段翻身需安装吊装吊耳及翻身吊耳。节段翻身如图 4-168 所示。

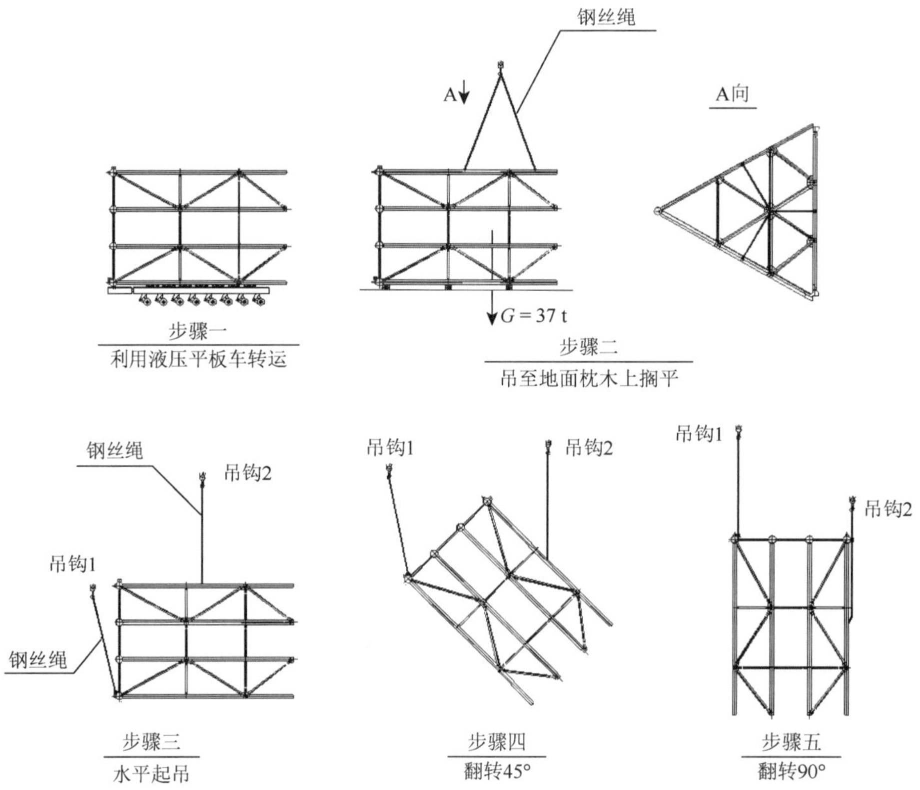

图 4-168　节段翻身

（3）节段与底部钢梁装配定位、焊接

节段竖立后需与底部钢梁装配定位，然后根据图纸要求进行烧焊。节段与底部钢梁安装见图 4-169。

（4）节段间连系腹杆安装

根据图纸要求安装节段间连系腹杆，并用引销固定。连系腹杆安装见图 4-170。

（5）迎水面止水板制作及安装

迎水面止水板需根据节段划分进行拼板，止水板墙梁安装见图 4-171。止水板背部有 13 根墙梁，墙梁之间有若干筋板，主要用于结构加强。墙梁安装前先根据图纸在止水板上划出墙梁的安装线。然后根据安装线将墙梁依次安装到位后点焊固定，安装筋板，调整到位后根据图纸要求烧焊。墙梁对接处离端部 100 mm 区域暂时不焊。止水板整体吊至节段迎水面上，调整到位后点焊固定，检查安装无误后根据图纸要求烧焊。

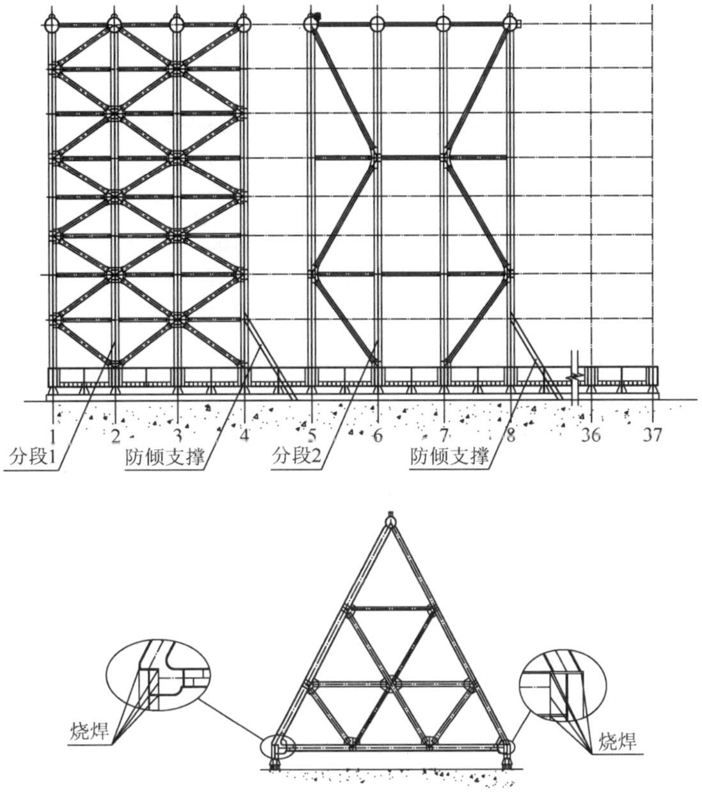

图 4-169　节段与底部钢梁安装

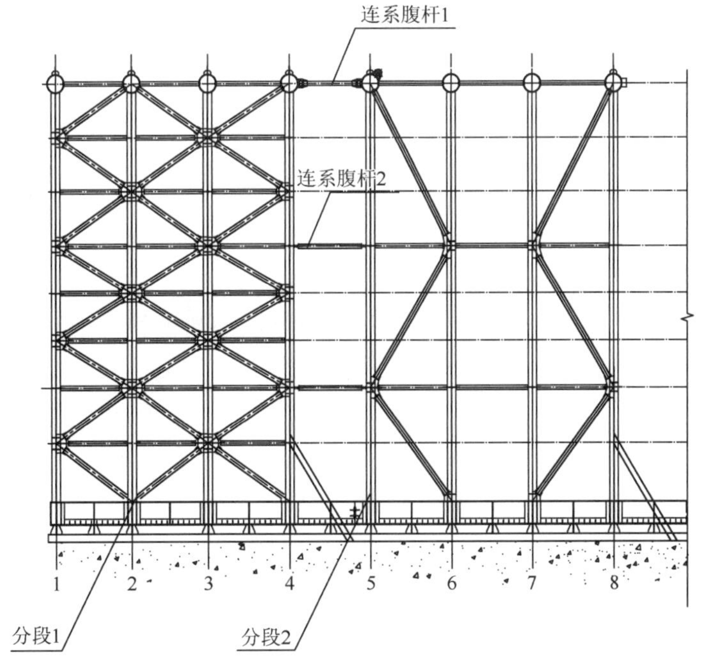

图 4-170　连系腹杆安装

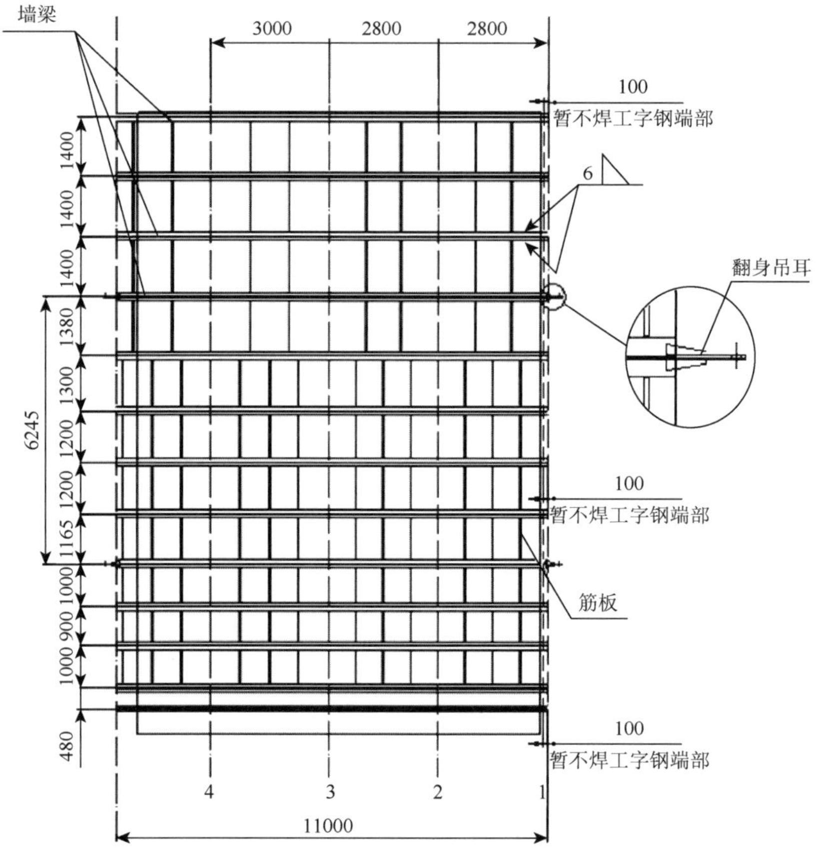

图 4-171　止水板墙梁安装（单位：mm）

4.7.3　设备使用

1. 施工工艺流程

浅坞钢闸门关闭工艺流程主要包括：拆除塔吊活动轨道和顶推活动轨道；将坦克轮放置在闸门下；通过卷扬机将闸门关闭；将闸门降到轨道上；安装止水带。

2. 施工方法

（1）绞车操作

钢闸门开启时，启动 1 号绞车，将钢闸门进行绞拖，同时启动 2 号绞车，对钢闸门进行溜尾。钢闸门关闭时，启动 2 号绞车，将钢闸门向另一个方向进行绞拖，同时启动 1 号绞车，对钢闸门进行溜尾。钢闸门启闭绞车见图 4-172。

图 4-172　钢闸门启闭绞车

（2）置换

1）浅坞钢闸门关闭后置换

浅坞钢闸门关闭后需将坦克轮置换出来使钢闸门放在轨道上，主要置换步骤如下。

将 12 台顶升千斤顶放置在指定位置，临水侧和背水侧各 6 台，每台千斤顶下方支垫一个厚度为 10 cm 的钢支墩，每两台千斤顶之间间距 15 m，然后将坦克轮与钢闸门连接螺栓拆除。将钢闸门顶升至距离坦克轮 2～3 cm；将 26 个坦克轮取出并将厚度为 16 cm 的 12 个钢支墩放置在钢闸门下面临近各千斤顶位置的节点处，并给千斤顶泄压，使钢闸门放置在钢支墩上。将所有千斤顶全部油缸缩回，并把千斤顶下面厚度为 10 cm 的钢支墩取出。进行顶升作业，将钢闸门顶升到距离轨道面 18 cm，然后将所有厚度为 16 cm 的钢支墩取出。将千斤顶卸载，把钢闸门放置在轨道上面。在钢闸门和反力墙之间的缝隙塞上止推钢板，放置钢闸门受水压力时发生移动。

2）浅坞钢闸门开启前置换

将 12 台顶升千斤顶放置在指定位置，临水侧和背水侧各 6 台，每两台千斤顶之间间距为 15 m，千斤顶安放示意图见图 4-173。

①将钢闸门顶升至距离轨道面 18 cm，如图 4-174 所示。

②将厚度为 16 cm 的 12 个钢支墩放置在钢闸门下面临近各千斤顶位置的节点处，并给千斤顶泄压，使钢闸门放置在钢支墩上。

③将所有千斤顶全部油缸缩回，并在千斤顶下面放置厚度为 10 cm 的钢支墩。

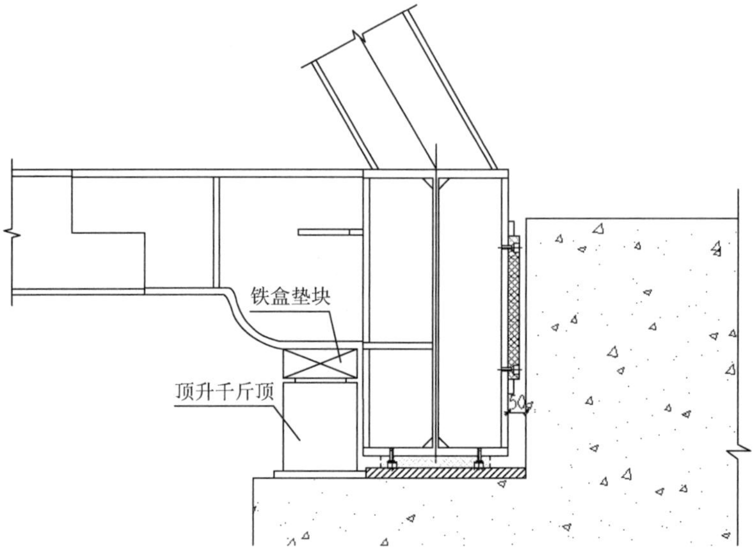

图 4-173　千斤顶安放示意图（单位：mm）

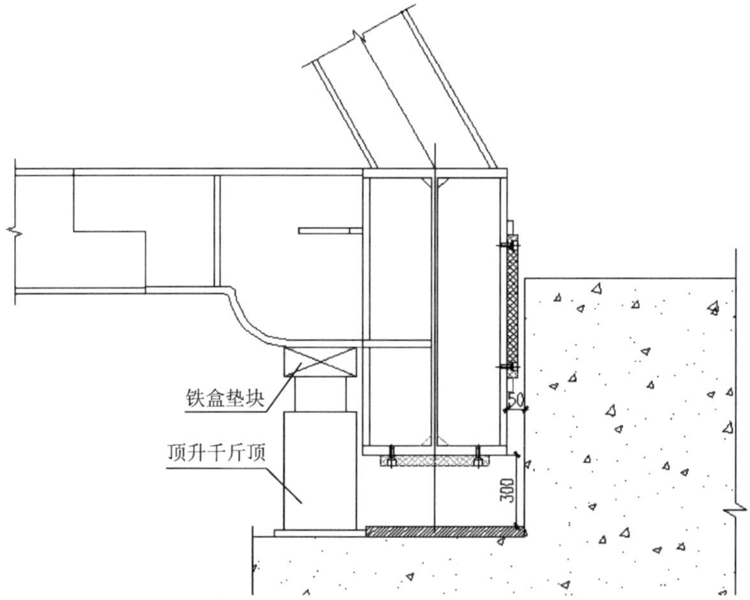

图 4-174　钢闸门顶升（单位：mm）

④继续进行顶升作业，把钢闸门顶升至距离轨道面 24 cm 的位置，取出厚度为 16 cm 的钢支墩，进行坦克轮安装，如图 4-175 所示。

⑤将千斤顶泄压，使钢闸门下降放置在坦克轮上，然后取出千斤顶、10 cm 钢支墩，将泵站油管、电缆拆除，操作绞车将钢闸门绞拖至存放区。

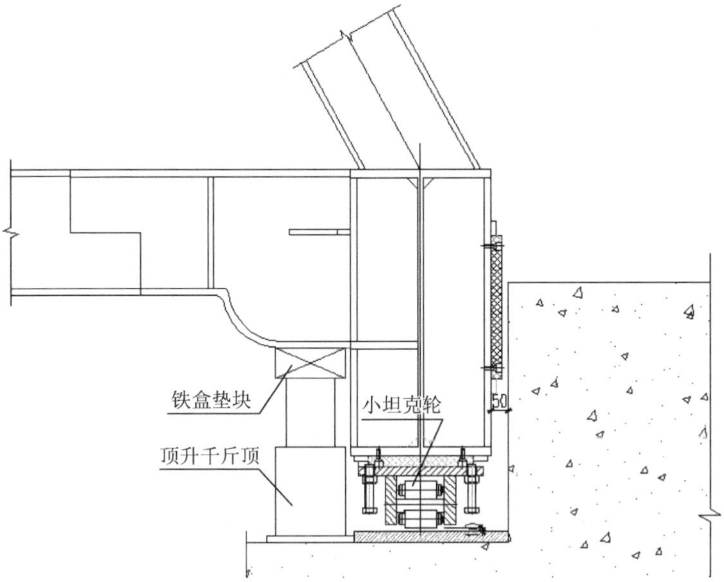

图 4-175　安装坦克轮（单位：mm）

⑥启动绞车将钢闸门拉开，放在存放区。钢闸门开启效果图如 4-176 所示。

图 4-176　钢闸门开启效果图

（3）液压系统操作

钢闸门启闭通过液压泵站控制，具体步骤如下。

①将液压系统压力设定为无压状态。

②检查卸载溢流阀是否处于关闭状态。

③启动电动机，待油泵站运转正常后，将液压系统压力设定为低压状态，把手动换

向阀换向至工作位置（上），千斤顶的活塞杆上升，将手动换向阀换向至另一工作位置（下），改变了工作油输出方向，千斤顶的活塞杆下降，来回几次，油泵站与千斤顶运转正常后，该液压系统就可进行正常工作。

④正式工作前，把各千斤顶缩到底。

⑤将手动换向阀换向至千斤顶上升状态，千斤顶顶住重物后，调节系统溢流阀至所需压力，根据需要逐级调高系统压力直至所需的最大压力，在调压的过程中，如等待时间长，可关闭马达，系统在液控单向阀的作用，可保持压力值，当压力值下降到下限或系统需调高压力时，启动马达，补充压力。

⑥加载过程结束后；在不启动马达状态下，把卸载溢流阀逆时针慢慢旋松；根据工况要求逐级调低压力值；在调节过程中如达到某值时，卸载溢流阀不要旋松了。

⑦卸载过程结束后，启动马达，把手动换向阀换向至千斤顶下降位置，各千斤顶下降至最低时，把手动换向阀换向至中位，关闭马达。

钢闸门启闭液压泵站见图 4-177，钢闸门启闭液压系统原理图见图 4-178。

（4）波形止水带安装

波形止水带的作用是钢闸门关闭后，起到止水的作用，由 3 条止水带组成，钢闸门与底板 1 条，钢闸门与 A、B 区拦水坝分别有一条。止水带与钢闸门和预埋件之间的固定采用螺栓和压板固定。

波形止水带安装包括底板止水带安装、A 区止水带安装和 B 区止水带安装，依次进行，压实紧固到位，放水及蓄水过程中进行检查，防止泄露。

3. 使用注意事项

①钢闸门在移动过程中速度不得超过 3 m/min，在靠近拦水坝沉箱时，移动速度不得超过 1 m/min；

图 4-177　钢闸门启闭液压泵站

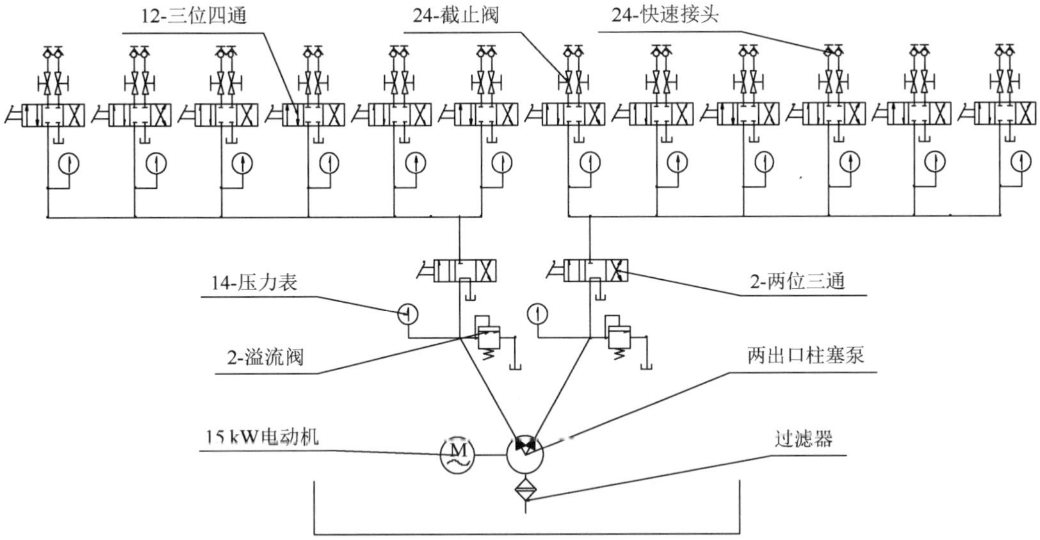

图 4-178　钢闸门启闭液压系统原理图

②波形止水带的尺寸及型号应满足设计要求；

③波形止水带压板安装应按设计要求进行预紧，保证每个螺栓都按要求拧紧；

④拦水坝沉箱预埋钢板承压面与理论铅垂面偏≤5 mm；

⑤在蓄水期间就对波形止水带采取保护措施，防止损坏；

⑥浅坞钢闸门顶升（下降）时，所有千斤顶应保持同步，在顶升过程中应该由专人对钢闸门进行监测，确保钢闸门不偏位、不变形；

⑦浅坞钢闸门滑移前，应先检查四周是否与其他构件有摩擦，防止绞车受力过大造成钢丝绳断裂伤人；

⑧浅坞钢闸门在滑移时，四周应设置警戒线，无关人员禁止进入施工范围内，操作人员应与钢丝绳保持足够的安全距离，钢闸门前后两端应有专人观察滑移情况；

⑨严格按设计要求控制浅坞钢闸门滑移速度，确保浅坞钢闸门滑移安全。

4.8　深 坞 坞 门

4.8.1　研制情况

1. 目的和意义

深坞坞门采用钢筋混凝土沉箱结构，长 59 m，宽 25.2 m，高 29.1 m，重量约为 1.3 万 t，设计吃水深度为 10.6 m。作为管节出坞的唯一通道和深坞蓄水密封的关口，质量和安全性能至关重要。

2. 方案比选

对常用坞门方案优缺点进行比较，具体如下。

船闸式坞门由坞门和启闭系统组成，坞门与坞壁链接，通过启闭坞门实现坞区的封闭和开启，如图 4-179 所示。

船闸式坞门的优点：制作方案成熟，坞门结构简单，启闭相对快捷。缺点：坞门跨度大，对坞门强度及工艺要求高。深坞蓄排水时间达一周，坞门负载大，坞门自重相对较轻，稳定性差。

图 4-179　船闸式坞门

钢制浮箱门方案，浮箱由钢结构制作，调节浮箱内水的重量实现浮箱的浮起和坐底，从而完成坞门的密封和开启功能，如图 4-180 所示。优点：强度高，整体性好，密闭性好，耐冲击。缺点：需耗费大量钢材，原材料成本高。需船厂定制及整体拖运费用导致成本过高。钢制浮箱门需在海水中浸泡至少 5 年，易腐蚀。

图 4-180　钢制浮箱门

沉箱钢壁结合式闸门，采取钢壁混凝土结构制作浮箱，具有钢制结构和混凝土结构的优点，如图 4-181 所示。优点：自重大，稳定性高。可就地制作，成本相对船厂定制低。入水部分为混凝土，耐腐蚀。缺点：制作工艺复杂，对沉箱预制密闭性要求高。

图 4-181　沉箱钢壁结合式闸门

对上述方案进行比较后选定沉箱钢壁结合式闸门方案。

4.8.2　施工制造

1. 施工流程

深坞坞门主要为混凝土分段、分层浇筑。1～5 层每层分两段浇筑，6～8 层每层浇筑一次。钢筋在场地分块绑扎，整体吊装，深坞坞门施工流程图见图 4-182。

2. 施工顺序

根据工期的要求，计划底层外模板一套、标准层外模板一套，箱格内模 24 套。

计划施工顺序为：A1 块→B1 块→A2 块→B2 块→A3 块→B3 块→A4 块→B4 块→A5 块→B5 块→A6 块→B6 块→A7 块→B7 块→A8 块→B8 块。

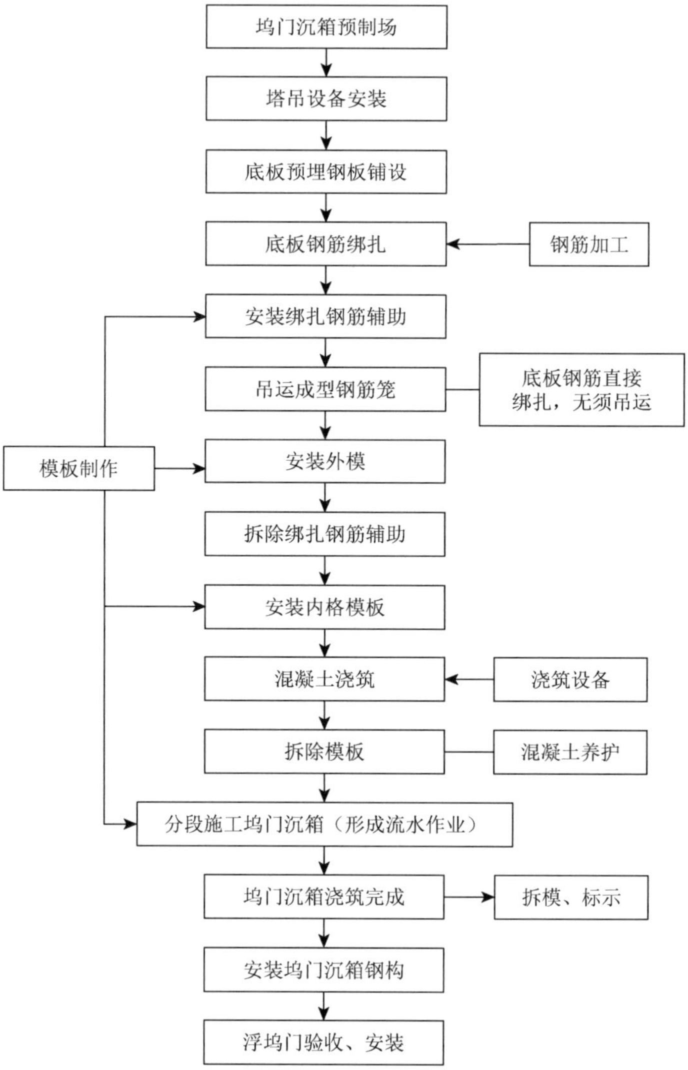

图 4-182　深坞坞门施工流程图

3. 施工方法

（1）场地整平

坞门预制场地为深坞底面，表面为坚硬岩石面，场地比较平整，可用挖掘机对场地基础稍作平整，清理碎渣土后，直接在场地区浇筑 20 cm 厚 C20 混凝土地坪，尺寸约为 120 m×30 m，地坪标高统一。

沉箱预制底模应刻 20 cm 宽凹槽，确保坞内灌水后水可以进入沉箱底板下；同时为保证今后沉箱与混凝土胎座脱离，减小黏结力，顶面从底至上铺设黄油 + 牛皮纸 + 油毛毡 + 塑料薄膜 + 牛皮纸，方可进行沉箱预制。地面铺设图如图 4-183 所示。

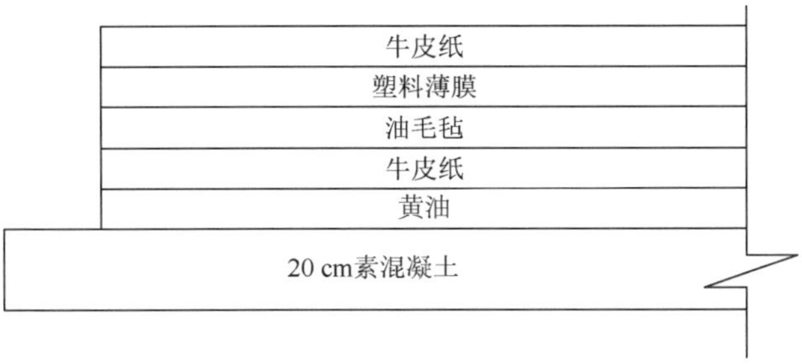

图 4-183　地面铺设图

对场地进行测量放线，放出场地边线，准确标出轨道位置。

（2）坞门沉箱钢筋加工场地

在坞门沉箱预制场内，除沉箱场地、移动塔吊场地外，还专门配置钢筋加工场地。钢筋加工场包括存放区、加工区和绑扎区。各区可通行汽车吊，方便钢筋半成品转运。

（3）坞门沉箱钢筋生产施工

坞门沉箱钢筋绑扎主要为生产加工场钢筋下料，分层绑扎，底层钢筋直接在预制位置绑扎，其余 8 层根据分段大小在钢筋胎具上绑扎，绑扎完成后通过塔吊或 200 t 履带吊装上沉箱与下层钢筋对接。各层钢筋笼绑扎按规范要求预留规范的搭接长度。为更好地形成流水作业，降低各工序间的影响，标准层 2～5 层每层各段钢筋笼长度与浇筑长度不同。

4.8.3　操作使用

1. 操作流程

（1）坞门排水起浮

坞门采用坐底寄放于坞门寄放区，安装时需将坞门调载仓内的压载水排出坞门外，使坞门起浮达到要求高度，然后开始坞门的拖带、安装工作。坞门在寄放区起浮排水详细操作过程如下。

第一步：通过坞门顶部操作平台的 1～4 号潜水泵操作开关同时启动坞门调载仓的潜水泵，将压载水通过高水位排水口同步排出调载仓外，在坞门的起浮临界状态需减缓排水速度，保证不使坞门产生较大的浮力，便于坞门的起浮控制。坞门排水起浮操作示意图示意图见图 4-184。

第二步：坞门排水起浮一定高度后，低水位排水口露出水面，潜水泵自动阀门关闭高水位排水口，同时打开低水位排水口，使压载水通过低水位排水口排出调压仓外，坞门排水起浮操作示意图示意图见图 4-185。坞门排水至 1.5 m 的压仓水后，坞门起浮达到设计要求高度，即可关闭潜水泵及闸门，进入坞门的拖带、安装施工。

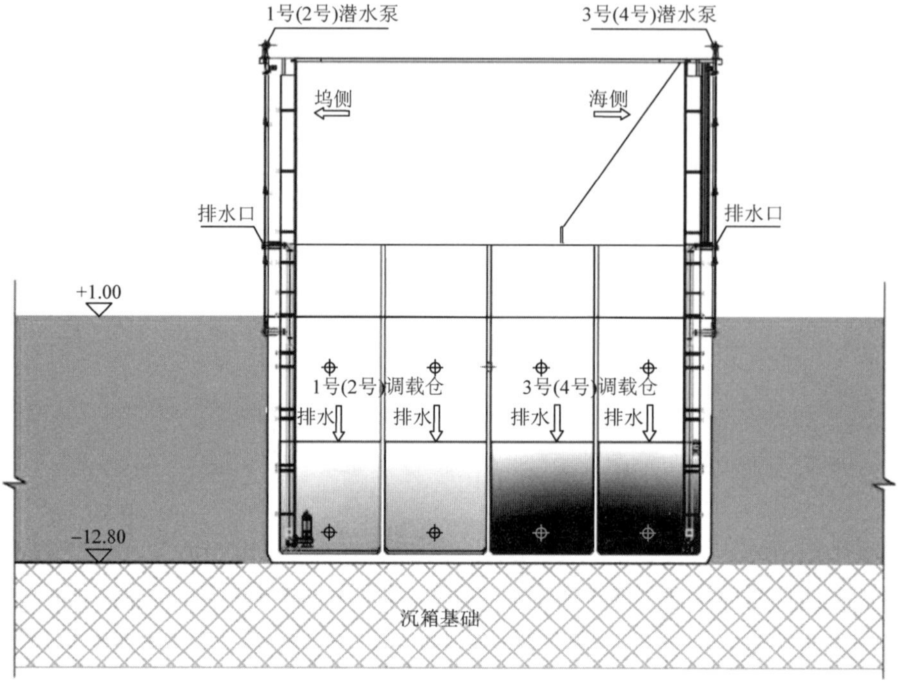

图 4-184　坞门排水起浮操作示意图（单位：m）

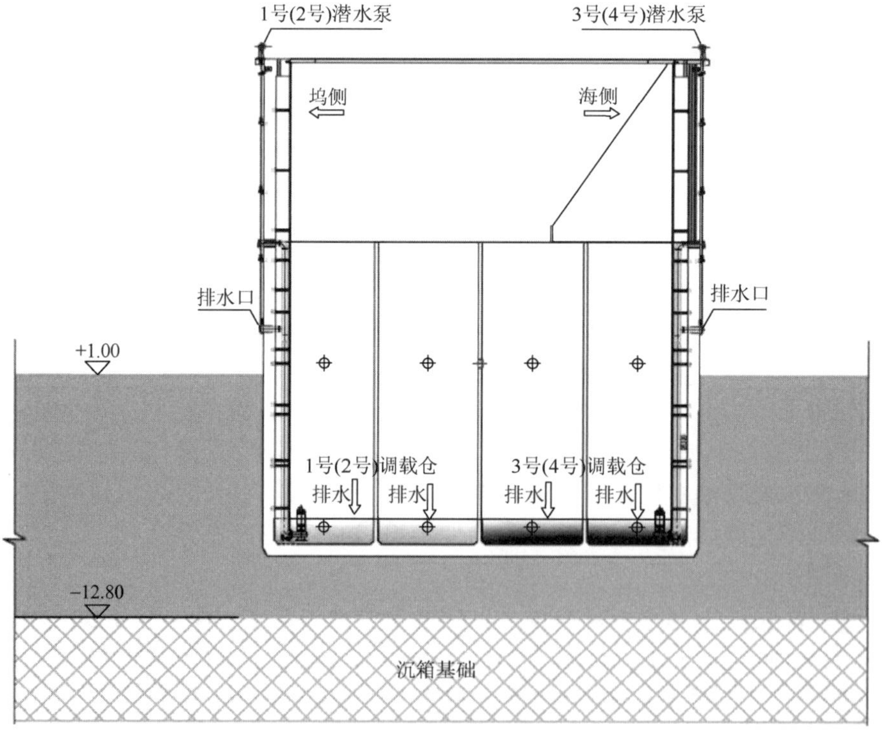

图 4-185　坞门排水起浮操作示意图（单位：m）

（2）坞门安装

深坞坞门安装对位受潮水影响较大，坞口爆破完成后，在深坞坞门两侧设置流速仪，实测坞口水流速度，并结合潮汐表，选择合适的安装时机，保证坞门在高平潮进行精确定位及灌水坐底。坞门起浮后、安装前，应对坞门底板、基础进行探摸，清理影响坞门坐底、水密性的块状物。

深坞坞门关闭的施工步骤如下。

第一步：将坞门与 1 号、2 号、3 号、7 号、10 号绞车连接，坞门带缆示意图见图 4-186。

图 4-186　坞门带缆示意图

第二步：解除各系泊缆绳，排出压载水（如有）使坞门上浮，坞门起浮高度应结合潮汐及风浪情况确定，确保底部最少有 500 mm 的安全高度。

第三步：将坞门以 0.1 m/s 的速度绞拖约 30 m，对准安装轴线，坞门带缆示意图见图 4-187。

第四步：将坞门与 8 号、9 号绞车连接，然后解除 1 号绞车。

第五步：将坞门绞拖进入坞口约 2 m 后，将 7 号、10 号绞车缆绳挂到 H18、H20 转向柱上，坞门转缆示意图见图 4-188。

第六步：坞门进入坞口后，观察坞门墩与坞门上相应的标记，确定坞门进入导向槽后，打开灌水阀，将坞门压载至离底约 100 mm 后，再进行坞门的调平及精定位，坞门

图 4-187　坞门带缆示意图

图 4-188　坞门转缆示意图

安装就位示意图见图 4-189。坞门调平及定位完成后，同步打开灌水阀门进行灌水，使坞门 4 个角点同步坐底。在坞门灌水坐底过程中，各绞车缆绳应根据坞门的下沉速度同步放松。

图 4-189　坞门安装就位示意图

（3）钢闸门安装

坞门两侧与坞门墩之间各设一道钢闸门。钢闸门由直径为 700 mm 的钢管与钢板焊接而成，其两侧与坞门和坞门墩接触采用橡胶止水带止水，底部压紧橡胶止水带，橡胶止水带在水压作用下可以产生 30～50 mm 的压缩量。

钢闸门长 28.6 m，重 17 t，开启时固定于坞门墩侧面上，由设于坞墩上的 20 t 移动机构进行吊装。首先将固定在寄放区的钢闸门吊离底板约 500 mm，然后收紧移动机构侧手拉葫芦，将钢闸门移动至安装位置并初步贴紧坞门墩及坞门，通过坞门顶部带缆卷扬机对钢闸门施加 10 t 的预紧力，最后放松移动机构主吊钩，缓慢将坞门下降到底，完成钢闸门的安装，即可进行坞内蓄水施工。

（4）坞门坐底灌水操作

坞门绞拖进入坞口安装位置，在测量控制下进行初步定位后，打开 7、8 号阀门，调节各个调载仓的压载水量，将坞门压载坐底，完成坞门的安装工作。坞门安装坐底灌水详细操作过程如下。

第一步：将坞门绞拖进入坞口安装位置，根据测量数据，通过两侧交叉缆对坞门平面位置进行调整，通过调整 1～4 号调载仓压载量对坞门垂直度进行调整。坞门安装灌水操作示意图见图 4-190。

第二步：打开离水面约 3.5 m 深的 5～8 号灌水闸门，使水流入坞门，并通过各个调载仓内部仓格之间隔墙的连通孔均匀充满 1～4 号调载仓。坞门灌水压载至离坞门槛约 0.5 m 时关闭灌水闸门，重新观测坞门的垂度，并根据测量数据对 1～4 号调载仓进行

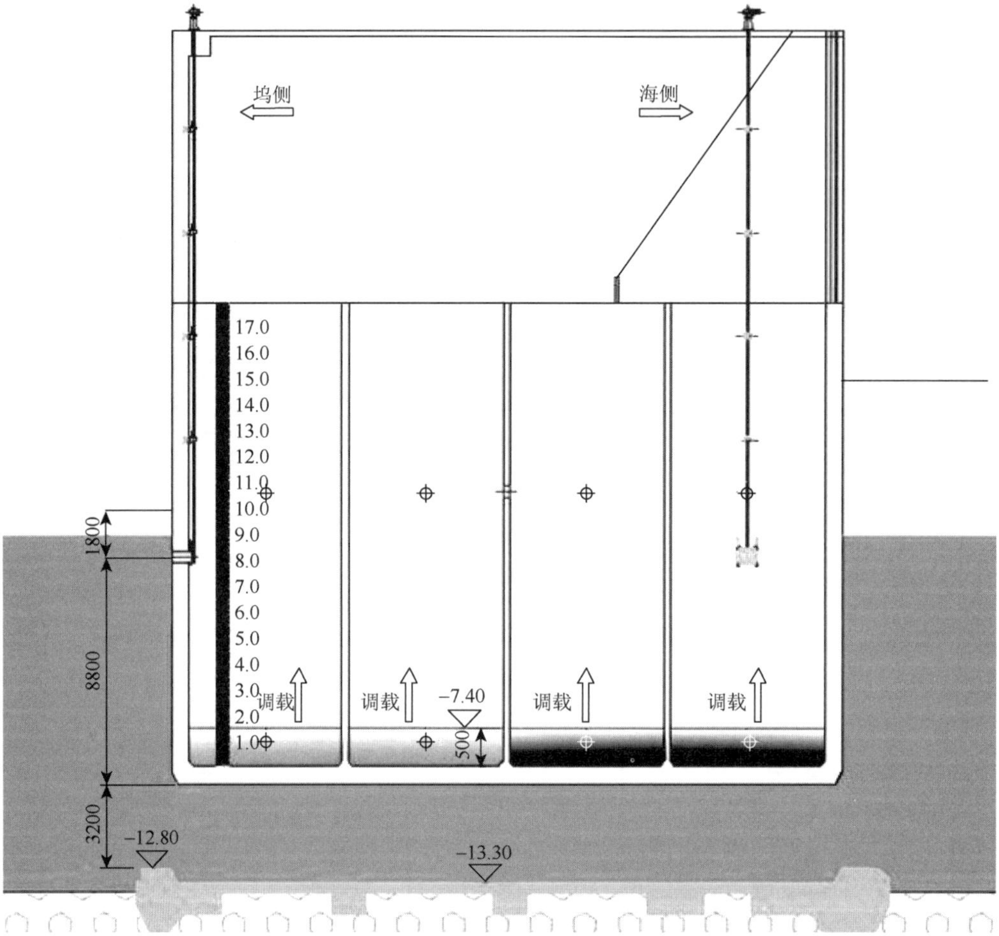

图 4-190　坞门安装灌水操作示意图

注：尺寸标注单位为 mm，标高单位为 m

灌（排）水调载，可使坞门实现绕浮心向不同方向的转动，将坞门调平在设计允许的范围内。坞门此时压载下沉高度为 1.7 m，压载量为 2527.56 m^3，调载仓压载水位高度为 3.50 m。

第三步：坞门平面位置、垂直度调整完成后，同步打开 5～8 号阀门，使坞门平稳下沉至坐底状态，等坞门调载仓水位与外部水位平齐后，关闭 7 号、8 号灌水闸门，完成坞门安装的坐底灌水作业。

2. 操作注意事项

①坞门启闭过程中应避免碰撞造成棱角残缺，如有较大损坏，应进行修补处理。

②坞门在坞口处纵横向定位允许偏差小于 50 mm，定位完成后下沉速度不允许超过 10 cm/min。

③沉箱就位下沉过程中严格监测沉箱垂直度，垂直度不得超过 1/500。

④深坞钢闸门的止水橡胶品种、规格和质量应满足设计要求，安装完毕后，其圆头高出承压面 30 mm，允许偏差 2 mm。

⑤深坞钢闸门各止水橡胶水封后应构成同一平面，其扭曲度≤2 mm。

⑥深坞坞门启闭前，做好安全技术交底，让相关施工人员了解施工环境及施工危险源，提前做好相应准备工作。

⑦施工前应做好绞车钢丝绳的检查工作，对不合格的钢丝绳应及时更换。

⑧临水作业人员应按要求穿好救生衣、高空作业、临边作业人员应该系好安全带。

⑨绞车钢丝绳工作区域应该设置警戒线，无关人员严禁入内，施工人员应该尽量与钢丝绳保持足够的安全距离。

⑩带缆或解缆后，解除钢丝绳绑扎铁链时，严禁将手通过钢丝绳下方解链（应该注意铁链正确绑扎方向），防止被钢丝绳压伤。

⑪坞门灌水坐底后，所有人员必须通过专用栈桥上下坞门，严禁跨越栏杆，确保安全。

3. 风险防范

在深坞坞门操作过程中存在缆绳破断隐患，需要采取以下措施预控风险：

①发生缆绳破断后，现场指挥应立即发出所有绞车停止绞缆的指令。

②根据缆绳破断后坞门的偏移方向，指挥其他绞车进行控制，暂时稳定坞门，避免发生碰撞、搁浅等事故。

③坞门稳定后，立即采用高强缆绳对坞门进行临时系泊。

④临时系泊完成后，对破断的缆绳进行更换，并对坞门进行重新带缆。

⑤带缆完成后，解除临时系泊缆绳，对坞门进行纠偏。

第5章　沉管浮运安装系列装备

沉管在预制厂完成预制和舾装施工后，由安装船和大马力拖轮拖到约7 n mile外的施工海域，然后再下沉到海底对接安装。港珠澳大桥沉管隧道共33节管节，标准管节重达7.8万t，在40多米水下进行毫米级对接，施工难度和风险主要包括以下方面：

①管节数量多，沉放周期长，需跨越多个台风季节，施工组织难度大；

②施工区域水上交通繁忙，施工干扰大；

③工期紧迫，需克服不利的水文气象条件，进行连续沉放施工；

④施工区域水流、波浪条件恶劣，对浮运沉放设备的要求远高于同类工程；

⑤设备设计制造具有较大的难度；

⑥水深大，潜水作业难度及风险较高。

1. 施工工艺

沉管浮运安装作业为沉管隧道施工过程中的重要组成部分，其关键工序包括：一次舾装、二次舾装、管节出坞、管节浮运与系泊、管节沉放对接、管节回填等，沉管浮运安装作业工艺流程图如图5-1所示。

（1）一次舾装

管节完成预制后，顶推至浅坞区进行一次舾装施工。一次舾装施工项目一览表见表5-1。

（2）二次舾装

管节横移到深坞进行系泊寄放，在管节出坞前进行二次舾装作业。二次舾装施工项目一览表见表5-2。

二次舾装结合作业窗口时间确定，要求在管节出坞前1～2 d内完成。二次舾装件为周转使用。施工时先完成管顶绞缆盘转向台座、导缆器的安装，再进行安装船跨上管节操作，然后进行测量塔、人孔管等其他管顶舾装和管内舾装，最后进行各专业系统的测试工作。

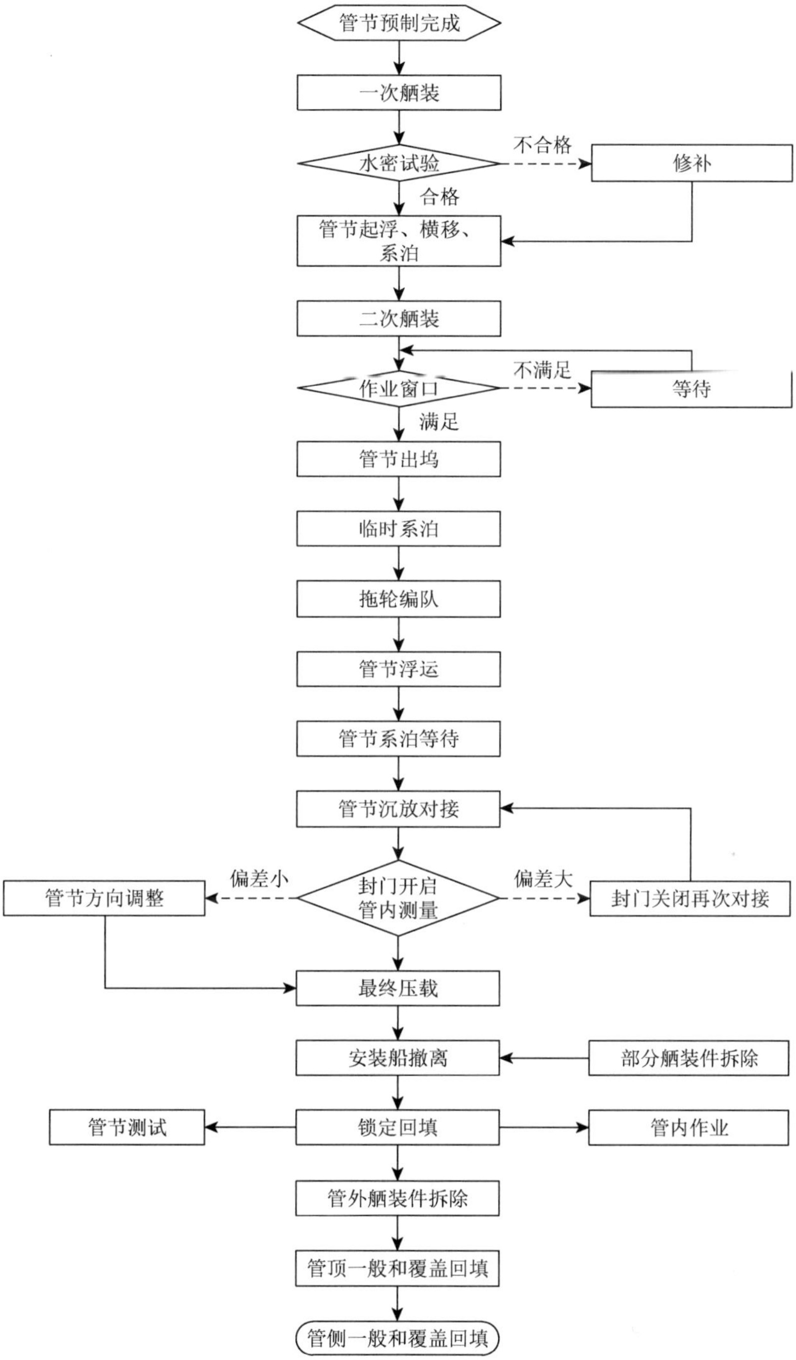

图 5-1　沉管浮运安装作业工艺流程图

表 5-1　一次舾装施工项目一览表

序号	类别	施工内容
1	管内结构类	预应力张拉、灌浆、节段 OMEGA 止水带安装、中埋式止水带注浆
2	管内舾装类	压载水系统、端封门、临时通风、临时供电和照明
3	管顶舾装类	系缆柱、吊点、短人孔、GINA 止水带、GINA 保护罩、导向杆、导向座、测量特征点标定

表 5-2　二次舾装施工项目一览表

序号	类别	施工项目
1	管内施工类	安装压载水遥控设备、摄像监控设备、测控设备
2	管顶舾装类	安装绞缆盘台座、导缆器、安装驳、测量塔、人孔管、测控设备
3	安装调试类	管节测量特征点标定、沉放驳与管节压载监控系统连接调试、测量系统安装及调试、坞内沉放试验

（3）管节出坞

管节完成舾装和安装船各系统测试后，根据安装作业窗口预报系统确定浮运出坞时机。管节出坞主要利用安装船上的绞车及岸上的卷扬机完成，在坞口区拖轮编队完成后进行浮运拖带作业。管节绞移出坞如图 5-2 所示。

图 5-2　管节绞移出坞

（4）管节浮运与系泊

管节浮运包括航道和基槽内浮运、转向区转向等作业。浮运航道总长约 14 km，基槽内浮运最大距离约 1.2 km。浮运线路：预制厂航道→榕树头航道→出运航道→转向区→基槽→系泊位置。

管节浮运采用大马力全回转拖轮吊拖、傍拖组合拖带方式。海事部门安排警戒船组成浮运警戒编队，在管节浮运编队前后及两侧护航，浮运路线根据需要申请禁航或限航，海事部门负责对航道进行管制，保证管节浮运作业安全。

（5）管节沉放对接

管节系泊与沉放准备同步开始，完成管节系泊和沉放准备后，进行管节沉放对接。沉放对接利用管节压载水系统给管节水箱压载提供负浮力；安装船吊着管节下沉，安装船系泊缆和安装缆控制管节平面位置和现场施工海域的水流力对管节的影响；沉放着床后利用拉合系统和水力压接系统完成管节对接，待贯通测量结果满足要求后抛石锁定管节；与安装船相关水下设备及舾装件拆除后安装船撤离，剩余舾装件由潜水船、起重船配合拆除。

管节锚系预拉完成后，安装船撤离基槽拖航至西人工岛南侧抛锚，进坞准备工作就绪后组织拖轮拖安装船回坞。

（6）管节回填

管节回填按功能划分为锁定回填、一般回填和护面回填；按施工区域划分为岛头防撞段管节回填和中间一般段管节回填组成，东人工岛岛头防撞回填防护段纵向长 343 m，西人工岛岛头防撞回填防护段纵向长 576 m。

2. 装备配置

港珠澳大桥岛隧工程隧道采用节段式管节，每个节段长 22.5 m，通过后张预应力拉接在一起，组成长 180 m、宽 42 m，重达 7.8 万 t 的标准管节。管节起浮、舾装完成后，通过沉放船运到隧道区，再逐段沉放、对接，完成全长 5664 m 的沉管隧道。

为了实现这些“海上巨无霸”沉管的浮运、等待、沉放、对接、微调等一系列高难度施工动作，研发创新了沉放驳船与沉管连接控制系统。该系统是利用船上锚缆系统，通过管节沉放船底部的支墩，实现船管空间连接。在浮运过程中，驳船通过支墩坐落在沉管上，通过船上压载水的压力及垂直锚缆系统的预紧力实现船管紧密连接。在沉放过程中，通过船上锚缆系统对驳船及管节进行空间姿态调整，利用沉放绞车高精度控制实现能够在厘米级范围内对管节进行姿态调整。为解决管节水下对接及微调难题，研发建造了管节拉合装置、精调装置和测控系统。为了防备管节安装质量不满足要求后的再次安装，研发了管节脱开装置，形成全套沉管安装系列装备。

5.1 沉管安装船

5.1.1 研制情况

1. 目的和意义

大型沉管浮运安装船组（以下简称沉管安装船）是港珠澳大桥岛隧工程核心船机设备，承担沉管浮运过程中浮态和航迹控制，以及沉放安装过程中位置、姿态和对接控制。

沉管安装船采用双浮驳骑吊法沉管浮运方案，钢质船体，近海海区拖带，沿海海区作业。沉管安装船包括主船和辅船 2 个独立的驳船，每个驳船由 2 个箱型浮体和 1 个箱型跨梁组成，各配备 4 台系泊绞车，2～3 台收缩/纵向调节绞车，2 台管节垂直调节绞车。

2. 设计要求

（1）环境条件

1）水域环境

船舶作业水深为 10～50 m，隧道基槽底面水深为 43.7 m；环境温度为–9.9～＋45℃；相对湿度为 95%；抗风能力小于 9 级风时离开作业范围，满足就近抗风条件，超过 9 级风时选择锚区抗风。

2）水流限定条件

水流限定条件如表 5-3 所示。

表 5-3　水流限定条件

	流速/(m/s)	波高/m	周期/s	风力
浮运	1.3	0.8	6	7 级
沉放等待	1.3	0.8	6	9 级
沉放	0.6	0.8	6	6 级

（2）作业条件

1）管节抗浮安全系数

管节抗浮安全系数如表 5-4 所示。

表 5-4　管节抗浮安全系数

施工阶段	管节抗浮安全系数
管节沉放过程中	1.01～1.02
管节沉放到位后	≥1.05
回填覆盖完成后	≥1.15

2）沉放作业条件

沉放作业条件如表 5-5 所示。

表 5-5　沉放作业条件

<table>
<tr><th>作业条件</th><th>流速/(m/s)</th><th>波高/m</th><th>能见度/m</th><th>风力</th><th>备注</th></tr>
<tr><td>沉放等待</td><td>≤1.3</td><td rowspan="3">≤0.8</td><td rowspan="3">≥1000</td><td rowspan="3">≤6 级</td><td>基槽内流速</td></tr>
<tr><td>沉放作业</td><td>≤0.6</td><td></td></tr>
<tr><td>潜水作业</td><td>≤0.6</td><td></td></tr>
</table>

（3）功能要求

1）管节的浮运和水上定位

在管节锚泊地，沉放驳船浮运到管节上方，通过滑轮组与管节相连。与管节相连后，向驳船的压载水舱压水，驳船下沉并搁置在管节的支墩上，通过拖轮拖带至施工现场。

2）管节的海上定位

每个驳船由 4 根钢缆系固，管节由 5 根钢缆系固（对接端 3 根，非对接端 2 根）。

3）管节系固

管节系固缆与海床上预埋的定位锚连接，见图 5-3。

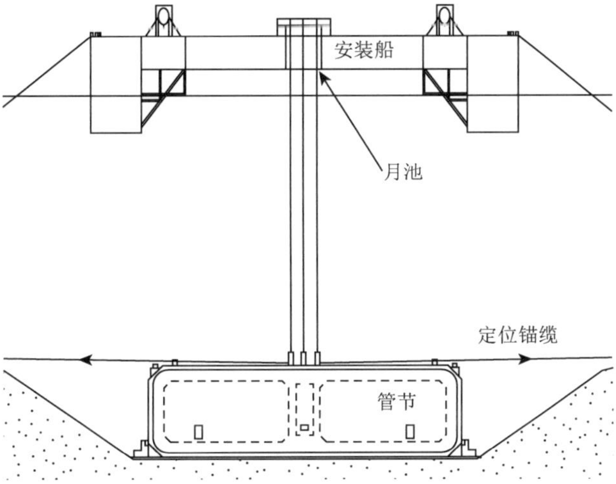

图 5-3　管节系固

4）驳船系固

管节浮运到指定位置后，驳船系固缆与海床上预埋的定位锚连接，见图 5-4。

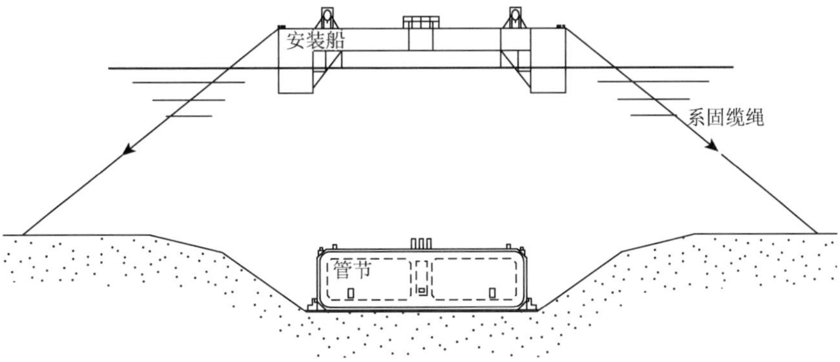

图 5-4　驳船系固

5）管节的沉放

启动管节压载水系统，使管节的负浮力达到 2%，下降管节到适当深度。随后通过调节驳船系固缆和管节系固缆，再次调整管节位置，最后将管节精确沉放到海床上。

5.1.2 技术性能

1. 技术参数

安装船为非自航驳船，沿海航区，主要技术参数见表 5-6。

表 5-6 主要技术参数

项目	浮体	上横梁
型长	40.2 m	33 m
型宽	7.2 m	56.4 m
型深	9 m	3.6 m
设计轻载吃水线	~4.5 m	
设计满载吃水线	~7.0 m	
甲板室层高	3.0 m 和 3.6 m	
甲板室层数	2 层	
作业水深	10~50 m	
最低设计温度	−9.9℃	
发电机组	3×520 kW（1 台备用）	
停泊发电机	1×136 kW	
电制	400 V，50 Hz	
定员	仅供 15 人休息	
作业区域	沿海作业	
自持力	15 d	
使用年限	20 a	

2. 设备清单

安装船设备主要包括轮机部分、电气部分和舾装部分，不包括附属在船舶上的沉管安装监控、拉合等设备，设备清单及技术规格见表 5-7。

表 5-7　设备清单及技术规格

序号	设备名称	技术规格	数量	备注
		一、轮机部分		
1	主发电机组	—	6 套	
1.1	发电机	型号 TBD604 BL，无刷永磁船用交流发电机，容量 520 kW，AC400V，50 Hz	6 台	
1.2	柴油机	直列、四冲程、涡轮增压、中冷、高速船用柴油机 550 kW，转速 1500 r/min，缸径 170 mm，行程 195 mm，燃油消耗率：210g/(kW·h)	6 台	
2	应急/停泊发电机组	—	—	
2.1	发电机	UCM274F 型无刷永磁船用交流发电机 136 kW，AC400V，50 Hz	2 台	
2.2	柴油机	型号 TBD234V6，四冲程、涡轮增压、高速船用柴油机 186 kW，转速 1500 r/min，缸径 128 mm，行程 140 mm，燃油消耗率 206g/(kW·h)	2 台	
3	油泵	—	—	
3.1	燃油驳运泵组	YCB20-0.6 型卧式齿轮泵，流量 5 m^3/h，0.3 MPa，转速 970 r/min，电动机功率 7.5 kW	4 台	
3.2	污油泵组	GCN25-1-4 型卧式单螺杆泵流量 5 m^3/h，0.3 MPa，转速 450 r/min	2 台	
4	水泵	—	—	
4.1	舱底压载消防总用泵	立式双吸双出口离心泵流量：95/70 m^3/h，0.32/0.8 MPa，转速 1450 r/min	4 台	
4.2	压载泵	立式自吸离心泵流量 600 m^3/h，0.3 MPa，转速 2950 r/min	8 台	
4.3	舱底泵	卧式自吸离心泵流量 10 m^3/h，0.32 MPa，转速 2950 r/min	4 台	
		二、电气部分		
1.1	主配电板	AC400V/AC230V，50 Hz，落地式，板前板后维修，IP22，底部进线，包括柴油发电机屏 3 屏；AC380V 主馈电及辅助负载屏若干屏；组合起动屏 2 屏；AC220V 负载屏 1 屏，含 PMS 系统	2 套	
1.2	应急配电板	AC400V/AC230V，50 Hz，落地式，板前维修，IP22，底部进线，包括：发电机屏 1 屏 380 V/220 V 负载屏 若干屏	2 套	
		三、舾装部分		
1	移船绞车	—	8 台	
2	管节水平调节绞车	—	5 台	
3	垂直提升绞车	—	4 台	
4	主船电控	—	1 套	
5	副船电控	—	1 套	
6	液压部分	—	4 套	
7	航行锚机	—	4 台	

续表

序号	设备名称	技术规格	数量	备注
三、舾装部分				
8	滚轮闸刀掣链器	—	4台	
9	航行锚	AC-14，3060 kg	4口	
10	锚架及锚链筒	—	4个	
11	锚链（包括卸扣等）	—	4根	

5.1.3 组成及特点

沉管安装船由2个驳船组成，形成主副船组，分别骑跨在管节两端，通过吊索与管节相连。主船效果图如图5-5所示。

图5-5 主船效果图

主副船除控制系统不一致外，船体、安装系统、系泊系统、电气系统基本一致。浮运安装控制中心设在主船，可以对副船实施远程控制。

1. 安装系统

（1）缆索与绞车

在安装过程中通过安装缆索来控制管节位移，沉管安装系统示意图如图5-6所示。

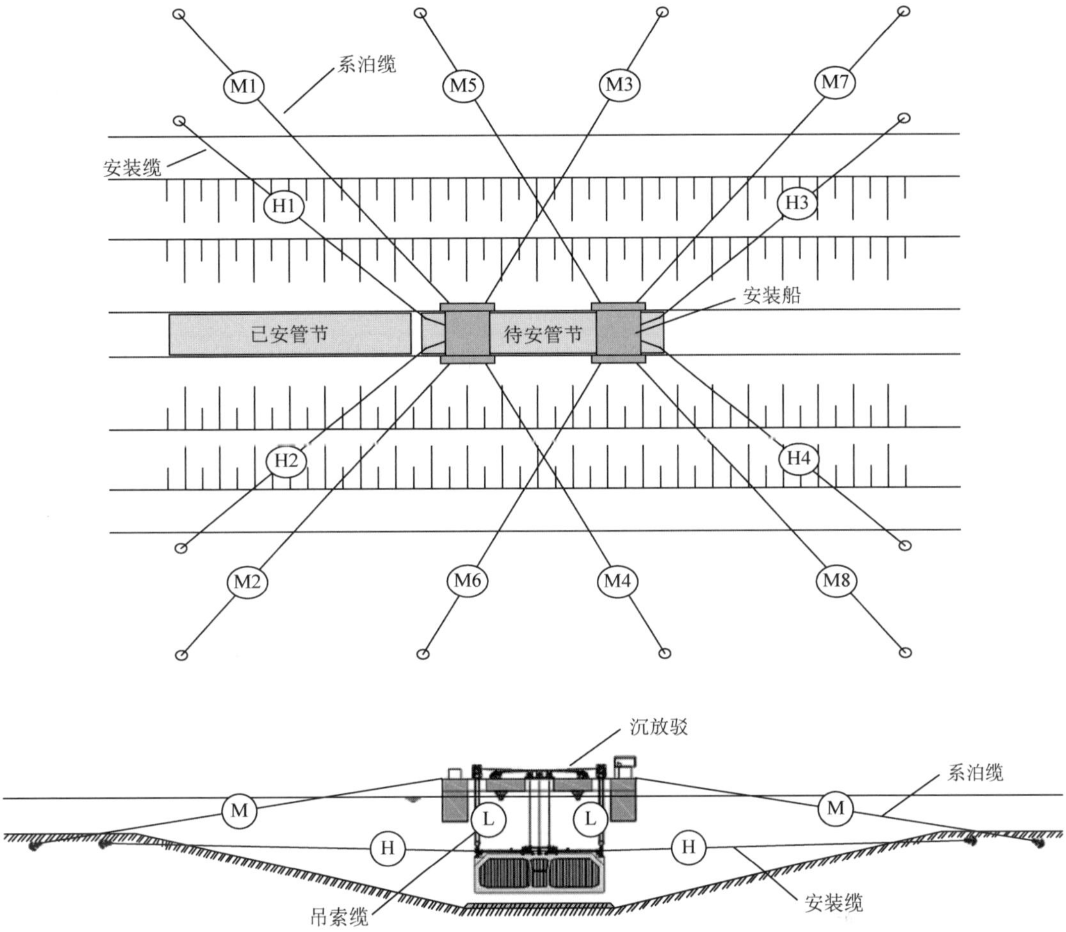

图 5-6　沉管安装系统示意图

注：图中 M 表示系泊缆、L 表示吊索缆、H 表示安装缆，编号为绞缆机及缆索的编号

为确保操作准确，每条缆索与其操作绞车对应，所有的缆索卷筒和绞车均布置在沉管安装船甲板上。线缆规格型号和技术参数如表 5-8 所示。

表 5-8　线缆规格型号和技术参数

线缆类别	类型	额定缆力	缆规格	数量/根
吊索缆索	钢缆（海用）	40 t	40 mm	4
安装缆索	钢缆（海用）	65 t	52 mm	5（1 根备用）
系泊缆索	钢缆（海用）	120 t	65 mm	8

（2）绞车

①定位绞车（驳船系固系统）为每船 4 台 120 t 绞车。管节系固系统为 65 t 绞车（主船 2 台，副船 3 台）。

②提升系统（管节提升系统）为每船 2 台 40 t 绞车，钢丝绳倍率为 16。

③全部采用交流变频控制，速度和拉力能够根据管节沉放工艺的要求得到控制。每个驳船上的二套起升机构有同步功能，两个驳船的 4 套起升机构能够同步操作。采用变频驱动，集中供电。

④绞车性能。安装船共有 17 台绞车，其中主船 9 台、副船 8 台，绞车性能见表 5-9。

表 5-9　绞车性能

项目	40 t 绞车	65 t 绞车	120 t 绞车	备注
额定拉力	392 kN	637 kN	1176 kN	
公称速度	0～16 m/min	0～9 m/min	0～9 m/min	
轻载速度	0～32 m/min	0～18 m/min	0～18 m/min	
出绳方向	上出绳	下出绳	下出绳	
带式制动器	≥150%额定拉力			
高速制动器	≥200%额定拉力			
钢丝绳直径	ϕ48 mm	ϕ52 mm	ϕ65 mm	
容绳量	900 m	600 m	700 m	
测力装置	安装在船体的导向滑轮中，编码器安装在卷筒上		—	
电机参数	交流变频 132 kW，转速 750/1500 r/min	交流变频 120 kW，转速 750/1500 r/min	交流变频 250 kW，转速 750/1500 r/min	
特点	每台绞车配有本地操作控制台，并可以在操作室集控。副船绞车可以在主船上控制			

2. 系泊系统

控制管节安装的缆索与预埋在海床上的锚相连。根据本工程地质条件及管节安装数量多的特点，选用 HY-17 型锚。HY-17 型锚是一种拖曳入泥锚，如图 5-7 所示。

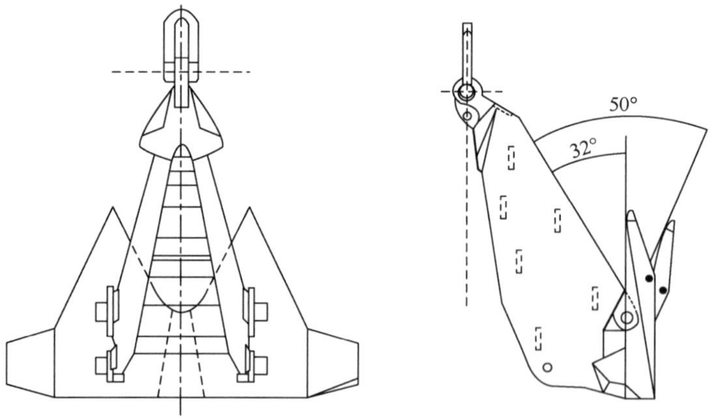

图 5-7　HY-17 型锚

HY-17 锚选型及相关参数表见表 5-10。

表 5-10　HY-17 锚选型及相关参数表

用途	型号	最大锚力
系泊锚	8 t HY-17 型锚	150 t
安装锚	5 t HY-17 型锚	100 t

3. 电气系统

①电力供应：主发电机组为 3 台 520 kW 柴油发电机（2 备 1 用）；应急发电机组为 1 台 136 kW 柴油发电机，兼为停泊发电机；设有岸电箱，岸电和船电设置为无法同时合闸。

②所有绞车均设集控室远程控制，并设本地操作站；主船可控制副船，副船可控制副船自身，设有转换开关；隧道沉管内压载水系统由主船进行远程监控及操控和电力供给；先进的 CCTV 系统可监控甲板各处死角及监视水下关键部位。

5.1.4　使用及工效

1. 施工流程

在沉管安装深度浅时，采用测量塔法测控方案；在安装深度深时，采用水下声呐法测控方案。沉管安装船的主要功能是沉放施工，管节系泊等待直至沉放窗口来临，开始沉放作业，利用压载水控制管节负浮力，系泊系统控制管节平面位置，吊索系统控制管节沉放速度和水中姿态，测控系统指导管节对接就位。管节落于基床后，拉合千斤顶精确测量、调整管节对接端偏差，并进行拉合使 GINA 止水带初步压缩。结合腔排水使 GINA 止水带完全压缩完成水力压接。贯通测量确定管节轴线偏差，偏差超过设计要求时采用体内调整系统精调。管节安装偏差满足设计要求后，向压载水箱内灌水至 1.05 倍抗浮系数，完成管节沉放。锁定回填后拆除舾装设施，完成管节安装。

（1）沉放步骤

①浅水区沉放步骤主要包括作业准备、沉放对接和撤离并拆除舾装件等阶段，浅水区沉放步骤如图 5-8 所示。

②深水区沉放步骤与浅水区沉放步骤的主要区别在船舶定位和压载施工，深水区沉放步骤如图 5-9 所示。

③沉放前的施工决策包括 5 次重要决策，工程决策流程图如图 5-10 所示。

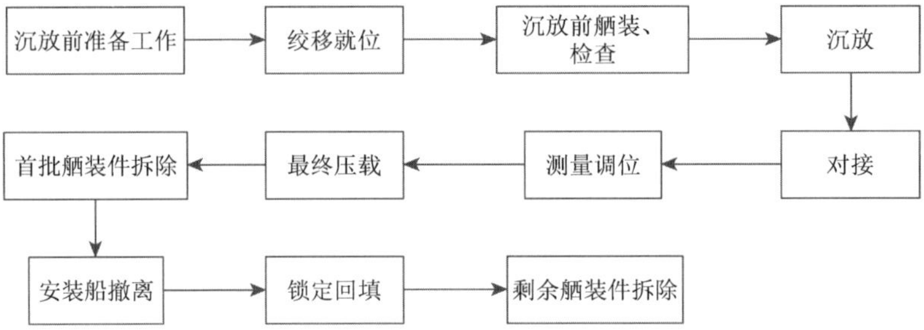

图 5-8　浅水区沉放步骤

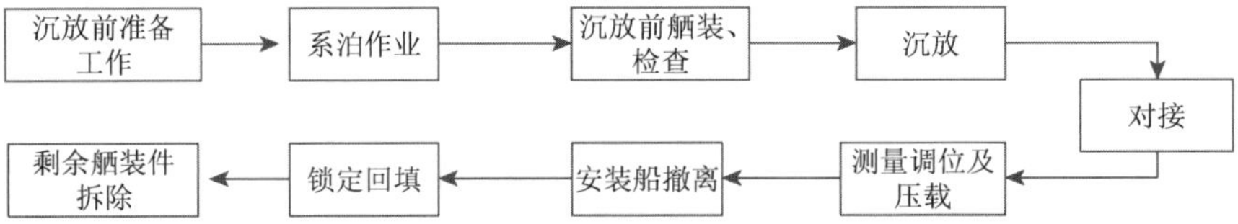

图 5-9　深水区沉放步骤

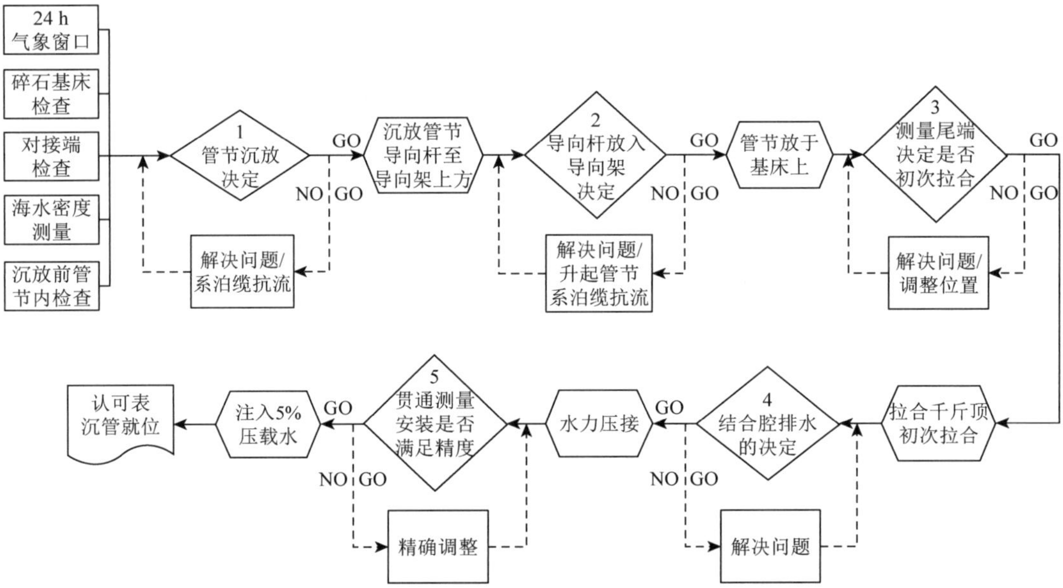

图 5-10　工程决策流程图

（2）沉放作业流程

沉放准备阶段：检查清理工作，重点检查潜水、起重装备及对接端检查清理；沉放前舾装检查，沉放前舾装作业主要包括 GINA 止水带保护罩拆除、拉合千斤顶安装、沉放测控系统安装等工作。采用吊机进行吊装，管顶工人及潜水员配合。

在管节沉放阶段，完成沉放前舾装及管节内检查，待满足沉放作业窗口后，沉放指挥长下达沉放指令，开始管节的沉放作业；管节沉放完成后的控制精度为待安管节端面距已安管节尾端端面左右两侧的测量值之差≤5 cm。

2. 工效分析

港珠澳大桥沉管的标准管节长度为 180 m，针对沉管管节安装作业专门建造的两艘沉管安装船“津安 2”“津安 3”，使用沉管安装船开展浮运、安装作业，国内属于首次，传统工艺中，此类海上预制构件的安装采用大型起重船及方驳辅助定位的工艺，且构件长度在 100 m 内。港珠澳大桥岛隧工程改变传统工艺，根据沉管施工特点研发建造沉管安装专用船舶（“津安 2”和“津安 3”）替代传统安装方式，不仅提高了施工效率，而且能耗也大为降低。

5.2　沉管拉合装置

5.2.1　研制情况

1. 目的和意义

沉管拉合装置是沉管安装过程中用于将两段管节精确拉合的千斤顶系统，沉管拉合装置实物图如图 5-11 所示。沉管安装初步拉合阶段，利用该系统将待安管节拉向已安管节，使设在待安管节端面的 GINA 止水带与已安管节的端钢壳紧密接触，然后持续施加拉力使 GINA 止水带产生初步压缩，达到止水的效果，为后续的水力压接创造条件。

沉管拉合装置研发的重点和难点是拉合方式、拉合力和安装位置的选择，拉合机构对沉管对接位置偏差的适应，液压及电控线路在水下 50 m 工作的可靠性等方面。

图 5-11　沉管拉合装置实物图

2. 设计要求

（1）作业环境及工况

作业水深 0～50 m；环境温度–10～45℃；海水温度 0～28.5℃；相对湿度 95%；拉合作业水流速度≯1.3 m/s，蒲氏风力≯6 级。

（2）性能要求

在管节沉放前千斤顶装置预先安装在新管节首端，固定反力基座预先安装在管节的尾端。拉合系统应设计成从沉管安装船进行控制和监测，应以受控的方式将新管节节段拉合到前一管节节段，完成拉合作业后，千斤顶收回，并将拉合千斤顶系统吊出循环使用至下一个管节节段。

所有设备满足外海高温、高湿、高盐环境，液压千斤顶、管路等部件满足水下 50 m 作业要求。

5.2.2 技术性能

1. 技术参数

在沉管对接安装定位后（水力压接前），两套沉管拉合装置千斤顶施加 2×400 t 共 800 t 的拉合力，拉合千斤顶行程为 1500 mm。为满足沉管轴向和竖向位置偏差，拉合系统具有的角度适应能力：平面方向为±1°；垂直方向为荷载条件下±1.5°，非荷载条件下 + 10/–1.5°。拉合速度为 0～15 cm/min，拉合精度为±1 mm。

2. 设备清单

沉管拉合设备主要包括液压系统、控制系统和钢结构三个部分，设备清单及技术规格见表 5-11 所示。

表 5-11　设备清单及技术规格

序号	设备名称	技术规格及型号	数量	备注
		一、液压系统		
1	拉合千斤顶	拉力 4018 kN，行程 1500 mm，工作油压 350 bar（拉行程），100 bar（推行程），垂直作业角度±1.5°，水平作业角度±1°，HZP70/204-1800	5 台	
2	垂直千斤顶	推力 312 kN，拉力 66.1 kN，行程 500 mm，HZP 27/17-400	3 台	
3	油泵	EHPS25MSR 2 型	2 套	
4	阀组	油路控制	3 套	
5	油管及卷盘	600 m 油管，提升工作油压 100 bar，下放工作油压 80 bar	2 套	

续表

序号	设备名称	技术规格及型号	数量	备注
二、控制系统				
1	主控制箱		1 套	
2	电线分配箱		2 套	
3	计算机及软件		1 套	
4	水下快拆接头		2 套	
三、钢结构				
1	拉合钢结构坐台	Q345，3 t/个	6 个	
2	挂构件	Q345，5.2 t/个	4 个	

5.2.3　组成及特点

沉管拉合装置主要由拉合机构和拉合控制系统组成，拉合机构包括拉合千斤顶、锚架钢结构、液压泵站及管路系统等；拉合控制系统包括水下自动搭接系统、水下视频监控系统、距离监控系统和压力监测系统等，拉合机构如图 5-12 所示，拉合机构参数如图 5-13 所示。

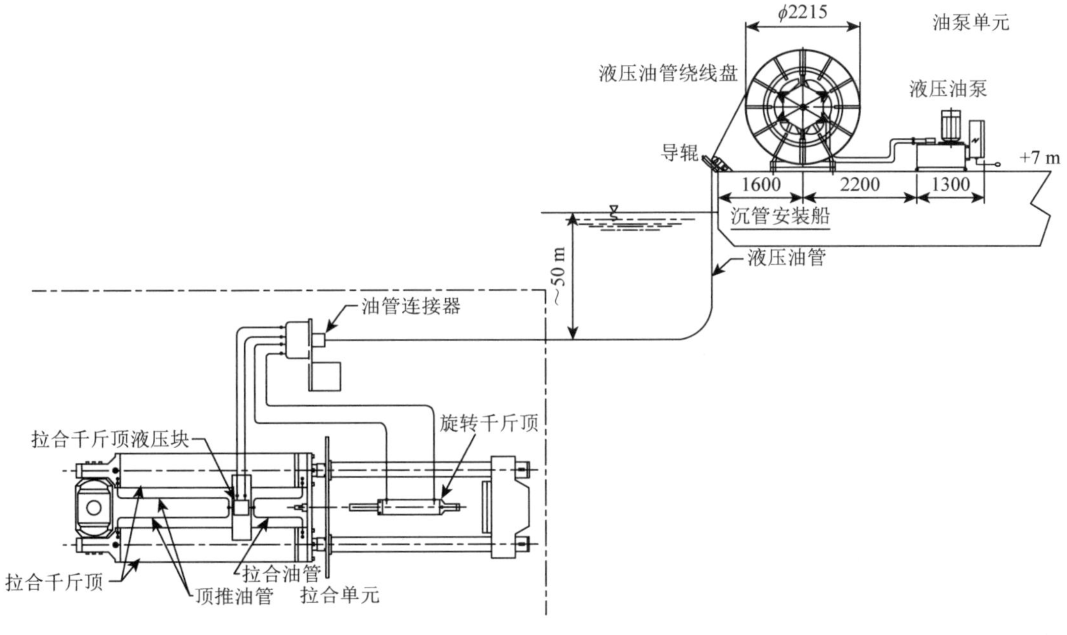

图 5-12　拉合机构

注：尺寸标注单位为 mm

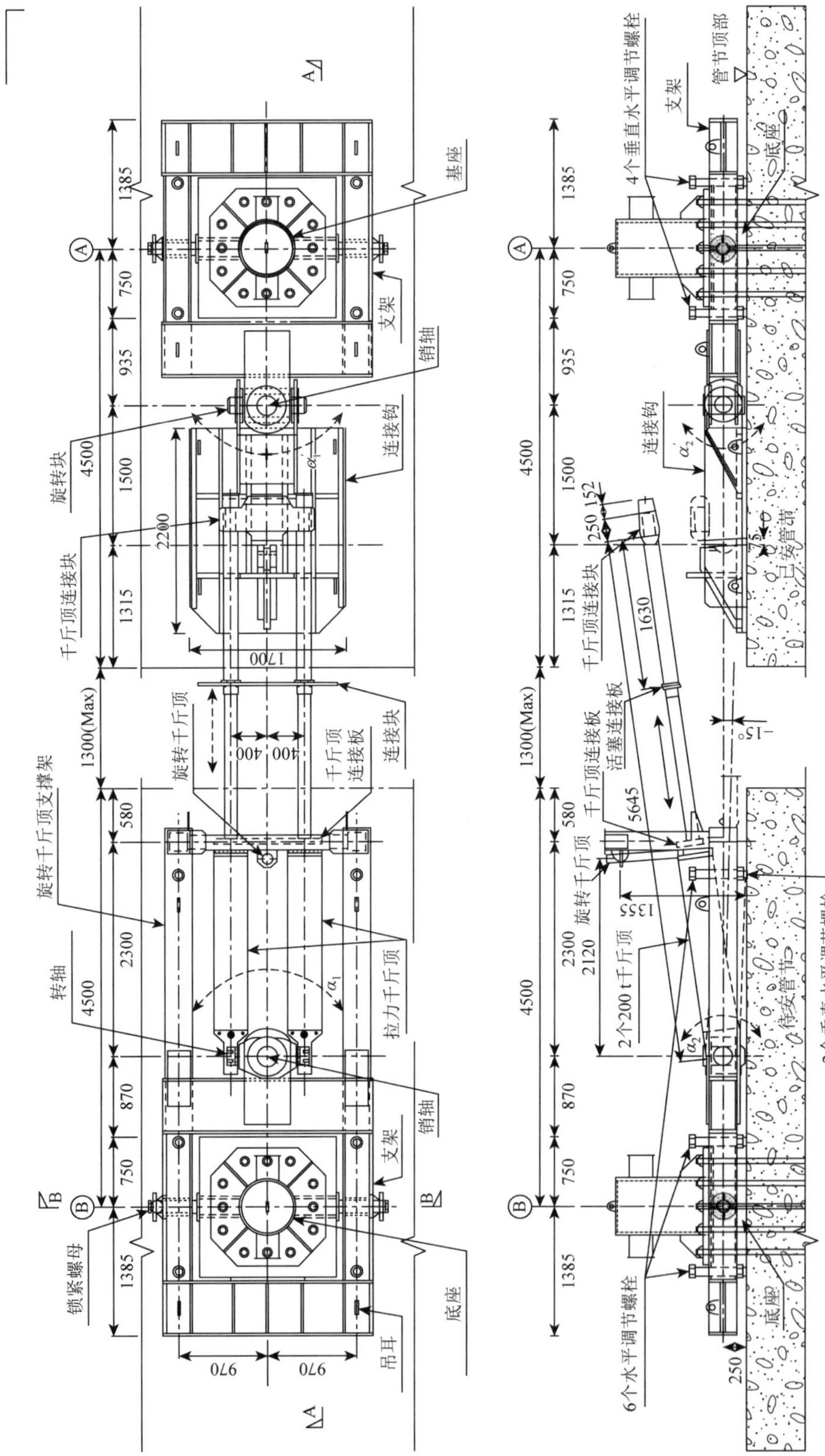

图 5-13　拉合机构参数（单位：mm）

1. 拉合机构

拉合机构（图 5-14）有一对液压连接的长行程千斤顶。千斤顶主力销连接到“旋转块”，再用垂直销连接到锚架。旋转块为该千斤顶系统中根据平面布置和标高改变而转动的装置。

千斤顶活塞用“千斤顶连接块”连接后者再钩住“构件”。构件用旋转块销连接前一管节的锚架。旋转块能使平面和立面中的构件旋转。为了保证千斤顶连接即使在千斤顶系统和构件未对准的情况下也能快速啮合，构件设有特殊导向装置。

千斤顶的主体用托架和内置垂直旋转千斤顶连接。垂直旋转千斤顶用于垂直对准伸长的拉合千斤顶并使千斤顶连接块与构件啮合或脱离。

两端锚架绕混凝土基座夹紧，此外，各锚架用 4 台带锁紧螺母的螺旋千斤顶（50 t 设计载荷和 150 mm 行程）靠着锚固在混凝土基座侧面的预埋板进行锁紧。这些螺旋千斤顶保证向上或向下的力与沉管节段轴正交的力可传递。

水下液压油管组合接头

水下传感器线缆接头

卷盘传感器

水下液压块、千斤顶传感器

图 5-14　拉合机构实景图

各千斤顶装置的压力和回油管路采用液压连接。各拉合千斤顶装置的胶管各自盘在沉管安装船顶部滚筒上。同样 1 号、2 号千斤顶装置的压力和回油管路各自连接到一个泵（1 号泵、2 号泵）。可从控制板上对这两个泵进行操作，控制板用于同时或独立地对千斤顶装置进行操作。各千斤顶活塞设置有位移传感器，后者用传感器电缆连接到同一控制站，从而提供各千斤顶活塞的距离。

2. 拉合控制系统

沉管拉合装置通过以下 4 个特殊系统来适应复杂的水下条件，不仅满足工程要求，同时也提高了工作效率，大大降低了潜水员的工作强度，减少了施工成本。

（1）水下自动搭接系统

水下自动搭接系统由 2 组千斤顶及被动拉合单元上的反勾结构组成，通过水下视频监控系统的配合，实现了操作人员在主控台完成水下搭接，摆脱了以往需要潜水员连接主、被动拉合单元的工艺，减少了潜水员水下作业时间及作业量。

（2）水下视频监控系统

水下视频监控系统利用 2 组水下电视录像监控作为主体设备，主界面实时显示水下情况，指挥室通过有线传输视频信号实现同步显示。主要硬件包括低光摄像头、C2300 高强度防水电缆、手提箱式控制台等。通过该系统，可以实时监控沉管拉合装置在水下的工作状态，为指挥操作提供参考，减少了潜水员水下检查的工作量。

（3）距离监控系统

距离监控系统利用 2 组磁致位移传感器作为距离监控设备，主控台界面实时显示千斤顶伸出距离。主要硬件包括磁致位移传感器、水下电子接头、电子控制单元等。利用该系统与管节安装参数进行比对，不仅可以判断拉合系统是否顺利完成搭接，还能了解待安管节与已安管节之间的端面间距，为拉合作业提供依据。

（4）压力监测系统

压力监测系统利用 2 组压力传感器作为压力监测设备，主控台界面实时显示拉合装置压力。主要硬件包括压力传感器、拉合单元截止阀、压力泄压阀、液压控制模块、电子控制单元等。利用压力监测系统，通过管节重量、摩擦力、设备性能等参数，可以综合判断拉合作业处于的阶段，从而更好地控制拉合作业的进程。

5.2.4 使用情况

按照管节安装的流程，管节拉合作业可分为 4 个阶段，共 7 个步骤，分别是沉放准备阶段的系统安装，管节沉放阶段的液压油管及电子线缆下放，拉合阶段的水下无人自动搭接、预紧、距离拉合、压力拉合及水力压接阶段的配合，沉管拉合装置总体布置示意图如图 5-15 所示。

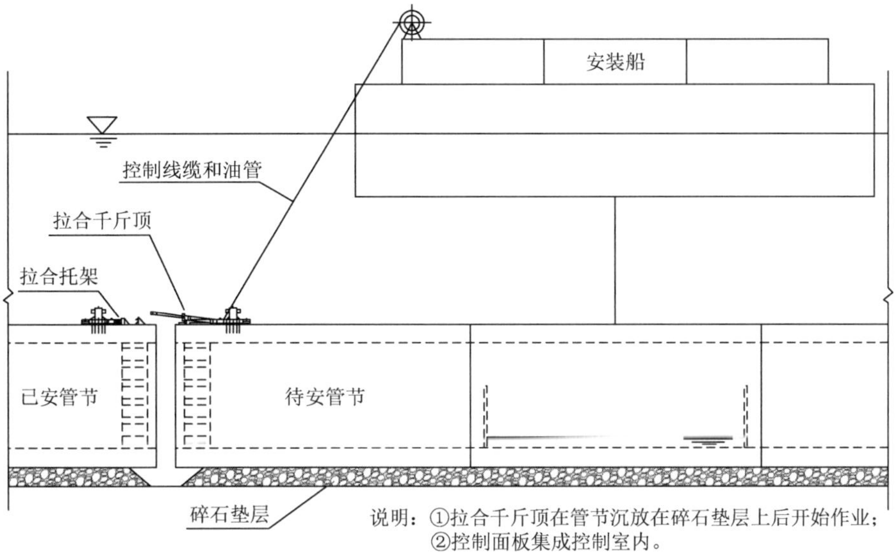

图 5-15　沉管拉合装置总体布置示意图

1. 设备安装

为减小拖缆对沉管拉合装置的影响，在管节沉放准备阶段进行系统的安装调试。首先对照坞内标定的位置，准备安装管节首尾端的主、被动拉合单元，然后通过水下接头将油管及线缆连接至主动拉合单元，利用管顶锚固装置固定管节顶面的管线，减小水流对管线的扰动。安装完成后对 2 台千斤顶同步进行测试，并依次检查各系统能否正常运转、设备是否存在渗漏油现象、数据显示是否正常等。

2. 管线下放

管节沉放及着床过程中，利用主控台与管节同步下放管线，根据管节姿态监控系统、沉管安装船吊缆监测系统及拉合卷盘监测系统，调整管线长度，始终保持管线下放长度大于管节下放距离。为确保沉管拉合装置管线的安全，在管线下放过程中需要人员巡视，防止管线尤其是电子线缆出现剐蹭造成损坏，同时甲板人员需要定时手动检查管线富余长度，与系统提供的数值进行对比，确保下放长度满足要求。

3. 拉合作业

（1）水下无人自动搭接

待安管节着床后，利用主控台控制主动拉合单元，依次进行回收竖向千斤顶、伸出拉合千斤顶、伸出竖向千斤顶的操作，完成待安管节主动拉合单元与已安管节被动拉合单元的搭接作业。

搭接作业为拉合作业首个关键节点，如果沉管拉合装置无法自动完成水下搭接作业，需要潜水船及潜水员水下辅助进行搭接，必将延长 1～1.5 h 的拉合作业时间，这可能会导致在水力压接时海流增大，波浪增高，错过最佳安装窗口，影响整个安装作业效率及成功率，增加作业风险。

（2）拉合预紧

主、被动拉合单元搭接完成，回程拉合千斤顶，使拉合千斤顶拉力达到 784 kN，消除主、被动拉合单元之间及钢结构与混凝土支墩之间的间隙。根据重载试验的观察及数据分析，拉合千斤顶拉力为 490～784 kN 时，上述间隙已经消除。

（3）距离拉合

根据管节姿态监控系统、拉合控制系统综合判断两管节端面间距，设定距离拉合长度，将待安管节拉向已安管节，使距离拉合完成时待安管节的 GINA 止水带鼻尖与已安管节尾端端钢壳接触。

在距离拉合过程中，为保护沉管拉合装置，同时更加平稳地将待安管节拉向已安管节，需要综合调整管节负浮力与沉管安装船吊力，控制管节与碎石基床之间的摩擦力小于沉管拉合装置的拉力，需要综合调整沉管安装船各缆力的大小，使吊缆力基本保持不变或者同步变化，确保管节在距离拉合过程中在平行于碎石基床平面的受力均衡。

（4）压力拉合

待安管节 GINA 止水带鼻尖与已安管节尾端端钢壳接触后，沉管拉合装置得进一步提高拉力，使待安管节的 GINA 止水带尽量压缩，在两管节间形成密闭接合腔，为水力压接创造条件。

4. 监控及拆除

水力压接阶段，沉管拉合装置保持 70%左右的拉力，辅助水力压接进行排水，同时实时监测两管节端面间距，辅助判断水力压接的进展，为压接决策提供数据依据。作业结束后关停系统、水下拆除接头、整体吊装至沉管安装船上，同时进行维修保养。

5.3 沉管精调装置

5.3.1 研制情况

沉管精调装置是在管节沉放安装时对轴线偏差进行调整的设备。管节沉放安装后依次进行水力压接及贯通测量，若待安管节轴线偏差超过设计要求，则需要调节待安管节轴线。国内外相关沉管隧道轴线调节主要有内调法和外调法两种方案，结合港珠澳岛隧工程沉管安装的实际情况和相关条件，对内调法和外调法技术方案进行对比研究，最终选择“内调法”进行设备设计制造。

1. 方案调研

（1）内调法方案简介

内调法是指沉管内精调系统，通过在已安管节和待安管节对接端上设置顶推装置和限位装置，在沉管轴线需要调位时，沉放驳提供吊力用于减小沉管对基床的摩擦力，通过顶推待安管节对接端边墙，使得待安管节尾端实现纠偏的方案。内调法调位示意图如图 5-16 所示。

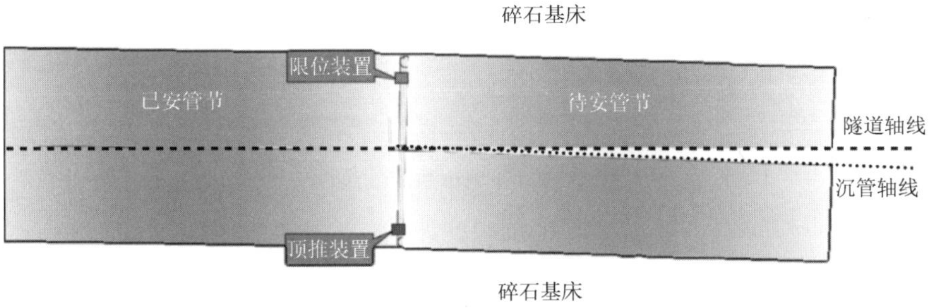

图 5-16 内调法调位示意图

（2）外调法方案简介

考虑港珠澳大桥沉管隧道作业海域水深大、波高大、沉管长宽比大等因素，内调法需明显增加内调千斤顶推力配置，且由于内调法需要沉放驳辅助提供向上吊力以减小沉管对基床摩擦力，操作控制难度复杂。因此，针对港珠澳大桥沉管隧道作业，研发了一套不受波浪影响，且无须沉放驳提供吊力的沉管底端精调系统，并在深入研究方案的过程中经过方案优化，最终形成“锲体式”底端精调系统，与内调法方案对应，该方案简称外调法。

外调法由定位系统、纠偏装置（顶升系统、纠偏系统）、导向吊装系统、动力和控制系统、管线等附属设施组成。外调法系统效果图如图 5-17 所示，外调法系统就位后平面图如图 5-18 所示。利用油缸组同步水平推动楔体，使沉管抬升，再操作纠偏油缸组同步水平推动纠偏盒体，使沉管水平移位，实现纠偏。

2. 方案对比与确定

①两种沉管精调方案参数对比，见表 5-12。

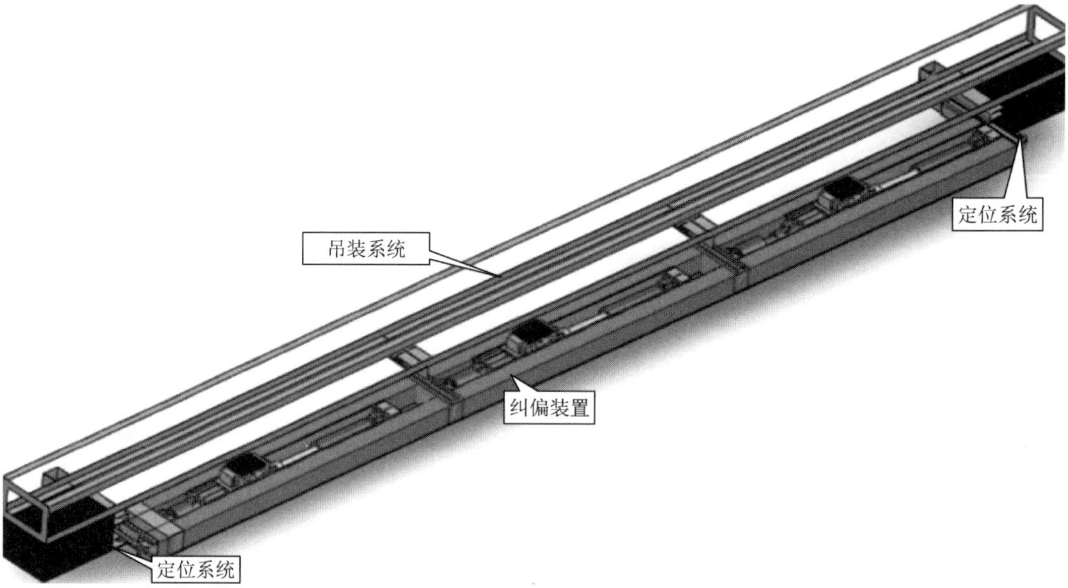

图 5-17　外调法系统效果图

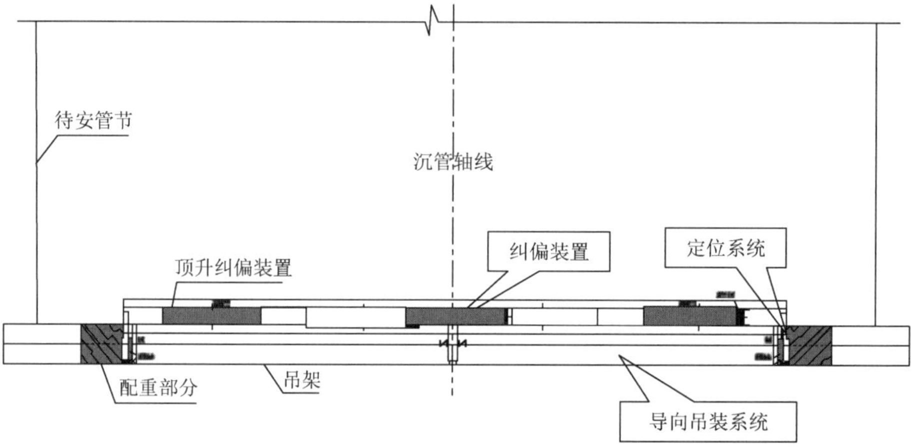

图 5-18　外调法系统就位后平面图

表 5-12　两种沉管精调方案参数对比

对比项目	内调法（沉管内精调系统）	外调法（沉管底端精调系统）
应用案例	厄勒海峡沉管隧道	新开发工艺
对碎石基床的要求	无要求	管节尾端基床进行整平
设备安装位置	已安管节和待安管节结合腔内	待安管节尾部底端
操作地点	已安管节内部	方驳
设备安装	每节管节需要调节安装，耗时较长	水力压接贯通测量后，需要纠偏时水下就位

续表

对比项目	内调法（沉管内精调系统）	外调法（沉管底端精调系统）
对沉管刚度的要求	管节横向刚度和竖向刚度要求高	对管节竖向刚度要求高
沉管是否需要预留预埋	预埋固定件	不需要
是否需沉放驳提供吊力	需要，操作受波浪和潮位影响大，通过波浪补偿器可减小影响	不需要，操作受波浪和潮位影响小
计算纠偏力	2759～3708 t（38～46 m 水深）	255 t 推力（46 m 水深）
拆除时机	锁定回填后拆除	纠偏完成后拆除
纠偏时对 GINA 止水带横向剪切力	294 t	177.2 t
GINA 止水带压缩量变化情况	比设计压缩量减小 3.3 mm（38 m 水深）	平均压缩量不变
主要设备	38 m 水深考虑 12 台 500 t 千斤顶，46 m 水深考虑 20 台 500 t 千斤顶	千斤顶总 8 台，楔体 3 组，吊架 1 个
结论：综合对比，港珠澳大桥沉管隧道精确调位系统选用内调法方案		

②精调装置安装和操作位置为已安管节和待安管节结合腔内（图 5-19），在沉管二次舾装时安装千斤顶设备，水力压接后连接管线。通过增大或减小 GINA 止水带轴向整体张开量（20 m 水深时 9 mm，45 m 水深时为 2 mm）调整待安管节尾端位置，尾端最大调整量为 85 mm。在 20～45 m 水深，精调千斤顶顶推力为 2130～3700 t。

图 5-19　精调系统安装效果图

5.3.2　组成和性能

1. 设备组成

设备由液压系统、电控系统和钢结构及附属件组成，沉管体内精调系统示意图见图 5-20。设备清单及技术性能详见表 5-13。

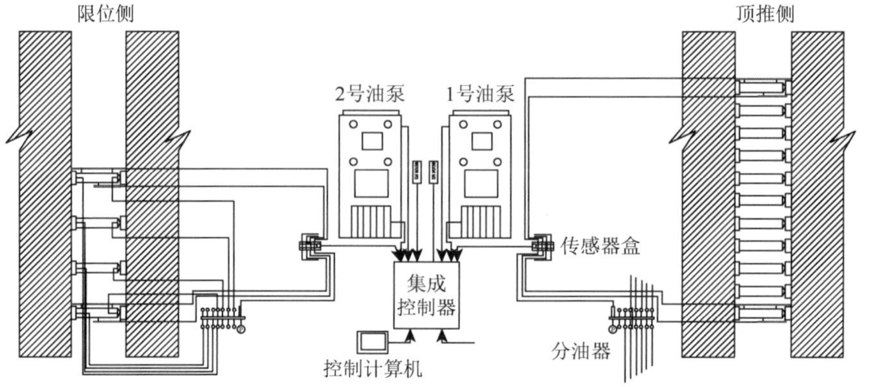

图 5-20　沉管体内精调系统示意图

表 5-13　设备清单及技术性能

序号	设备名称	技术规格及型号	数量	备注
一、液压系统				
1	精调千斤顶	SPE500-150D	22 台	含 2 台备用
2	起吊千斤顶	—	4 套	
3	油泵	EHPS-5/10MS2 型	2 台	
4	油管及集成器	$L = 20$ m	2 套	
二、电控系统				
1	主控箱	含控制程式	1 台	
2	位移传感器	—	5 套	1 套备用
3	压力传感器	—	3 套	
4	传感器电线及插头	—	8 套	2 套备用
三、钢结构及附属件				
1	千斤顶起重架	—	2 套	
2	电动卷扬机	—	2 套	
3	千斤顶推运小车	—	22 套	含 2 套备用
4	起重架手推车	—	4 套	

2. 性能参数

（1）液压千斤顶

本系统采用瑞士威胜利生产的液压千斤顶，型号 SPE500-150D。千斤顶购置数量 22 台，本体长 820 mm，直径为 330 mm，两侧铝垫板厚度分别为 100 mm、70 mm，最大直径为 470 mm，千斤顶行程为 150 mm，设计顶推力为 500 t。液压千斤顶参数表见表 5-14。

表 5-14　液压千斤顶参数表

序号	名称	技术参数
1	荷载能力	5095 kN（600 bar）
2	千斤顶行程	150 mm
3	工作压力（顶推）	600 bar
	工作压力（拉伸）	180 bar
4	活塞面积（推出）	849.2 cm^2
	活塞面积（拉合）	358.3 cm^2
5	测试压力（顶推）	700 bar
6	重量（含垫板）	571 kg

（2）液压油泵

采用两台型号为 EHPS10-2MS 的液压油泵。油泵通过遥控操作，有 2 种供油速度：15.3 L/min（快速）和 10.6 L/min（慢速）。慢速时千斤顶伸长速度大约为 10 s/mm，快速时千斤顶伸长速度大约为 5 s/mm。液压油泵参数表见表 5-15。

表 5-15　液压油泵参数表

序号	名称	技术参数
1	油泵供油速度	2×5.3 L/min
2	工作压力	600 bar
3	控制方式	电控
4	供电功率	11 kW
5	电压	三相 400 V，50 Hz，～24 A（plug 32 A）
6	油箱容量	180 L
7	可用容量	120 L（15No.SPE500-150）
8	重量	480 kg

（3）拉动单元

拉动单元由两台长杆千斤顶、固定底座、两个支撑块单元组成，型号为 PU-10。拉动单元参数表见表 5-16。

表 5-16　拉动单元参数表

序号	名称	技术参数
1	荷载能力（拉合）	63.3 kN（350 bar）
	荷载能力（顶推）	31 kN（110 bar）
2	千斤顶行程	900 mm

续表

序号	名称	技术参数
3	工作压力（顶推）	350 bar
	工作压力（拉伸）	110 bar
4	活塞面积（推出）	28.3 cm^2
	活塞面积（拉合）	18.1 cm^2
5	测试压力（顶推）	440 bar
6	重量（含垫板）	95 kg

（4）控制计算机、集成控制箱

精调系统专门设计了集成控制箱和控制计算机，集成控制箱连接油泵、传感器、通过连接的计算机和操作手柄发出指令及接收反馈数据。

（5）传感器

传感器主要包括：4 台用于反馈千斤顶行程变化的千斤顶行程传感器、4 个用于测量间隙距离的距离传感器、2 个用于反馈千斤顶压力的压力传感器。

（6）转动梁

转动梁用于将固定好的千斤顶通过拉动单元由水平位置旋转到结合腔垂直位置后进行精调作业。

5.3.3 使用及工效

1. 施工工艺

精调施工工艺主要包括精调系统安装调试、管节纠偏和精调系统卸载等部分，精调施工工艺流程图如图 5-21 所示。

（1）精调系统安装

1）开启人孔门

打开精调侧人孔门，安装底部垫板，保护 GINA 止水带不受破坏。采用厚 10 mm、宽 600 mm、长 0.5 m 的钢板 40 张，由于管节对接时会出现对接标高的偏差及管节角度的影响，采用小钢片支垫。

2）搭设脚手架

钢板铺设完成，在结合腔两侧搭设脚手架，尺寸为 2 m×1.35 m×6.4 m。脚手架底部安装在斜坡上，顶部设置工作平台，方便拆装作业。搭设脚手架工作平台主要工作内容有：安装结合腔内导向轮 4 个，安装钢剪力键预埋件凹槽填料 3 块，拆卸管节对接端钢剪力键预埋件临时螺栓 30 个。作业完成后，拆除脚手架，准备精调千斤顶系统的运输安装作业。

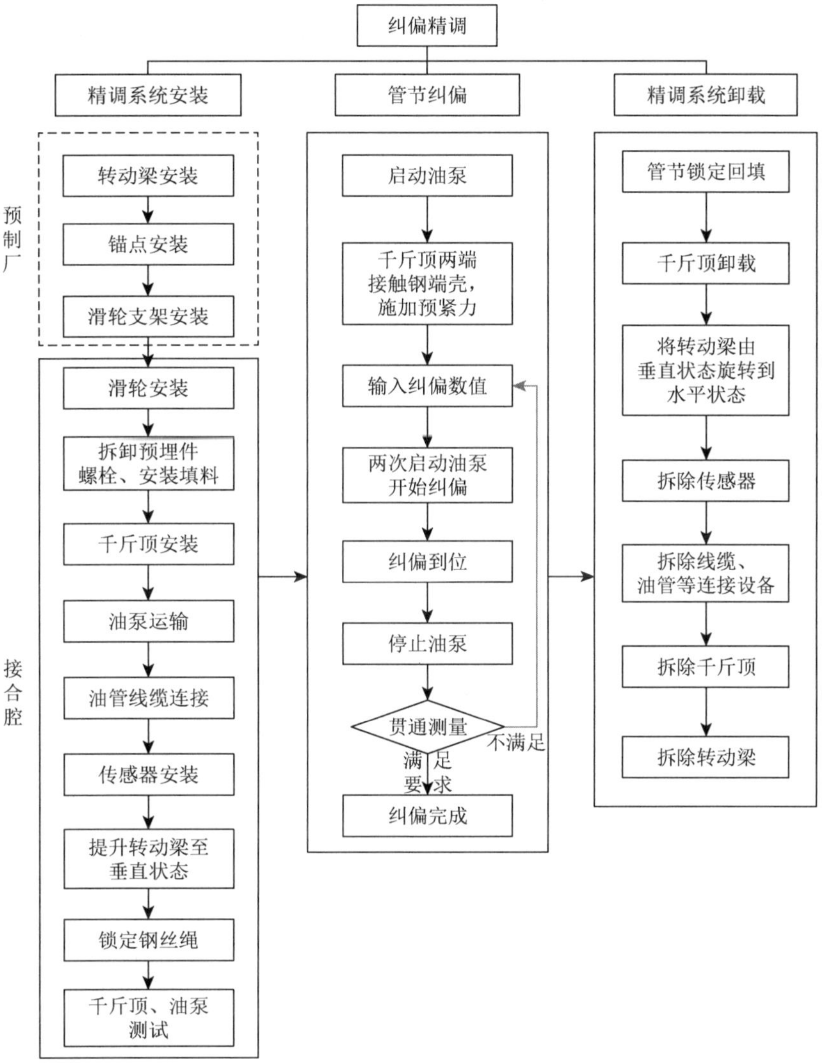

图 5-21　精调施工工艺流程图

3）安装转动梁

转动梁上有 3 条拉杆，其中上部 1 条，下部 2 条，上部拉杆由 3 根预应力钢筋组成，从转动部长度开始依次为 2.3 m、2 m、2.3 m，连接部采用直桶连接器紧固；下部两条拉杆也分别由 3 根预应力钢筋构成，长度依次为 2.1 m、2 m、2.1 m。拉杆连接完成后，首端采用额定载荷 20 t 的 ENERPAC RCS-210 拉紧、锁固，上部、下部各 2 台，共 4 台。

拆去转动部位的销轴，通过松紧手拉葫芦使转动梁由结合腔一侧移至中间位置，并插上销轴，具体顺序为：抬起—平移—下降—锁定。

4）安装千斤顶运输梁

该设备由 3 根钢梁、2 套锁固装置、1 套起重装置组成。其中，3 根钢梁长度依次为

2.5 m、2.4 m、2.5 m；重量分别为 74.94 kg、71.91 kg、74.94 kg。钢梁之间通过 4 个 M16 螺栓连接，2 套锁固装置悬挂在端封门后面的钢立柱上，可以横向移动，选择合适的锁固点。起重设备载荷能力为 1 t，可以将千斤顶起吊并移动至结合腔或待安管节内。

5）千斤顶运输

将带小车的千斤顶运至暗埋段枕梁处，悬挂钢丝绳，遥控起吊千斤顶约 1 m 左右，移动钢梁上的导向轮向接合腔运动，直至到达结合腔的中间位置，开启起重设备下放千斤顶至转动梁千斤顶滑车上，滑动到指定位置下降转动梁滑车螺栓，对准转动梁上的螺栓孔进行临时固定，千斤顶连同支撑架固定在转动梁上。

6）千斤顶安装

千斤顶通过吊运设备运至转动梁上的托架内滑动到对应位置进行临时固定，托架安装在转动梁上。依次进行 1～11 号顶推千斤顶的安装，将千斤顶固定在临时托架内，紧固螺栓，防止结构松动。千斤顶安装如图 5-22 所示。

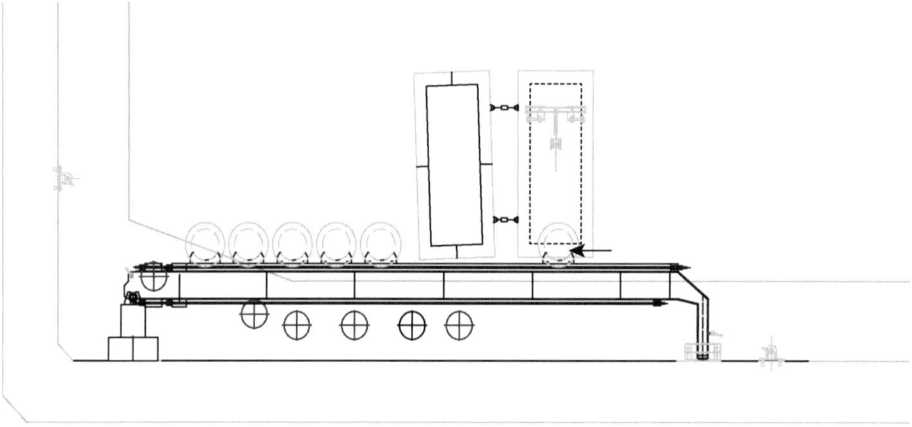

图 5-22　千斤顶安装

7）油泵及油管、传感器安装

连接油泵与千斤顶之间的油管，依次进行压力传感器、距离传感器、行程传感器的安装，确认油管接头不松动且供油正常。

8）拉动单元安装

将事先系好的 ϕ16 mm 钢丝绳一端穿过导向轮连接转动梁尾部固定滚筒，钢丝绳端头用固定夹钳锁定；另一端连接绳索连接器，绳索连接器通过穿入带有挤压固定件的 ϕ22 mm 拉动绳与拉动单元相连，将拉动单元固定在拉动钢丝绳支架上。

9）旋转转动梁

连接手动油泵至拉合单元，通过拉合单元拖动绳索，旋转转动梁由水平位置至垂直位置；期间，为了防止转动梁转动角度偏大，保持较好的垂直度，设置了限位绳索，防止转动过度。转动梁旋转如图 5-23 所示。

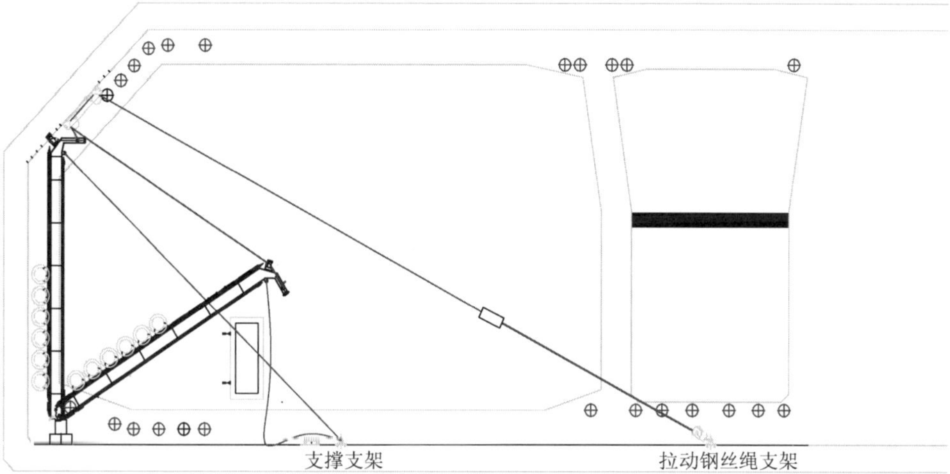

图 5-23　转动梁旋转

（2）精调系统调试

1）沉管安装船提升吊力

为了保证千斤顶纠偏的可靠性，尽量降低千斤顶的顶推力，通过提升沉放驳的吊缆力，降低沉管对基床的压力，但不宜小于 400 t。另外，可以通过排压载水箱内的水来控制沉管对基床的压力。

2）千斤顶预紧

启动油泵，千斤顶内芯缓慢伸长直至接触对接端铝垫板即可停止。此过程通过压力传感器来控制，设定预紧力 100 t 后，当压力传感器示数达到设计值，停止油泵。

3）管节监测

精调过程中，由于顶推千斤顶作用力较大，可能会造成前一结合腔 GINA 止水带的变化，为保证安装后沉管的稳定性，全程对该结合腔 GINA 止水带的张开量进行监测，即在沉管两侧安装位移传感器，当精调过程中 GINA 止水带张开使管节发生偏位时，立即停止调整，待调整措施后，继续进行。

（3）沉管精调

将位移传感器、千斤顶行程传感器调零。操作员进入控制计算机千斤顶精调界面，将尾端轴线偏差值换算为千斤顶顶推位移，输入控制面板。开启油泵，开始顶推。

顶推到位后，打开人孔门，测量人员进入待安管节内部再次进行贯通测量，将尾端轴线偏差值报于现场技术负责人。

如果尾端偏差满足设计要求，停止纠偏；否则，根据偏差值换算位移，再次输入控制面板，重复以上操作。直到精调结束。沉管体内精调示意图见图 5-24。

（4）千斤顶锁定

精调结束后，起重人员将千斤顶机械锁定，确保千斤顶稳定。依次拆除液压油管，关闭人孔门及周围漏水孔。通知沉管安装船远程控制加压载水，满足抗浮安全系数。

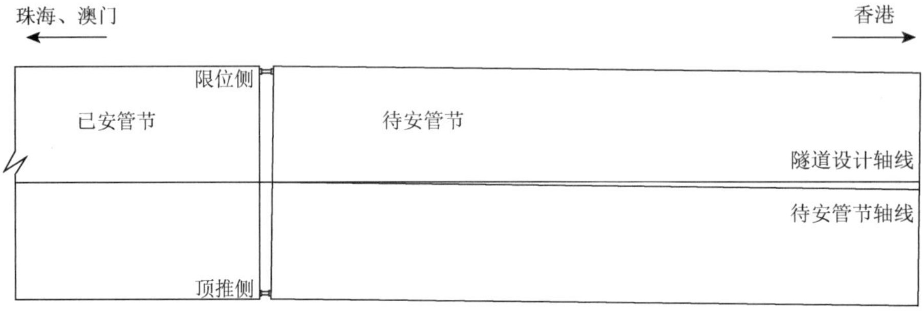

图 5-24　沉管体内精调示意图

（5）精调系统卸载、拆除

沉管锁定回填完成后，根据设计指示，连接油管，启动油泵卸载千斤顶，依次拆除精调系统，并将千斤顶运送到管节尾端待命，同时做好沉管精调装置的维护保养。

2. 使用与效率

精调系统作为针对沉管安装作业的新技术、新工艺、新设备，解决了多项世界级难题。与沉管体外调整工艺相比，沉管体内调整具有设备安装风险低，结构灵活，维修简单，易操作，与现场船舶无交叉干扰，不会对沉管外部结构造成破坏的优点，且系统稳定性强，自动化程度高，调整精度达毫米级达到了世界领先水平。

5.4　深水测控系统

5.4.1　研发情况

1. 目的和意义

深水测控系统是水下超声波距离测量设备，通过沉管安装船上收发信号器与沉管上转发器之间的超声波信号，实时测量已安管节与待安管节间的相对位置关系进而指导管节的沉放对接施工。

岛隧工程需要在深水深槽环境里安装 33 节管节，最大水深超过 40 m。传统测量塔法在深海沉管定位的精准度方面会受影响，需要同时采用无线声呐深水测控系统进行校核，提高测控的精准性和稳定度。

2. 配置要求

①作业环境及工况

作业环境及工况如表 5-17 所示。

表 5-17　作业环境及工况

序号	作业条件	要求
1	作业水深范围	0～50 m
2	环境气温	−10～45℃
3	海水温度	0～30℃
4	相对湿度	95%
5	海水盐度	8.0～33
6	海水密度	1.012～1.26g/m^3
7	浑浊度	偶尔发生浮淤
8	动作湿度	30%～80%（5～40℃）
9	保管时的湿度	20%～90%（−10～50℃，不能结露）

②主要性能和参数

主要性能和参数如表 5-18 所示。

表 5-18　主要性能和参数

<table>
<tr><th>序号</th><th colspan="2">项目</th><th>性能指标</th></tr>
<tr><td>1</td><td rowspan="5">超声波测定范围</td><td>端面间距离 X</td><td>0～15 m</td></tr>
<tr><td>2</td><td>水平偏差 Y</td><td>0～15 m</td></tr>
<tr><td>3</td><td>垂直偏差 Z</td><td>0～50 m</td></tr>
<tr><td>4</td><td>姿态 X_{ω}（旋转）</td><td>±3°</td></tr>
<tr><td>5</td><td>姿态 Z_{ω}（俯仰）</td><td>±3°</td></tr>
<tr><td>6</td><td rowspan="3">测距精度</td><td>X</td><td>±10 cm</td></tr>
<tr><td>7</td><td>Y</td><td>±10 cm</td></tr>
<tr><td>8</td><td>Z</td><td>±5 cm</td></tr>
<tr><td>9</td><td colspan="2">测定分解能力</td><td>1 cm</td></tr>
<tr><td>10</td><td colspan="2">测定周期</td><td>2.0 s</td></tr>
<tr><td>11</td><td colspan="2">电源</td><td>AC220V±22 V，50 Hz</td></tr>
</table>

5.4.2　设备组成

深水测控系统由硬件部分和软件部分组成，硬件设备清单详见表 5-19，软件由厂家根据设计要求设定，并将测控数据进行显示和存储。

表 5-19　硬件设备清单

序号	设备名称	需求数量	备注
1	高精度收发信号器	2 台	1 台备用
2	收发信号器台架	5 台	
3	处理及显示设备	1 套	含软件
4	转发器	6 台	1 台备用
5	收发信号器延长电缆	15 m	
6	收放箱	1 台	
7	引导用主、副计算机	2 台	含软件
8	无停电电源装置	2 台	
9	LAN 转换器	2 台	

5.4.3　设备使用

1. 工作原理

在已安管节尾端安装 2 台转发器，在待安管节的顶面安装 3 台转发器，收发信号器和处理显示仪器安装在沉管安装船控制中心。

深水测控系统通过 5 台转发器与沉放驳上安装的收发信号器之间进行收发信号，对待安管节与已安管节之间的距离及角度进行测量，以得到已安管节与待安管节间的相对位置关系进而指导管节的沉放对接施工。拉合千斤顶安装之前管节之间的端面距离通过超声波进行测量，拉合千斤顶安装之后通过千斤顶的行程传感器的距离测定来确认端面之间的距离。见图 5-25。

系统输出已安管节与待安管节的相对位置的三维数据 X、Y、Z 定义如下。

①X：端面间距离。从待安管节上 GINA 止水带的前端到已安管节的距离，以 GINA 止水带接触时 X 为 0，拉合结束后，因为 GINA 止水带前端压缩，大约有−10～−8 mm，水力压接的 GINA 止水带压缩量以毫米为单位显示。X 方面，为了防止管节之间的接碰，油缸传感器需要具有±1 cm 的测量精度。着陆后，通过拉合千斤顶的行程传感器进行测量，直到水力压接结束，可达到毫米单位的测量精度。

②Y: 左右方向偏差，表示已安管节与待安管节间左右方向的偏差，是为了在距离 2 m 的地方待安管节上的引导杆可以插入已安管节的引导托架，实用精度可达到±10 cm。

③Z：高度差，表示已安管节和待安管节之间的高度差。通过转发器内部的压力计进行测量，因此可以得到沉管的倾斜度。因为插入引导托架后高度一定，实用精度可以达到±5 cm。

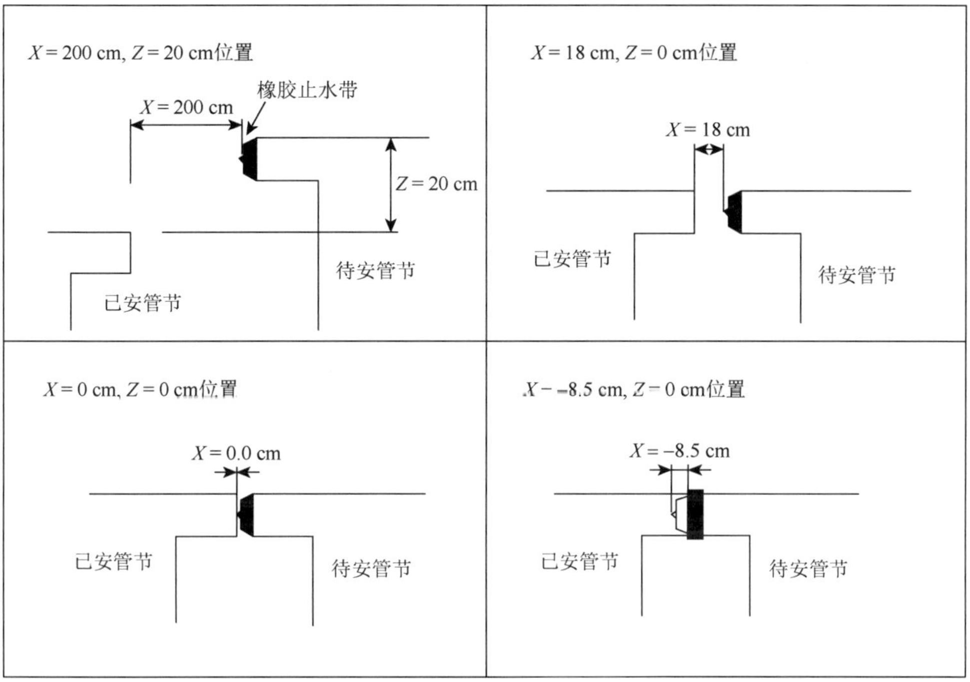

图 5-25　较有代表性的沉管位置及此时的显示例子

为保证各个数值的准确，转发器的安装支座及平面满足安装精度要求。

2. 测控界面

在沉管安装对接过程中，深水测控系统能测控已安管节和待安管节对接界面之间的数据；对接完成后进行水力压接时能测控到 GINA 止水带的压缩数据。

（1）沉放界面

沉放对接时使用的界面由上面、侧面、前面及数据显示区四个部分组成，在拉合千斤顶拉合之前界面显示使用画面的数值及倾斜的数值，拉合千斤顶拉合开始之后显示拉合油缸行程传感器的数值，沉放界面见图 5-26。

（2）水力压接界面

水力压接界面是水力压接开始后所使用的画面，可显示 GINA 止水带的压缩量及其过程，见图 5-27，它实时显示已安管节与待安管节间的相对位置数值，以及 GINA 止水带的压缩量（水力压按开始时为 0）。通过显示因水力压接造成的 GINA 止水带压缩量和时间的图表，可以调整并监测隔壁门之间的泵的每分钟排水量，可以达到最合适的水力压接；显示时间可以调整为过去的 10 min、20 min、40 min、80 min 等，可以了解到当前的压缩量和过程。

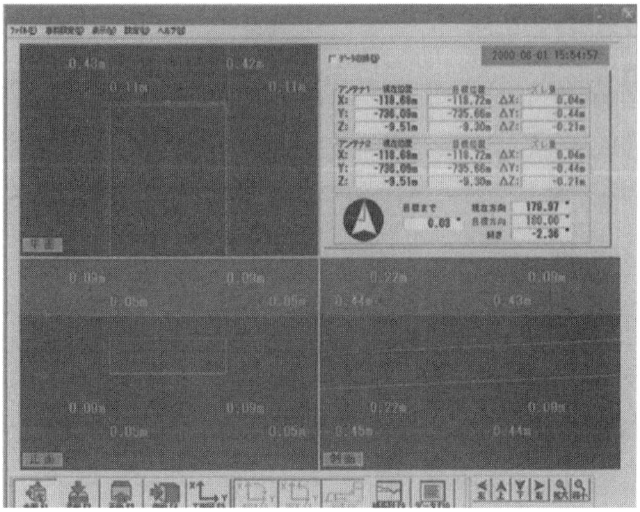

图 5-26　沉放界面

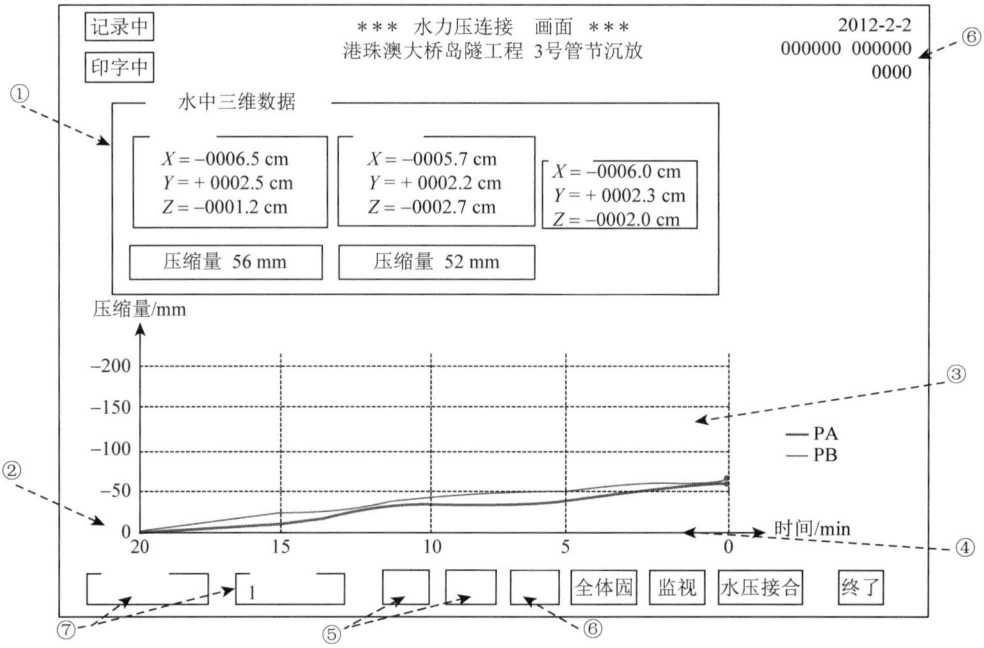

图 5-27　水力压接界面

5.5　沉管脱开装置

5.5.1　研制情况

沉管脱开装置是沉管安装完成水力压接作业后，因沉管安装偏差超标等原因需要将安装沉管与对接沉管推开一定距离，从而使 GINA 止水带由压缩状态安全恢复到初始状态的装置。

研发阶段先后提交了 6 套方案，其中龙门架脱开方案因系统过于复杂，且需要将基床作为承载面，故不予以考虑；参照拉合系统设计的体外脱开装置共有 3 套方案，各有优缺点，存在失稳风险，故不予以考虑；新研发的体内脱开装置有底板脱开装置和侧墙脱开装置，底板脱开装置优势明显，作为终选方案。脱开装置方案对比表详见表 5-20。

表 5-20　脱开装置方案对比表

方案名称	方案一 独立脱开装置	方案二 拉合脱开组合装置	方案三 拉合脱开一体装置	方案四 压接仓侧墙顶开装置	方案五 压接仓底板顶开装置	方案六 龙门架脱开方案
简介	拉合系统不用于顶推；新造顶推脱开系统	新造顶推脱开、拉合组合装置，分别由不同千斤顶完成	新造顶推脱开、拉合组合装置，同套千斤顶完成	该方案基于内部精调系统的原理；顶推千斤顶安装在腔内，反力在侧外墙	类似于方案四，但反力在底板	在待调整管节两端安放龙门架式起重装置
性能	拉动 400 t 重量，1500 mm 行程；顶推 400 t 重量，250 mm 行程	拉动 400 t 重量，1500 mm 行程；顶推 400 t 重量，250 mm 行程	拉动 400 t 重量，1500 mm 行程；顶推 300 t 重量，600 mm 行程	顶推 2000 t 重量，250 mm 行程	顶推 200 t 重量，250 mm 行程	调整范围大
允许角度偏差	平面图±1°，正面图±1.5°	平面图±1°，正面图±1.5°	平面图±1°，正面图±1.5°	平面图±1.5°，正面图±1.5°	平面图±1.5°，正面图±1.5°	
设备变动	新增四台实心千斤顶（250 t），将框架固定到系缆桩。两台 200 t 拉合千斤顶需要用 200 t 顶推/拉合更换（现有千斤顶设计顶推能力仅为 70 t）改进液压布置和控制系统	新增四台实心千斤顶（250 t），将框架固定到系缆桩。两台 250 t 顶推千斤改进液压布置和控制系统	新增四台实心千斤顶（250 t），将框架固定到系缆桩。两台 200 t 拉合千斤顶需要用 200 t 顶推/拉合更换（现有千斤顶设计顶推能力仅为 70 t）改进液压布置和控制系统	新增四台实心千斤顶（500 t）	新增四台实心千斤顶（500 t），两台长行程千斤顶用于安装	全新建造
水密性	没影响	没影响	没影响	影响	影响	影响
操作性能	需要反复拆装	不需要特殊操作	不需要特殊操作	结合仓底板安装	结合仓底板安装	
使用中风险	传力长，可能失稳	传力长，可能失稳	传力长，可能失稳	设备风险和水密风险大	设备风险和水密风险大	
可靠性	一般	一般	较低	较高	较高	

各方案示意图详见图 5-28～图 5-33。

方案一　独立脱开装置（图 5-28）。

方案二　拉合脱开组合装置（图 5-29）。

方案三　拉合脱开一体装置（图 5-30）。

方案四　压接仓侧墙顶开装置（图 5-31）。

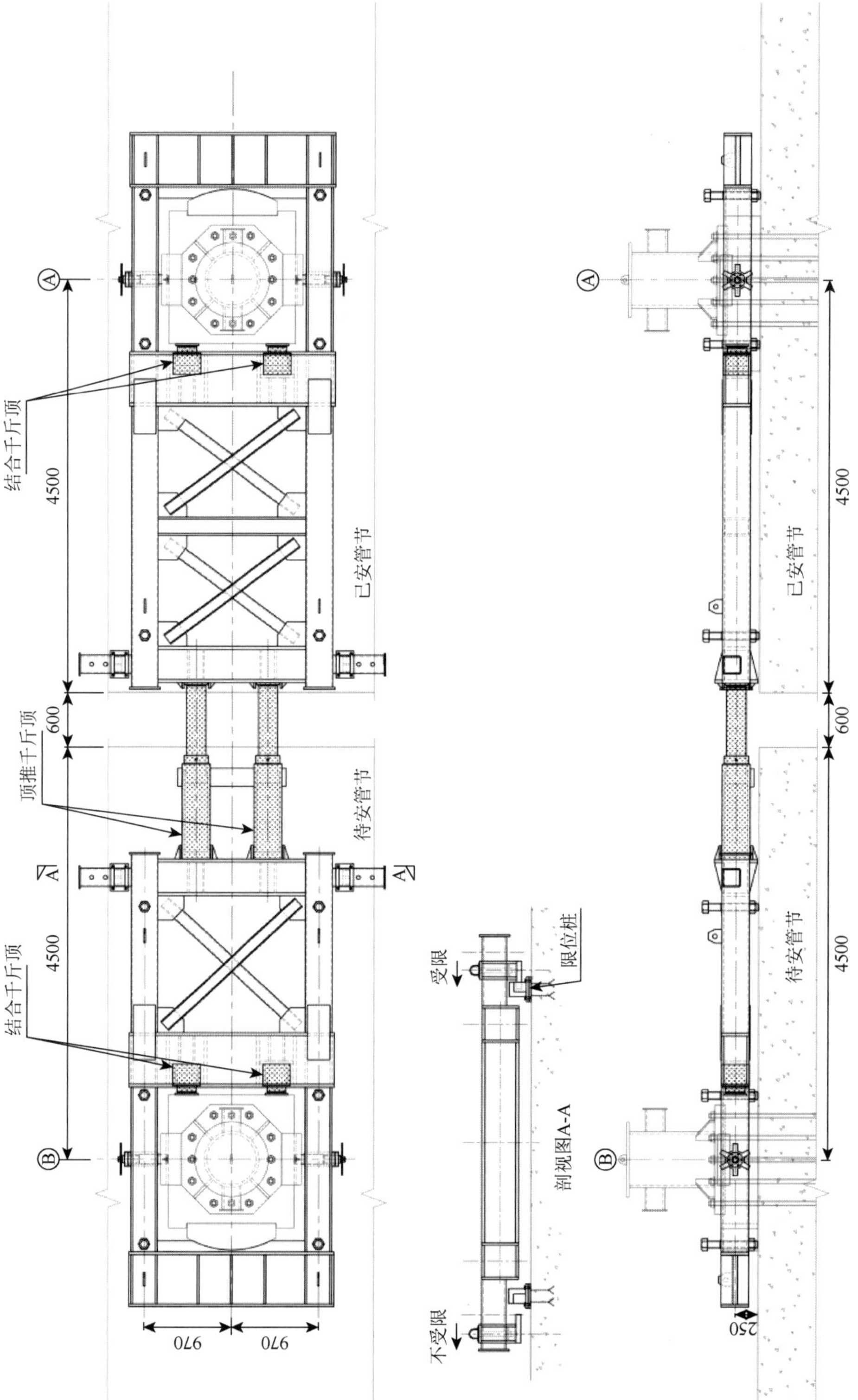

图 5-28　独立脱开装置（单位：mm）

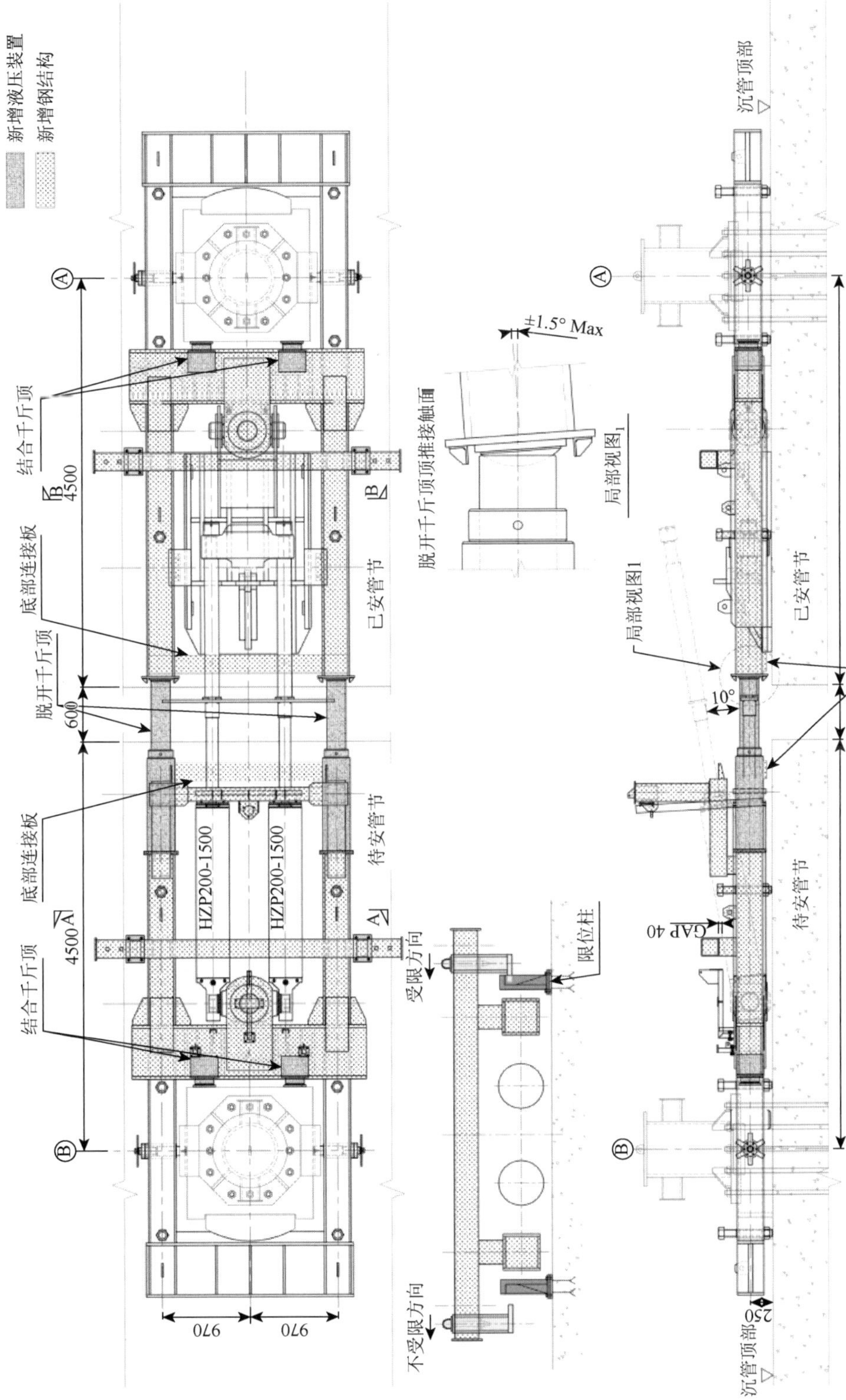

图 5-29　拉合脱开组合装置（单位：mm）

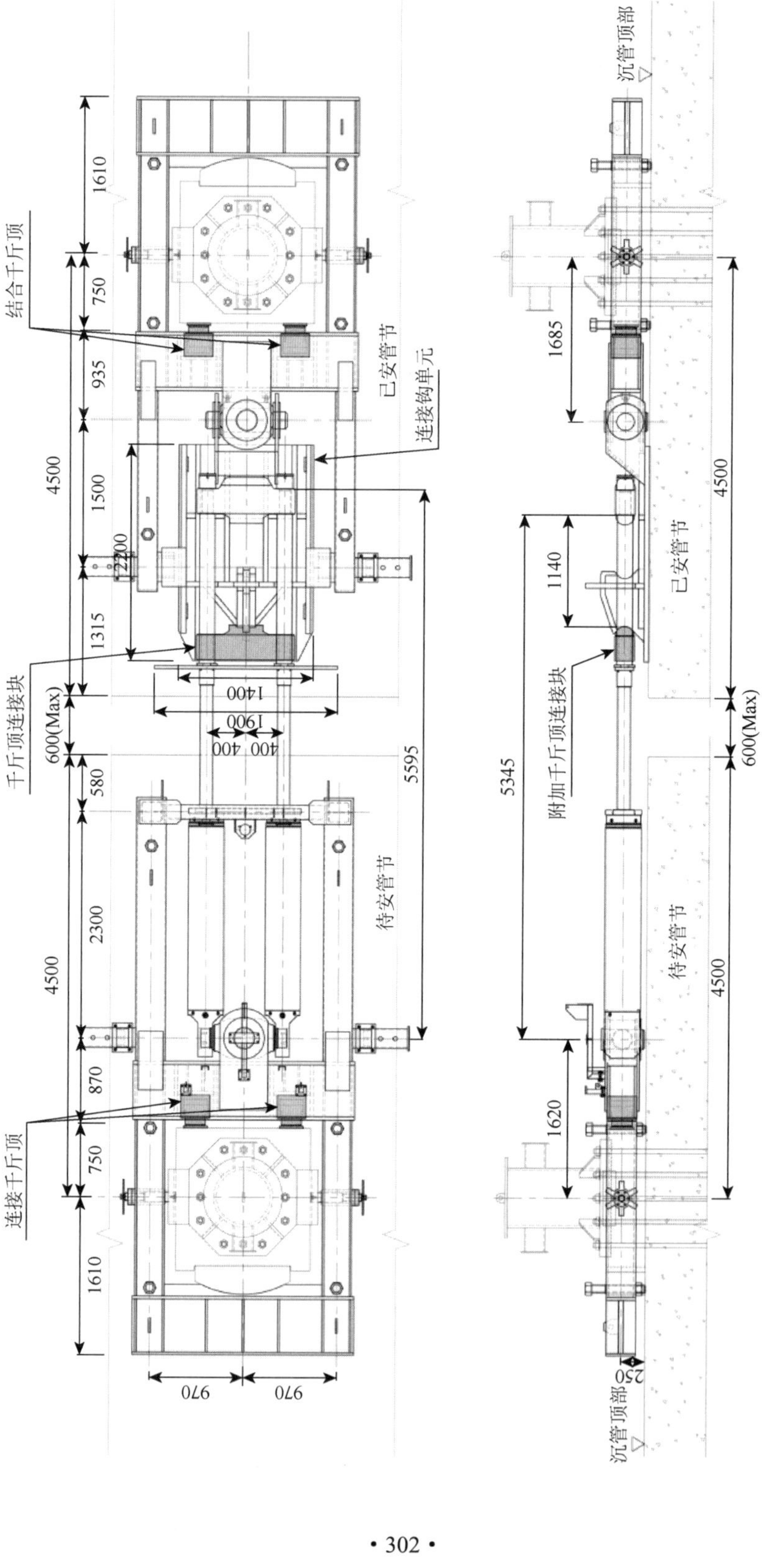

图 5-30　拉合脱开一体装置（单位：mm）

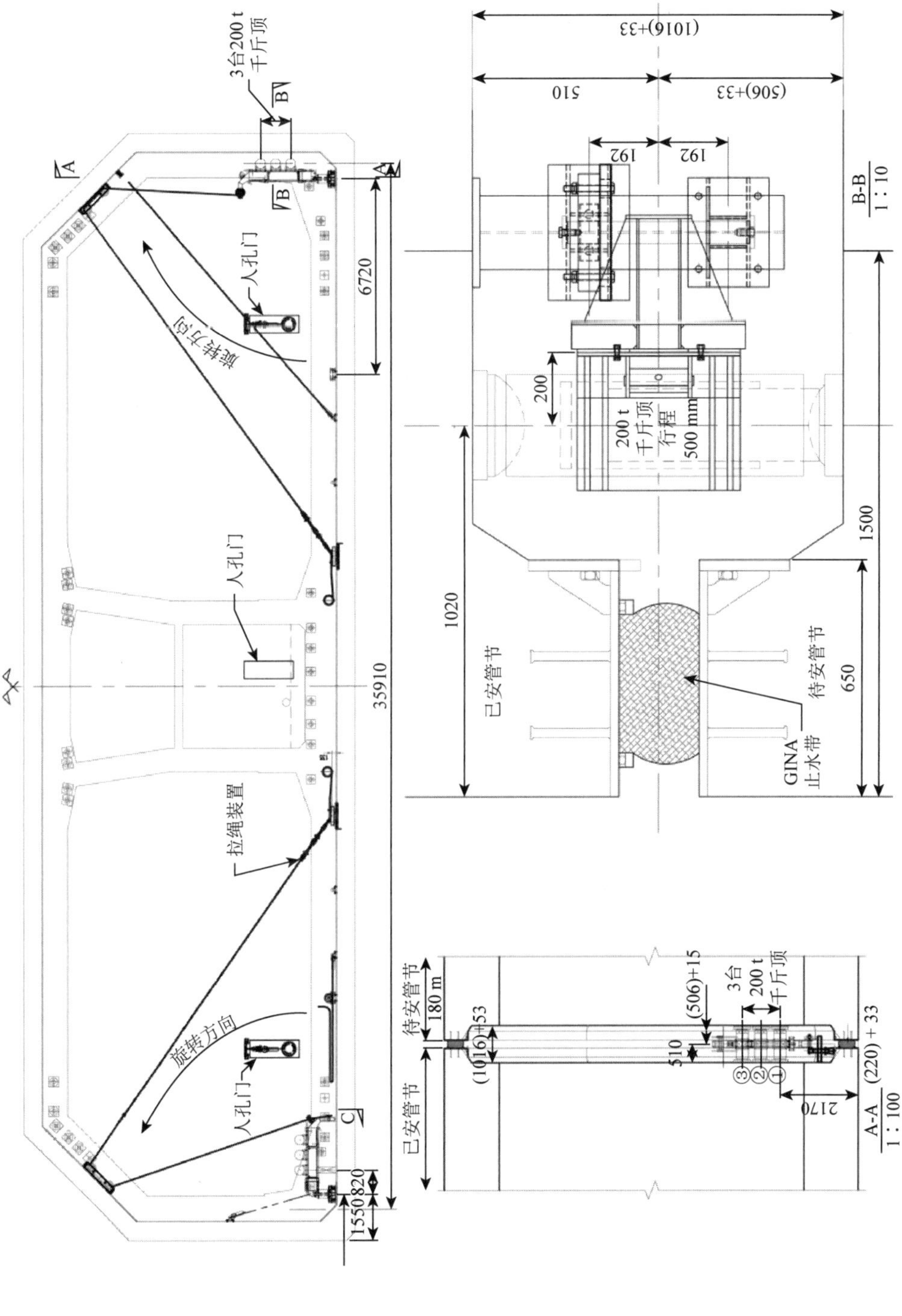

图 5-31　压接仓侧墙顶开装置（单位：mm）

方案五　压接仓内底板顶开装置（图 5-32）。

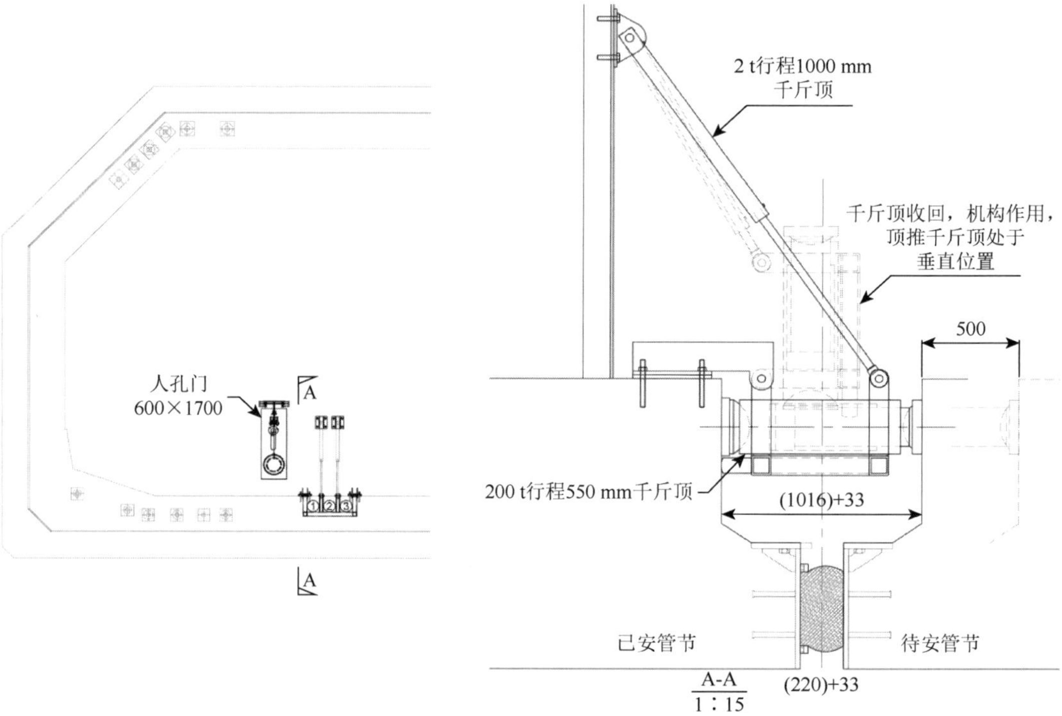

图 5-32　压接仓内底板顶开装置（单位：mm）

方案六　龙门架脱开装置（图 5-33）。

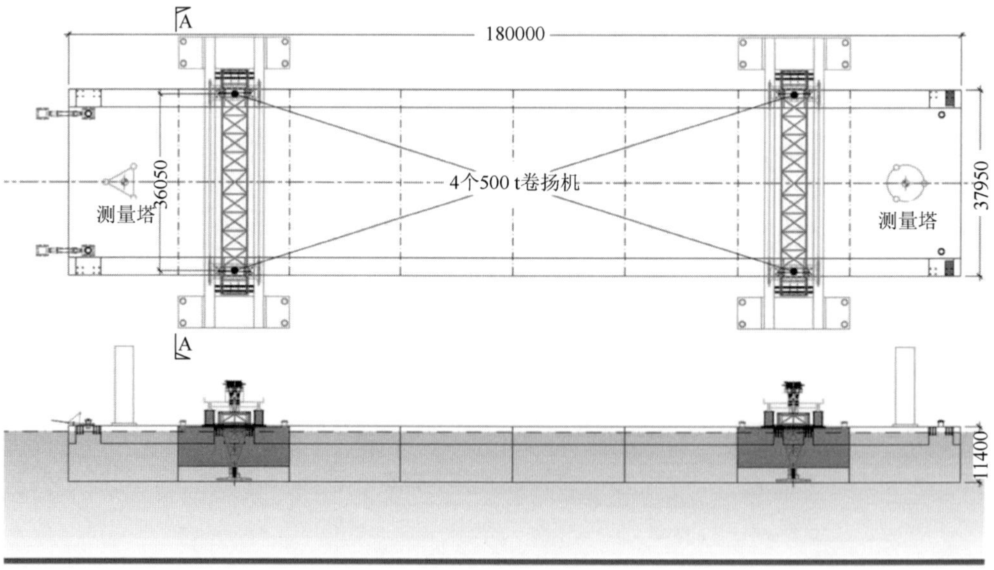

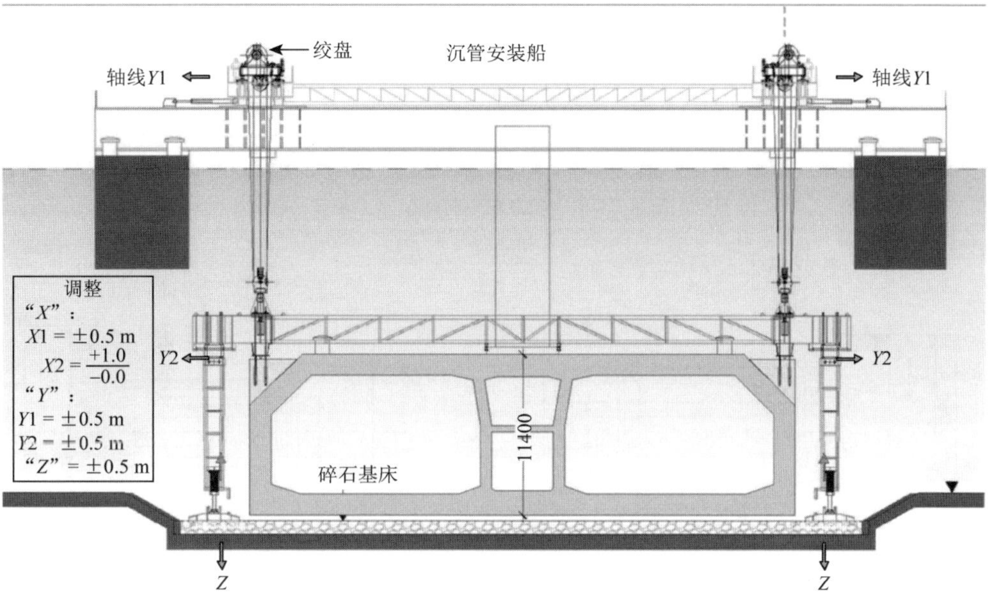

图 5-33　龙门架脱开装置（单位：mm）

5.5.2　技术性能

1. 设备组成

沉管脱开装置又称沉管腔内液压脱开系统，主要由轨道梁和千斤顶悬挂系统，液压和控制电路系统，千斤顶等组成，管节脱开千斤顶共计 8 台，千斤顶的型号为 SP350-400，载荷能力总计 2800 t，行程为 0～400 mm。脱开装置效果图如图 5-34 所示。

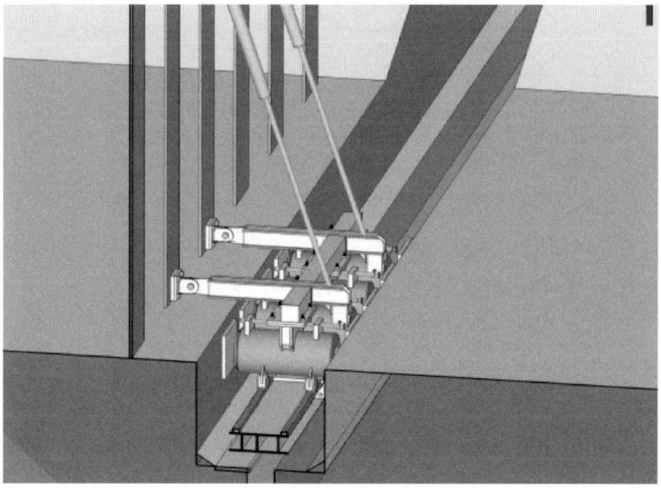

图 5-34　脱开装置效果图

2. 适用范围

管节安装定位偏差适应范围分别为：平面±200 mm，垂直＋200 mm/–100 mm，分别是待安管节和已安管节没有偏差；待安管节比已安管节高出 200 mm；待安管节比已安管节低出 100 mm，垂直立面的偏差适应范围如图 5-35 所示。

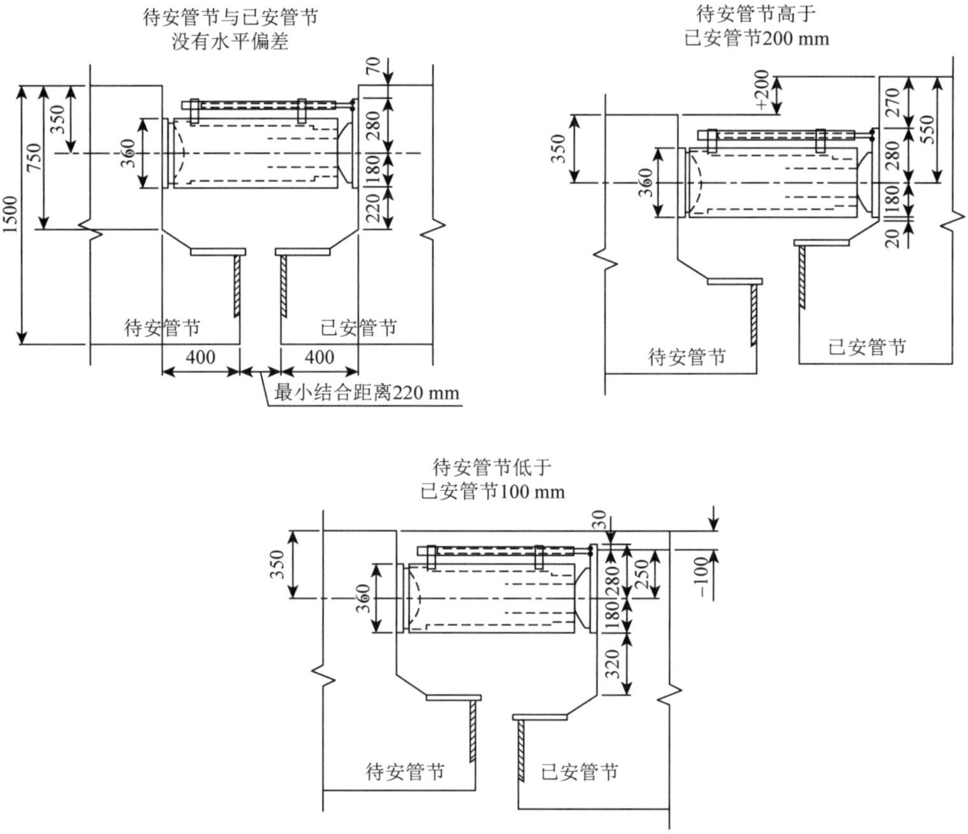

图 5-35　垂直立面的偏差适应范围（单位：mm）

3. 设备性能

推开千斤顶型号为 SP350-400，最大工作压力 600 bar，单台千斤顶荷载能力 350 t。单台千斤顶活塞行程 0～400 mm，8 台千斤顶工作推力 2800 t。

5.5.3　设备使用

1. 设备布置

体内精调装置主要由轨道梁和千斤顶悬挂系统，液压和控制电路系统，千斤顶等组成。沉管对接水力压接完成后，通过已安管节水密舱门在对接空间进行设备安装，轨道梁、千斤顶及悬挂系统安装在隧道预制管节的左右廊道的底板中部，各布置有 4 台推开千斤顶，作业施工中，左右两侧共计 8 台推开千斤顶共同作用。液压和控制电路系统安放在已安管节中管廊，关闭水密门后保证操作人员安全。设备布置示意图如图 5-36 所示。

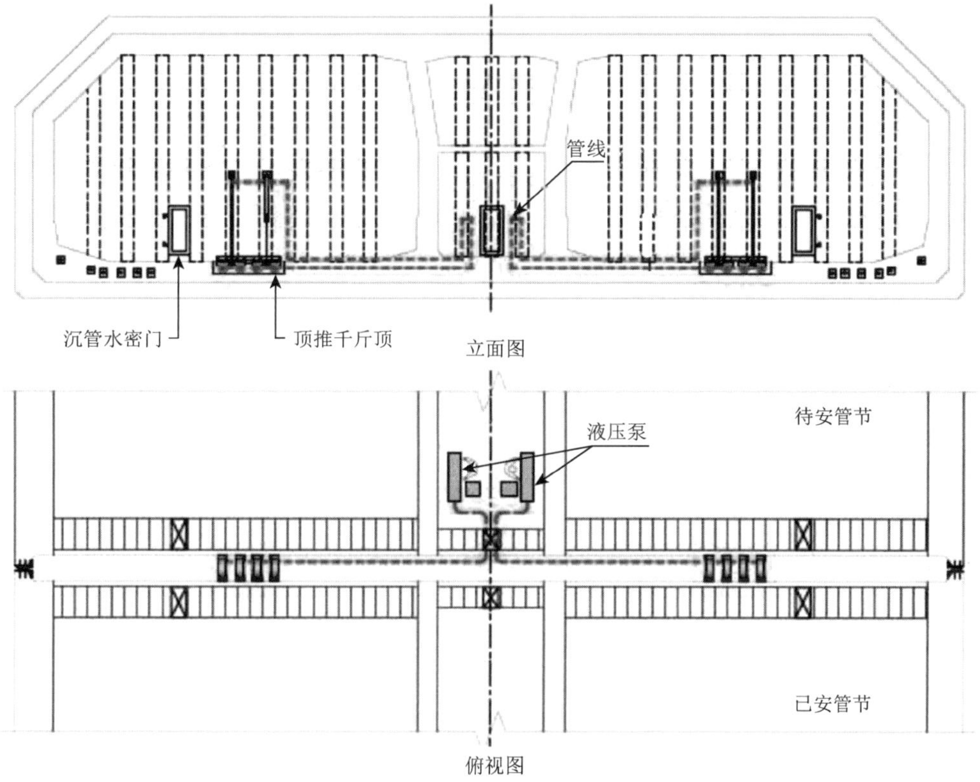

图 5-36　设备布置示意图

2. 操作步骤

（1）设备安装

第一步　安装轨道梁和千斤顶悬挂系统。

第二步　搬运千斤顶穿过钢封门，放下在轨道梁上，并沿轨道梁滑动。

第三步　安装上部的转动支架。

第四步　安装液压和控制电路系统。

第五步　具备条件后，拆除轨道梁。

第六步　在钢封门后操作脱开系统，使管节打开。

第七步　转动千斤顶至垂直驻停位置。

千斤顶安装如图 5-37 所示。

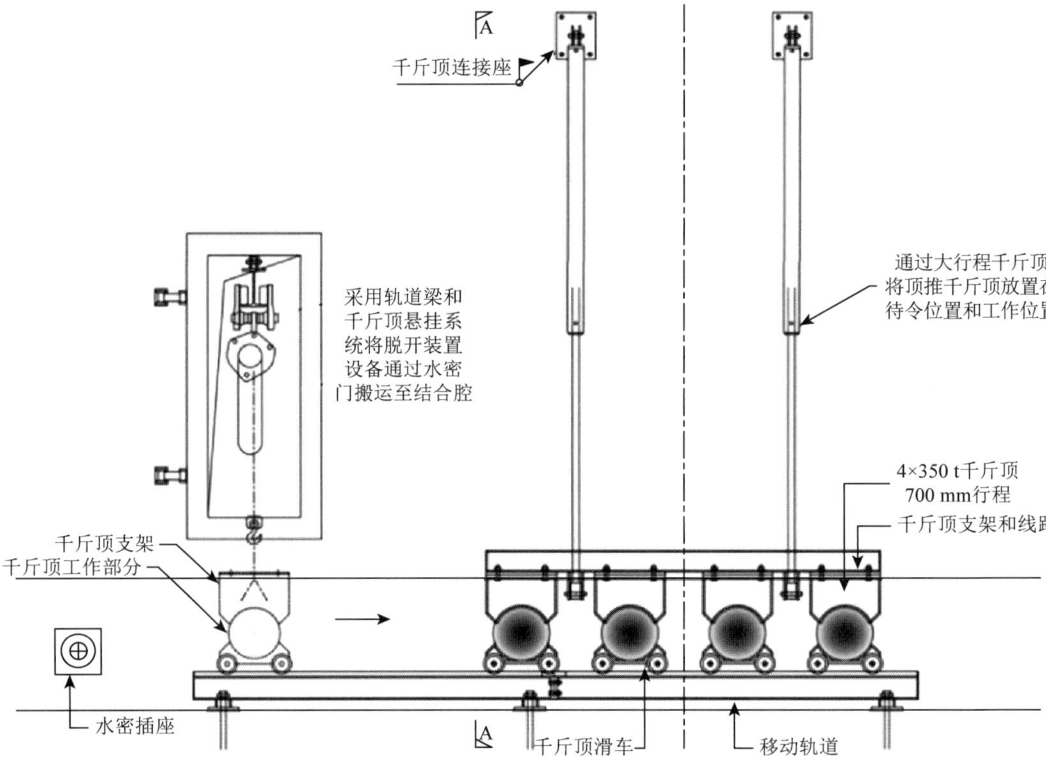

图 5-37　千斤顶安装

（2）设备控制

第一步 安装轨道梁，并沿着轨道将脱开千斤顶滑动至安装位置。转动千斤顶和千斤顶固定支架被处于提升状态至已安管节钢封门侧。

第二步 伸出转动千斤顶，转动固定支架。使用螺栓将固定件与千斤顶连接。

第三步 操作脱开系统，脱开千斤顶活塞伸出，达到初始压力。拆除轨道梁。

第四步 接合腔灌水，并水压平衡。

第五步 操作脱开系统，脱开千斤顶活塞持续伸长，将管节接缝推开至最大 400 mm。

第六步 操作脱开系统，脱开千斤顶回程完成后，转动至垂直驻停位置。

体内脱开系统安装如图 5-38 所示。

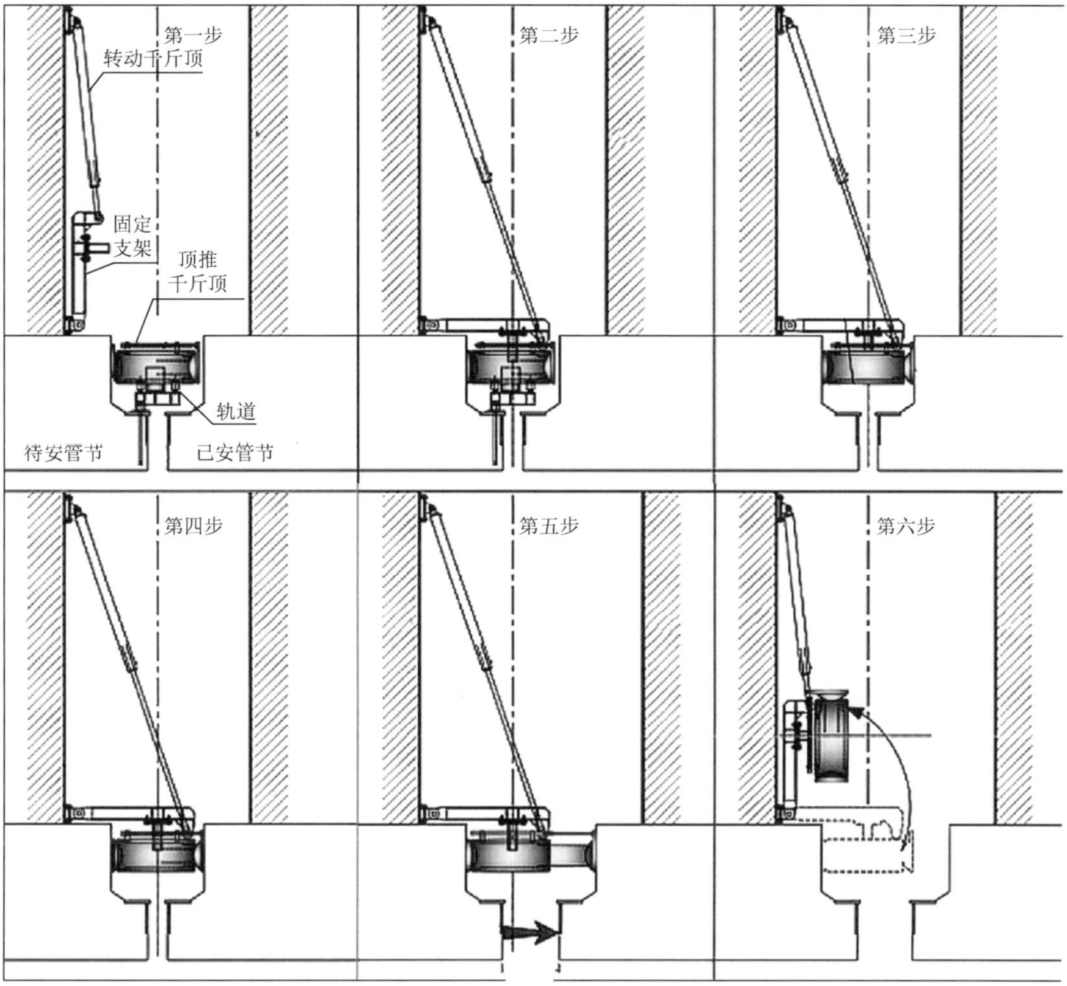

图 5-38　体内脱开系统安装

第 6 章　最终接头安装系列装备

港珠澳大桥沉管隧道最终接头采用三明治结构，采用可逆式主动止水理念，形成了一种沉管隧道最终接头新工法。最终接头设在 E29 和 E30 管节之间，水深 29 m，浇筑混凝土后重量接近 6000 t，使用世界最大的 12 000 t 全回转起重船进行整体吊装沉放安装。

钢结构在工厂内加工制造，在厂区外进行拼装、止水带安装、预应力张拉、设备安装和调试。钢结构由驳船从上海整体运至桂山沉管预制厂进行舾装件安装、自密实混凝土浇筑，完成各项准备工作后运至安装现场，由大型起重船整体吊装。

1. 施工工艺

最终接头整体吊装法施工包括钢结构加工、钢结构运输、钢结构隔舱浇筑混凝土、舾装件安装、整体吊装等步骤，具体如下。

（1）钢结构加工

最终接头主体结构是钢混复合三明治结构，钢结构分两瓣预制，然后组装成一个整体，中间夹着一圈永久的 GINA 止水带。止水带在陆地上由临时预应力压缩约 11 cm。现场使用 54 束预应力与 8 套张拉设备，经过 25 次的张拉将止水带压缩到满意的压缩量。为避免最终接头下水后止水带在水压力的作用下进一步压缩，在止水带旁设置了限位块来约束两瓣的纵向相对位移。然后将可伸缩小梁插入主体结构中。小梁与主体结构由 27 台千斤顶进行连接。

（2）钢结构运输

将组装好的钢壳从位于南通的工厂运输至珠海的桂山沉管预制厂，验算运输工况的风、流及波浪荷载下的最终接头及驳船的承载力。为了方便浇筑工作及起吊工作，通过驳船的压载来控制驳船上最终接头的水平状态。

（3）钢结构隔舱浇筑混凝土

在桂山沉管预制厂深坞，将不需振捣的高流动性混凝土注入驳船上的最终接头主体结构的 304 个隔舱中。完成浇筑以后，再往隔舱中混凝土顶面压注环氧砂浆来确保所有隔舱被填满。注浆方式为预埋花纹管，304 个隔舱的总注浆量为 1.044 t，其中最多的单个隔舱注浆量为 26 kg。

（4）舾装件安装

舾装件包括实时数据采集系统和端封门、系缆柱等结构件舾装。

（5）整体吊装

最终接头在空气中的吊重大约是 6000 t，选择了 12 000 t 全回转起重船进行安装，包括以下步骤：

①作业窗口选择。安装作业选择在合适的天气窗口与过往船舶速度受限的条件下进行。最终接头安装作业条件如表 6-1 所示。

表 6-1　最终接头安装作业条件

流速/(m/s)	波高/m	能见度/m	风力/级	船舶限速/kn
≤0.6（系泊、起吊） ≤0.5（龙口）	≤0.6	≥1000	≤5	≤10

②测量与定位。最终接头安装着床时与相邻管节的净距只有 5 cm，通过定位浮吊确定最终接头定位。浮吊的重量约为 28 000 t，比最终接头 6000 t 重很多，受波浪影响时，浮吊要比最终接头更稳定，进而浮吊上的 GPS 读数比最终接头上的 GPS 读数要稳定。

③起吊与下放。最终接头安装可分解成 4 个动作：在空气中起吊，旋转 90°，下放至已安管节的龙口位置以上，继续下放直至着床。

④最终姿态调整。在最终接头即将接触碎石基床表面时，启动纵向调节千斤顶来调节最终接头纵向的间距与方向，调节着力点。然后，可操作安装在导向装置上的千斤顶来调节最终接头的横向位置，实际安装时监控数据显示横向定位准确，未启用这部分千斤顶。

⑤着床与对接。最终接头完全着床以后，静置约 0.5 h，让碎石基床基本稳定。随后推出最终接头两端的可伸缩小梁，与相邻管节接触，并压缩临时的 GINA 止水带，在最终接头与相邻管节间形成了水密的接合腔。

⑥排水与贯通测量。在接合腔排水过程中，纵向作用在最终接头端面上的约 90 000 kN 的水压力会消失。为减小动载效应，排水前，将空气泵入腔中以控制腔内压力下降的速率。排水后，从隧道内进行贯通测量，检查最终接头的安装精度。

⑦永久焊接与注浆。永久连接部位首先进行焊接工作。焊接完成后，将混凝土、环氧注入焊接部位的空格中，形成永久复合结构。

最终接头安装过程主要包括测量和定位、起吊与下放、最终姿态调整、着床与对接四个流程，如图 6-1 所示。

2. 装备配置

最终接头安装专用装备包括最终接头小梁顶推设备、最终接头安装调位设备和最终接头安装起重船。

最终接头钢结构由两瓣组成，中间用钢绞线张拉压缩 GINA 止水带组成一个整体。每瓣钢结构外端设置一个活动钢梁（简称小梁），与本体之间通过千斤顶连接，并安装有可伸缩止水装置。最终接头由 12 000 t 全回转起重船吊装沉放至 E29 和 E30 管节之间，

图 6-1　最终接头安装过程图

千斤顶推动小梁与两侧管节通过临时 GINA 止水带压接，并维持千斤顶行程和推力。然后排出密闭接合腔海水后，将最终接头与两侧管节焊接成一个整体。

小梁顶推设备由千斤顶、测控设备、注浆设备、液压泵站和电控系统组成。调位设备包括两个部分，分别为轴向（东西向）调位系统和截面（南北向）调位系统。轴向调位系统由最终接头两端各四台千斤顶及配套液压系统组成，四台千斤顶安装在每端四个角，可以联动也能单一动作。截面调位系统由安装在 E29、E30 管节导向托架处的四台千斤顶及配套液压系统组成，通过千斤顶顶推导向杆调整最终接头横向位移。

最终接头安装起重船由 12 000 t 全回转起重船“振华 30”轮经局部改造调试后承担，该船单臂起重量为 12 000 t，全回转起重量为 7000 t，起重高度为 120 m。

6.1　小梁顶推设备

6.1.1　研制情况

1. 功能要求

最终接头沉放至 E29 和 E30 管节之间后，前后端面距离 E29 和 E30 管节的理论距离为 150 mm。最终接头两侧各有一个安装临时 GINA 止水带的环状钢梁（简称小梁），小梁与本体结构通过千斤顶连接，并安装有止水带以便后续施工中保持水密。千斤顶将小梁顶出，小梁端部临时 GINA 止水带分别与 E29 和 E30 的钢端壳面接触，压缩 GINA 止水带，在最终接头和两端钢封门之间形成水密空间，随后进行水力压接、结合腔排水、结合部位钢板焊接、灌注混凝土等施工作业。在后续施工中，所有千斤顶需要对小梁和 GINA 止水带保持压力。焊接完成后顶推千斤顶将永久地浇筑在管节中，液压油将被置换出来并灌注环氧砂浆。

2. 设计条件

（1）作业环境

作业水深 0～30 m；环境温度−10～45℃；海水温度 0～28.5℃；相对湿度 95%；顶推作业水流速度≯1.3 m/s，蒲氏风力≯6 级。

（2）主要性能与参数

①在海水中进行千斤顶顶推作业，千斤顶工作水深为 18～30 m。

②顶推力达到最大后需要保压 30 d 以上。

③千斤顶在端面布置距离≯4000 mm。

④每端布置 27 台千斤顶，单台千斤顶顶推荷载能力设计为 200 t，单侧推力共为 5400 t。

⑤千斤顶行程为 420 mm。

⑥每台顶推千斤顶配备压力传感器，实时监控千斤顶工作压力；在最终接头端部拐角部位千斤顶安装有体外防水位移传感器装置，实时监控千斤顶活塞位移变化值。

6.1.2　技术性能

1. 设备清单

小梁顶推设备主要由顶推千斤顶、液压系统、控制系统和注浆系统组成，设备清单详见表 6-2。

表 6-2　设备清单

序号	设备名称	技术规格及型号	数量	备注
1	顶推千斤顶	HZP 230-420	48 台	
2	顶推千斤顶	HZP 230-420（含外置传感器支架）	8 台	
3	千斤顶固定销	—	54 个	
4	千斤顶位移传感器	行程 450 mm	8 个	
5	液压油泵	650 bar，采用预制顶推系统 24-MSR 油泵改造电机、泵心、阀组	6 台	
6	阀组	千斤顶配套手控阀组	54 个	

续表

序号	设备名称	技术规格及型号	数量	备注
7	压力传感器	—	54 个	
8	控制阀块	—	12 个	
9	配套接线器	—	1 套	
10	配套管线	—	1 套	
11	控制系统	硬件和软件	2 套	
12	环氧树脂灌浆机	—	1 台	

2. 主要设备性能

小梁顶推设备采用单侧 27 台 HZP200-420 型液压千斤顶，顶推力 200 t，具有顶推/回程双作用功能，外形全长 1540 mm、直径 300 mm。活塞前端设计有球面轴承和连接插销与小梁连接，具有偏差适应能力。千斤顶缸体与固定耳板使用直径 122 mm 的插销连接至最终接头本体，回程状态下两端的插销至插销的间距为 1260 mm。千斤顶安装在活塞伸长 20 mm 情况下，插销至插销的间距设计为 1280 mm，千斤顶的技术参数如图 6-2 所示。

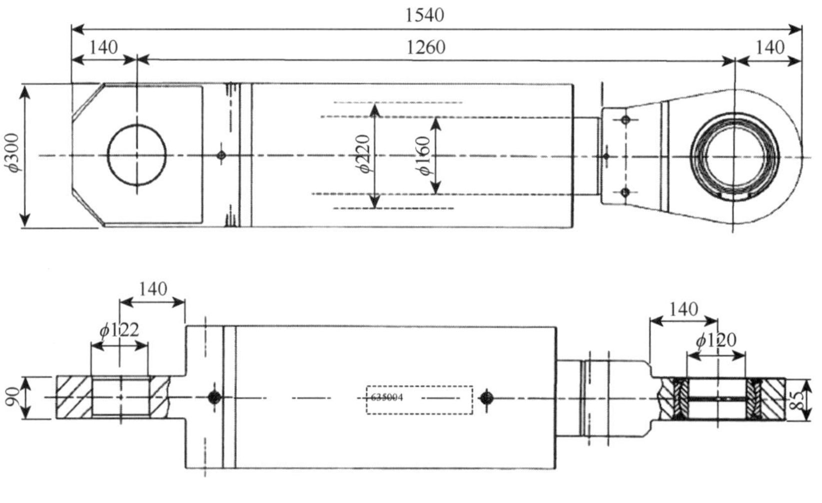

图 6-2　千斤顶的技术参数（单位：mm）

6.1.3　组成及特点

小梁顶推设备分为三个部分：第一部分为千斤顶、检测单元和管线，第二部分为液压系统，第三部分为控制系统。下面仅介绍液压千斤顶和控制系统。

1. 液压千斤顶

（1）小梁支撑和千斤顶的接口

密封小梁被安装在最终接头的钢结构凹槽内。该密封小梁在顶部和底部安装有固定在最终接头本体钢结构表面的黄铜材质导向块。千斤顶缸体被固定在钢结构本体上，当千斤顶活塞伸出时推动小梁。由千斤顶连接至结构液压钢管的液压连接采用液压软管材料。

每台千斤顶有两个压力油路（P）和两个回油油路（R）的连接口。第二套的压力油路和回油油路用于最后阶段的环氧树脂灌注。

（2）小梁千斤顶的安装

两件最终接头钢结构每侧安装有 27 台 HZP200-420 型液压千斤顶，所有千斤顶的液压连接采用 3 个区域，调整顶推密封小梁如图 6-3 所示。

图 6-3　调整顶推密封小梁

液压连接和设置可以将密封小梁顶推至与 E29 和 E30 接触。采用液压系统设定的“调整顶推设置”可以将小梁逐步顶出至与 E29 和 E30 接触。在调整顶推设置下，小梁可以通过 4 个拐角的位移传感器显示的位移变化逐步顶推小梁至压缩止水带的初始位置。

（3）GINA 止水带压缩

在小梁与管节确认接触后，液压系统可以手动调整设置为预压设置。使用 3 套液压油泵的三个区域液压连接，顶推小梁可以控制压力向前顶推，直至加压至要求的荷载。

2. 控制系统

小梁顶推设备控制系统安置在沉管安装船主船上，通过 4 根电控线缆和 4 根电缆与安装在最终接头内的液压系统连接。所有线缆使用钢丝绳牵引，从测量塔顶部人孔进入，沿测量塔到最终接头内部，小梁千斤顶系统和控制系统总体布置见图 6-4。

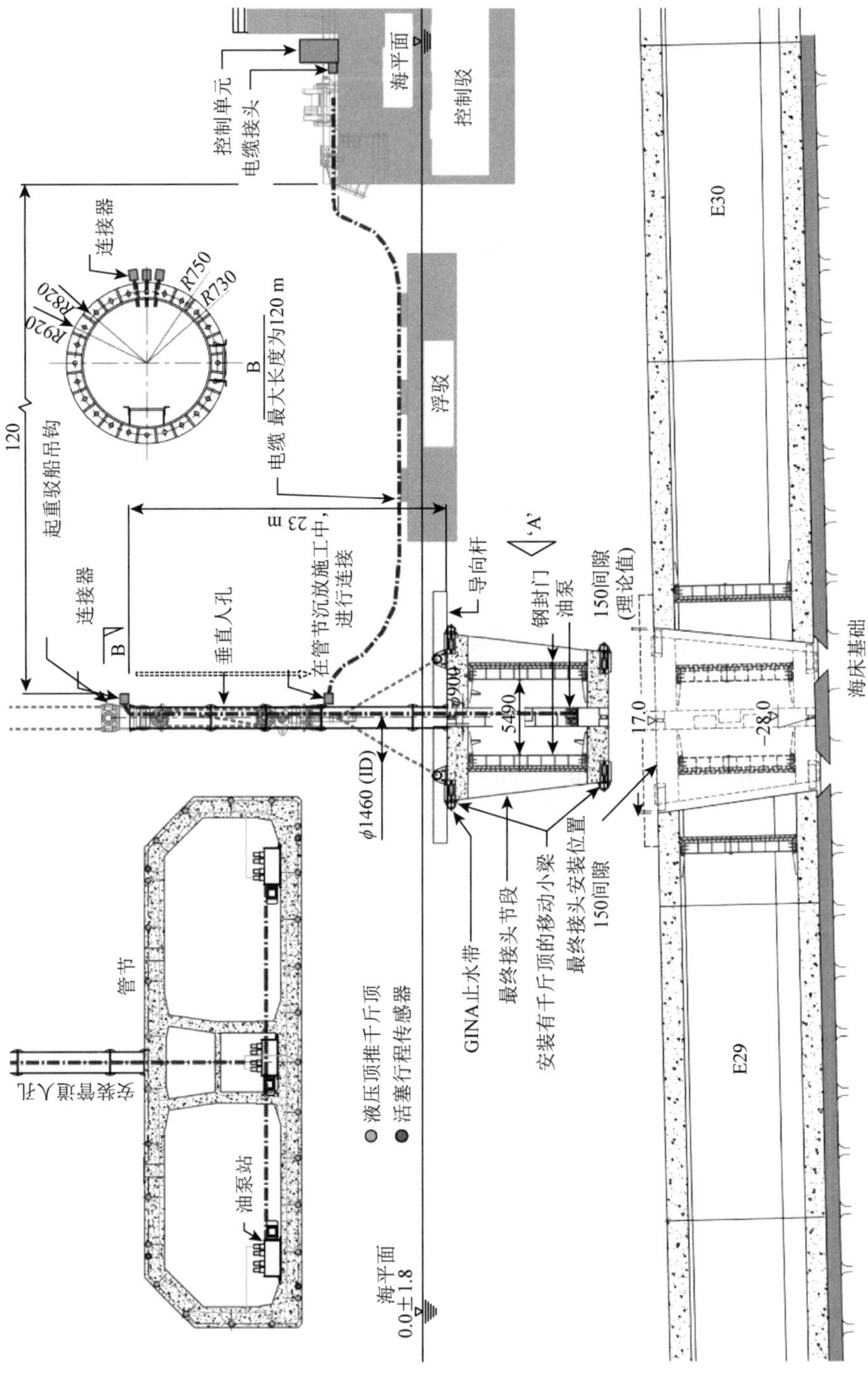

图 6-4　小梁千斤顶系统和控制系统总体布置（单位：m）

操作室布置有主控制箱、E29 与 E30 侧监控系统各 1 套，所有的液压阀块均可以在主控制箱上进行单独操作。

6.1.4　设备使用

1. 设备布置

千斤顶和检测单元安装在小梁与本体接合处的凹槽内，能满足小梁作业水密要求，不影响最终接头与 E29 和 E30 管节对接安装焊接作业。液压系统安装在最终接头腔体内，考虑管线布置和防水淹、防潮。控制部分设置在最终接头外侧，检测控制线路通过测量塔人孔通道牵引至安装指挥船上。

2. 设备可靠性

顶推千斤顶安装后将被封闭在小梁和本体钢结构中，无法维修。任何相邻两台千斤顶损坏或总体出现 3 台千斤顶损坏将导致小梁顶推力不均匀或顶推力不够，将导致最终接头安装失败。

为了提高千斤顶可靠性，采取以下措施：顶推千斤顶的顶推荷载为 2 倍正常工作压力；54 台千斤顶全部都进行了 24 h 保压试验；抽样检测 3 台千斤顶进行了 30 d 保压试验；液压系统全部都进行了检测；各类截止阀都提供多备用安全设计；增加各台千斤顶截止阀，可以提供单台千斤顶独立补压，或者多台千斤顶补压操作；系统设计中预留了具备单台千斤顶失效的紧急情况，相邻千斤顶可以补偿失效千斤顶作用力。维持 GINA 止水带的顶推力，系统设计为 3 套液压油泵组，如果 1 套液压油泵出现故障，系统可以在另外 2 套液压油泵组的配置下进行操作运行；准备相应的系统设备的备件，以保障设备的正常使用；建立 GINA 止水带压缩量监控和报警系统，与千斤顶系统的压力监控系统协调操作。为保证千斤顶可靠性，每台千斤顶均进行重载持压性能检测，千斤顶持压检测实景图如图 6-5 所示。

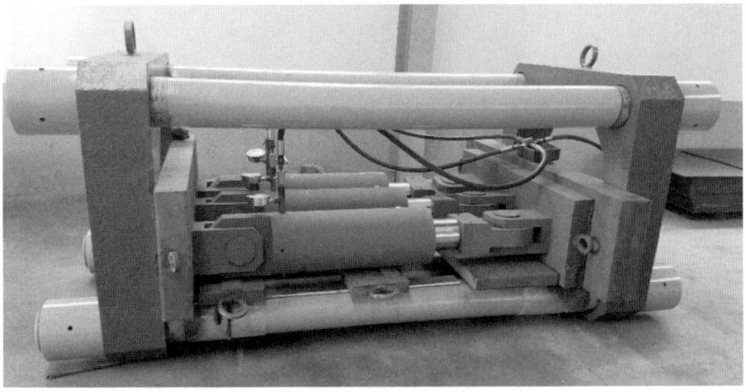

图 6-5　千斤顶持压检测实景图

3. 水密和封闭措施

①千斤顶连接管线需要进行水密处理以防止海水进入最终接头体内。如图 6-6 所示，每台千斤顶具有独立的液压与线缆穿钢封门构件，采用多重密封件，确保符合水密性要求。

②顶推千斤顶设计有液压油置换通道，完成全部施工后，置换出内部液压油，并灌注环氧树脂，千斤顶内部永久封闭和固定。

图 6-6　水密和封闭措施

6.2　调 位 系 统

6.2.1　技术性能

1. 设计方案

①采用脱开千斤顶作为最终接头的精确调位设备。

②调位系统：最终接头精确调位千斤顶的控制系统采用目前沉管使用的精调千斤顶的系统。

③位置布置方面，在最终接头两侧各布置 4 台千斤顶，布置位置在上下倒角处，千斤顶位置示意图如图 6-7 所示。

④最终接头精确调位千斤顶采用 2 个底部托架、顶上 2 根吊梁、2 根横弹簧和 4 根竖向弹簧进行固定，千斤顶固定方式如图 6-8 所示。

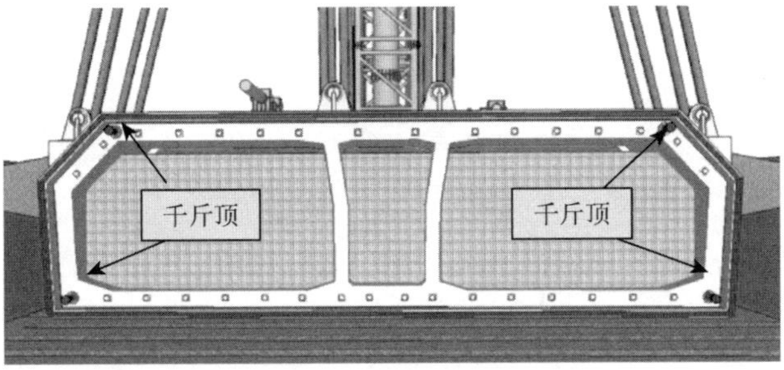

图 6-7　千斤顶位置示意图

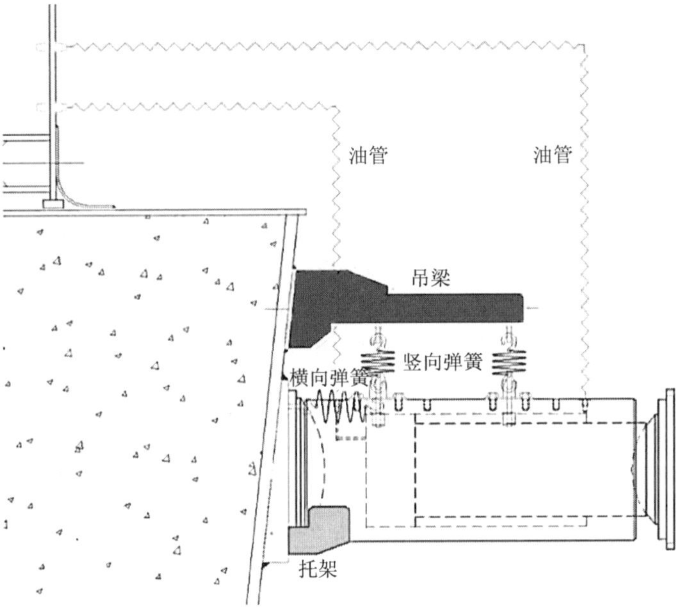

图 6-8　千斤顶固定方式

2. 设备参数

①脱开千斤顶的设计参数：推开千斤顶型号 SP350-400，最大工作压力 600 bar，单台千斤顶荷载能力 350 t，单台千斤顶活塞行程 400 mm。

②液压泵站设计参数：液压油输出 4×2.6 L/min，最大压力 600 bar，电机功率 15 kW。

6.2.2　使用及工艺

1. 东西向调位系统

最终接头东西向调位系统由液压泵站、千斤顶、液压油管、控制系统、位移传感器等组成，8 台千斤顶安装在最终接头两端上下倒角处，泵站位于管内两侧廊道，控制系统位于测量塔顶部。

通过 8 台千斤顶顶推已安管节钢端壳，调整与 E29、E30 管节端面间距，调整端面扭角，小梁顶推时保持最终接头稳定。东西向调位系统千斤顶安装位置示意图如图 6-9 所示。

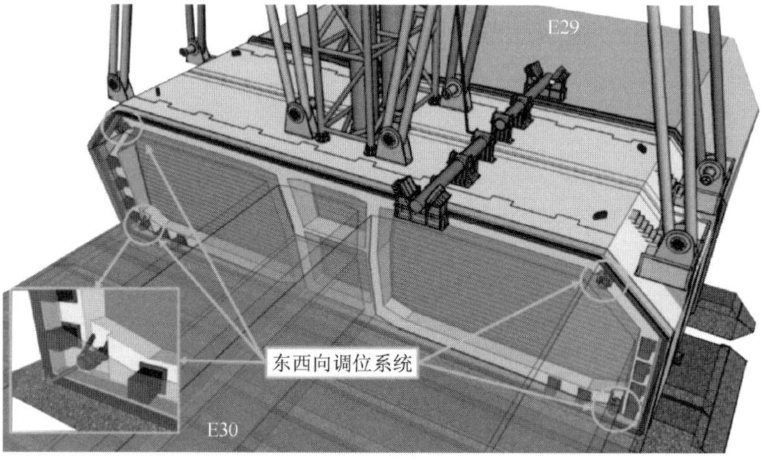

图 6-9　东西向调位系统千斤顶安装位置示意图

2. 南北向调位系统

南北向调位系统由液压泵站、液压油管、千斤顶、位移测量尺组成，液压泵站位于测量塔顶部上，位移测量尺安装在 4 台千斤顶上，4 台千斤顶安装在 E29、E30 管节导向托架处。通过千斤顶顶推导向杆调整最终接头横向位移。

最终接头精确调位系统使用东西向调位系统和南北向调位系统，调位稳定，可靠性较高。南北向调位千斤顶在水下可以快速安装和拆卸，提高了精确调位时的施工效率。

3. 拆除工艺

最终接头小梁和刚性接头完成临时锁定后，需要短时间内在狭窄空间拆除精调千斤顶，以便进行刚性接头永久焊接。

最终接头顶部的舾装件距离底板有 8～9 m，需要通过搭建脚手架来进行拆除作业。考虑接合腔空间问题，建议与“振华 30”轮共用脚手架。

单台千斤顶重量较大，且因最终接头接合腔空间狭小作业人员施工空间有限，所以人工卸载搬运千斤顶及防撞装置难度大。为便于拆卸，在千斤顶安装位置的刚性接头区域焊接环扣，详见图 6-10；并在接合腔内放置一台 5 t 小型卷扬机，引缆穿过环扣连接待拆除的舾装件，然后通过卷扬机缓慢将拆除的舾装件下放至小推车上，千斤顶小推车见图 6-11。

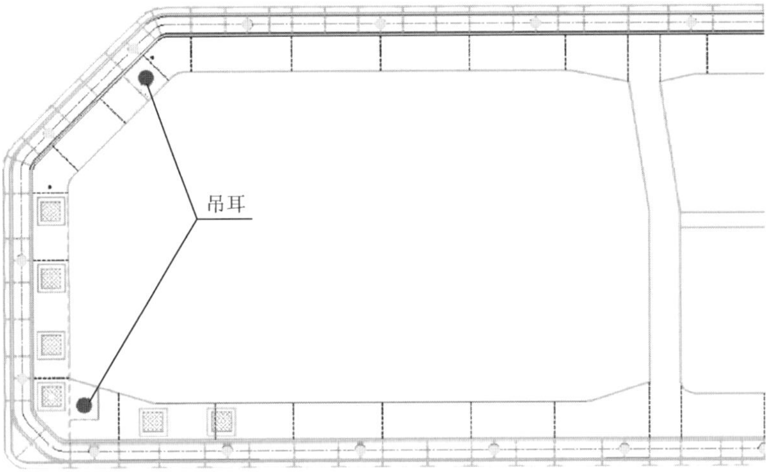

图 6-10　环扣位置

拆除的千斤顶及防撞装置需要通过人孔门转运至 E29、E30 管内，由于人孔门窄小，只能容纳一个人通行，舾装件搬运难度大。为此需要使用现有精调设备搬运工具，在最终接头和 E29、E30 人孔门架设一个钢结构横梁，横梁上制作一个可以活动的滑轮，滑轮上挂一个电动葫芦，作业人员通过电动葫芦将接合腔内拆卸的舾装件吊起来，再人工将舾装件从接合腔内拖拉至 E29、E30 存放。倒运设备详见图 6-12。

图 6-11　千斤顶小推车

图 6-12　倒运设备

6.3　接头安装船

6.3.1　研制情况

1. 设备简介

“振华 30”轮是上海振华重工（集团）股份有限公司研发建造的世界最大的起重船，

单臂起重量 12 000 t，全回转起重量 7000 t，起重高度 120 m；船体由 258 000 t 油轮“TOHZAN”（东山）号改造，无限航区自航能力，带 DP2 动力无锚定位功能，综合技术难度史无前例。

“振华 30”轮研发建造过程历时 10 多年。2011 年上海振华重工（集团）股份有限公司正式启动 12 000 t 全回转起重船的建造工作，被列为国家产业技术创新研发项目。2014 年 3 月 22 日，起重臂架总装成功。2016 年 5 月 13 日在长兴岛基地交付使用。2017 年 4 月 5 日进驻珠江口港珠澳大桥施工水域，分别于 5 月 2 日和 5 月 4 日进行最终接头安装和调整施工，这也是“振华 30”轮首吊。2017 年 6 月 7 日离开珠江口水域。

2. 设备选择

最终接头建造过程中，对结构进行加强，新增设备装置，最终重量由最初方案的 5000 t 增加至 6000 t，原定的 5000 t 起重船已经无法满足施工要求，经调研，大型起重船“振华 30”轮满足施工要求。

6.3.2 技术性能

1. 性能参数

起重船“振华 30”轮为无限航区自航工程船，同时具备无限航区自航船舶性能和大型起重工程船性能。

（1）船舶性能参数

船舶性能参数见表 6-3。

表 6-3 船舶性能参数

项目	改装前	改装后	备注
总长	335.00 m	297.55 m	
型宽	58.00 m		
型深	28.80 m		
设计吃水	19.21 m	13.5 m	
装载量	260 870 t	起重状态排水 17.6 m	
定员	34 人	380 人	船员 72 人，施工人员 308 人
主机型号及功率	B&W 7S80MC 型号，功率 21 120 kW，转速 69.2 r/min		
航速	14 kN	12 kN	
自持力	—	作业 60 d（续航 12 000 n mile）	

（2）旋转起重机性能参数

旋转起重机性能参数见表 6-4。

表 6-4　旋转起重机性能参数

项目	主钩	辅钩	船舶状态
固定吊重	12 000 t	1600 t	纵倾角 1.5°，横倾角 1.5°
固定起重幅度（距回转中心）	54 m	120 m	
旋转吊重	7000 t	1600 t	纵倾角 1.5°，横倾角 3.5°
旋转起重幅度（距回转中心）	44 m	95 m	
吊钩	6000 mt 四爪钩 2 套	1600 mt 四爪钩 1 套 100 mt 单钩 1 套 50 mt 索具钩单钩 2 套	
起重作业条件	有义波高 2.0 m，风速 30 kn，水流 2.0 kn，环境温度–20～45℃		

2. 设备清单

主要设备一览表见表 6-5。

表 6-5　主要设备一览表

序号	设备名称	规格型号	数量	备注
1	主机	主机型号：HITACHI ZOSEN-B&W 7S80MC（Mark III） 数量：1 台 最大持续功率（MCR）21 120 kW，转速 69.2 r/min 持续使用功率（CSR）19 010 kW，转速 66.8 r/min 服务航速约 14 kn（90%MCR 和 15% S.M）	1 台	
2	主柴油发电机组	型号：YANMAR T260L-ST 形式：4 冲程，涡轮增压，淡水冷却柴油机驱动 规格：功率 1040 kW，转速 720 r/min	2 台	
3	应急发电机组	型号：TOMINAGA GM6 V-92TA 规格：功率 280 kW，转速 1800 r/min	1 台	
4	锅炉	水管燃油锅炉，规格：81 t/h×20 kg/cm^2（1.96 MPa）（静态空气温度）	1 台	
5	主发电机组	型号：MAN B&W 14 V32/40 规格：7000 kW，转速 720 r/min 发电机：6769 kW，转速 720 r/min 机组电制：AC11 000 V，60 Hz，3	8 台	
6	停泊发电机组	型号：ZJMD-MAN B&W 8L23/30H 规格：1050 kW，转速 720 r/min 发电机：980 kW，转速 720 r/min 机组电制：AC440V，60 Hz，3	1 台	
7	应急发电机组	规格：～500 kW，转速 1800 r/min 发电机：～500 kW，转速 1800 r/min 机组电制：AC440V，60 Hz，3	1 台	
8	压载泵	1 台电动机驱动的自吸离心泵，4000 m^3/h×35 m；2 台电动机驱动立式离心泵，2200 m^3/h×29.5 m	3 台	
9	调节泵	4000 m^3/h×18 m	4 台	
10	主空压机	规格 2×485 m^3/h×3.0 MPa，配电机 110 kW×1800 r/min，配空气瓶 2×22 m^3×3.0 MPa	—	

续表

序号	设备名称	规格型号	数量	备注
11	航行锚机	锚链：AM3 级，ϕ122 mm；工作速度≥9 m/min，负荷 707 kN；大抓力锚 18 800 kg AC-14	2 台	
12	电动液压系泊绞车	额定拉力 200 kN；公称系缆速度 15 m/min；制动力 400 kN；容绳量 300 m	9 台	
13	定位锚绞车	拉力＞1400 kN；绞车速度 0～25 m/min；负载≮4000 kN；容绳量 3000 m；大抓力锚 STEVPRIS MK5 型，10 000 kg	10 台	
14	旋转起重机	固定起重量为 12 000 t，旋转起重量为 7000 t，副钩起重量为 1600 t	1 台	
15	DP 动力定位系统	4 台吊舱式推进器，6 台伸缩式推进器及两台侧推，具备深水无锚定位能力	1 套	

6.3.3 组成及特点

1. 船体部分

船体部分（图 6-13）由 258 000 t 油轮“TOHZAN”号改造，艏部主甲板设置一台 12 000 t 旋转起重机（回转中心 FR95），船体进行相应的结构加强；将原主船体艏部近平行舯体处至船首切除（约 50 m 长），新制圆弧肥胖型船首与原船相接；从#54 + 200 处向船首更换原主甲板为平甲板，保持型深为 28.8 m，在上层建筑前端壁处原甲板与新增平甲板连接用斜板过渡。作业区主甲板满足 10～15 t/m^2 的甲板负荷；从原船泵舱前端至船首间增设双层底、二甲板并增加两道纵舱壁；在原上层建筑前端，主甲板上新增加七层上层建筑，用于船员及技术、施工人员居住，航行驾驶室、控制室（移位）布置在新增上层建筑驾驶甲板上，并配置相应的空调、照明、通风、居住等设施；船尾上方处设置直升机平台，平台甲板呈八角形，中心圆直径 22.3 m，用支柱支撑，甲板设计载荷 3 t/m^2，供 SIKORSKY S-92 型直升机起降。

图 6-13　船体

2. 动力定位系统

“振华 30”轮新增 DP 动力定位系统，包括 4 台吊舱式推进器，6 台伸缩式推进器及两台侧推，DP 控制台布置在驾驶室，系统设计满足 ABS 船级社 DP2 规范要求。侧推（2 台），瓦锡兰品牌，功率 2750 kW；吊舱式推进器（4 台），ABB，功率 3250 kW；伸缩式推进器（6 台），ROLLS ROYCE 品牌，功率 3800 kW；电控系统 ABB，控制系统 KONGSBERG。DP 动力定位系统安装如图 6-14 所示。

图 6-14　DP 动力定位系统安装

6.3.4　设备使用

最终接头吊装施工前进行吊装演练和吊带检测，在正式吊装过程中，严格按照作业程序，保证吊装施工作业安全和安装质量。

1. 吊装演练

“振华 30”轮自 2016 年 5 月 13 日交付使用后未进行正式吊装作业，除值班船员外未配备成建制船员及起重作业队伍，在短时间内组织近百人的船舶航行和起重作业队伍并进入工作状态成为吊装作业成败的关键环节。2017 年 4 月 5 日，在起重船“振华 30”轮抵达港珠澳大桥施工海域附近锚地的第二天，项目总经理部、上海振华重工（集团）股份有限公司及Ⅴ工区展开起重船带缆系泊、12 000 t 吊臂抬升及全回转等演练调试工作。演练工作包括大马力拖轮带缆拉力试验、“振华 30”轮吊臂抬升、全回转施工调试。2017 年 4 月 12 日，根据施工方案开展最终接头起重船“振华 30”轮系泊和抗流演练。2017 年 4 月 18 日，测量队开展起重船“振华 30”轮精确定位系统调试；2017 年 4 月 21 日，开展沉管隧道最终接头吊装试验船舶推演。2017 年 4 月 24 日，经过 12 h 的持续奋战，顺利完成港珠澳大桥沉管隧道最终接头试吊；2017 年 4 月 26 日，中交港珠澳大桥岛隧工程项目总经理部组织开展沉管隧道最终接头安装施工船舶推演。

2. 吊带研制

港珠澳大桥沉管隧道最终接头安装专用吊带共 4 根，每根吊带长度约 120 m，直径约 40 cm，由 13 万余根高强纤维丝组成。为确保最终接头吊装姿态的平稳性和安全性，加工精度由国家标准的 2%提高到 0.25%，4 根吊带的长度误差控制到±5 cm 以内，比常规吊带精度提高了数十倍。4 根吊带生产出来之后，先后在 2500 t 级电液伺服试验机上进行了 15 次 900～1200 t 级拉伸试验，对每根吊带进行了不同位置的加载、卸载、保载等性能试验，确认各项技术指标符合要求。

3. 吊装施工

（1）准备工作

正式安装前要完成设备和最终接头检查、吊装演练、作业窗口选择、演练和测量定位工作。

（2）起吊与下放

最终接头安装可分解成 4 个动作：在空气中起吊，旋转 90°，下放至已安管节的龙口位置以上，继续下放直至着床。最终接头在空气中的吊装越快越好，以避免浮吊运动引起对结构的不利影响。船行波是浮吊运动的主要影响因素。在起吊、旋转 90°、入水的同时，被吊物重量与位置的变化会影响浮吊的姿态，为了确保该过程的作业速度，施工前对每一步作业需要调节的压舱水预先做好估算，施工时进行同步连续调节，保证浮吊时刻处于水平姿态。吊装施工如图 6-15 所示。

图 6-15　吊装施工

（3）最终姿态调整

在最终接头即将接触碎石基床表面时，启动纵向调节千斤顶来调节最终接头纵向的间距与方向，然后，可操作安装在导向装置上的千斤顶来调节最终接头的横向位置，实际安装时监控数据显示横向定位准确，未启用这部分千斤顶。

（4）着床与对接

为了确保对接阶段不会再发生沉降，最终接头完全着床以后，等待了大约 0.5 h，让碎石基床基本稳定，然后最终接头两端的可伸缩小梁被千斤顶推出，与相邻管节接触，并压缩临时的 GINA 止水带，在最终接头与相邻管节间形成了水密的结合腔。

（5）后续施工

最终接头吊装完成对接施工后，依次进行排水与贯通测量、永久焊接和注浆施工、船舶退场。

第7章　岛上建筑清水混凝土施工系列装备

港珠澳大桥东人工岛规划为景观岛，西人工岛规划为管理中心，在满足外海建筑品质要求基础上引入简约、厚重的设计风格，采用清水混凝土施工工艺，提升人工岛的艺术欣赏价值。高品质的建筑结构混凝土受施工工艺、材料、人工和设备装置等影响，其中采用先进的设备装置是实现装配式施工工艺的关键。人工岛岛面清水建筑主要包括三个部分：一是人工岛功能构筑物，二是岛上主体建筑结构，三是小型构件。不同部分具有不同的结构特点，需采取不同的施工工艺和施工设备。

1. 人工岛台车式清水模板系统

人工岛挡浪墙墙身、隧道敞开段墙身均采用了饰面清水混凝土工艺，浇筑量近3万m^3，其中东人工岛挡浪墙墙身清水混凝土浇筑方量约7200 m^3，敞开段隧道墙身清水混凝土浇筑方量为7300 m^3，是目前国内首次在单项工程中大面积应用清水混凝土工艺的工程。

为提高挡浪墙和敞开段隧道墙身的施工质量和工效，降低人为因素的影响，根据建筑物构造特点设计专用模板台车系统，实现流水线式施工作业。模板台车包括悬挂系统、行走系统、桁架及防护系统和模板系统四个部分，台车上悬挂整体式模板，一次性拼装，台车沿着轨道移动一段浇筑一段，实现连续浇筑。

2. 岛上建筑结构清水模板系统

西人工岛和东人工岛主体建筑位于伶仃洋外海孤岛，施工场地狭小，特别是为满足整体工期要求，室外工程及附属设施施工同步开展，进一步加剧了工程现场施工用地的紧张，不具备开阔场地集中堆放施工用材的条件。此外，主体建筑内部构造复杂，特别是外廊道及环梁为曲线构造，屋面为20.2°大斜坡，室内主次梁纵横交错，施工作业面难以展开。

在对国内外相关行业进行调研的基础上，根据岛隧工程实际情况，采取理论论证与现场典型试验相结合的方法，通过与科研单位及专业厂家合作的方式，最终选择房建清水混凝土工程系统模板，形成了模块化施工，取得了良好效果。

主体建筑结构模板系统包括柱、梁、板、外廊道等模块，同一施工区域内，柱、梁、板等不同构件分开施工，总体按照柱、梁、板、外廊的顺序逐层推进，不同施工区域的同种构件形成流水施工。室内柱第一次施工至梁底，外廊柱（景观柱）第一次施工至板底，内梁及环梁分两层施工，第一层施工至板底，第二层同楼板一同施工完成，外廊及护栏一次施工完成。

3. 小型构件预制模具系统

模具系统在小型构件预制装备系统中占主导地位，它是保障小型构件成品质量的基础，是控制构件预制工效的关键因素之一。

岛隧工程小型构件采用清水混凝土体系，其种类超过 20 种，总量达 5 万余件，且异形构件居多，各类构件形态差异较大，小的构件重量＜0.1 t，大的构件重达 1.5 t。清水混凝土体系对构件外观质量要求高，对模具的精密度要求高；总量多，则模板周转次数多，模具耐久性强，抗变形能力强。从 2014 年 12 月确定采用小型构件预制安装方案到 2017 年 12 月 31 日大桥具备通车条件的目标工期约为 36 个月，包括预制厂选址建设、装备调研与定制、构件预制、构件安装及构件安装完成后的附属设施施工，时间紧迫，工期紧则要求工效高，工效高则设备操作必须便捷。

小型构件模具以检修道构件模具为例，由高强度钢材和特殊板面处理工艺制作而成，模具整体采用锁扣式半拆卸化系统，可完全展开，通过连接件与模具底座相接，展开后通过限位钢板进行侧边限位，断面通过焊接形成可旋转轴承式结构，实现模具系统的快速安装、拆除功能（1 人即可快速安装、拆除）。通过嵌于模具端面卡口的密封橡胶条止浆以满足水密试验要求，板面采用酸洗冷轧处理工艺保证预制构件的外观质量。

7.1　人工岛台车式清水模板系统

7.1.1　研制情况

1. 目的和意义

港珠澳大桥东人工岛定位为景观岛，西人工岛为管理中心，引入简约、厚重的设计风格，采用清水混凝土工艺，提升人工岛的艺术欣赏价值。人工岛挡浪墙墙身、隧道敞开段墙身均采用了饰面清水混凝土工艺，浇筑量近 3 万 m^3，是目前国内首次在单项工程中大面积应用清水混凝土工艺的工程。

模板工艺是决定清水混凝土施工质量的关键环节之一。有别于常规工艺模板，港珠澳大桥东人工岛和西人工岛采用的是系统工艺模板，为提高施工质量和工效设计专用模板台车系统。本节以东人工岛敞开段和挡浪墙为例介绍模板台车的基本功能和使用方法。模板台车施工作业实景图如图 7-1 所示。

图 7-1　模板台车施工作业实景图

2. 研制过程

饰面清水混凝土施工难度极高，模板的设计与选取是高品质饰面清水混凝土施工的关键环节。2014 年上半年，岛隧工程项目总经理部组织国内外著名系统模板公司研究并编制模板施工方案和验收标准。2014 年下半年，选取国际顶级模板公司参与岛隧工程清水混凝土结构施工研究，并提供系统模板解决方案。

7.1.2　设备功能

1. 配置要求

（1）混凝土结构基本要求

东人工岛挡浪墙沿护岸前沿线一周布置，全长约 1390 m，为素混凝土结构，主要结构断面形式为 L 形。挡浪墙结构示意图如图 7-2 所示，底部有倒梯形前齿，南侧墙身顶标高为 + 8.5 m，底板宽度为 6.5 m；北侧顶标高为 + 8.0 m，底板宽度为 5.0 m，墙身顶部坡度为 1%。每一分段在前沿线上的长度为 4.49～16.047 m 不等。混凝土强度等级为 C30。

东人工岛敞开段全长约 290 m，纵向有 2.98%坡度。中隔墙厚度 1.1 m，最大高度接近 15 m，侧面平整度≤5 mm，施工难度非常大。敞开段结构为钢筋混凝土结构，共分

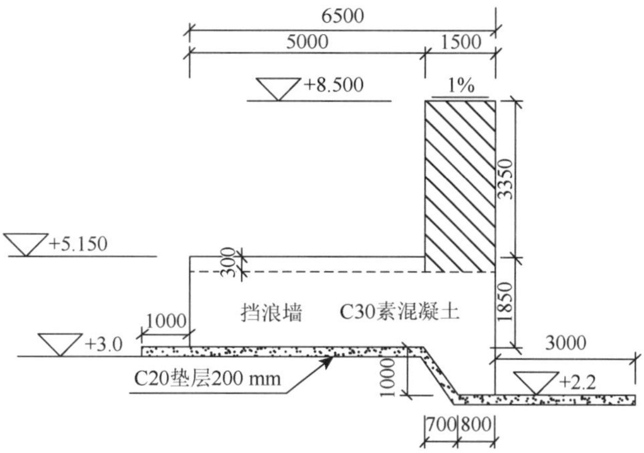

图 7-2　挡浪墙结构示意图

注：尺寸标注单位为 mm，标高单位为 m

为 10 段（OE1～OE10），每段之间设置一道变形缝。混凝土强度等级为 C45，敞开段结构断面形式为山字形，如图 7-3 所示。

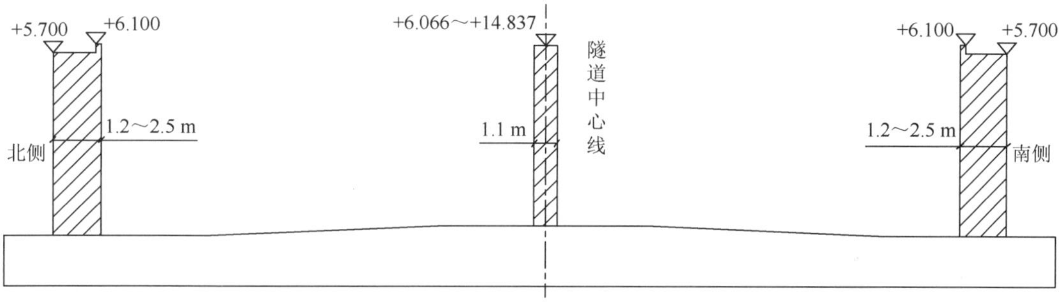

图 7-3　敞开段结构示意图（单位：m）

（2）台车配置基本要求

台车配置基本要求如表 7-1 所示。

表 7-1　台车配置基本要求

序号	分项	等级标准	配置数量	模板配置基本要求	备注
1	敞开段	二级	2 套	模数 3 m，每次浇筑 15 m，侧墙和中隔墙同时浇筑	
2	挡浪墙	二级	12 套	模数 3 m，每套模板每次浇筑 9 m	

注：等级标准选用德国混凝土建筑技术协会出版的《清水混凝土说明书》（2004 年 8 月）质量控制标准。

2. 基本功能

（1）台车和模板的拼装

台车钢结构和附属件在施工现场进行拼装，安装轨道，将在台座上拼装好的模板整体吊装到台车上，敞开段模板台车和挡浪墙模板台车效果图如图 7-4 所示。台车与模板主要拼装流程为：拼装主次梁→安装衬板→安装面板→翻转模板→安装工作护栏→移动台车，与模板加固成整体。

（2）施工过程（以敞开段施工为例）

台车悬挂模板沿着起始段依次行进，依次浇筑。首先进行墙身模板安装，敞开段第一段模板安装时，先将墙体外侧模板垂直立好，用斜撑将模板调垂直，安装连接梁，然后将墙体另外一面立好，并安装拉杆，微调加固。第二段和之后的节段直接使用台车连同模板一起移动至设计位置，并安装加固。

随着施工的推进，需将台车移位。先将模板拆除、清理、脱模剂喷涂完成，在待浇段钢筋验收合格后，将台车连同模板沿滑移轨道移动至待浇段，进行模板安装加固、混凝土浇筑等作业。

浇筑完成后进行模板拆除。拆模时先拆除对拉螺杆，调节水平向伸缩杆及台车顶部的伸缩杆，使侧模板与墙身表面分开间隔 70 cm 左右，对模板表面进行清理、涂刷脱模剂，在下一节段钢筋验收完成后，将模板与台车一起移至下一节段进行模板安装作业。

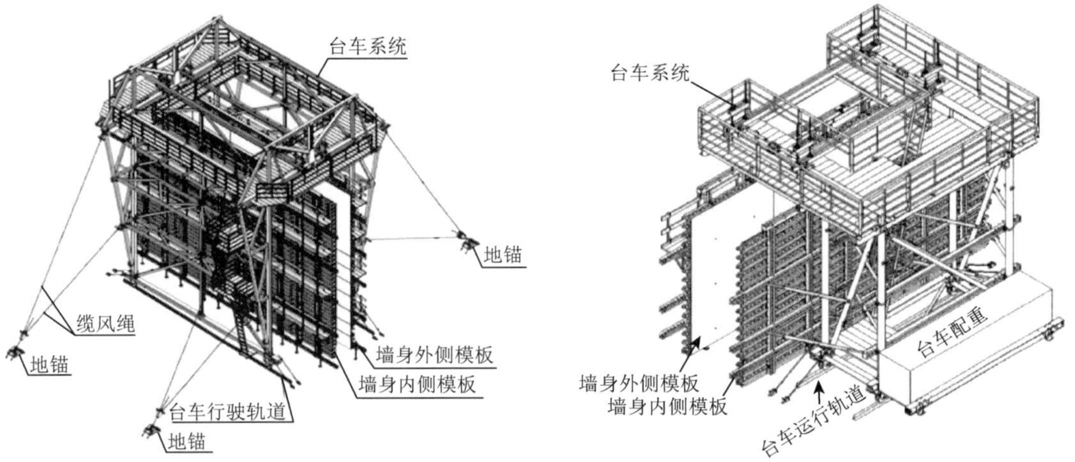

图 7-4　敞开段模板台车和挡浪墙模板台车效果图

7.1.3　组成及特点

挡浪墙模板台车包括四个部分，分别是悬挂系统、桁架及防护系统、行走系统和模板系统。

1. 悬挂系统

模板顶端通过 8 根直径为 A15（A20）的精轧螺纹钢悬吊在台车吊梁上，通过千斤顶调节模板标高，通过伸缩杆调整模板与墙体之间的位置，挡浪墙模板台车悬挂系统效果图见图 7-5。

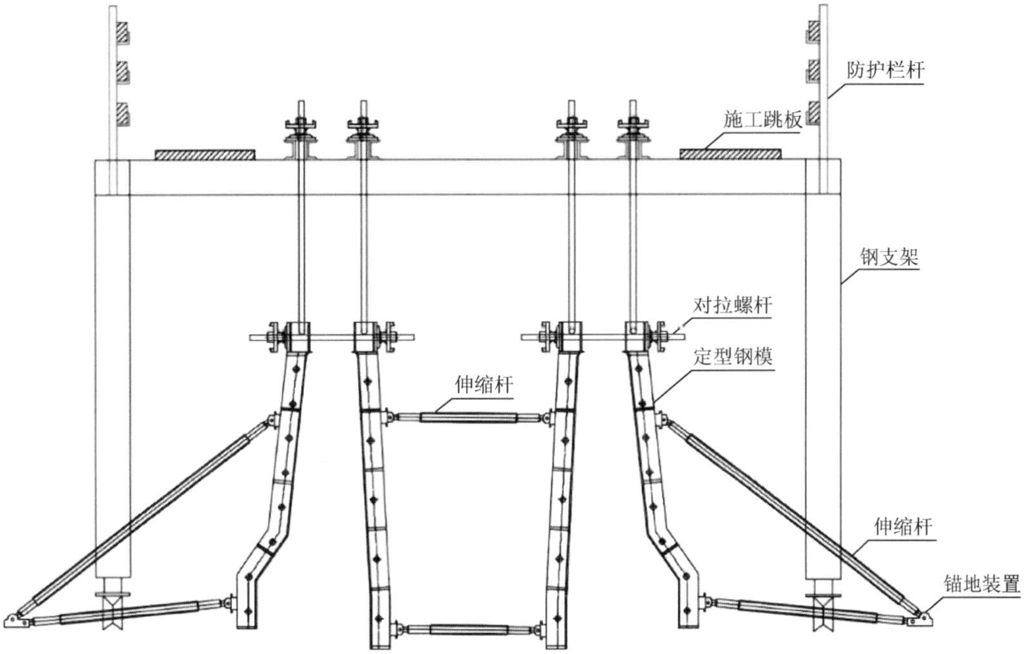

图 7-5　挡浪墙模板台车悬挂系统效果图

2. 桁架及防护系统

挡浪墙台车采用悬吊结构，敞开段台车采用骑吊结构，均属于高大桁架结构。为保证模板的稳定，模板与台车、台车与地面、模板与地面之间均设置有连接或支撑（锚固），挡浪墙台车一端设置 20 t 重物压载。

3. 行走系统

台车的移动通过底部的滑轮及施工平台上的钢轨实现，模板台车行走系统效果图见图 7-6。定向滑轮通过 M25 的螺杆与钢梁底座结合牢固，滑动钢轨采用膨胀螺栓固定在施工平台上。当墙身混凝土处于圆曲线上时采用千斤顶顶推使钢轨顺着圆曲线方向弯折，保证台车移动时的平顺、安全。混凝土浇筑完成拆模后，台车移动到下一段施工面时采用电动葫芦牵引。

4. 模板系统

钢木组合胶合板模板体系，由桁架式木工字梁及双拼 12 号槽钢为支撑背楞，21 mm 厚的胶合板作为面板组合而成，具有重量轻，施工操作简单、快捷等优点。

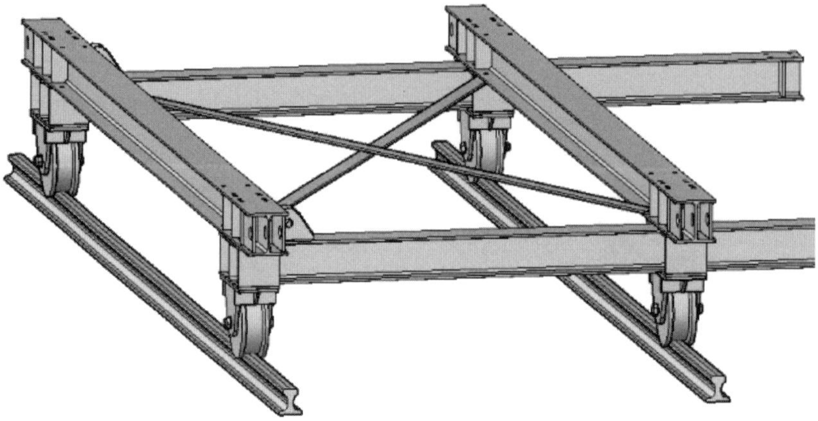

图 7-6　模板台车行走系统效果图

模板拼装前在水平地面上制作一块操作平台，并在上面固定安装限位条及限位板，以限定模板钢背楞及木梁的位置及相互间的横纵向垂直相交。为避免固定面板的螺钉在混凝土构件上产生印迹，清水墙面模板即墙身内侧模板面板采用双层设计，内衬板首先固定在木梁上，固定表层面板的自攻螺钉由背楞侧打入。为保证面板拼缝间严密不漏浆，面板间采用黑色单面泡沫胶条止浆（厚度为 2 mm），且相接时必须有一定的挤压措施使拼缝≤1 mm 且无明显错台时再用自攻螺钉与木梁固定。蝉缝、结构缝、造型缝、对拉螺栓孔眼必须整齐排列，在混凝土表面形成完美装饰。

7.1.4　使用及工效

以敞开段墙身施工为例介绍模板台车的拼装工艺，挡浪墙模板施工工艺大同小异。

1. 模板拼装与台车组装

（1）模板拼装

模板拼装在工作平台上进行，拼装顺序如下：

①将主梁放置在平台上，梁间距 150 cm；

②按照设计位置排放 24 cm 木工字梁；

③再满铺 2 cm“衬板”；

④“衬板”和面板铺设完成后将其从平台上架起，架起高度约 180 cm；

⑤木工在下方进行螺钉钉装，将清水混凝土面板加固在“衬板”上；

⑥钉装完成后，将模板进行翻转；

⑦安装斜撑、工作护栏等；

⑧将模板安装在台车上，完成拼装。

模板拼装详图如图 7-7 所示。

在每个部分的位置固定上钢背楞校核板及木梁校核板，固定时两者应始终保持垂直，可以用勾股定理（直角边 3 m×4 m，斜边必为 5 m）校核。然后按照钢背楞间距固定上钢背楞定位条。

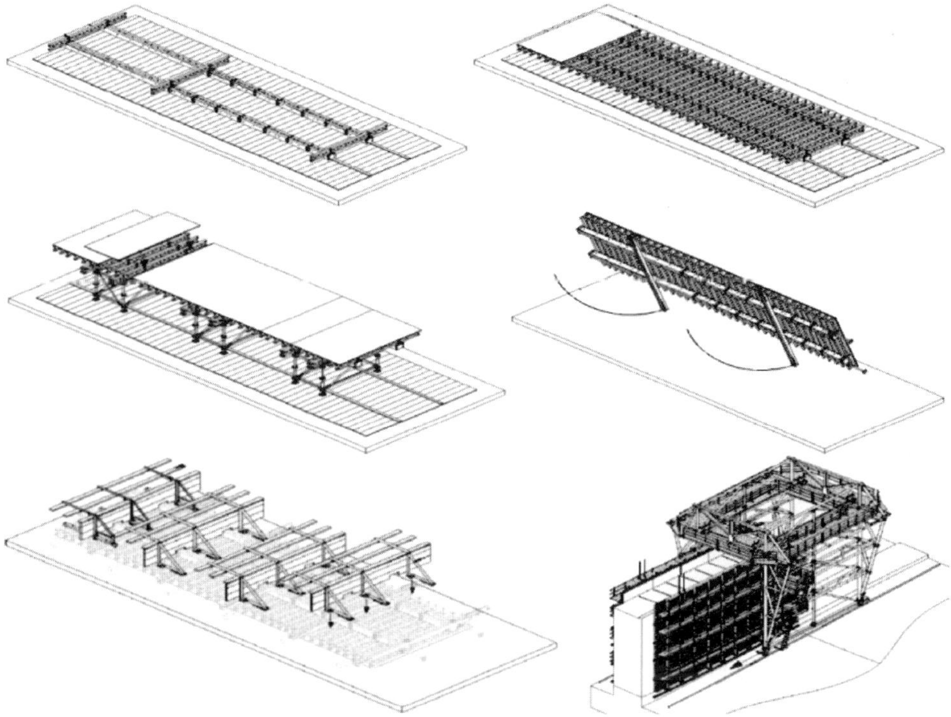

图 7-7　模板拼装详图

单块面板间用 1 mm 厚的黑色海绵止浆条作为拼缝止浆措施，拼缝止浆详图如图 7-8 所示。粘海绵止浆条时，需注意海绵止浆条边与面板正面上口应保持 2 mm 的距离，以保证面板挤紧后海绵止浆条与拼缝齐平。模板单元间拼装时也需注意海绵止浆条与面板正面上口的距离。

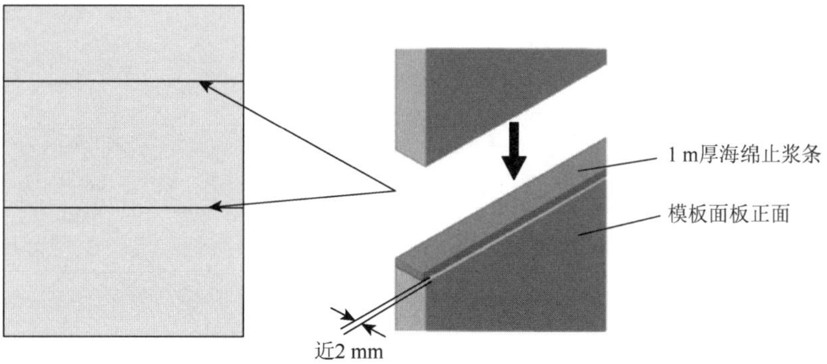

图 7-8　拼缝止浆详图

（2）台车组装

OE1 底板浇筑完成后，开始拼装台车，同时浇筑 OE2 底板，OE2 底板浇筑完成后，将在 CE6 顶板上拼装完成的台车部分吊运移动至 OE1 上组装，OE1-1 墙身模板使用可调节的支撑斜杆固定，OE1-1 墙身混凝土浇筑完成后，将支撑斜杆拆除，用连接杆将模板与台车固定，然后拆模，模板与混凝土墙身脱开后，将吊着模板的台车推移至 OE1-2 处浇筑墙身，依次向 OE8 方向施工。

台车组装时，严格按照下列步骤进行：

①按照设计位置将 12 m/条的 QU70 型号钢轨放好，并使用配套连接片、压板进行连接固定。同时，水平组装台车两侧三角架。

②将台车一侧三角架利用吊车起吊至设计位置，使用晃绳及斜撑将其固定于底板上。

③将另一侧三角架用吊车起吊至设计位置，使用晃绳及横撑将其与第一条三角架、底板固定，形成整体。

④两侧三角架形成整体后，分步进行顶部连接架的安装。

⑤主体钢结构安装完成后，台车底部采用膨胀螺丝及拉杆与底板固定，然后拆除斜撑、拉索及横撑等。

⑥由低向高逐层进行楼梯及护栏安装。

⑦进行上方模板连接梁安装，完成安装，进行验收。

台车组装顺序示意图如图 7-9 所示，侧墙台车移动示意图如图 7-10 所示。

⑧安装模板上下调整装置，采用 32 t 千斤顶与 D15 mm（中隔墙为 D20 mm）高强杆配合进行安装使用，模板调整装置示意图如图 7-11 所示。

2. 加固及拆模

首次模板支模完成后，将台车移动钢轨固定于混凝土底板上，并将拼装好的台车吊装于轨道梁上，台车上压 19 t 的配重，用长 2.5 m、直径为 A15 的精轧螺纹钢将模板固定在台车上，并用伸缩杆将台车与模板背面的分配梁相连，穿好侧模板的对拉螺杆，然后装上端头模板及其对拉螺杆。

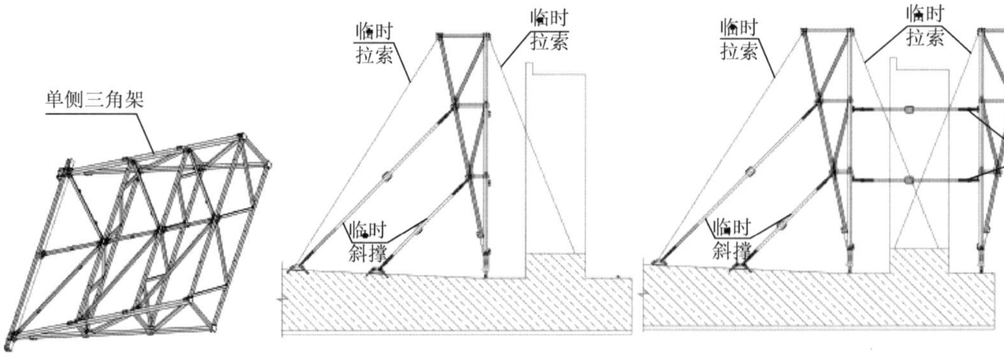

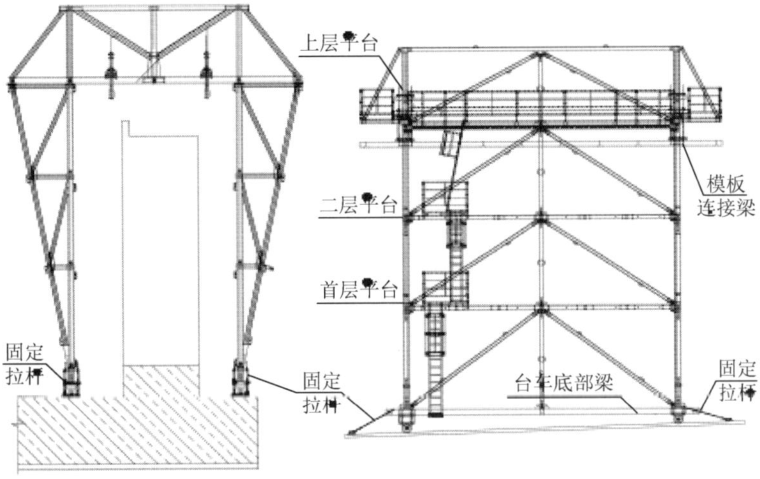

图 7-9　台车组装顺序示意图

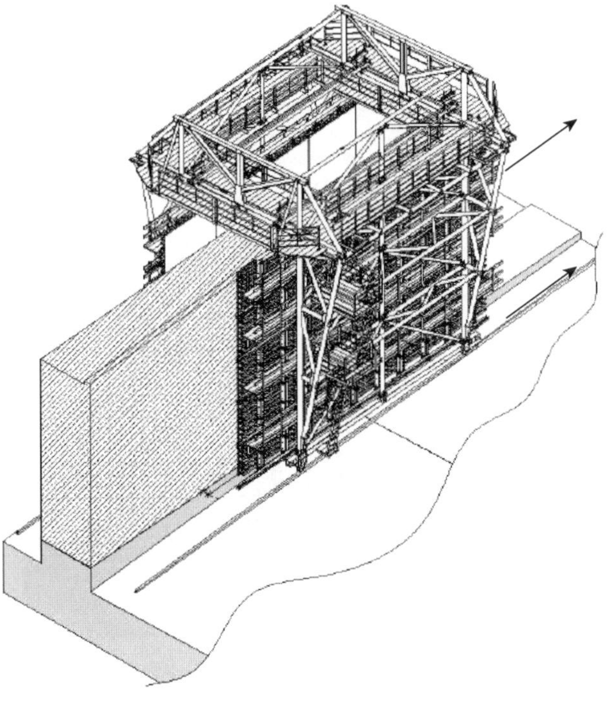

图 7-10　侧墙台车移动示意图

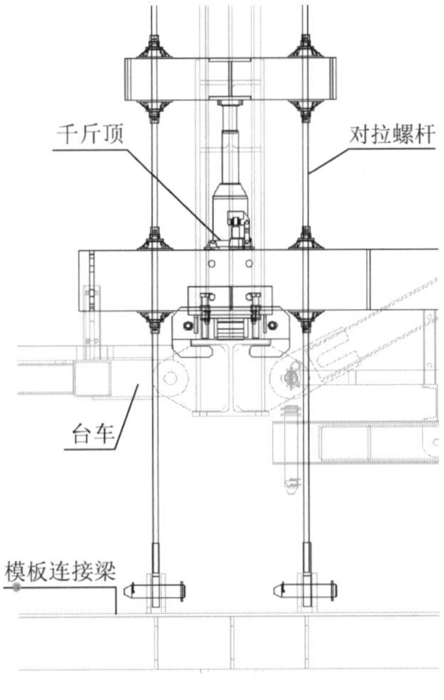

图 7-11　模板调整装置示意图

各个配件基本固定以后，需要通过对各个连接件进行微调，完成模板的加固。模板安装及加固流程图如图 7-12 所示。

混凝土浇筑完成并达到拆模强度以后，需要对模板进行拆模。拆模时，首先拆

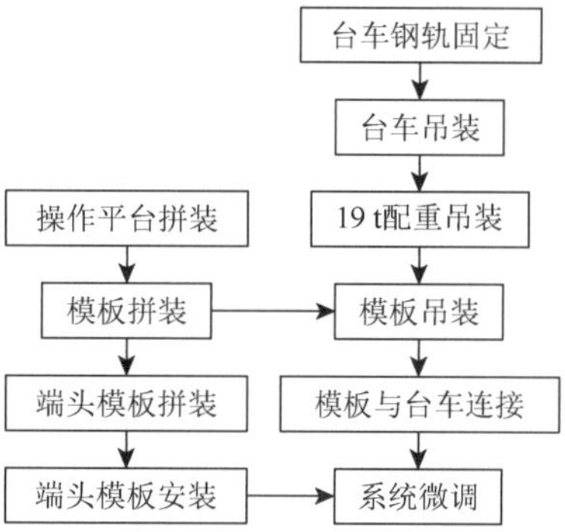

图 7-12　模板安装及加固流程图

除对拉螺杆，其次拆除封头模板，调节水平向 SLS 伸缩杆及台车顶部的 SLS 伸缩杆，使侧模板与墙身表面间隔 30 cm 左右，最后用手拉葫芦将台车移动到下一个施工点施工。

3. 模板效果

首段（如 OE1-1 段）模板安装时，先将墙体外侧模板垂直立好，用斜撑将模板调垂直，安装连接梁，然后将墙体另外一面立好，并安装拉杆，微调加固。首段墙身模板整体加固实景图如图 7-13 所示。

图 7-13　首段墙身模板整体加固实景图

待首段墙身混凝土浇筑完成后，将台车移至该段与模板连成一体。

第二段（如 OE1-2 段）和之后的节段直接使用台车连同模板一起移动至设计位置，并安装加固。墙身模板与台车整体加固实景图如图 7-14 所示。

图 7-14　墙身模板与台车整体加固实景图

4. 工效分析

（1）挡浪墙

为满足人工岛南北两侧挡浪墙墙身高度差异及跳仓法施工的需要，同时提高施工生产效率，在人工岛南北两侧分别设置了两套台车及模板系统。台车的使用使得墙身结构模板的加固简单、经济、快捷，主要表现在两个方面：一是台车、模板合二为一，减少了对模板的来回起吊，有效地避免了起吊过程中对模板的碰撞损坏，并减少了起重设备的使用台班；二是台车提供了一个稳固的混凝土浇筑平台，一次拼装完成后可循环使用，减少了脚手架反复搭拆所需要的时间，提高了工作效率。挡浪墙墙身成品图如图 7-15 所示。

图 7-15　挡浪墙墙身成品图

（2）敞开段

敞开段台车的使用，使得墙身结构模板的加固简单、经济、快捷，支模及拆模时，减少了对模板的来回起吊，能有效地避免起吊过程中对模板的碰撞损坏，并减少了起重设备的使用台班。台车是一个稳固的混凝土浇筑平台，且一次拼装完成后能循环使用，一段浇筑完成后可以行走至下一段浇筑，减少了脚手架反复搭拆所需要的时间，提高了工作效率。敞开段墙身成品图如图 7-16 所示。

图 7-16　敞开段墙身成品图

7.2　岛上建筑结构清水模板

7.2.1　研制情况

1. 目的和意义

港珠澳大桥西人工岛和东人工岛陆域形成并完成岛上段隧道施工后，为使人工岛具备人员办公及大桥管理控制功能，在岛上段隧道暗埋段上方建设主体建筑。根据工程建设目标及设计方案要求，为打造珠江口新地标，主体建筑地面以上结构均采用高等级清水混凝土工艺，以实现整体建筑景观效果。西人工岛和东人工岛岛上建筑施工工艺基本一致，本节仅以西人工岛岛上主体建筑为例介绍房建结构清水模板系统。

西人工岛主体建筑位于伶仃洋外海孤岛，施工场地狭小，特别是为满足整体工期要求，室外工程及附属设施施工同步开展，进一步加剧了工程现场施工用地的紧张，不具备开阔场地集中堆放施工用材的条件。此外，主体建筑内部构造复杂，特别是外廊道及环梁为曲线构造，屋面为 20.2°大斜坡，室内主次梁纵横交错，施工作业面难以展开。

岛上主体建筑作为港珠澳大桥的管理维护中心，基于工程的特点及难点，采用常规工艺无法满足本工程苛刻的质量、进度要求，亟待研究开发一整套与以往不同的新型施工工艺，以确保工程目标的实现。

在组织国内外行业调研的基础上，根据本工程实际情况，采取理论论证与现场典型试验相结合的方法，通过与科研单位及专业厂家合作的方式，最终选定“PERI”系统模板作为房建清水混凝土工程模板体系，形成了建筑模块化施工，并成功应用于本工程实践，取得了良好效果。

2. 基本要求

为确保施工质量，并提升施工效率，在确认传统施工工艺及住房工业化施工方案无法满足本工程实际情况的条件下，选用柱、梁、板、外廊道等不同构件，人工岛建筑立柱施工图如图 7-17 所示。其中同一施工区域内，柱、梁、板等不同构件分开施工，总体按照柱、梁、板、外廊的顺序逐层推进，不同施工区域的同种构件形成流水施工。室内柱第一次施工至梁底，外廊柱（景观柱）第一次施工至板底，内梁及环梁分两层施工，第一层施工至板底，第二层同楼板一同施工完成，外廊及护栏一次施工完成。主体建筑模块化施工总体流程见图 7-18。

图 7-17　人工岛建筑立柱施工图

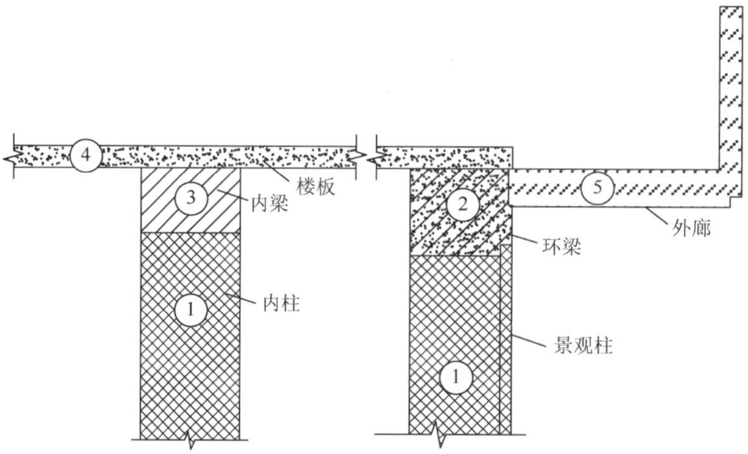

图 7-18　主体建筑模块化施工总体流程

3. 总体方案

通过对建筑结构的优化，总体施工工艺创新，以及模板工程施工技术研发，采用模块化、标准化施工工艺，简化了施工流程，降低作业人员技术操作要求，大幅提高了施工效率和工程质量。

标准化台模工艺采用装配式施工，在后台拼装成单元模板，吊运至现场后与各自匹配的单元支架（承插型盘扣式支架）形成组合台模。

完成混凝土浇筑作业后，通过台车降低支架高度，并推移至下一作业面形成流水施工。台模及台车由下一楼层倒运至上一楼层时，主要利用塔吊整体吊装至待施工区域。台车（左）及八角盘卡具节点（中、右）如图 7-19 所示，台模一次性配置数量如表 7-2 所示。

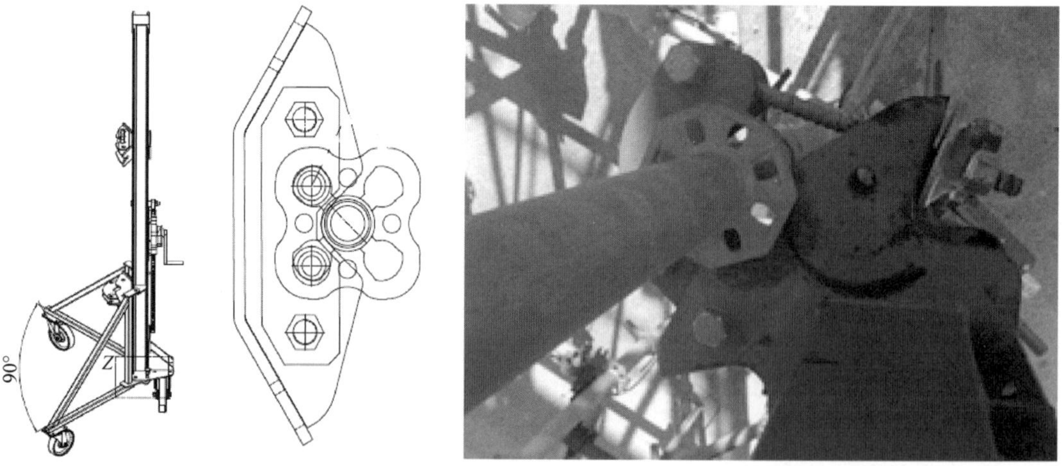

图 7-19　台车（左）及八角盘卡具节点（中、右）

表 7-2　台模一次性配置数量

模板类型	室内柱	外廊柱	室内梁	外环梁	楼板	外廊		
						标准区	屋面	斜屋面
数量/套	6	4	72	18	80	36	26	14

制作专门的模板拼装平台，进行模板拼装。在拼装场地周围安排足够的行走空间及材料堆放场地。

7.2.2　施工工艺

1. 立柱

（1）立柱模板施工流程

模板拼装（后台制作）→测量放样→立柱底座混凝土浇筑→钢筋安装→起吊安装一片 L 形模板（中央风孔立柱为四片模板）→安装斜撑→起吊安装另一片 L 形模板→安装拉杆→调整模板垂直度及构件尺寸→浇筑混凝土→拆除模板并养护。

立柱施工前，首先进行立柱底座混凝土的浇筑，由测量技术员对立柱平面位置进行测量放样、复合，结合施工及建筑室内标高共同确定立柱底座混凝土浇筑高度，采用绑夹底工艺进行立柱模板安装。绑夹底工艺如图 7-20 所示。

图 7-20　绑夹底工艺

1）标准区室内柱模板

标准区室内柱模板采用两片 L 形模板组合而成。L 形模板主龙骨采用双拼 12 号槽钢，次龙骨采用 24 cm 高的木工字梁，衬板、面板均采用进口 21 mm 厚胶合板，质地坚实，不易遇水软化、膨胀。吊装过程中，首先将第一片 L 形模板吊装到指定位置，将模板紧贴柱底止浆条，同时利用斜撑进行固定。将第二片 L 形模板吊装到立柱的对角侧，将两片 L 形模板通过抱角丝杆严密拉合。斜撑还可用于调整模板垂直度，并可根据现场情况增加斜撑数量。立柱模板高度按照主体建筑立柱最大高度进行配模，如转换楼层时，则相应改变混凝土浇筑灰面即可。

2）外廊柱模板

外廊柱又称景观柱，全部位于主体建筑外立面上，其结构形式较为复杂。柱身为 0.9 m×0.9 m，柱头两侧各增加 0.7 m×0.7 m 加腋，同时在立柱外立面两个角部通常设计 10 cm×10 cm 的凹槽作为景观装饰。

外廊柱模板安装相对室内柱较为复杂，在第一片 L 形模板吊装到指定位置后，需及时用螺丝从衬板背面将 10 cm×10 cm 的效果木盒子固定。待第二片 L 形模板完成吊装后，通过图 7-21 的方式将临时效果木盒子固定，同时拆掉临时紧固效果木盒子用的螺栓。待两片模板完成固定后，安装柱头堵头模板。堵头模板位于外廊柱柱头两侧，根据安装后的尺寸临时制作，采用 17 mm 模板作为面板，10 cm×10 cm 木方作为横围囹，如图 7-22 所示。在柱头加腋处安装槽式预埋件（MJ01、MJ02）以便后续幕墙施工。对于外廊柱，转换楼层时，需拆除立柱模板底部标准段，并根据实际需求高度配置补充模板。

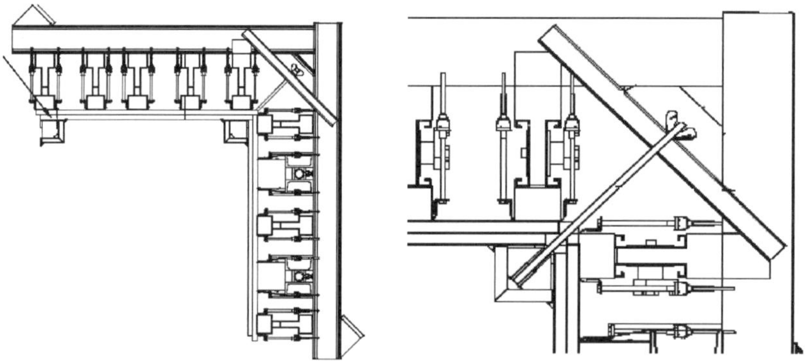

图 7-21　效果木盒子固定

（2）立柱施工要点

①立柱底座混凝土浇筑尺寸略小于立柱截面实际尺寸，以 900 mm×900 mm 立柱为例，立柱底座混凝土浇筑尺寸为 895 mm×895 mm，防止底座混凝土尺寸偏大，立柱模板安装出现问题。由于底座混凝土尺寸偏小，为防止漏浆，需在模板底口粘贴止浆条。根据现场施工实际经验得知，在立柱模板底口上方粘贴 1 cm 厚止浆条，止浆效果良好，

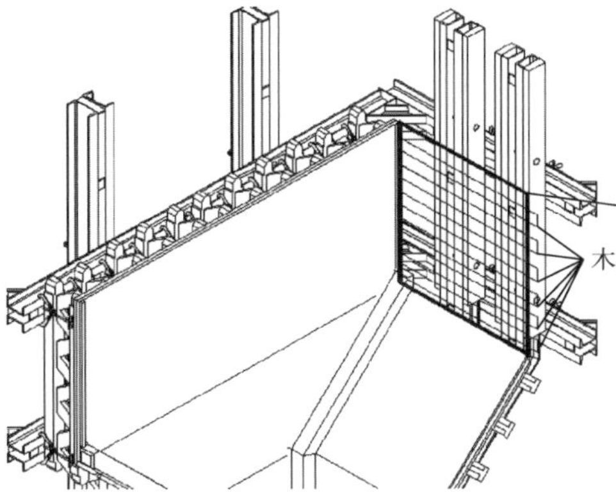

图 7-22　外廊柱一侧堵头模板及木方安装位置示意图

如图 7-23 所示。模板安装前，必须严格检查止浆条粘贴情况，且在阴雨天不进行止浆条粘贴工作。

图 7-23　柱根处止浆效果

②每套室内立柱模板在主体建筑施工中重复使用次数近 70 次，多次轮番使用致使模板拼缝之间进入少许混凝土浆液，模板拼缝错台超出规范要求，必须对模板重新修理后再进行混凝土浇筑。

③清水混凝土工艺对混凝土的外观质量要求很高，每次拆模时，技术人员、试验人员需共同到达施工现场对浇筑的混凝土进行评定，同时找出相应因模板导致的问题，并评判如何解决或是否更换模板。其他构件同样需要做此评定，后面不再赘述。

④外廊柱模板底口标高的确定十分关键，由于外廊柱柱头存在加腋，且加腋的高度直接决定了外环梁的高度，因此需根据设计标高及外廊柱模板尺寸反算出模板底口标高，复核无误后测量进行放样，施工人员根据测量放样及时进行弹线，确保施工无误。

2. 梁板

（1）梁模板施工

1）施工工艺流程

支架搭设→梁模板外观检查（底模及侧模）→梁底模吊装及与支架固定→底板模板标高与线型初调→底板补模安装→底模效果条安装→底模标高及线型验收→钢筋笼安装→梁侧模安装→梁侧模垂直度调整→梁侧模补模安装→验收及梁混凝土浇筑→梁侧模拆除（先补模后原有拼装模板）→梁底模补模拆除→梁跨中支撑回顶→梁底模拆除→底模连同支架移至下一施工区域。

标准区梁板采用台模工艺进行施工，梁板分开进行混凝土浇筑。当梁混凝土达到强度后进行拆模作业，分三步进行。第一步，将台车移动到梁模板支架的底端，并将其与支架固定。第二步，固定完成后，降低可调底座的高度，使支架竖向受力由地面支承变为台车支承。第三步，拆除支架底部所有第一步距竖向杆（第一步距立杆高度为 1 m），通过调节台车上齿轮式千斤顶装置，将整个梁台模降低并脱离已浇筑完成的混凝土。移动梁台模到下一浇筑区域，安装可调底座及底部第一根立杆并调整模板至设计标高，对模板进行清理后可进行下一区域梁混凝土浇筑。同时采用相同的方式安装板台模，进行混凝土板的浇筑，从而实现流水作业。模板台车的使用如图 7-24 所示。

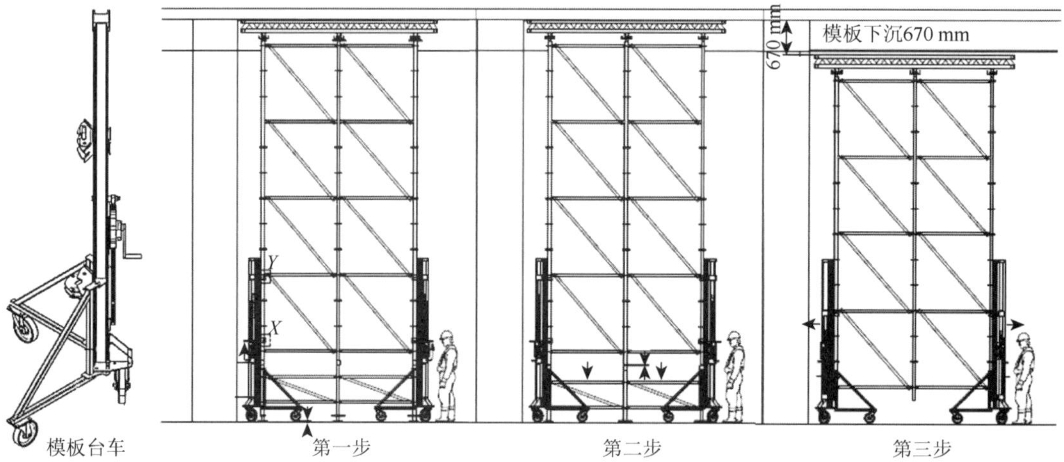

图 7-24　模板台车的使用

中央风孔及斜屋面区域梁板由于结构形式、尺寸相对标准区复杂，采用现场组拼的方式进行施工，且梁板一次性浇筑。

2）标准区梁板模板

标准区室内梁主要与室内柱相连，主要尺寸为 800 mm×900 mm、500 mm×800 mm、300 mm×600 mm 等，室外环梁与外廊柱相连，尺寸为 900 mm×1350 mm、900 mm×

1550 mm、900 mm×1850 mm。为提升清水混凝土观感质量，以上部位均采用模块化台模。该模板主要分为定型底模及侧模、护栏，其中底模与支架组成台模。底模主龙骨采用 12 号双槽钢，底模次龙骨采用 24 cm 高木工字梁；侧模主龙骨采用 8 号双槽钢定型钢梁（室内梁），12 号双槽钢（外环梁），侧模次龙骨采用 24 cm 高木工字梁，衬板面板均采用 21 mm 厚胶合板。室内梁采用 15 mm 高强对拉螺杆，外环梁采用 20 mm 高强对拉螺杆，室内梁模板安装横断面示意图如图 7-25 所示，外环梁模板安装横断面示意图如图 7-26 所示。

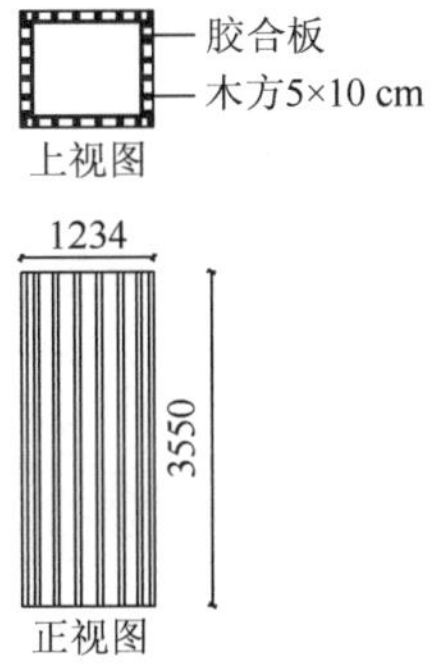

图 7-25　室内梁模板安装横断面示意图（单位：mm）

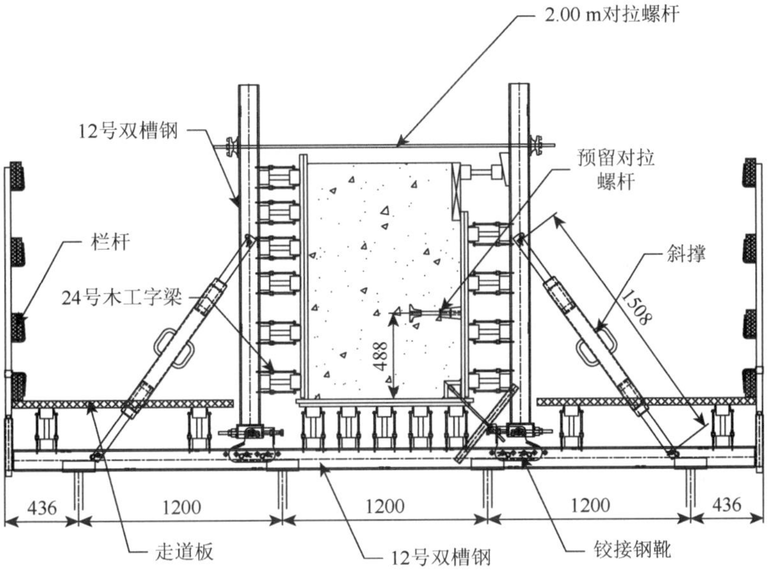

图 7-26　外环梁模板安装横断面示意图（单位：mm）

3）补充模板

根据模板设计方案，一跨梁主要由两片台模组成，一片板主要由四片台模组成。以梁为例，在梁底模及侧模安装完成后，需要增加补充模板（简称补模），使梁模板形成整体后，方可进行浇筑。补模分布在三个区域：东西向梁与柱的连接处，梁跨中底模及梁跨中侧模，补模同样由衬板和面板组成，梁补模安装如图 7-27 所示。补模与原有模板拼缝处，补模与浇筑完成的立柱混凝土之间均需安装 5 mm 止浆条，确保止浆到位。

根据设计，外环梁每跨由两片台模组成，台模与台模之间、台模与外廊柱间需安装三片补模，环梁模板布置平面示意图如图 7-28 所示。

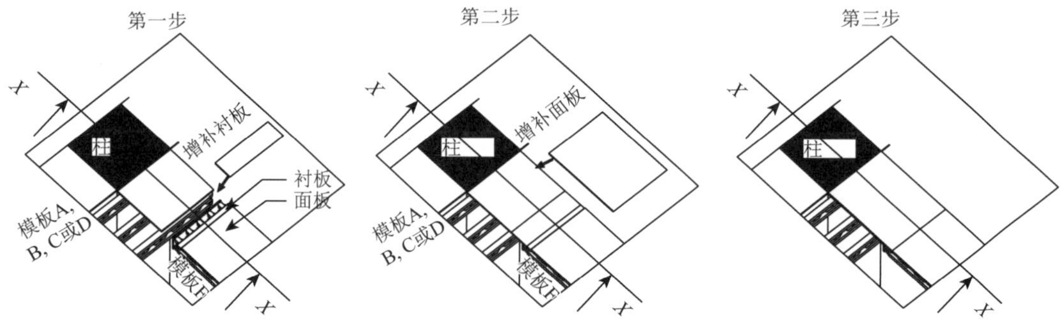

东西向梁与柱连接处补模

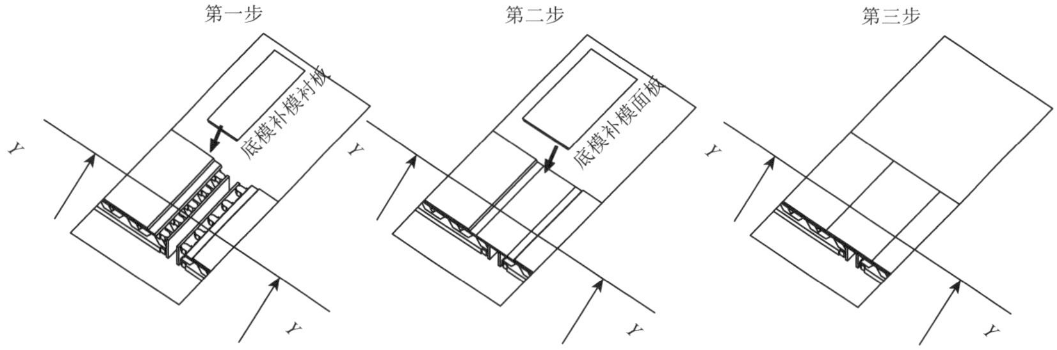

梁跨中底模补模

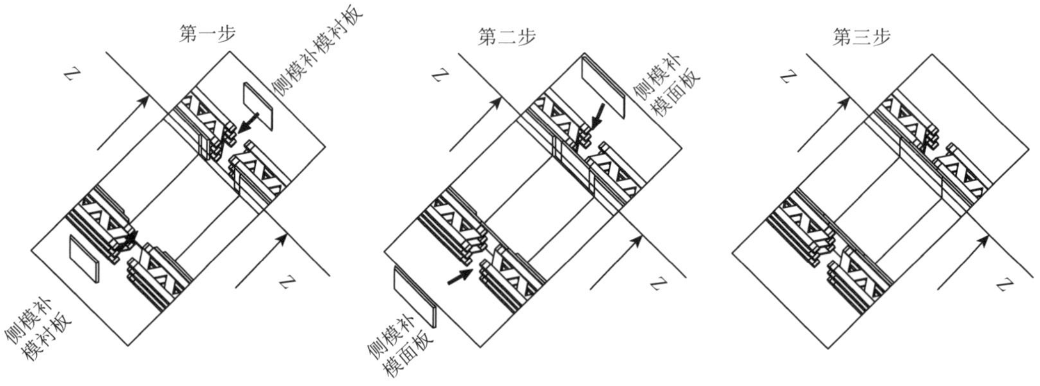

梁跨中侧模补模

图 7-27　梁补模安装

4）侧模

外环梁底模安装完成，进行侧模安装时，应按照结构梁宽在梁模板铰接处进行侧模水平位置调整，并根据垂直度要求调整侧模斜撑。侧模调整就位并经垂直度检测合格后，

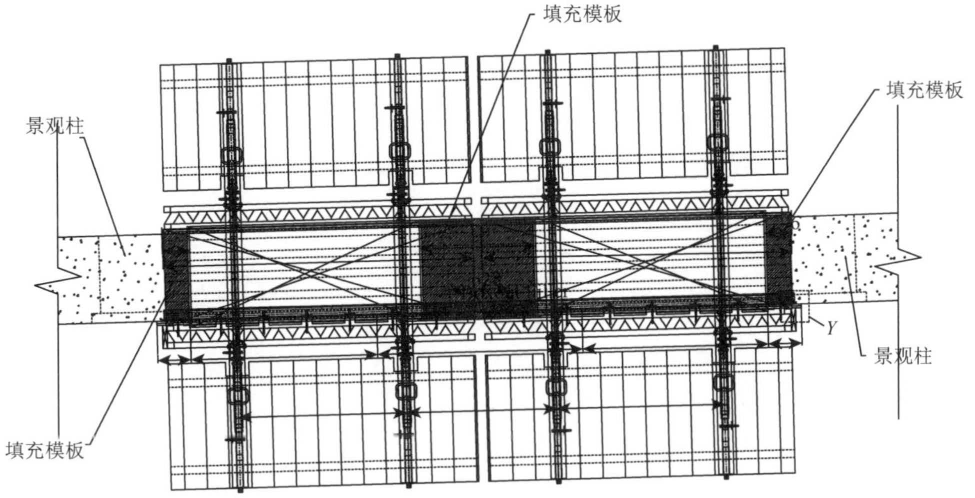

图 7-28　环梁模板布置平面示意图

收紧 100 mm×100 mm 装饰条拉杆，确保效果木盒子与模板紧贴，防止混凝土浇筑过程中，发生漏浆，影响构件观感质量。此外，进行环梁侧模合模前，应按照设计间距埋设锚固拉杆作为后期悬挑板模板施工承载节点。环梁侧模底角结构大样如图 7-29 所示。

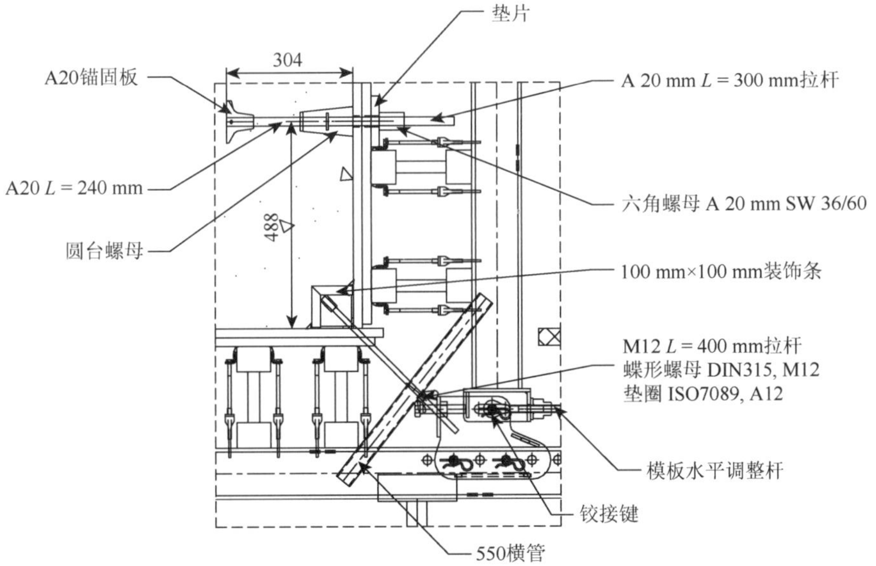

图 7-29　环梁侧模底角结构大样（单位：mm）

为快速进行台模周转使用，经设计确认，拆除台模前，在跨径超过 6 m 的梁模板补模处（梁跨中）增加黄色顶撑杆（图 7-30），每根黄色顶撑杆最大承重为 2 t，混凝土强度达到 75%后即可拆模。

图 7-30　室内梁临时支撑（黄色顶撑杆）实景图

（2）楼板

模板施工流程为：楼板模板拼装→支架搭设→楼板模板外观检查→楼板模板效果条安装→模板吊装及与支架固定→楼板模板标高与线型调整→楼板补模安装→钢筋笼安装→验收及楼板混凝土浇筑养护→固定钢管支架拆除→台模下降并移至下一工作面。

标准区楼板模板主龙骨采用 12 号双槽钢，次龙骨采用 24 cm 高木工字梁，面板采用 17 mm 厚的胶合板。

根据板开间尺寸及楼板台模型号进行板模板平面布置。正式施工时，按照楼板模板平面安装位置，进行台模安装，并根据填充模板实际尺寸进行该模板的安装，楼板模板拼装平面图如图 7-31 所示。模板安装过程中，应采用拉紧装置结合双面止水胶条对台模与已浇筑梁及填充模板之间拼缝进行止浆，并确保模板整体平整度及拼缝错台满足要求，台模间填充模板安装断面图如图 7-32 所示。

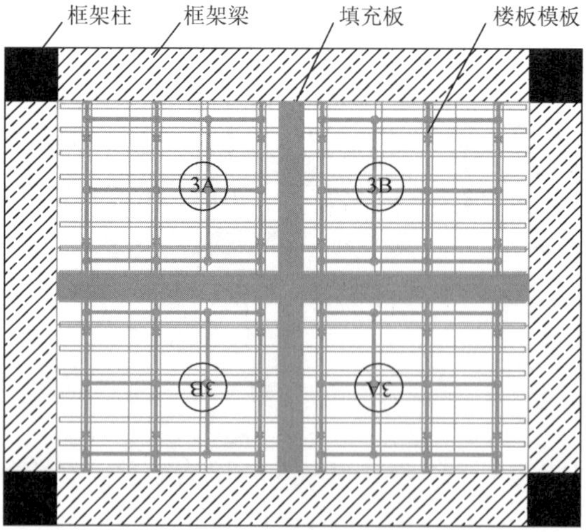

图 7-31　楼板模板拼装平面图

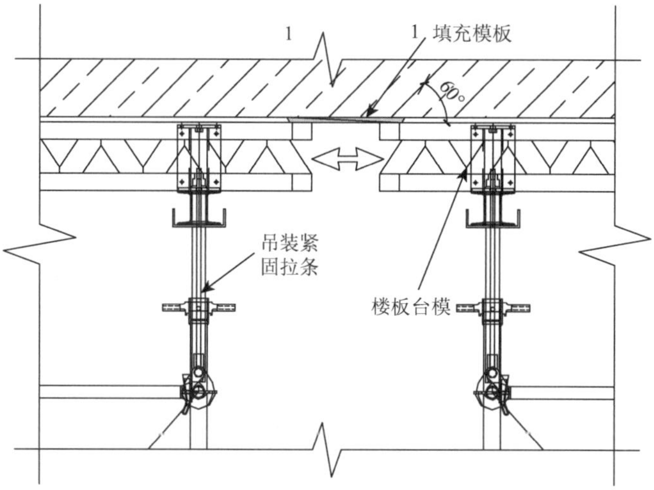

图 7-32　台模间补充模板安装断面图

（3）梁板施工要点

①室内梁梁底设计了 1.5 cm×1.5 cm 的倒角，模板安装时采用塑料三角条使其浇筑后形成倒角。梁柱接合处需将木线裁剪成斜三角形状完成塑料三角条平顺相交。

②外环梁与外廊柱加腋处的槽式预埋件 MJ02 安装位置需要通过幕墙定位线的角平分线来确定，现场配备量角器进行施工，如图 7-33 所示。槽式预埋件 MJ01 预先用钉子固定在模板上再与钢筋焊接，两端的 MJ02 由于受梁灌浆套筒的影响，最后直接与钢筋焊接固定。焊接时需在底模板上铺满湿润的土工布，防止烫坏模板。外环梁施工如图 7-33 所示。

环梁底模槽式预埋件定位

外环梁底模槽式预埋件安装

图 7-33　外环梁施工

③由于外环梁由弧线线型拟合为直线线型，梁宽尺寸发生了变化，侧模相对于底模的位置也发生了变化，导致外环梁外侧 10 cm×10 cm 效果木盒子部分拉结杆孔眼被侧模模板挡住。该问题在 21～22 轴最明显，该跨梁的尺寸由 900 mm 缩减至 872 mm，侧模

板往里侧偏移，导致拉结孔被堵住，在木盒子底部的面板穿孔解决该问题。外环梁侧模开孔示意图如图 7-34 所示。由于该处有木盒子，不会对混凝土浇筑产生影响。

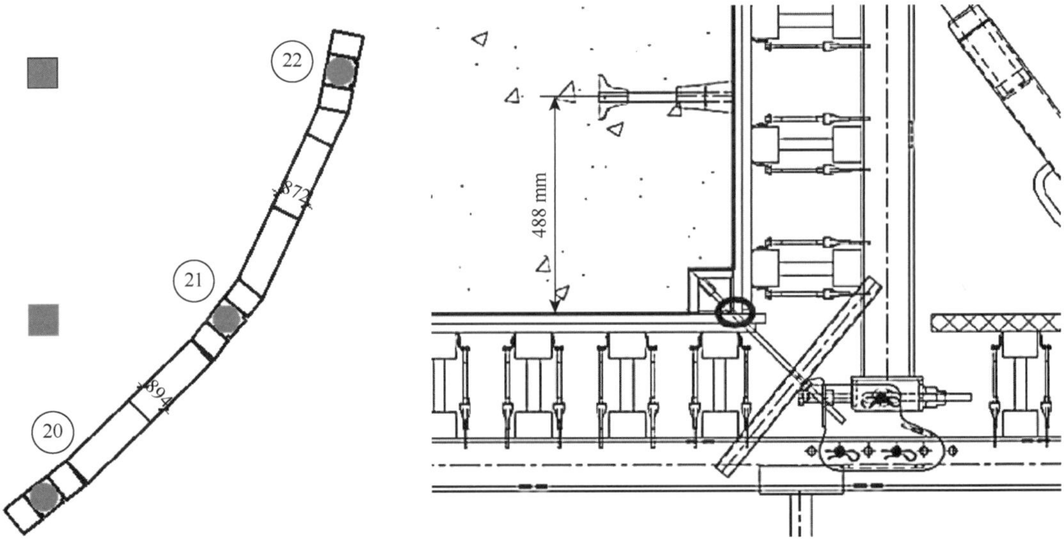

图 7-34　外环梁侧模开孔示意图

④根据模板设计方案，外环梁模板施工采用墩底工艺，施工过程中发现止浆效果较差，第一跨外环梁浇筑完成后，在垂直于梁方向增加 5 道步步紧，止浆效果有了明显改善，外廊步步紧加固形式及预埋圆台图如图 7-35 所示。同时注意外环梁预埋圆台数量，确保无一遗漏，该预埋圆台为后续外廊施工的支撑点。

图 7-35　外廊步步紧加固形式及预埋圆台图

⑤外环梁补模包括三块。尽量保证中间的矩形补模的尺寸，因为矩形补模的尺寸决定了梁底蝉缝是否能和侧模的蝉缝在同一个立面上。但实际上由于内模设计的问题，梁底蝉缝和侧模蝉缝很难在一个立面上（设计师设计的模板内侧压住混凝土柱边 25 mm，但实际无法做到，若压住混凝土柱边 25 mm，内侧侧模模板与混凝土柱有较大的空隙，且模板无法沿两边顺延过来。所以现场一般压住景观柱混凝土 15 mm，这样实际矩形补模尺寸应该按照设计尺寸小 20 mm 制作基本可以使梁底和侧面蝉缝在一个立面上）。

⑥台模吊装前，将模板与混凝土梁结合处粘贴 5 mm 厚的止浆条。确保止浆条粘贴质量：清洁、粘贴连续、与模板上沿齐平。每片楼板模板设有四个吊装口，吊装口采用内螺纹螺丝，每次吊装前需由班组长专门进行检查，避免吊装过程中出现滑丝。楼板模板施工实景图如图 7-36 所示。

图 7-36　楼板模板施工实景图

⑦每片楼板模板设有四个吊装口，吊装口采用内螺纹螺丝，每次吊装前需由班组长专门进行检查，避免吊装过程中出现滑丝。

⑧由于楼板模板补模较多，补模裁剪尺寸的把控对楼板平整度及拼缝造成较大的质量影响，经过现场检验，裁减尺寸比实际丈量尺寸小 3 mm，剩余空间由 2 mm 厚的止浆条填补（由于止浆条粘贴在补模两侧，压缩前止浆条共计 4 mm）。

3. 外廊道

（1）外廊模板施工流程

底模及模板拼装→支撑体系搭设→底模安装→钢筋绑扎→侧模安装→混凝土浇筑→侧模拆除→支撑体系下落→台模整体吊装至下一施工区域→模板清理。外廊道模板安装拆除示意图如图 7-37 所示。

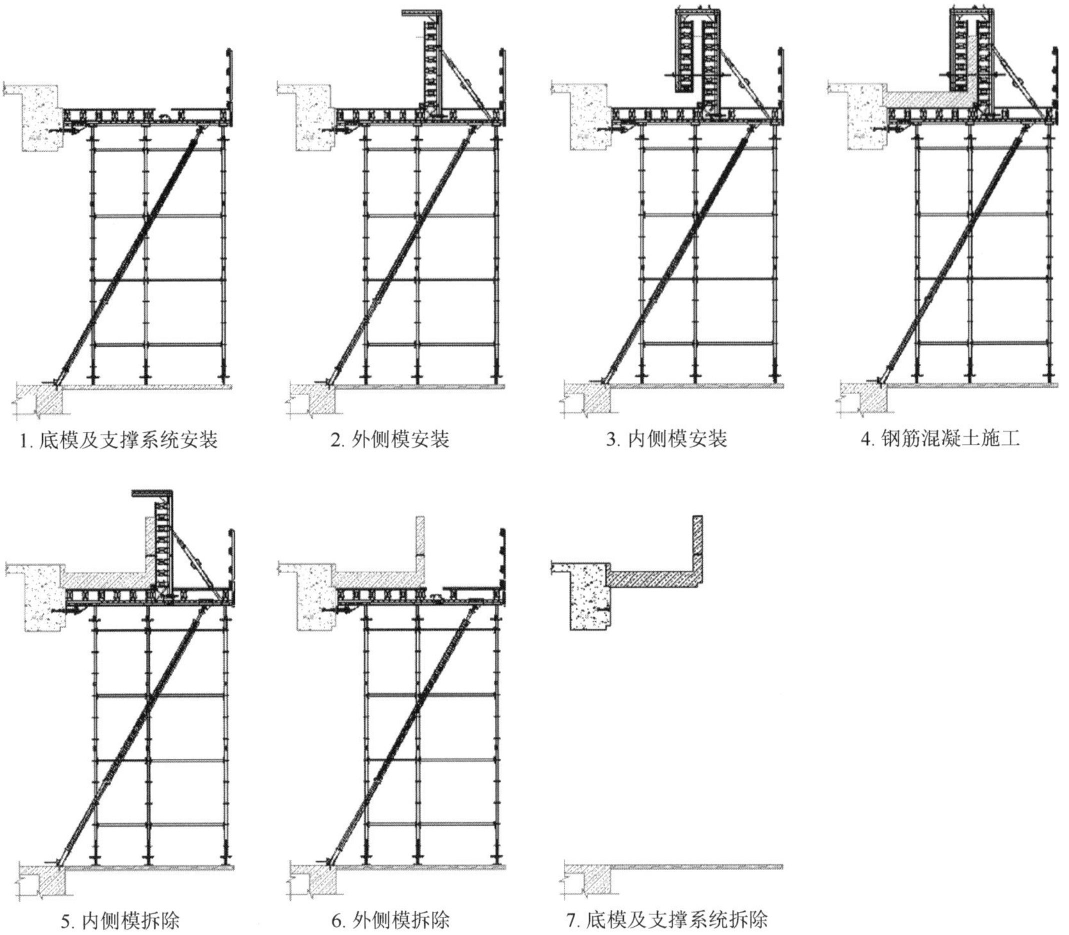

图 7-37　外廊道模板安装拆除示意图

外廊模板主龙骨采用 12 号双槽钢，次龙骨采用 24 cm 高木工字梁，衬板面板均为 21 mm 厚胶合板。对拉螺杆采用 17 mm 高强对拉螺杆，间隔 1.5 m 布置。

环梁混凝土浇筑时，应按照预定位置预埋拉杆，作为悬挑板底模钢梁承载节点。进行悬挑板底模安装前，应检查该节点埋设位置及间距。对于发现拉杆埋设存在安全隐患的，应采取其他补救措施予以处理。施工层悬挑板底模钢梁外侧，通过设置的斜撑支撑在下层环梁与悬挑板形成的错台处。该位置设置定型固定底座，确保顶撑安全。悬挑板模板顶（左）底（右）部安装大样示意图如图 7-38 所示。

悬挑板底模安装完成后，进行栏杆外侧模安装时，通过侧模底部铰接点装置调整其水平位置，确保侧模底部与底模贴靠严密；通过斜撑进行侧模垂直度调整，栏杆内侧模板则通过顶部调整装置调整其水平位置，并利用连接片及对拉螺杆保障栏杆结构壁厚。悬挑板模板安装工艺操作点示意图如图 7-39 所示。

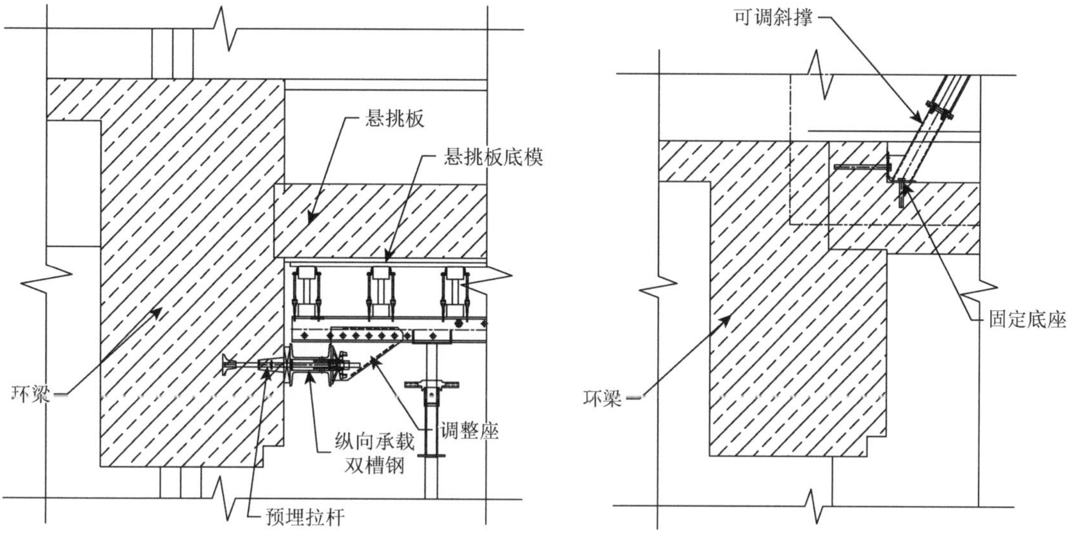

图 7-38　悬挑板模板顶（左）底（右）部安装大样示意图

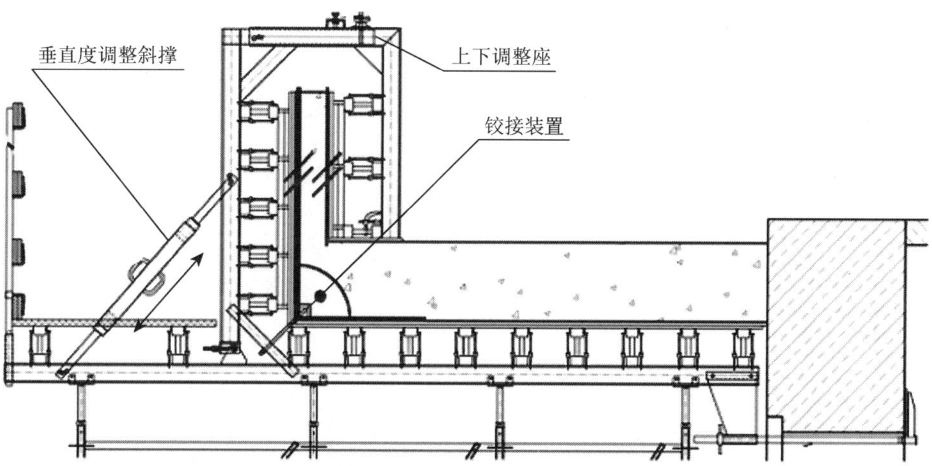

图 7-39　悬挑板模板安装工艺操作点示意图

（2）外廊道施工需要注意的细节及出现的问题

①每跨外廊道主要由两片台模组成，模板吊装完成后，重点注意对两片台模面板边线进行调整，确保两片台模面板内侧边线在一条直线上。外廊道底模安装如图 7-40 所示。

②每片台模边线由测量技术员放两个点，一跨放四个点来进行栏板外侧模板定位。平面位置确定后，对模板进行加固，同时加固效果木盒子。由于效果木盒子是一段段连接起来的，重点检查效果木盒子连接是否紧密及效果木盒子上的三角条、滴水线过渡是否顺直。作业人员检查外廊道效果木盒子及滴水线如图 7-41 所示。

图 7-40　外廊道底模安装

图 7-41　检查外廊道效果木盒子及滴水线

③进行栏板顶口三角条标高放样，同时加固倒角条。通过拉线检查三角条标高是否在同一高度。对三角条相接处进行重点检查，确保衔接紧密。

④外廊道线型控制十分关键，在施工过程中也最难操作，需要作业人员分部进行质量把控，分部进行质量验收。将外廊道栏板安装分解成外侧模板安装、外侧补模安装、外侧三角条安装、内侧模板安装、内侧补模安装及内侧三角条安装 6 个步骤进行线型控制。外廊道线型调整实景图见图 7-42，二层外廊道模板施工实景图见图 7-43。

a. 外侧模板安装：根据测量放样点位进行外侧模板安装。

b. 外侧补模安装：安装完成后可以对外侧模板边线进行调整，由于根据测量放样点位进行模板安装可能同时存在正误差及负误差，通过肉眼观察对模板线型进行初步调整，调整顺直后测量复测，保证误差满足设计要求的同时确保误差同为正偏差或负偏差，若有反向的误差再次现场进行调整。

c. 外侧三角条安装：必须将模板调整完成后方可安装三角条。

d. 内侧模板安装：根据设计方案，内侧模板安装后需确保底口高度齐平，从而确保对拉孔在同一高度。

e. 内侧补模安装：补模安装完成后，对内侧模板边线及栏板顶口尺寸进行调整。通过将连接销子由 ϕ20 改为 ϕ16，从而对栏板顶口尺寸进行调整，确保线型。

f. 内侧三角条安装：必须将内侧模板调整完成后方可安装三角条。

图 7-42　外廊道线型调整实景图

图 7-43　二层外廊道模板施工实景图

7.2.3　工效分析

人工岛主体建筑位于伶仃洋外海孤岛，施工场地狭小，且各工序交叉施工加剧了现场施工用地紧张局面。通过使用装配式模板施工工艺，大大提高了主体建筑施工效率，在 9 个月时间内完成主体建筑地上三层全部结构施工，包括立柱 470 余根、梁 360 余跨、楼板及外廊 18 000 余平方米，创下单日组装完成 7 套立柱模板并完成混凝土浇筑施工的纪录。

开发研究形成了高等级清水混凝土建筑施工成套模板系统，其中柱、梁、板、外廊道模板系统均为模块化设计，在后台拼装成型后，在现场可快速组拼成型，且操作简单，质量稳定可靠。特别是梁、板模板可与专用支架连接形成单位台模，根据构件尺寸由不同数量的台模灵活组拼形成整体模板。混凝土浇筑完成后，采用特制叉车实现模板支架的整体升降及移模动作，极好地解决了多作业面同步施工、模板重复安拆的困难，有效地保障了清水模板质量，从而提升了混凝土施工质量。主体建筑混凝土成品如图 7-44 所示。

立柱成品

梁成品

楼板成品

外廊成品

图 7-44　主体建筑混凝土成品

7.3　小型构件预制模板

7.3.1　研制情况

港珠澳大桥岛隧工程小型构件采用清水混凝土体系，其种类超过 20 种，总量 5 万余件，且异形构件居多，各类构件形态差异较大，小的构件重量＜0.1 t，大的构件重达 1.5 t。清水混凝土体系要求构件外观质量高，一次成型不加修饰，对模具的精密度要求高；预制数量多，模板周转次数多，要求模具耐久性强，抗变形能力强。高品质的工具模板能有效解决上述难题，能很好地控制预制件质量，提高预制工效。

从 2014 年 12 月确定采用小型构件预制安装方案到 2018 年 2 月岛隧工程交工验收的 38 个月内，先后完成了预制厂选址建设、装备调研与定制、构件预制、构件安装及构件安装完成后的附属设施施工，预制构件施工进度和质量满足预期目标。预制构件厂实景图如图 7-45 所示。

小型构件模具以检修道构件模具为例，该模具由高强度钢材和特殊板面处理工艺制作而成，整体采用锁扣式半拆卸化系统，通过连接件与模具底座相接。模具可以完全展开，通过限位钢板进行侧边限位，断面通过焊接形成可旋转轴承式结构，实现模具系统的快速安拆功能（满足 1 人即可快速安拆）。通过嵌于模具端面卡口密封橡胶条止浆（满足水密试验要求），板面采用酸洗冷轧处理工艺保证预制构件的外观质量。检修道模具构造示意图如图 7-46 所示。

图 7-45　预制构件厂实景图

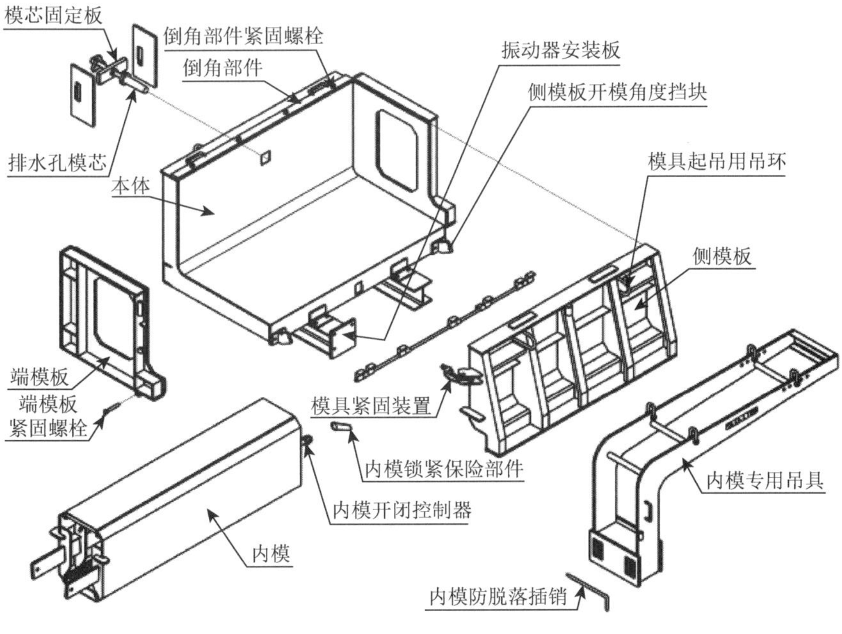

图 7-46　检修道模具构造示意图

7.3.2 技术性能

1. 性能特点

（1）模具精度

岛隧工程小型构件作为港珠澳大桥的形象工程，直接展示在世人面前，其施工要求和外观质量均参照港珠澳大桥最高标准执行。小型构件预制技术参数表如表 7-3 所示。

表 7-3 小型构件预制技术参数表

检查项目	允许偏差/mm	检查点数	检验方法
长度	符合设计要求；当设计无要求时，不大于 1	前后各 1 个点	钢卷尺量测
宽度、高度（厚度）	符合设计要求；当设计无要求时，不大于 1	中心 1 个点，两侧各 1 个点	钢卷尺量测
侧向弯曲	L/1500 且≤1	沿长度方向量测，两侧和中间各 1 个点	拉线后用钢板尺量测最大侧向弯曲处
翘曲	L/1500	长度大面测 1 个点	四角拉线量测
表面平整度	≤1	板 2 个点、梁 2 个点	用 2 m 靠尺量测
对角线差	≤2	量测板底对角线差值	钢卷尺量测
预埋件、预留孔洞中心位移	≤1	每个预埋件孔洞 1 个点	钢卷尺量测

根据港珠澳大桥小型构件预制精度要求，结合厂商模板制造技术反馈，小型构件预制模具制造技术参数表如表 7-4 所示。

表 7-4 小型构件预制模具制造技术参数表

序号	项目	允许偏差或质量标准
1	尺寸	±0.5 mm
2	平整度	0.5 mm/m
3	接缝错台	0.5 mm
4	接缝密封性	密封良好，水密试验时不渗水
5	外观	1. 表面平整光洁、无锈蚀、无损伤； 2. 边角顺直、棱角分明； 3. 焊缝饱满、打磨平整，边角处焊缝不高于角线

（2）模具耐久性及抗变形

BW 型检修道、BN 型检修道和 BN 型盖板是预制构件中数量最多的，BN 型检修道预制构件理论安装数量为 8000 余块，按有效预制时间 30 个月计算，BN 型构件的每天预制数量为 9 块。若每天按浇筑 1 次混凝土计，则需 10 套模板，每套模板周转次数约

900 次；若考虑经济性，根据配合比调整混凝土凝期，平均每天可浇筑 2～3 次混凝土，模板配置至少可以减半，从而节约成本，但模板周转次数相应成倍增长。

为了满足预制期间构件质量标准不降低，且各个批次的成品品质基本一致，模具耐久性及抗变形能力必须满足周转次数的要求，选取优质高强度钢进行模具加工。

（3）模具板面处理

小型构件预制以清水混凝土为基础，展现混凝土结构的本色，旨在预制出的构件表面光滑、无气泡、具有大理石光泽。

小型构件预制模具系统采用酸洗冷轧处理一次成型工艺，整个板面一次卷制成型，其表面自然形成一层钝化的保护膜，该保护膜光滑细腻，在优质脱模剂的辅助下，预制出的构件表面平整度高（≤1 mm/m），具有大理石光泽。

（4）模具水密性

模具的水密性主要影响的是预制构件的棱角线形和表观质量。小型预制构件模具采用高精度数据机床对面板进行铣边，模具尺寸（长、宽及对角线）偏差≤0.5 mm。在安装过程中，受预变形初始应力作用，板面自然贴合紧密，模具模块间拼缝极小，本身就能实现止水功能，且模板缝背面增设一道嵌入式橡胶密封条进行止水，能实现模具内密封，保证预制构件边角外观质量。

（5）操控便捷性

模具采用锁扣式半拆卸化系统，通过连接件紧固装置与模具底座相接，展开后，通过限位钢板进行侧边限位，断面通过焊接形成可旋转轴承式结构，单人能完成模具系统的快速安拆。模具紧固装置设计如图 7-47 所示。

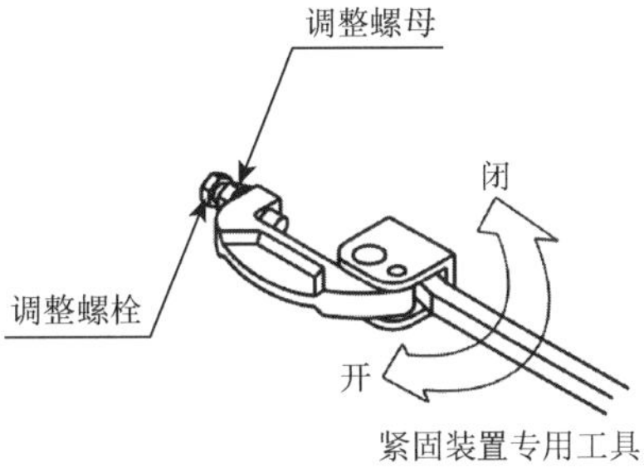

图 7-47　模具紧固装置设计

2. 工艺优化

在小型构件 BW 型检修道、BN 型检修道及线缆槽圆弧侧板等的预制过程中，对振捣方式进行了优化，提高了预制构件的品质。本节仅以 BW 型检修道为例介绍振捣工艺优化。

BW 型检修道模具采用的是台座式模具设计，最初的设计振捣方案是在模具底座上对角设置两个高频振捣器，模具高频振捣器设计如图 7-48 所示。模具安装完成，形成一个整体，当混凝土浇筑时，安装高频振捣器，高频振捣器带动模具系统，实现混凝土振捣功能。

BW 型检修道预制构件尺寸为 1500 mm×800 mm×850 mm。在实际施工过程中，混凝土入模后，高频振捣器开启，混凝土气泡不能及时排出，导致预制出的构件表面气泡不满足设计要求，且影响构件美观，构件质量不合格。

经过试验验证，在高频振捣器振捣后再用振捣泵复振一次效果比较明显，构件表面混凝土气泡显著减少。针对构件特点，引入扁式振捣器，如图 7-49 所示。扁式振捣器能

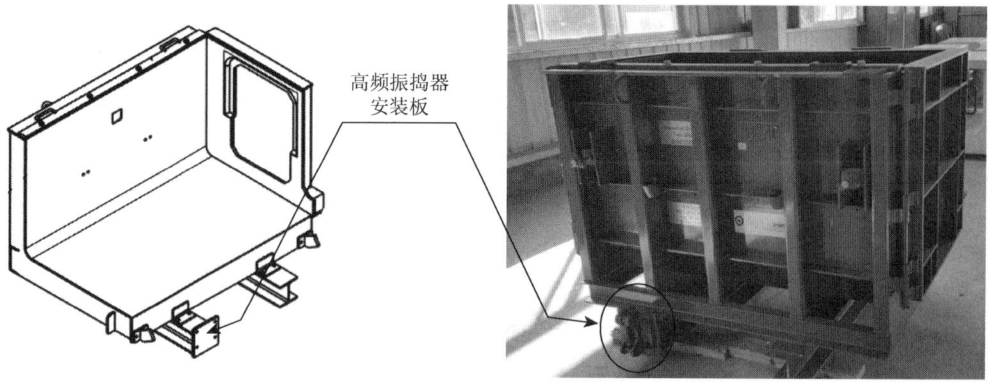

图 7-48　模具高频振捣器设计

满足构件薄壁位置振捣要求，且根据试验得出检修道扁式振捣器振捣点位布置，如图 7-50 所示，最终结合最优振捣时长，形成一套标准化的振捣工艺。

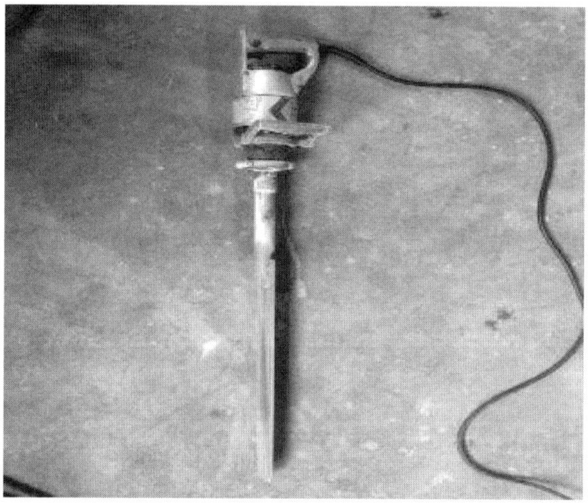

图 7-49　扁式振捣器

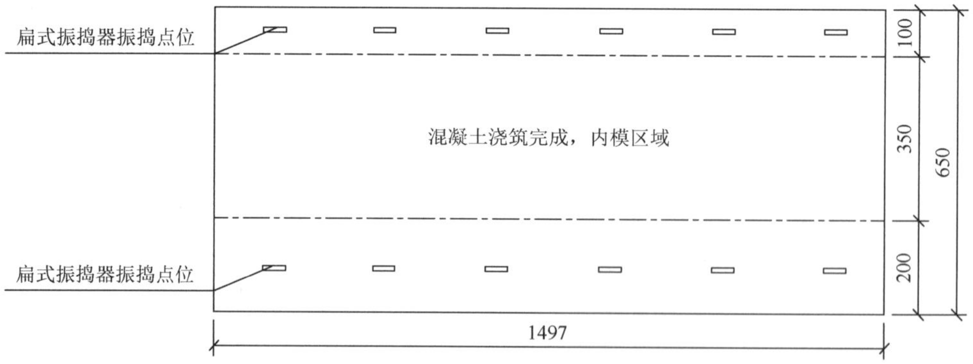

图 7-50　检修道扁式振捣器振捣点位布置（单位：mm）

7.3.3　使用与工效

1. 组装

小型构件预制模具便于操作，安拆十分简单快捷，脱模剂喷涂完成后，单人使用专用工具即可完成模具的组装。因构件模具大多选用台座式模具，除内模需分离以外，其余部位均采用整体钢模或活页式开关。安拆的主要控制要点在于：

①每次模具组装前首先应检查底模的水平平整度；

②安装内模时应避免钢筋笼直接接触模板，影响脱模剂效果；

③安装完成后检查模具相应开关或销轴等是否锁紧；

④检查止水密封橡胶条，如有破损情况需及时更换。

2. 使用

（1）模具清理

模具进场后，首先将模具面板清理干净，用毛巾擦拭清除表面的灰尘，用空气枪吹净，用纸巾擦拭模具表面无污痕为验收标准。

在模具使用过程中，将模具完全展开，先用小铲刀清除模具边缘的玻璃胶、水泥残渣等杂物及模具外侧的尘土垃圾，保证模具外观整洁。内模和模具外侧及边缘清理完成后，再清理模具面板。用小铲刀清除附在模具面上的混凝土污点，用毛巾擦拭，清理出的残渣用空气枪吹出面板，清理过程中注意面板的保护，切勿损坏表层保护膜。最后用干净的毛巾擦拭清洗至模具光洁。

（2）脱模剂喷涂

通过工艺试验研究，采用水性脱模剂，水和原液按 1∶1 的比例调配，且按面积控制使用数量。喷涂方式以空压机喷枪为主，辅以人工抹布擦拭。空压机的额定排气压力为 0.8 MPa，公称体积流量 0.67 m^3/min，保证气压的稳定性。

脱模剂的喷涂对不同部位采用不同的喷涂方式。模具为倒立式浇筑，底面最易粘模，需喷涂两遍，侧面喷涂一遍。作业时，喷枪口距底面距离约 30 cm，长度 1.5 m 方向多次喷涂，保证喷涂的均匀性。喷涂完毕后，对喷涂区域进行处理，采用毛巾擦拭表面聚集状脱模剂，使其透明反光。脱模剂喷涂完后，根据施工气温的不同调节混凝土的入模时间，在高温季节混凝土浇筑时间为脱模剂喷涂后 15 min。

（3）模具安装与拆卸

模具安装与拆卸严格按照操作指导书进行，脱模剂涂刷到位经验收合格后进行模具组装。以 BW 型检修道构件为例，模具的安装顺序依次为安装倒角部件、关闭端模、关闭侧模、安装内模，最后装好锁紧保险部件。模具安装完成后在规定时间内进行混凝土浇筑，混凝土达到拆模强度后，进行模具拆卸。拆卸顺序基本与安装顺序相反，在倒角部件拆除时，需注意保护构件棱角。

3. 工效

模具系统的工作效率主要分两个阶段：正常使用阶段和维养阶段。正常使用阶段是指小型构件预制过程中模具安装与拆除的阶段；维养阶段是指模具拆除完成后清理保养到下一次使用涂刷脱模剂之前的阶段。工效分析如下。

（1）正常使用阶段

①模具安装约需 25 min，分别为倒角部件安装耗时约 5 min；端模及其紧固件安装耗时约 5 min；侧模及其紧固件安装耗时约 5 min；内模安装及锁紧保险部件安装耗时约 10 min。

②模具拆除约需 11 min，分别为锁紧保险部件及内模拆除约 5 min；侧模及其紧固件拆除约 3 min；端模及其紧固件拆除耗时约 2 min；倒角部件拆除约 2 min。

（2）维养阶段

模板维养阶段约需 30 min，分三个步骤：一是每次混凝土浇筑完成拆模后，利用刀片清理模具表面混凝土残渣约 20 min；二是采用干净的软毛巾进行擦拭清理约 5 min；三是脱模剂喷涂前的清理，采用空压机配合喷枪将表面灰尘清理约 5 min。

参考文献

中交股份联合体港珠澳大桥岛隧工程项目总经理部，2011a. 港珠澳大桥主体工程岛隧工程沉管预制模板制造、安装专项方案[R]. 珠海：中交股份联合体港珠澳大桥岛隧工程项目总经理部.

中交股份联合体港珠澳大桥岛隧工程项目总经理部，2011b. 港珠澳大桥主体工程岛隧工程东人工岛挤密砂桩专项施工方案[R]. 珠海：中交股份联合体港珠澳大桥岛隧工程项目总经理部.

中交股份联合体港珠澳大桥岛隧工程项目总经理部，2011c. 港珠澳大桥主体工程岛隧工程东人工岛施工组织设计[R]. 珠海：中交股份联合体港珠澳大桥岛隧工程项目总经理部.

中交股份联合体港珠澳大桥岛隧工程项目总经理部，2011d. 港珠澳大桥主体工程岛隧工程东人工岛塑料排水板及降水联合堆载预压软基处理施工方案塑料排水板施工方案[R]. 珠海：中交股份联合体港珠澳大桥岛隧工程项目总经理部.

中交股份联合体港珠澳大桥岛隧工程项目总经理部，2011e. 港珠澳大桥主体工程岛隧工程管节预制厂建造施工组织设计[R]. 珠海：中交股份联合体港珠澳大桥岛隧工程项目总经理部.

中交股份联合体港珠澳大桥岛隧工程项目总经理部，2011f. 港珠澳大桥主体工程岛隧工程西人工岛施工组织设计[R]. 珠海：中交股份联合体港珠澳大桥岛隧工程项目总经理部.

中交股份联合体港珠澳大桥岛隧工程项目总经理部，2011g. 港珠澳大桥主体工程岛隧工程总体施工组织设计[R]. 珠海：中交股份联合体港珠澳大桥岛隧工程项目总经理部.

中交股份联合体港珠澳大桥岛隧工程项目总经理部，2012a. 港珠澳大桥主体工程岛隧工程沉管顶推施工方案[R]. 珠海：中交股份联合体港珠澳大桥岛隧工程项目总经理部.

中交股份联合体港珠澳大桥岛隧工程项目总经理部，2012b. 港珠澳大桥主体工程岛隧工程沉管预制施工组织设计[R]. 珠海：中交股份联合体港珠澳大桥岛隧工程项目总经理部.

中交股份联合体港珠澳大桥岛隧工程项目总经理部，2012c. 港珠澳大桥主体工程岛隧工程东、西人工岛监测方案[R]. 珠海：中交股份联合体港珠澳大桥岛隧工程项目总经理部.

中交股份联合体港珠澳大桥岛隧工程项目总经理部，2012d. 港珠澳大桥主体工程岛隧工程西人工岛岛头钢圆筒及副格拆除专项施工方案[R]. 珠海：中交股份联合体港珠澳大桥岛隧工程项目总经理部.

中交股份联合体港珠澳大桥岛隧工程项目总经理部，2012e. 港珠澳大桥主体工程岛隧工程足尺模型试验段施工方案[R]. 珠海：中交股份联合体港珠澳大桥岛隧工程项目总经理部.

中交股份联合体港珠澳大桥岛隧工程项目总经理部，2012f. 港珠澳大桥主体工程预制沉管混凝土配制和控裂专项方案[R]. 珠海：中交股份联合体港珠澳大桥岛隧工程项目总经理部.

中交股份联合体港珠澳大桥岛隧工程项目总经理部，2013a. 港珠澳大桥主体工程岛隧工程沉管安装施工组织设计[R]. 珠海：中交股份联合体港珠澳大桥岛隧工程项目总经理部.

中交股份联合体港珠澳大桥岛隧工程项目总经理部，2013b. 港珠澳大桥主体工程岛隧工程沉管施工通航组织方案[R]. 珠海：中交股份联合体港珠澳大桥岛隧工程项目总经理部.

中交股份联合体港珠澳大桥岛隧工程项目总经理部，2013c. 港珠澳大桥主体工程岛隧工程东人工岛岛内基坑开挖施工方案[R]. 珠海：中交股份联合体港珠澳大桥岛隧工程项目总经理部.
中交股份联合体港珠澳大桥岛隧工程项目总经理部，2013d. 港珠澳大桥主体工程岛隧工程东人工岛岛桥结合部非通航孔桥施工组织设计[R]. 珠海：中交股份联合体港珠澳大桥岛隧工程项目总经理部.
中交股份联合体港珠澳大桥岛隧工程项目总经理部，2013e. 港珠澳大桥主体工程岛隧工程管节浮运、沉放施工监测方案[R]. 珠海：中交股份联合体港珠澳大桥岛隧工程项目总经理部.
中交股份联合体港珠澳大桥岛隧工程项目总经理部，2013f. 港珠澳大桥主体工程岛隧工程基槽开挖清淤专项施工方案[R]. 珠海：中交股份联合体港珠澳大桥岛隧工程项目总经理部.
中交股份联合体港珠澳大桥岛隧工程项目总经理部，2013g. 港珠澳大桥主体工程岛隧工程碎石垫层铺设典型施工方案[R]. 珠海：中交股份联合体港珠澳大桥岛隧工程项目总经理部.
中交股份联合体港珠澳大桥岛隧工程项目总经理部，2013h. 港珠澳大桥主体工程岛隧工程碎石垫层铺设典型施工方案[R]. 珠海：中交股份联合体港珠澳大桥岛隧工程项目总经理部.
中交股份联合体港珠澳大桥岛隧工程项目总经理部，2013i. 港珠澳大桥主体工程岛隧工程西人工岛岛桥结合部非通航孔桥施工组织设计[R]. 珠海：中交股份联合体港珠澳大桥岛隧工程项目总经理部.
中交股份联合体港珠澳大桥岛隧工程项目总经理部，2015. 港珠澳大桥主体工程岛隧工程西人工岛敞开段侧墙及中墙清水混凝土施工方案[R]. 珠海：中交股份联合体港珠澳大桥岛隧工程项目总经理部.
中交股份联合体港珠澳大桥岛隧工程项目总经理部，2016a. 港珠澳大桥主体工程岛隧工程“津平 1”抛石整平船桩腿修复方案[R]. 珠海：中交股份联合体港珠澳大桥岛隧工程项目总经理部.
中交股份联合体港珠澳大桥岛隧工程项目总经理部，2016b. 港珠澳大桥主体工程岛隧工程沥青路面工程施工组织设计[R]. 珠海：中交股份联合体港珠澳大桥岛隧工程项目总经理部.
中交股份联合体港珠澳大桥岛隧工程项目总经理部，2016c. 港珠澳大桥主体工程岛隧工程曲线段沉管浮运安装方案[R]. 珠海：中交股份联合体港珠澳大桥岛隧工程项目总经理部.
中交股份联合体港珠澳大桥岛隧工程项目总经理部，2016d. 港珠澳大桥主体工程岛隧工程隧道附属工程施工组织设计方案[R]. 珠海：中交股份联合体港珠澳大桥岛隧工程项目总经理部.
中交股份联合体港珠澳大桥岛隧工程项目总经理部，2016e. 港珠澳大桥主体工程岛隧工程最终接头施工组织设计[R]. 珠海：中交股份联合体港珠澳大桥岛隧工程项目总经理部.